全 世 界 无 产 者， 联 合 起 来！

毛泽东文集

第 一 卷

（一九二一年一月——一九三七年六月）

人 民 出 版 社

出 版 说 明

毛泽东是伟大的马克思主义者，无产阶级革命家、战略家和理论家。他一生中写下大量文稿，作过许多讲话和谈话。这是一笔极为丰富和珍贵的精神财富。已经编入《毛泽东选集》一至四卷的，是毛泽东在新中国建立前的主要著作。此外，他还有大量的文稿和讲话谈话记录稿，包括建国前和建国后的，其中有相当部分内容重要或比较重要，对于深入地学习和研究毛泽东思想是很有价值的。经中共中央批准，将《毛泽东选集》一至四卷以外的重要文稿，已经发表的和没有发表的，比较系统地选编成《毛泽东文集》出版。

《毛泽东文集》为多卷本。选稿起自一九二一年，迄至一九七六年，按精选原则选编。其中有少量文稿，带有个别不正确的论断，因内容重要也酌情编入。毛泽东的诗词，没有编入这部文集。

编入《毛泽东文集》的著作，绝大部分根据中央档案馆保存的毛泽东手稿、早期文本和记录稿刊印，保持原貌，只校正文稿中的错字、漏字、衍字以及明显有误的标点，订正错讹的史实，讲话谈话记录稿只作技术性的整理。每篇文末，有所据版本或稿本情况的刊印说明。文集作有简要注释，排印在每篇著作的后面。

《毛泽东文集》按时间顺序分卷编排，在毛泽东一百周年诞辰纪念时开始陆续出版。

中共中央文献研究室

一九九三年六月

目　　录

在新民学会长沙会员大会上的发言[1]

（一九二一年一月一日、二日）

一

现在国中对于社会问题的解决，显然有两派主张：一派主张改造，一派则主张改良。前者如陈独秀[2]诸人，后者如梁启超、张东荪[3]诸人。

改良是补缀办法，应主张大规模改造。至用“改造东亚”，不如用“改造中国与世界”。提出“世界”，所以明吾侪的主张是国际的；提出“中国”，所以明吾侪的下手处；“东亚”无所取义。中国问题本来是世界的问题，然从事中国改造不着眼及于世界改造，则所改造必为狭义，必妨碍世界。至于方法，启民[4]主用俄式，我极赞成。因俄式系诸路皆走不通了新发明的一条路，只此方法较之别的改造方法所含可能的性质为多。

二

世界解决社会问题的方法大概有下列几种：

1. 社会政策[5]；

2. 社会民主主义[6]；

3. 激烈方法的共产主义(列宁的主义)；

4. 温和方法的共产主义(罗素的主义[7])；

5. 无政府主义[8]。

我们可以拿来参考，以决定自己的方法。

社会政策，是补苴罅漏的政策，不成办法。社会民主主义，借议会为改造工具，但事实上议会的立法总是保护有产阶级的。无政府主义否认权力，这种主义恐怕永世都做不到。温和方法的共产主义，如罗素所主张极端的自由，放任资本家，亦是永世做不到的。激烈方法的共产主义，即所谓劳农主义，用阶级专政的方法，是可以预计效果的，故最宜采用。

根据人民出版社一九八六年出版的《毛泽东著作选读》刊印。

注　释

〔1〕这是标志着毛泽东选择了马克思列宁主义革命道路的一篇发言。新民学会长沙会员新年大会于一九二一年一月一日至三日举行，热烈讨论了一九二〇年七月新民学会旅法会员在法国蒙达尔尼会议上提出的以“改造中国与世界”为学会方针以及改造的方法、目的等问题。本篇一是毛泽东一月一日的发言，本篇二是毛泽东一月二日的发言。

〔2〕陈独秀(一八七九——一九四二)，安徽怀宁人。五四新文化运动的主要领导人之一。五四运动后，接受和宣传马克思主义。一九二〇年八月组织中国共产党上海发起组，进行建党活动，是中国共产党的主要创建人之一。他当时拥护马克思主义的阶级斗争学说和社会革命论，主张用革命的手段建设劳动阶级的国家。

〔3〕梁启超(一八七三——一九二九),广东新会人。戊戌维新运动的重要活动家。辛亥革命后组织进步党,一九一六年该党演变为研究系,他是首领。张东荪(一八八六——一九七三),浙江杭州人。研究系的主要成员,当时任《时事新报》和《改造》杂志主编。一九二〇年十一月,张东荪、梁启超等挑起了一次有关社会主义问题的论战。他们认为中国经济落后,因而否认中国有真正的无产阶级,反对在中国宣传社会主义,主张开发实业,发展资本主义,并宣称可以通过立法和社会监督以及发展各种"协社"来"矫正"资本主义的弊病。他们的这种主张,受到当时马克思主义者的批判。

〔4〕启民,即陈启民,名陈书农(一八九八——一九七〇),湖南长沙人。新民学会会员,当时在长沙周南女校教书。

〔5〕社会政策,指十九世纪七十年代德国一些经济学家提出的一种社会改良主义,后流行于欧美以及日本,二十世纪初传入中国。社会政策的提倡者主张阶级协调,由国家或其他社会力量制订劳动法规,实行社会保险,成立工人组织,兴办福利、救济事业等等,来维护资本主义经济。

〔6〕社会民主主义,指二十世纪初期第二国际机会主义。它反对无产阶级实行暴力革命和无产阶级专政,主张无产阶级走议会道路,宣扬资产阶级民主和阶级调和。五四运动前后,中国也曾有极少数人宣传过这种主义。

〔7〕罗素(一八七二——一九七〇),英国哲学家、社会活动家。早年加入英国费边社和工党,后又信仰过基尔特社会主义。十月革命后,曾到俄国考察。一九二〇年至一九二一年来中国讲学,先后在北京、长沙等地演说。在这些演说中,他表示相信"共产主义是一种好学说",主张用"循序渐进的方法来实行",不赞成"阶级战争"和"平民专制",认为中国首要的事情是兴办教育和发展实业。罗素的主张在当时中国学术思想界有相当影响。

〔8〕无政府主义,是十九世纪中叶出现于欧洲的一种小资产阶级思潮。它否认任何国家和政权,否认任何权力和权威,鼓吹绝对自由、极端民主,主张建立一个"无命令、无权力、无服从、无制裁"的无政府状态的社会。五四运动前后,这种思潮在中国一部分知识分子和工人中曾经有过较大影响。

给蔡和森[1]的信

（一九二一年一月二十一日）

和森兄：

来信[2]于年底始由子升[3]转到。唯物史观是吾党哲学的根据，这是事实，不像唯理观之不能证实而容易被人摇动。我固无研究，但我现在不承认无政府的原理是可以证实的原理，有很强固的理由。一个工厂的政治组织（工厂生产、分配、管理等），与一个国的政治组织，与世界的政治组织，只有大小不同，没有性质不同。工团主义以国的政治组织与工厂的政治组织异性，谓为另一回事而举以属之另一种人，不是故为曲说以冀苟且偷安，就是愚陋不明事理之正。况乎尚有非得政权则不能发动革命，不能保护革命，不能完成革命，在手段上又有十分必要的理由呢。你这一封信见地极当，我没有一个字不赞成。党一层，陈仲甫[4]先生等已在进行组织。出版物一层，上海出的《共产党》[5]，你处谅可得到，颇不愧"旗帜鲜明"四字（宣言即仲甫所为）。详情后报。

弟　泽东

十年一月二十一日在城南

根据人民出版社一九八三年出版的《毛泽东书信选集》刊印。

注　释

〔1〕蔡和森(一八九五——一九三一),湖南湘乡永丰镇(今属双峰县)人。新民学会发起人之一,当时在法国勤工俭学。

〔2〕指蔡和森托萧子升从法国带回的一九二〇年九月十六日给毛泽东的信,信中进一步阐述他对组织共产党等问题的意见。

〔3〕子升,即萧子升(一八九四——一九七六),湖南湘乡人。新民学会发起人之一。一九一九年赴法国勤工俭学。一九二〇年冬由巴黎回到北京,当时毛泽东已回长沙。

〔4〕陈仲甫,即陈独秀,见本卷第2页注〔2〕。

〔5〕《共产党》,是中国共产党上海发起组于一九二〇年十一月创办的刊物。

所希望于劳工会的[1]

（一九二一年十一月二十一日）

劳工会现在已周年了，我同情于劳工会也一周年了。为什么独同情于劳工会？劳工神圣，一切东西都是劳工做出来的，劳工会是劳工的团结体，谁也应该同情的。劳工会这一年来的艰难缔造，在湖南劳动运动史上已写完了头一叶，现在要开始写第二叶了。我愿这第二叶上写的要大不同于第一叶：材料更丰富，意义更新鲜，章法、组织更美备。因此我就要本我思虑所及，贡献几个希望条件：

（一）劳动组合的目的，不仅在团结劳动者以罢工的手段取得优益的工资和缩短工作时间，尤在养成阶级的自觉，以全阶级的大同团结，谋全阶级的根本利益。这是宗旨所在，希望劳工会诸君特别注意的。

（二）组织上宜一依西洋工会组织，由代表会议产生相当名额之委员付与全权组织委员会执行会务。旧的行会式的组织固然要不得，职员太多、分部太繁、权力太分也要不得。

（三）工会是工人组织的，所以工人应该自己养活工会，更进则准备罢工基金和选举基金，现在不能遽言及此。我以为无论如何第一步要办到凡入会的工人每人必出至低限度的月捐，少至一个铜元都可；第二步办到自己养活工会。这一点很要紧，望劳工会诸君注意。

我所希望的就只这三项。最后我要向工友们简单地说几句话，当一杯酒，热一热诸君的肚子：

不劳动的不得食！

劳动者获得罢工权利！

劳工神圣！

各尽所能，各取所值！

全世界都是劳动者的！

全世界劳动者团结起来！！

根据一九二一年十一月二十一日《劳工周刊》湖南劳工会周年纪念特刊号刊印。

注　　释

〔1〕这是毛泽东在湖南劳工会刊物《劳工周刊》上发表的文章。湖南劳工会是黄爱、庞人铨等一九二〇年十一月二十一日在长沙成立的，初创时受到无政府工团主义思想影响，一九二一年十一月下旬改组，接受了毛泽东在本文中提出的建议。

更宜注意的问题

（一九二二年五月一日）

自治省的湖南，以全民政治相号召的湖南，若全然撇开劳工，岂非笑话？如说劳工不应该撇开，那末，这个劳工仅有的“五一”纪念日，至少也值得大家一注意吧！

大家注意，就请注意到劳工的三件事：一、劳工的生存权，二、劳工的劳动权，三、劳工的劳动全收权。

除开那些重利盘剥的人，坐拥遗产的人和挟资经营产业的人以外，大概都是用手或用脑做事的劳工。这些劳工从他们身上所产生一面他们自己恃以得食一面资本家又恃以获利的唯一东西的“劳力”，一定靠着一件东西，就是工人本身的“生存”。不能“生存”，自然就不能有“劳力”。这样的结果，工人自然得一个“死”字，但资本家又岂能独得一个“生”字？依这个理由，所以准备做十八岁以上的大劳工的那些十八岁以下的小劳工，不可不予以相当的食物使保存生命，慢慢有力可卖，这实在是聪明的资本家应该注意的。在世上卖过力的劳工，当他到了六十岁以上力卖尽了再不能卖力的时候，依照秋天的草木也可以得点雨露尽其天年的例，也应该使这些劳工尽其天年。依这个理由，那些六十以上不能卖力的人，应该给与他一点救命的食物。一个人在“老”“少”两段不能做工的时候应该都有一种取得保存他生命的食物的权利，这就是生存权。

一个人在十八以上六十以下有气有力的时候，除开他自己发懒不做工可以让他饿死不算数外，在理都应该把工给他们做，工人就有种要求做工的权利。若是工人有力而社会无事可以买他的力事实上工人不得不“赋闲”时，社会就应该本着罪不在工人的理由而给与他们平常的工资，这就是劳动权。

工人做的东西应该完全归工人自己，这就是劳动全收权。

劳动全收权自然是共产主义实行以后的事，这无论怎么样聪明的资本家也不会注意的。但也不要太忽略了，因为这实是世界上已经有了的一个大潮流。若生存权和劳动权，并不违背资本家的利益，实在值得大家注意。

大家注意生存权，就请注意湖南现在有多少人要饿死？大家注意劳动权，就请注意湖南现在有多少人失业？

“五一”这个纪念是八时间工制运动的纪念。这种运动的目的在缩短工作时间以求娱乐教育，这是“能生存”而且“得了业”的人的要求，能生存而且得了业的人自然应该进而要求八时间制。至于那些不能生存的人失业的人，问题则在如何使之生存与得业，在现时的湖南我愿大家特别注重在这里。省宪法虽则冠冕堂皇，可惜全没有涉及这几点！美其名曰全民政治，实际抛弃了至少百分之九十九的劳工！但这些问题是已经有了的，而且是必要解决的，无论大家怎样不注意，这些问题有一日自然会引起大家的注意！“殷鉴不远”，俄罗斯的资本阶级、贵族阶级就是个榜样，他们现在是已经悔之不及了！

根据一九二二年五月一日湖南《大公报》刊印。

外力、军阀与革命

（一九二三年四月十日）

中国的统一到底能实现吗？除开张绍曾〔1〕等一班妄人，谁都晓得在最近期间内是不能的。因为国内各派势力在现在是无法使他们统一。统一当然不是混和，所以现在什么“各省会议”，“国事协议会”，下至什么派遣代表和各派首领磋商，无非是些空话空事。把国内各派势力分析起来，不外三派：革命的民主派，非革命的民主派，反动派。革命的民主派主体当然是国民党，新兴的共产派是和国民党合作的。非革命的民主派，以前是进步党〔2〕，进步党散了，目前的嫡派只有研究系〔3〕。胡适、黄炎培〔4〕等新兴的知识阶级派和聂云台、穆藕初〔5〕等新兴的商人派也属于这派。反动派的范围最广，包括直、奉、皖三派〔6〕（目前奉、皖虽和国民党合作，但这是不能久的，他们终久是最反动的东西）。三派之中，前二派在稍后的一个期内是会要合作的，因为反动势力来得太大了，研究系、知识派和商人派都会暂放弃他们非革命的主张去和革命的国民党合作，如同共产党暂放弃他们最急进的主张，和较急进的国民党合作一样。所以以后中国政治的形势将成为下式：一方最急进的共产派和缓进的研究系、知识派、商人派都为了推倒共同敌人和国民党合作，成功一个大的民主派；一方就是反动的军阀派。中国政治的结局是民主派战胜军阀派，但目前及最近之将来一个期内，中国必仍然是军阀的天下：政治更发黑暗，财政更发紊乱，军队更发增多，实业教育更发停滞，压迫人民的办法更发厉害。质言之：民主的脸面更发抓破，完全实施封建的反动政治，这样的期会要有十年八年都说不定。

何以知道必然是这样呢？你看国际资本帝国主义的政治形势是何等的反动！他们现在是协调着步骤来侵略中国。他们的步骤以先是不协调的，经华盛顿会议〔7〕一番商量便协调了。虽然他们的协调终久是要破坏的，但目前及最近之将来，他们为补偿前次大战的亏失及蓄养下次大战的精力，是断然要取协调主义的。美国的门户开放主义〔8〕居然能通过在中国拥有势力范围的英、法、日，就是明显的证据。中国的分裂于国际资本帝国主义的侵略本是不利的；但由民主派统一中国，较之民主、军阀两派混乱中国，于国际资本帝国主义更不利；只有由反动政治完全霸占中国于他们就最利。这是目前及最近将来中国必仍然是反动军阀的天下的第一理由。从中国的社会经济现象看，中国现在是最便利于军阀统治的。白狼、老洋人〔9〕可以在河南一带啸聚数万人扰乱数省；人民百分之九十几未受教育；除开沿江沿海沿铁路稍有点可怜的工商业外，全部都属于农业经济生活；人民的组织，除开沿江沿海沿铁路应乎他们经济的情形有一点微弱的组织，像工商、教职员、学生等团体外，几乎全是家族的农村的手工业的自足组织；蒙古、新疆、青海、西藏、陕西、甘肃、四川、贵州、广西各地至今无一寸铁路；全国无一个有三十万确实党员的政党；全国无一家销到二三十万份的报纸；全国无一种销到两三万份的杂志；而中国全体有人口四万万，有土地三千余万方里：试问在这种社会经济情形下军阀不来统治，还有谁可以来统治？这是目前及最近之将来中国必仍然是军阀的天下的第二理由。

我们从内外政治经济的情势上，可以断定中国目前及最近之将来，必然是反动军阀支配的天下。这个期内是外力和军阀勾结为恶，是必然成功一种极反动极混乱的政治的。但政治愈反动愈混乱的结果，是必然要激起全国国民的革命观念，国民的组织能力也会要一天进步一天。一面西南各省终不能为北方统一，虽然也不免是些小军阀，但终究还是革命分子存匿之地。这个期内，民主派分子是一天一天增加，组织一天一天强固。结果是民主派战胜军阀派，中国的民主独立政治在这个时期才算完成。

我们只知道现在是混乱时代，断不是和平统一时代，政治是只有更反动更混乱的；但这是和平统一的来源，是革命的生母，是民主独立的圣药，大家不可不知道。

根据一九二三年四月十日《新时代》创刊号刊印。

注　　释

〔1〕张绍曾（一八七九——一九二八），河北大城人。当时任北洋军阀政府国务总理，曾主张迎孙中山进北京协商南北统一。

〔2〕进步党，一九一三年五月由民主党、共和党等合并组成，拥戴袁世凯，同国会中占多数席位的国民党相对抗。一九一三年九月，该党熊希龄出任内阁总理。一九一三年和一九一四年，袁世凯先后宣布解散国民党和国会，后该党自行瓦解。

〔3〕一九一六年袁世凯死后，黎元洪继任总统，恢复国会。原进步党首领梁启超、汤化龙等组织宪法研究会，以研究宪法相标榜，被称为研究系。上海《时事新报》、北京《晨报》当时为其机关报。

〔4〕胡适（一八九一——一九六二），安徽绩溪人。当时任北京大学教授。一九二二年提出“好人政府”，主张组织“宪政的政府”，实行“有计划的政治”。黄炎培（一八七八——一九六五），江苏川沙（今属上海市）人。一九〇五年加入中国同盟会。一九一七年在上海创办中华职业教育社，任办事部主任，主张“使无产者有业，使有产者乐业”，提倡手脑并用，注意实践。

〔5〕聂云台（一八八〇——一九五三），湖南衡山人。清末继承其父聂缉椝的事业，任复泰公司经理、恒丰纺织新局总理。第一次世界大战结束后，创建吴淞大中华纱厂，任董事长兼总经理。一九二〇年任上海总商会会长和全国纱厂联合会副会长。穆藕初（一八七六——一九四三），上海市人。先后创办了上海德大纱厂、厚生纱厂、郑州豫丰纱厂、中华劝工银行，担任经理或总经理。一九二二年赴檀香山出席太平洋商务会议，任首席代表。后任国民党政府工商部次长。

〔6〕直、奉、皖是北洋军阀的三大派系。直系先后以冯国璋、曹锟、吴佩孚为首领，得到英、美的支持。奉系是以张作霖为代表的奉天省（今辽宁省）军阀集团，一九一九年在日本支持下，控制整个东北。皖系是以段祺瑞、徐树铮为代表的安徽省籍军阀集团，投靠日本。

〔7〕华盛顿会议，指美、英、日、法、意、中、荷、比、葡九国代表一九二一年十一月十二日至次年二月六日在美国华盛顿召开的会议，会议签订了《九国公约》，规定“中国门户开放”，列强在华利益“机会均等”等共同侵略中国的原则。

〔8〕一八九九年九月，美国国务卿海约翰在分别致送英、法、德、日、意、俄的照会中首次提出：美国承认列强在中国的“势力范围”；美国也要在一切“势力范围”内取得通商自由，享受低税率和一切特权利益。一九〇〇年七月三日海约翰再度照会六国政府，主张把门户开放政策应用到“中国一切地方去”，以分沾侵略利益，把中国变成帝国主义共有的半殖民地。后来，美国利用“门户开放”和“机会均等”作为它排挤其他帝国主义势力、独霸中国的外交手段。

〔9〕白狼，即白朗，人名。一九一二年在豫西聚众反对袁世凯的统治。一九一三年夏，响应孙中山的“二次革命”，进军豫鄂皖边境，于一九一四年改称“公民讨贼军”。老洋人，一说为李鸣盛，一说为张庆，又名张国信。一九二二年十月二十七

日，老洋人率万余人联合一部分赵倜旧部在豫西起事，称建国军援豫军。

《广东省党部代表大会[1]会场日刊》发刊词

（一九二五年十月二十日）

本党广东省代表大会开会，发行日刊，应有发刊词。

本党自同盟会以至中国国民党历二十年，而有去年一月之改组；自辛亥革命垂成而败历十四年，而有现在之领导全国国民反帝国主义反军阀之革命；至于今日，于全国各地惨遭帝国主义屠杀声中，于反动军阀高压爱国运动声中，于东江炮火声中，而有广东全省代表大会之召集。这些都不是个人主观的突现或一时事变的偶然，这些都是察观环境的必然，和历史事实的推进。我们从去年一月全国大会中得到了正确的革命策略。从去年到今年两年来全国高潮的反帝国主义反军阀运动中，由执行我们的正确的革命策略得到了宣传、组织和那遇敌攻守的经验。于这次广东全省代表大会中我们将得到什么？

我们的伟大领袖孙中山先生应乎中国被外力、军阀、买办、地主阶级重重压迫的客观环境，为我们定下了革命的三民主义。我们的伟大领袖虽死，革命的三民主义不死。怎样使革命的三民主义在广东实现，乃是广东同志的唯一工作。

我们的已故领袖孙中山先生看清楚我们主要的敌人是帝

国主义，于是定下了革命的民族主义。又看清楚帝国主义借以剥削中国人民的重要工具，是军阀、大商买办阶级和地主阶级，又定下了革命的民权主义与民生主义。革命的民族主义叫我们反抗帝国主义，使中国民族得到解放。革命的民权主义叫我们反抗军阀，使中国人民自立于统治地位。革命的民生主义叫我们反抗大商买办阶级，尤其是那封建宗法性一切反动势力根本源泉之地主阶级，使中国大多数穷苦人民得享有经济幸福。广东的同志，在反抗帝国主义（沙面罢工、省港罢工），反抗军阀（打倒陈、林〔2〕、打倒杨、刘〔3〕），反抗大商买办阶级（镇压商团事件），反抗地主阶级（海丰、广宁、顺德、宝安……各县农民与地主阶级的苦斗）各次很大的运动中，都做了人民的领导。在这些反抗运动中间，得到了二十万有组织的工人，五十万有组织的农人，和数万有训练的军队，还有许多爱国的商人、学生都到了本党旗帜之下，为本党在南方定下了一个革命的基础！在这个基础之上建设了指挥全国革命运动的国民政府。在各次运动中，虽然有许多外省同志之参加，然广东同志实做了最大的努力。

广东是与英国帝国主义紧邻的地方，是陈、林、邓本殷〔4〕等落魄军阀狡然思逞的地方，是陈廉伯〔5〕等大商买办阶级集中的地方，而且是地主阶级勾结帝国主义、军阀严重剥削压迫农民的地方。怎样检查以前的工作，规定以后的方法，产生有力量的全省最高指挥机关，用以发展各界人民的组织，尤其是发展那占广东全人口百分之八十即二千数百万的农民大群众的组织，以保障而且扩大我们的胜利，使三民主义完全实现于广东，乃是广东全省代表大会的责任。

打倒英国帝国主义！
打倒陈炯明，肃清一切反革命！
打倒危害广东的买办阶级！
打倒勾结帝国主义、军阀惨杀农民的地主阶级！
革命的三民主义万岁！

根据一九二五年十月二十日中国国民党
《广东省党部代表大会会场日刊》刊印。

注释

〔1〕指中国国民党广东省第一次代表大会，一九二五年十月二十日至二十七日在广州召开。

〔2〕陈，指陈炯明（一八七八——一九三三），广东海丰人。一九一一年参加辛亥革命，被推为广东副都督，后任都督。一九二〇年任广东省省长兼粤军总司令。一九二二年六月，勾结英帝国主义和直系军阀，背叛孙中山。一九二五年所部被广东革命军消灭。林，指林虎（一八八七——一九六〇），广西陆川人。一九一二年三月任江西陆军第一师第一旅旅长。一九二二年冬受陈炯明委托，到湖南联络赵恒惕，推行联省自治。一九二三年三月被北洋军阀政府任命为广东潮梅护军使兼粤军总指挥，一九二四年五月被任命为广东督办。

〔3〕杨，指杨希闵（一八八六——一九六七），云南宾川人。当时是盘据在广东的滇系军阀。刘，指刘震寰（一八九〇——一九七二），广西柳州人。当时是盘据在广东的桂系军阀。

〔4〕邓本殷（？——一九二六），广东防城（今属广西壮族自治区）人。陈炯明的部属，曾盘据广东廉州（今合浦）、雷州（今海康）等地。

〔5〕陈廉伯（一八八四——一九四五），广东南海人。英国汇丰银行广东分行买办。一九一九年任广东商团团长。一九二四年秋，在英帝国主义支持下发动商团武装叛乱，遭革命力量镇压后逃往香港。

答少年中国学会改组委员会问[1]

（一九二五年十一月二十一日）

少年中国学会改组委员会调查表

注意

（一）国内会员以本年九月三十日为填缴调查表截止期；国外会员以本年十月三十一日为填缴调查表截止期。逾期不缴者即照本届年会议决案第四条办理，取消其会员资格。

（二）答案务请缮写清楚措辞明确，否则发生误会，应由本人负责。

（三）调查表正副两张：一备付印；一备保存。均请按式填缴，由邮局双挂号寄交南京网巾市六号黄仲苏收转。

姓　毛　名　泽东　号　润之　省　湖南　县　湘潭

最近通信地址　广州国民党中央委员会

永久通信地址　长沙文化书社

问题请逐条答复

（一）对于目前内忧外患交迫的中国究抱何种主义

本人信仰共产主义，主张无产阶级的社会革命。惟目前的内外压迫，非一阶级之力所能推翻，主张用无产阶级、小资产阶级及中产阶级左翼合作的国民革命，实行中国国民党之三民主义，以打倒帝国主义，打倒军阀，打倒买办、地主阶级（即与帝国主义、军阀有密切关系之中国大资产阶级及中产阶级右翼），实现无产阶级、小资产阶级及中产阶级左翼的联合统治，即革命民众的统治。

（二）对于本会会务之改进究抱何种态度

会员所抱主义显然有互相冲突之点，且许多会员精神不属于学会，少年中国学会在此时实无存在之必要，主张宣布解散。

（三）入会以后之经历请简明告知

（甲）学业　　研究社会科学，现在注重研究中国农民问题。

（乙）事业　　教过一年书，做过两年工人运动，半年农民运动，一年国民党的组织工作。

中华民国十四年十一月廿一日

此纸本日由长沙转到

根据毛泽东填写的调查表原件刊印。

注　　释

〔1〕本篇文内用仿体字排印的为调查表原有的，用宋体字排印的是毛泽东填写的。少年中国学会由李大钊、王光祈等人发起，一九一九年七月在北京成立。毛泽东于一九二〇年一月参加该学会。学会出版有《少年中国》和《少年世界》等刊物。会员成分复杂，有共产主义者、无政府主义者及国家主义者。一九二五年学会

作出改组决议，并发调查表征求会员对学会宗旨和改进会务的意见，后因意见不统一，改组无法进行而停止活动。

《政治周报》发刊理由[1]

（一九二五年十二月五日）

为什么出版《政治周报》？为了革命。为什么要革命？为了使中华民族得到解放，为了实现人民的统治，为了使人民得到经济的幸福。

我们为了革命，得罪了一切敌人——全世界帝国主义，全国大小军阀，各地买办阶级、土豪劣绅，安福系[2]、研究系[3]、联治派[4]、国家主义派[5]等一切反动政派。这些敌人，跟着我们革命势力的发展而增强对于我们的压迫，调动他们所有的力量企图消灭我们。他们有外国及本国的海军、陆军和警察，有国际的广大宣传机关（路透社等），有全国的报纸和学校。他们之间虽因利害不同时起冲突，说到对于我们，却无一怀着好意。

我们在广东的工作，在扫平杨、刘[6]，肃清郑、莫[7]以后，划然开一新时代。广州市上实现了十四年来未有的太平；人民确实得到了集会、结社、言论、罢工自由；东征军不曾拉夫；废除了广州市场的赌博；全省军政统一；财政亦逐渐集中；病民苛税已有一部革除，其余部亦定下了革除的步骤；民政、司法、教育、交通机关均确立了改革政策；北江、东江、南路反革命余孽以次肃清；坚持罢工，大规模封锁香港，以拥护爱国工人运动。我们并不隐讳我们的缺陷，我们不是说广东业已改造——广东之改造确还刚在开始，还有许多扰乱治安的土匪，还有许多鱼肉人民的土豪劣绅、贪官污吏，民政、财政、司法、教育、交通诸端内幕积弊还有许多未尽除去，我们不是说这些缺陷都没有了。我们是说我们已有了一个革命的权力，已有了一个肃清土匪的机会，已有了一个与土豪劣绅、贪官污吏作战的力量，民政、财政、司法、教育、交通诸端已可开始刷新的工作。总而言之，我们已有了一个革命的基础。凡所施为，一本孙中山先生革命策略，昭昭在人耳目，而香港英帝国主义，陈炯明〔8〕、邓本殷〔9〕等一班反革命余孽，无数土豪劣绅、贪官污吏，不免一齐向我们发抖。彼辈怨愤之余，凡所以咒诅诬蔑中伤我们者，无所不用其极。京津沪汉各地反革命派宣传机关，惶然起哄，肆其恶嘴毒舌，凡所以咒诅诬蔑中伤我们者，亦无所不用其极。全国国民尤其是北方及长江各地各界人民，所在被其迷惑，对于广东真相，完全隔绝。乃至同志之间，亦不免发生疑虑。即无疑虑分子亦无由根据事实以为切实的辨正。“内哄”、“共产”等等名词到处流传，好像广东真变成了地狱。

我们现在不能再放任了。我们要开始向他们反攻。“向反革命派宣传反攻，以打破反革命派宣传”，便是《政治周报》的责任。

我们反攻敌人的方法，并不多用辩论，只是忠实地报告我们革命工作的事实。敌人说：“广东共产”。我们说：“请看事实”。敌人说：“广东内哄”。我们说：“请看事实”。敌人说：“广州政府勾联俄国丧权辱国”。我们说：“请看事实”。敌人说：“广州政府治下水深火热民不聊生”。我们说：“请看事实”。

《政治周报》的体裁，十分之九是实际事实之叙述，只有十分之一是对于反革命派宣传的辩论。

接受我们对于革命工作的忠实报告，全国革命的民众起来！

根据新华出版社一九八三年出版的
《毛泽东新闻工作文选》刊印。

注　释

〔1〕这是毛泽东为《政治周报》创刊写的发刊词。《政治周报》是第一次国共合作时期中国国民党中央宣传部主办的刊物，一九二五年十二月五日创刊于广州。毛泽东当时任国民党中央宣传部代理部长兼该刊主编。

〔2〕安福系，是北洋军阀皖系操纵的政客集团。一九一六年袁世凯死后，皖系军阀首领段祺瑞任国务总理，控制了北洋政府。一九一八年，皖系政客徐树铮、王揖唐等在北京安福胡同成立俱乐部，进行政治活动，控制国会，被称为“安福系”。一九二六年段祺瑞垮台，安福系瓦解。

〔3〕研究系，参见本卷第13页注〔3〕。

〔4〕联治派，即“联省自治派”。北洋军阀统治期间，部分军阀政客为保持地方割据，并反对民主革命，而提出联省自治的反动主张。

〔5〕国家主义派，指中国青年党（当时的公开名称是“中国国家主义青年团”）的一些反动政客。他们投靠帝国主义和当权的反动派，反对中国共产党，反对苏联。

〔6〕杨、刘，指杨希闵、刘震寰。见本卷第17页注〔3〕。

〔7〕郑、莫，指郑润琦、莫雄，是广东的小军阀。一九二五年他们所部被广东革命军消灭。

〔8〕陈炯明，见本卷第17页注〔2〕。

〔9〕邓本殷，见本卷第17页注〔4〕。

国民党右派分离的原因及其对于革命前途的影响

（一九二五年冬）

有些人说：国民党现在又分离出去一个右派，这是党里左派分子的操切，这是中国国民党与中国国民革命的不幸。这个意见是不对的。半殖民地中国的国民革命政党，在今日应有这个分裂。这是一种必然的现象。我们虽不必以此为喜，却断不是什么不幸的事。要知道这个理由，只要一看近代的时局，只要一看从兴中会到现在的中国国民党的历史，就可以完全明白。十八世纪末期至十九世纪中期欧、美、日本资产阶级反抗封建贵族阶级的民主革命，与十九世纪末期至二十世纪初期殖民地半殖民地的小资产阶级、半无产阶级、无产阶级合作反抗帝国主义及其工具官僚、军阀、买办、地主阶级的国民革命，性质完全不同。不但如此，辛亥年的革命，与现在的革命，性质也不相同。前代英、法、德、美、日本各国资产阶级的革命，乃资产阶级一阶级的革命。其对象是国内的封建贵族；其目的是建设国家主义的国家即资产阶级一阶级统治的国家；其所谓自由、平等、博爱乃当时资产阶级用以笼络欺骗小资产、半无产、无产阶级使为己用的一种策略；其结果是达到了他们的目的建设了国家主义的国家;其终极是发展了全世界的殖民地半殖民地,造成了国际资本帝国主义。现代殖民地半殖民地的革命,乃小资产阶级、半无产阶级、无产阶级这三个阶级合作的革命,大资产阶级是附属于帝国主义成了反革命势力,中产阶级是介于革命与反革命之间动摇不定,实际革命的乃小资产、半无产、无产这三个阶级成立的一个革命的联合。其对象是国际帝国主义;其目的是建设一个革命民众合作统治的国家;其所号召的民权民生主义并不是某一阶级笼络欺骗某一阶级使为己用的一种策略,而是各革命阶级一种共同的政治经济要求,由他们的代表者(孙中山先生)列为他们政党的纲领;其结果是要达到建设各革命民众统治的国家;其终极是要消灭全世界的帝国主义,建设一个真正平等自由的世界联盟(即孙先生所主张的人类平等、世界大同)。再看辛亥年的革命与目前的革命不同之点。辛亥年的革命,虽然其本质应该是反对国际帝国主义,然因当时多数党员还没有看清此点,黄兴、章炳麟、宋教仁〔1〕等一班右倾的领袖们只知道国内清朝贵族阶级是敌人,革命的口号变成简单的"排满",党的组织和内容是极其简单,作战的队伍是极其孤弱。这是因为当时还没有有组织的工农群众;当时国内还没有代表无产阶级利益的中国共产党;国际的局面是几个强国霸占了全世界,只有压迫阶级反革命的联合,没有被压迫阶级革命的联合,只有资产阶级的国家,没有无产阶级的国家,因此中国当时的革命没有国际的援助。现在的局面与辛亥年完全两样:革命的目标已转换到国际资本帝国主义;党的组织逐渐严密完备起来,因为加入了工农阶级的分子,同时工农阶级形成了一个社会的势力;已经有了共产党；在国际又突现了一个无产阶级国家的苏俄和一个被压迫阶级革命联合的第三国际，做了中国革命有力的后援。以此之故，在辛亥年参加革命的人，现在只剩下了少数革命意志强固的还主张革命，大多数都因为畏惧现在的革命把革命事业放弃了，或者跑向反革命队伍里同着现在的国民党作对。因此，老右派新右派依着革命的发展和国民党的进步，如笋脱壳，纷纷分裂。我们要完全明白这分裂的原因，还要看本党从兴中会以来本党党员的社会阶级的属性。我们知道领袖农村无产阶级向清朝贵族及地主阶级作农民革命的洪秀全，乃孙中山先生最初革命思想的渊泉。兴中会的组织，完全是收集游民无产阶级的会党。同盟会的组织，一部分是海外华侨工人，一部分是内地的会党，另一部分则为小地主子弟出身的留学生、小地主子弟出身的内地学生及自耕农子弟出身的内地学生，总之同盟会的成分，乃无产阶级（会党）、半无产阶级（侨工）、小资产阶级（一部分内地学生）、中产阶级（留学生及一部分内地学生）这四个阶级的集合体。此时领袖中国大地主阶级的康有为派保皇党〔2〕，与领袖中国无产阶级、半无产阶级、小资产阶级、中产阶级的孙中山派同盟会，成了对抗。辛亥革命初成，同盟会中代表小地主的一派即不赞成孙先生平均地权、节制资本见之于实行，结果解散革命的同盟会，改组不敢革命的“国民党”，并合了许多代表小地主阶级利益的政团，使小地主阶级在国民党中成了绝对多数的支配者。虽然此时与代表大地主阶级的进步党（进步党为清末谘议局化身，谘议局乃各省大地主机关，与现今各省省议会之为大地主机关完全一样）还是立于对抗地位，但革命性几乎没有了。孙先生因此大愤，决志改组中华革命党，毅然提出“革命”二字做了党的名称，不惜与小地主阶级领袖黄兴等分裂，以保持革命的正统。黄兴一派小地主领袖们为了怕革命不肯加入中华革命党，脱离了孙先生之后，另外成立了欧事研究会〔3〕。不久加以扩张，招引许多大小地主加入，成立了政学会。我们只要看政学会中人几乎无一个不是地主阶级，即可知道他们何以必须脱离孙先生，何以必须放弃革命，何以渐渐与代表大地主阶级由进步党蜕化而成的研究系相视莫逆，何以到近年竟组成了联治派（联治派乃南方各省地主阶级近四年来欲组织而未成形的政党），拥护赵恒惕、陈炯明、唐继尧、熊克武〔4〕把持西南各省的政权，以省议会县议会及团防局的武装为其工具，向农村中自耕农、佃农、雇农，都市中工人、学生、小商施行极大的压迫，完全站入反革命地位。中华革命党改成中国国民党时，又加入一批中产阶级的非革命派，此时而且有一部分代表买办阶级的分子混了进来，他们站在党的支配地位，孙先生及少数革命派领袖拿了仍不能革命。乃于去年一月毅然召集第一次党的全国大会，明白决定拥护工农阶级的利益，从工农阶级中扩张国民党的组织，并且容纳共产派分子入党。当去年一月孙先生在广州长堤亚洲酒店招宴全国大会代表时，茅祖权〔5〕起持异议，反对容纳共产党分子。孙先生起立作长篇之演说，谓二十年以来，党员总是阻挠我革命，总是丢掉民生主义，跟随我的很多，但总是想打他自己的主意，真正跟我来革命的，如汪精卫先生一样的人不出二十个，今日还要阻挠我容纳革命的青年！到了第一次全国大会的人，都听见孙先生的话。然而此举首先得罪了代表买办阶级的领袖们，冯自由、马素等首先与帝国主义、军阀勾结，脱离了国民党，另外组织同志俱乐部。国民党左派两年来在广东的工作，为了拥护工人的团结与罢工，得罪了帝国主义、买办阶级；为了拥护农民的团结与减租，得罪了地主阶级；为了保持革命根据地，用严厉手段对付反动派，得罪了帝国主义工具买办、地主阶级的代表魏邦平、陈炯明、熊克武一班人。于是又激动了一班新右派，他们已在北京开会，图谋脱离左派领袖的国民党，另外组织右派的国民党。惟闻在北京的会议〔6〕中，代表小地主及华资工商资产阶级的一派与代表买办阶级的一派意见不合，前一派有会议未终即离京南下之说。我们觉得这种现象也是必然的。中国现在已到了短兵相接的时候，一面是帝国主义为领袖，统率买办阶级、大地主、官僚、军阀等大资产阶级组织反革命联合战线，站在一边；一面是革命的国民党为领袖，统率小资产阶级（自耕农、小商、手工业主），半无产阶级（半自耕农、佃农、手工业工人、店员、小贩），无产阶级（产业工人、苦力、雇农、游民无产阶级）组织革命联合战线，站在一边。那些站其中间的中产阶级（小地主、小银行家及钱庄主、国货商、华资工厂主），其欲望本系欲达到大资产阶级的地位，为了帝国主义、买办阶级、大地主、官僚、军阀的压迫使他们不能发展，故需要革命。然因现在的革命，在国内有本国无产阶级的猛勇参加，在国外有国际无产阶级的积极援助，他们对之不免发生恐惧，又怀疑各阶级合作的革命。中国的中产阶级（除开其左翼即中产阶级中历史和环境都有特别情况的人，可与其余阶级合作革命，但人数不多），到现在还在梦想前代西洋的民主革命，还在梦想国家主义之实现，还在梦想由中产阶级一阶级领袖、不要外援、欺抑工农的“独立”的革命，还在梦想其自身能够于革命成功后发展成壮大的资产阶级，建设一个一阶级独裁的国家。他们革命的出发点，与其余阶级革命的出发点完全不同：他们的革命是为了发财，其余阶级的革命是为了救苦；他们的革命是为了准备做新的压迫阶级，其余阶级的革命是为了要得到自己的解放并且使将来永无压迫自己的人。这班中产阶级“独立”革命派（小地主出身的最多），现在还在冒了孙先生的牌，说孙先生的“主义”、“遗教”是代表了他们。其实孙先生绝非如此。孙先生的主义、遗教，绝对是为了“救苦”，绝对不是为了“发财”；绝对是使人类从压迫阶级解放出来，绝对不是为了准备做新的压迫阶级。无论将孙先生的主义、遗教如何曲解，这个意义绝对不能变动。他们介在革命派反革命派之间，自以为可以独立革命，其实没有这回事。他们疑忌工农阶级之兴起，他们疑忌国内及国际无产阶级政党之援助，他们丢弃了群众，丢弃了帮手，在二十世纪半殖民地内外强力高压的中国，决没有做成革命的道理。在人数上说，四万万人中，买办、大地主、官僚、军阀等大资产阶级至多每四百个人里头有一个（四百分之一），计一百万人。小地主、国货工商业家等中产阶级，大约每百个人里头有一个（百分之一），即四百万人。此外的数目都属其余的阶级：自耕农、小商、手工业主等小资产阶级约占一万万五千万；半自耕农、佃农、手工业工人、店员、小贩等半无产阶级人数最多约占二万万；产业工人、都市苦力、雇农、游民等完全的无产阶级约占四千五百万。依此分析，则中国为了救苦为了自求解放的革命民众有多少呢？有三万万九千五百万，占百分之九八点七五。其敌人有多少呢？有一百万，占百分之零点二五。中间派有多少呢？有四百万，占百分之一。在这种情形之下，我们可以毫不犹疑地断定：代表中产阶级的国民党右派之分裂，并不足以妨碍国民党的发展，并不足以阻挠中国的国民革命。他们的分裂，是基于他们的阶级性，是基于现在特殊的时局，使他们不得不分裂，并不是为了什么左派的操切。所谓左派（所谓左派，是指国民党的左派，并非指共产党，共产党党员在国民党内乃共产派，不是国民党左派）的操切，就是扫平杨、刘〔7〕，扫平郑、莫〔8〕，扫平东江、南路、北江给了陈炯明、邓本殷、熊克武以大打击，坚持省港罢工给了英国帝国主义以大打击这些革命的工作；然而这也是基于革命派的阶级性，基于现在特殊的时局，不得不奋斗，不得不革命，奋斗和革命乃是他们唯一的出路，并不是什么操切不操切。像这样紧迫的时局，不但无弛缓希望，而且将继续紧迫。我们料到在不远的将来情况之下，中间派只有两条路走：或者向右跑入反革命派，或者向左跑入革命派（其左翼有此可能），万万没有第三条路。而在现在，他们留在国民党内，实在是汪精卫先生所说的“假革命派”，不但无益而且有害。为了他们的分出去，为了他们对于革命派（左派）的反动和攻击，革命派将因此成功一个更大的团结。所以我们现在到处可以听得见的口号，几乎都是这样的一句：“全国革命派团结起来！”

根据一九二六年一月十日《政治周报》第四期刊印。

注　释

〔1〕黄兴（一八七四——一九一六），湖南善化（今属长沙县）人。辛亥革命时期资产阶级革命民主派的重要领袖。一九〇五年中国同盟会成立后，任执行部庶务，曾直接领导多次反清的武装起义。一九一一年武昌起义后，任湖北军政府战时总司令、南京临时政府陆军总长。一九一三年二次革命时任讨袁军总司令，失败后去日本。一九一四年孙中山在日本组织中华革命党，黄兴未参加，转赴美国。章炳麟，即章太炎（一八六九——一九三六），浙江余杭人。一九〇六年加入中国同盟会，辛亥革命后，曾任南京临时政府总统府顾问等职。一九二四年后逐渐脱离民主革命运动，专门从事讲学。宋教仁（一八八二——一九一三），湖南桃源人。一九〇五年加入中国同盟会，一九一二年中国同盟会改组为国民党后任理事、代理理事长。一九一三年三月在上海被袁世凯派人暗杀。

〔2〕康有为在戊戌变法失败后，于一八九九年在加拿大组织保救大清皇帝会，简称保皇会，自任会长。其宗旨是保救光绪，实行君主立宪，反对民主革命。

〔3〕欧事研究会，是民国初年建立的政治团体。一九一四年七月，孙中山在日本东京召集一部分国民党党员组成中华革命党。另一部分党员同孙中山意见分歧，另组欧事研究会，参加者有李烈钧、熊克武、钮永建等百数十人。黄兴虽已赴美，仍列名其间，会员隐以他为首领。该会反对以急进的革命手段对待袁世凯，而主张缓进。后改名政学会。在袁世凯公开进行复辟帝制活动时，亦参加反袁联合战线。

〔4〕赵恒惕（一八八〇——一九七一），湖南衡山人。曾任湘军总司令兼湖南省省长。陈炯明，见本卷第17页注〔2〕。唐继尧（一八八三——一九二七），云南会泽人。曾任云南省督军、省长。熊克武（一八八五——一九七〇），四川井研人。曾任四川讨贼军总司令。

〔5〕茅祖权（一八八三——一九五二），江苏海门人。当时任国民党中央候补执行委员。

〔6〕指国民党右派邹鲁、谢持、居正等十余人一九二五年十一月二十三日在

北京西山碧云寺召开的所谓国民党一届四中全会。

〔**7**〕杨、刘，指杨希闵、刘震寰。见本卷第17页注〔3〕。

〔**8**〕郑、莫，指郑润琦、莫雄。见本卷第23页注〔7〕。

纪念巴黎公社的重要意义[1]

（一九二六年三月十八日）

今天是中国民众纪念巴黎公社的第一次。巴黎公社事件的发生，距今已五十五年了，为什么到今日我们才知道纪念，才举行纪念呢？因为中国从前的革命，是少数人包办的，及到革命潮流渐渐增涨，革命运动才跟着由少数人扩张到多数人，到现在已有多数的农工民众参加，并且有左派的国民党党员作指导，有工农阶级专政的国家苏维埃俄罗斯作模范，所以中国民众才知道有今日的纪念，才能有今日的纪念。

关于巴黎公社的经过，近几日的报纸都有记载，即《新社会观》[2]一书内，也有简单的叙述，想各同志都已看过，可以不必多讲。现在只把纪念巴黎公社的几个重要意义说一说。

巴黎公社，是一八七一年三月十八日巴黎工人阶级起来的第一次革命的运动。那年正当前清同治十年，到今日恰是五十五年了。我们要问，这种运动为什么不发生于百年以前，而发生于五十五年前的今日呢？我们知道，凡属一种运动发生，不是无缘无故的，必有客观的条件。查巴黎公社，在中国鸦片战争之后三十年，这三十年中，继续订有《南京条约》、《天津条约》、《北京条约》……等，足证明欧洲各国，已有能力向东方猛烈地发展，已由资本主义进为帝国主义，国内已形成伟大的工人阶级，所以才有此种壮烈的工人革命运动产生。这是应该注意的第一点。

马克思说：资本家互争利益的国际战争，是无意义的，只有国内阶级战争，才能解放人类。民国三年的欧洲大战，丧失了许多的生命，耗费了无数的金钱，结果得到了什么？民国六年俄罗斯工人起来革命，推翻资本家政府，成功了劳工专政，使世界上另开了一条光明之路，其价值的重大为何如？俄国的十月革命和巴黎公社，是工人阶级以自己的力量，来求人类真正的平等自由，它们的意义是相同的，不过成功与失败不同而已。所以我们可以说：巴黎公社是开的光明的花，俄国革命是结的幸福的果——俄国革命是巴黎公社的继承者。现在一般资本家宣传说："对外的战争是有益的，对内的战争是无益的。"我们却要进一步说："资本家互争利益的国际战争，是无意义的，打倒资本主义的国际战争，才有意义的；军阀们争权夺利的国内战争，是无价值的，被压迫阶级起来推倒压迫阶级的国内战争，才有价值。"一般国家主义派，盛倡其"为祖国而牺牲，乃无上光荣"的说法，这是资产阶级欺人之话，我们万不要受他们的愚弄！此应注意的第二点。

现时国内颇有些人怀疑或反对阶级斗争的，这是不了解人类进化史的缘故。马克思说："人类的历史，是一部阶级斗争史。"〔3〕这是事实，不能否认的。人类由原始社会进化为家长社会、封建社会以至于今日之国家，无不是统治阶级与被统治阶级之阶级斗争的演进。巴黎公社便是工人阶级第一次起来打倒统治阶级的政治的经济的革命。我们向来读中国史，不注意阶级斗争的事实，其实四千多年的中国史，何尝不是一部阶级斗争史呢？如秦二世时，起来革命的陈胜、吴广是农民。汉高祖是流氓，也是无产阶级推倒贵族阶级的革命，不过在农业社会里，他们革命成功后，又做起皇帝，自己又变成贵族阶级了。太平王洪秀全号召广西一班失业农民起来革命，大有社会革命的意义，孙总理也很佩服他。大家只知道打倒他的是清朝政府，而不知真正打倒他的主力军，却是地主阶级。打倒太平天国出力最多的是曾国藩，他当时是地主阶级的领袖。曾国藩是练团练出身，团练即是地主阶级压迫农民的武力，他们见洪秀全领导一班农民革命，于他们不利，遂出死力来打倒他。故太平天国之事，不是满汉的战争，实是农民和地主的阶级斗争。此应注意的第三点。

巴黎公社存在不过七十二天，何以失败这样快呢？有两个主要原因：（一）没有一个统一的集中的有纪律的党作指挥——我们欲革命成功，必须势力集中行动一致，所以有赖于一个有组织有纪律的党来发号施令。当时巴黎公社，因为没有一个统一的政党，以致内部意见纷歧，势力分散，而予敌人以可乘之机，这是失败的第一个原因。（二）对敌人太妥协太仁慈——我们对敌人仁慈，便是对同志残忍。一九一七年俄国十月革命的成功，十四年〔4〕国民政府打倒杨、刘〔5〕肃清反革命派的胜利，全赖对于敌人取绝对严厉的手段，不丝毫妥协，因为我们不用严厉的手段对付敌人，敌人便要用极残酷的手段对付我们了。巴黎公社，对于敌人不取严厉处置，还容许敌人占住金融机关，调集军队，所以终被敌人覆灭了。各同志要鉴往知来，惩前毖后，千万不要忘记“我们不给敌人以致命的打击，敌人便给我们以致命的打击”这句话。我们要革命，便要从此学得革命的方法。这是纪念巴黎公社应注意的第四点。

现时帝国主义者为欲分散革命势力的联合，极力宣传“赤色的恐怖”，说什么俄国革命杀了整千整万的人，实则只有帝国主义者“白色的恐怖”，才是真的恐怖！试看巴黎公社失败后，被法国资本家所残杀者统共不下十万人，而俄国革命所杀的，最多不过几千人。“赤色的恐怖”实在不及“白色的恐怖”多了！五卅惨案，沙基屠杀，更是“白色的恐怖”的实证。所以我们要大声疾呼：“反对白色的恐怖！反对帝国主义者对于无产阶级的大残杀！”

根据一九二六年三月三十一日《中国国民党政治讲习班旬刊》第二期刊印。

注　释

〔1〕这是毛泽东为纪念巴黎公社五十五周年在国民党政治讲习班上的讲演，发表在《中国国民党政治讲习班旬刊》上，原题为《纪念巴黎公社应注意的几点》。

〔2〕《新社会观》，郭范仑科著，王伊维译，瞿秋白校，平民书社一九二五年六月出版。

〔3〕见马克思和恩格斯《共产党宣言》。新译文是：“到目前为止的一切社会的历史都是阶级斗争的历史。”恩格斯在《共产党宣言》一八八八年英文版上，对这句话作了注解，指出：“确切地说，这是指有文字记载的历史。”(均见《马克思恩格斯选集》第一卷第250—251页，人民出版社1972年版)

〔4〕指民国十四年，即公元一九二五年。

〔5〕杨、刘，指杨希闵、刘震寰。见本卷第17页注〔3〕。

国民革命与农民运动

——《农民问题丛刊》[1]序

（一九二六年九月一日）

农民问题乃国民革命的中心问题，农民不起来参加并拥护国民革命，国民革命不会成功；农民运动不赶速地做起来，农民问题不会解决；农民问题不在现在的革命运动中得到相当的解决，农民不会拥护这个革命。——这些道理，一直到现在，即使在革命党里面，还有许多人不明白。他们不明白经济落后之半殖民地革命最大的对象是乡村宗法封建阶级（地主阶级）。经济落后之半殖民地，外而帝国主义内而统治阶级，对于其地压迫榨取的对象主要是农民，求所以实现其压迫与榨取，则全靠那封建地主阶级给他们以死力的拥护，否则无法行其压榨。所以经济落后之半殖民地的农村封建阶级，乃其国内统治阶级国外帝国主义之唯一坚实的基础，不动摇这个基础，便万万不能动摇这个基础的上层建筑物。中国的军阀只是这些乡村封建阶级的首领，说要打倒军阀而不要打倒乡村的封建阶级，岂非不知道轻重本末？明显的例摆在广东：哪一个土豪劣绅、贪官污吏比较敛迹的县份，必定是农民运动已经做起来有了大的农民群众加入了农民协会的县份。换句话说，即是哪一个陈炯明[2]势力削减的县份，必是农民起来的县份。我们无庸讳言：一年以前是陈炯明有广东，革命政府可以说并没有广东；一年以来到现在是革命政府与陈炯明平分广东天下，虽然陈炯明自己不在广东境内；往后须得农民从广东各县逐渐地起来，才可以确实证明陈炯明的势力从广东各县逐渐地减削下去。陈炯明的故乡，历来土豪劣绅、贪官污吏猬集的海丰县，自从有了五万户二十五万人之县农民协会，便比广东任何县都要清明——县知事不敢为恶，征收官吏不敢额外括钱，全县没有土匪，土豪劣绅鱼肉人民的事几乎绝迹。因此，乃知中国革命的形势只是这样：不是帝国主义、军阀的基础——土豪劣绅、贪官污吏镇压住农民，便是革命势力的基础——农民起来镇压住土豪劣绅、贪官污吏。中国的革命，只有这一种形势，没有第二种形势。全中国各地都必须办到海丰这个样子，才可以算得革命的胜利，不然任便怎么样都算不得。全中国各地必须都办到海丰这个样子，才可以算得帝国主义、军阀的基础确实起了动摇，不然也算不得。因此，乃知所谓国民革命运动，其大部分即是农民运动。因此，乃知凡属不重视甚至厌恶农民运动之人，他实际上即是同情土豪劣绅、贪官污吏，实际上即是不要打倒军阀，不要反对帝国主义。

有人以为买办阶级之猖獗于都市，完全相同于地主阶级之猖獗于乡村，二者应相提而并论。这话说猖獗对，说完全相同不对。买办阶级集中的区域，全国不过香港、广州、上海、汉口、天津、大连等沿海沿江数处，不若地主阶级之领域在整个的中国各省各县各乡。政治上全国大小军阀都是地主阶级（破产的小地主不在内）挑选出来的首领，这班封建地主首领即封建军阀利用城市买办阶级以拉拢帝国主义，名义上实际上都是军阀做主体，而买办阶级为其从属。财政上军阀政府每年几万万元的消耗，百分之九十都是直接间接从地主阶级驯制下之农民身上括得来，买办阶级如银行公会等对北京政府有条件的借债，究竟比较甚少。故我总觉得都市的工人、学生、中小商人应该起来猛击买办阶级，并直接对付帝国主义，进步的工人阶级尤其是一切革命阶级的领导，然若无农民从乡村中奋起打倒宗法封建的地主阶级之特权，则军阀与帝国主义势力总不会根本倒塌。

基此理由，我们的同志于组织工人组织学生组织中小商人许多工作以外，要有大批的同志，立刻下了决心，去做那组织农民的浩大的工作。要立刻下了决心，把农民问题开始研究起来。要立刻下了决心，向党里要到命令，跑到你那熟悉的或不熟悉的乡村中间去，夏天晒着酷热的太阳，冬天冒着严寒的风雪，搀着农民的手，问他们痛苦些什么，问他们要些什么。从他们的痛苦与需要中，引导他们组织起来，引导他们向土豪劣绅争斗，引导他们与城市的工人、学生、中小商人合作建立起联合战线，引导他们参与反帝国主义反军阀的国民革命运动。我们预计：全国三万万以上农民群众当中，以十分之一加入农民协会计算，可以得到三千万以上有组织的农民。尤其是南方的湘、粤、赣，北方的直、鲁、豫，中部的鄂、皖几个政治上特别重要的省份，应该下大力从事组织。有了这几个重要省份的农民起来，其余省份的农民便都容易跟着起来。必须到这时候，帝国主义、军阀的基础才能确实动摇，国民革命才能得着确实的胜利。

说到研究农民问题，便感觉太缺乏材料。这种材料的搜集自然要随农民运动的发展才能日即于丰富，目前除广东外各地农运都方在开始，所以材料是异常贫乏。这回尽可能搜集了这一点，印成这一部丛刊，作为各地农运同志的参考。其中各省农村状况调查一部分，乃农民运动讲习所第六届学生三百余人所做，在学生们分别组织的各该省农民问题研究会内提出讨论，又经过相当的审查才付印的。他们以前多没有农民状况的详细的调查，故所述只属大略。然从前连大略都没有，今有了一点，便也觉得可贵。我们应该拿了这一点大略，在不久的时期内从各地的实际工作实际考察中引出一个详细的具体的全国的调查来。关于农业生产问题的材料，本书只收得五种（第二十二种至第二十六种）。关于此问题的材料并不是很缺乏，为了出版仓卒搜集不及，他日尚当另外编印。农民问题本来包括两个方面的问题：即帝国主义、军阀、地主阶级等人为的压迫问题，与水旱天灾、病害虫害、技术拙劣、生产减缩等天然的压迫问题。前一问题固然是目前的紧急问题，同志们的注意力自然都集中在这里。但后一问题也是非常之严重，我们不能不积极地注意。要解决后一个问题，需要着全国的革命的政权与科学的方法，不是即刻能办之事，但时期也就快要到来了，我们应得预先准备。这部书内关于广东的材料，占了八种，乃本书最精粹部分，它给了我们做农民运动的方法，许多人不懂得农民运动怎样去做，就请过细看这一部分。它又使我们懂得中国农民运动的性质，使我们知道中国的农民运动乃政治争斗、经济争斗这两者汇合在一起的一种阶级争斗的运动。内中表现得最特别的尤在政治争斗这一点，这一点与都市工人运动的性质颇有点不同。都市工人阶级目前所争，政治上只是求得集会结社之完全自由，尚不欲即时破坏资产阶级之政治地位。乡村的农民，则一起来便碰着那土豪劣绅大地主几千年来持以压榨农民的政权（这个地主政权即军阀政权的真正基础），非推翻这个压榨的政权，便不能有农民的地位，这是现时中国农民运动的一个最大的特色。我们从五年来各地的农民运动的经过看来，我们读了这部书的广东农民大会议决案、海丰农民运动报告及广宁普宁两个农民反抗地主始末记，不由得不有此感觉。本书对于外国的材料也搜集了一点（第十五种至第十八种），但是太少。各国尤其是俄国的农民运动农业经济的材料很多，可惜没有人详细地翻过来。本书内惟俄国农民与革命一篇算得比较的详细，我们亦很可以拿来与中国的情形比较一番。

根据一九二六年九月二十一日出版的《农民运动》第八期刊印。

注释

〔1〕《农民问题丛刊》，是毛泽东一九二六年五月至九月在广州主办第六届农民运动讲习所期间主编的，旨在总结推广国内外特别是广东农民运动的经验，以指导和促进全国农民运动的发展。原计划出版五十二种，实际上出版了二十六种。

〔2〕陈炯明，见本卷第 17 页注〔2〕。

在土地委员会第一次扩大会议上的发言[1]

（一九二七年四月十九日）

一

政权问题，不过是形式的问题。我们切实实现本党的决议已经够了，即是能够扩大农民协会的组织，则农民的政权是不成问题的。我关于土地问题有点意见，我以为这个问题应有一个纲领。即：

（一）解决土地问题的意义。我们确定这个意义之后，须加以大力的宣传。

（二）如何解决土地问题，即没收土地有何标准，如何分配土地，此点实为问题的中心问题。

（三）农民的政权与土地问题，即用什么机关来没收和分配。

（四）土地没收了，耕者有其田了，是否禁止买卖？所以发生了禁止买卖土地和土地国有问题。

（五）地税问题，即如何征收田税，此问题亦甚复杂。

二

解决土地问题的意义有:(一)使农民得解放。废除地主及一切压迫阶级的剥削和压迫,实为本题的主要意义。(二)土地问题不解决,经济落后的国家不能增加生产力,不能解决农民的生活痛苦,不能改良土地。据俄同志〔2〕调查,我国土地生产力日见衰落,全国生产力已到了一个大危机,此危机不解决,必起绝大的饥荒。土地问题不解决,农民无力改良土地,生产必至日减。故第二个意义为增加生产。(三)保护革命。革命势力目前虽见发展,但亦即到了一个危机,此后非有一支生力军必归失败。要增加生力军保护革命,非解决土地问题不可。其作用,在解决土地问题后即能够解决财政问题及兵士问题。兵士能否永久参加革命,亦即在土地问题解决,因农民要保护他们的土地,必勇敢作战。这三点是解决土地问题的重要意义。

三

现在关于解决土地问题的意义可再加三项:(一)废除封建制;(二)发展中国工业;(三)提高文化。

四

我很赞成主席的意思〔3〕。我以为国民政府农政部应即设乡村自治委员会，专门管理乡村自治机关的事项。至于农民政权有两个阶段：(一)农民协会时代。在农村革命的时候，政权集中在农民协会。(二)革命过后，乡村政府应在国民政府一个系统之下。农民协会与政府本来不同一个系统的，并且此种农民政权的行使，各省需要几个中心的县份做榜样。湖南已经颁布过区乡村自治条例〔4〕，湖北亦可开始，广东则在例外。这些条例，最重要的须规定某种人不能加入自治机关之内。现在我们须要承认农民的政权，并且促进农民的政权。

五

(一)农民政权问题可以另成一问题。

(二)增加土地分配之机关一项，加入上面解决土地问题纲要之内。

根据国民党中央土地委员会第一次扩大会议记录刊印。

注 释

〔1〕这是毛泽东在国民党中央土地委员会第一次扩大会议讨论“农民政权”、

"解决土地问题之意义"等问题时的五次发言。这个会议于一九二七年四月十九日下午在汉口举行。

〔2〕指苏联土地问题专家岳尔克和达哈诺夫。

〔3〕指会议主席邓演达在会上讲的以下意见:"农民政权问题,宜经下层着眼:(一)消极方面,应消灭封建势力。(二)积极方面,应建设农民自治机关。但乡村自治、区自治、县自治,均须顾到农民武力的保障,故解决农民武装问题极关重要。故第一步宜讨论乡、区、县自治机关的组织法;第二步要使农民得到武装,革命的党和政府应设法给武装与农民,我们应作一决议,请中央由兵工厂出品中交百分之五或十与农民;第三步由农政部根据决议案,制定乡、区、县自治机关的组织法令公布出来。"

〔4〕指中共湖南区委一九二七年二月十六日发布的《关于如何实现乡村民主政权的通告》及附件《湖南区乡自治条例》。

在中央紧急会议上的发言[1]

（一九二七年八月七日）

国际代表[2]报告的全部是很重要的。第一，国民党问题在吾党是很长久的问题，直到现在还未解决。首先是加入的问题，继又发生什么人加入，即产业工人不应加入的问题。实际上不仅产业工人，即农民都无决心令其加入。当时大家的根本观念都以为国民党是人家的，不知它是一架空房子等人去住。其后像新姑娘上花轿一样勉强挪到此空房子去了，但始终无当此房子主人的决心。我认为这是一大错误。其后有一部分人主张产业工人也加入，闻湖北亦有此决定，但仅是纸上空文，未能执行。过去群众中有偶然不听中央命令的抓住了国民党的下级党部，当了此房子的主人翁，但这是违反中央意思的。直到现在，才改变了策略，使工农群众进国民党去当主人。第二，农民问题。农民要革命，接近农民的党也要革命，但上层的党部则不同了。当我未到长沙之先，对党完全站在地主方面的决议无由反对，及到长沙后仍无法答复此问题，直到在湖南住了三十多天，才完全改变了我的态度。我曾将我的意见在湖南作了一个报告，同时向中央也作了一个报告，但此报告在湖南生了影响，对中央则毫无影响。广大的党内党外的群众要革命，党的指导却不革命，实在有点反革命的嫌疑。这个意见是农民指挥着我成立的。我素以为领袖同志的意见是对的，所以结果我未十分坚持我的意见。我的意见因他们说是不通于是也就没有成立，于是党的意见跟着许克祥〔3〕走了。甚可怪的，唐〔4〕军还仅承认只有八处军官家庭被毁，我党反似乎承认不知有多少军官家庭被毁。总之，过去群众对于党的领导的影响太少。第三，对军事方面，从前我们骂中山专做军事运动，我们则恰恰相反，不做军事运动专做民众运动。蒋、唐〔5〕都是拿枪杆子起的，我们独不管。现在虽已注意，但仍无坚决的概念。比如秋收暴动非军事不可，此次会议应重视此问题，新政治局的常委要更加坚强起来注意此问题。湖南这次失败，可说完全由于书生主观的错误，以后要非常注意军事。须知政权是由枪杆子中取得的。〔6〕第四，组织问题。以后上级机关应尽心听下级的报告，然后才能由不革命的转入革命的。

根据人民出版社一九八六年出版的《毛泽东著作选读》刊印。

注　释

〔1〕这是毛泽东一九二七年八月七日在汉口举行的中共中央紧急会议（八七会议）上的一次发言。一九二七年四月和七月，蒋介石和汪精卫相继背叛孙中山所决定的国共合作政策和反帝反封建政策，残酷屠杀共产党人和革命人民，第一次国内革命战争归于失败。八七会议在中国革命的这个紧急关头，坚决地纠正了和结束了陈独秀的右倾投降主义，确定了实行土地革命和武装反抗国民党反动派屠杀政策的总方针。

〔2〕国际代表，指罗米那兹（一八九八——一九三四），苏联人。一九二七年七月下旬他作为共产国际代表来到中国，在八月七日召开的中共中央紧急会议上作

了关于党的过去错误及新的路线的报告。

〔3〕许克祥(一八九一——一九六七),湖南湘乡人。一九二七年春任国民革命军第三十五军第三十三团团长。同年五月二十一日(马日),他在长沙发动反革命事变,捣毁湖南省总工会、省农会及其他革命团体,捕杀共产党人和革命群众。

〔4〕唐,指唐生智(一八八九——一九七〇),湖南东安人。一九二七年四月任国民革命军第一集团军第四方面军总指挥,不久改任第四集团军总司令。

〔5〕蒋,指蒋介石。唐,指唐生智。

〔6〕一九二七年八月十八日,毛泽东在中共湖南省委第一次会议上的发言对这个思想作了进一步的阐述。他说:一、湖南的秋收暴动的发展,是解决农民的土地问题。这是谁都不能否认的。但要发动暴动,单靠农民的力量是不行的,必须有一个军事的帮助。有一两团兵力,暴动就可起来,否则终归于失败。二、暴动的发展是要夺取政权。要夺取政权,没有兵力的拥卫或去夺取,这是自欺的话。我们党从前的错误,就是忽略了军事。现在应以百分之六十的精力注意军事运动,实行在枪杆子上夺取政权,建设政权。

土　地　法

（一九二八年十二月）

一、没收一切土地归苏维埃政府所有，用下列三种方法分配之：

（一）分配农民个别耕种；（二）分配农民共同耕种；（三）由苏维埃政府组织模范农场耕种。

以上三种方法，以第一种为主体。遇特别情形，或苏维埃政府有力时，兼用二三两种。

二、一切土地，经苏维埃政府没收并分配后，禁止买卖。

三、分配土地之后，除老幼疾病没有耕种能力及服公众勤务者以外，其余的人均须强制劳动。

四、分配土地的数量标准：

（一）以人口为标准，男女老幼平均分配。（二）以劳动力为标准，能劳动者比不能劳动者多分土地一倍。

以上两个标准，以第一个为主体。有特殊情形的地方，得适用第二个标准。采取第一个标准的理由：

（甲）在养老育婴的设备未完备以前，老幼如分田过少，必至不能维持生活。

（乙）以人口为标准计算分田，比较简单方便。

（丙）没有老小的人家很少。同时老小虽无耕种能力，但在分得田地后，政府亦得分配以相当之公众勤务，如任交通等。

五、分配土地的区域标准：

（一）以乡为单位分配。（二）以几乡为单位分配（如永新之小江区）。（三）以区为单位分配（如遂川之黄坳区）。

以上三种标准，以第一种为主体。遇特别情形时，得适用第二第三两种标准。

六、山林分配法：

（一）茶山[1]、柴山，照分田的办法，以乡为单位，平均分配耕种使用。

（二）竹木山，归苏维埃政府所有。但农民经苏维埃政府许可后，得享用竹木。竹木在五十根以下，须得乡苏维埃政府许可。百根以下，须得区苏维埃政府许可。百根以上，须得县苏维埃政府许可。

（三）竹木概由县苏维埃政府出卖，所得之钱，由高级苏维埃政府支配之。

七、土地税之征收：

（一）土地税依照生产情形分为三种：1. 百分之十五；2. 百分之十；3. 百分之五。

以上三种方法，以第一种为主体。遇特别情形，经高级苏维埃政府批准，得分别适用二三两种。

（二）如遇天灾或其他特殊情形时，得呈明高级苏维埃政府核准，免纳土地税。

（三）土地税由县苏维埃政府征收，交高级苏维埃政府支配。

八、乡村手工业工人，如自己愿意分田者，得分每个农民所得田的数量之一半。

九、红军及赤卫队的官兵，在政府及其他一切公共机关服务的人，均得分配土地，如农民所得之数，由苏维埃政府雇人代替耕种。

按〔2〕：此土地法是一九二八年冬天在井冈山（湘赣边界）制定的。这是一九二七年冬天至一九二八年冬天一整年内土地斗争经验的总结，在这以前，是没有任何经验的。这个土地法有几个错误：（一）没收一切土地 而不是只没收地主土地；（二）土地所有权属政府而不是属农民，农民只有使用权；（三）禁止土地买卖。这些都是原则错误，后来都改正了。关于共同耕种与以劳力为分配土地标准，宣布不作为主要办法，而以私人耕种与以人口为分田标准作为主要办法，这是因为当时虽感到前者不妥，而同志中主张者不少，所以这样规定，后来就改为只用后者为标准了。雇人替红军人员耕田，后来改为动员农民替他们耕了。

根据人民出版社一九八二年出版的
《毛泽东农村调查文集》刊印。

注　释

〔1〕茶山，指种植油茶树的山地。

〔2〕这个“按”是毛泽东在延安编辑《农村调查》一书时加写的。

红军第四军司令部布告[1]

（一九二九年一月）

红军宗旨，民权革命，赣西一军，声威远震。
此番计划，分兵前进，官佐兵夫，服从命令。
平买平卖，事实为证，乱烧乱杀，在所必禁。
全国各地，压迫太甚，工人农人，十分苦痛。
土豪劣绅，横行乡镇，重息重租，人人怨愤。
白军士兵，饥寒交并，小资产者，税捐极重。
洋货越多，国货受困，帝国主义，哪个不恨。
国民匪党，完全反动，口是心非，不能过硬。
蒋桂冯阎[2]，同床异梦，冲突已起，军阀倒运。
饭可充饥，药能医病，共党主张，极为公正。
地主田地，农民收种，债不要还，租不要送。
增加工钱，老板担任，八时工作，恰好相称。
军队待遇，亟须改订，发给田地，士兵有份。
敌方官兵，准其投顺，以前行为，可以不问。
累进税法，最为适用，苛税苛捐，扫除干净。
城市商人，积铢累寸，只要服从，馀皆不论。
对待外人，必须严峻，工厂银行，没收归并。
外资外债，概不承认，外兵外舰，不准入境。

打倒列强，人人高兴，打倒军阀，除恶务尽。
统一中华，举国称庆，满蒙回藏，章程自定。
国民政府，一群恶棍，合力铲除，肃清乱政。
全国工农，风发雷奋，夺取政权，为期日近。
革命成功，尽在民众，布告四方，大家起劲。

军　长　朱　德

党代表　毛泽东

公历一千九百二十九年一月

根据中央档案馆保存的石印件刊印。

注　　释

〔1〕这是红军第四军自井冈山向赣南闽西进军途中发布的布告。

〔2〕蒋桂冯阎，指国民党新军阀蒋介石、李宗仁白崇禧（桂系）、冯玉祥、阎锡山四派。

红军第四军前委给中央的信[1]

（一九二九年四月五日）

中央：

二月七日的信[2]由福建省委转来，四月三日在瑞金收到。中央此信对客观形势及主观力量的估量都太悲观了。三次进攻井冈山[3]表示了反革命的最高潮。然至此为止，往后便是反革命高潮逐渐低落，革命高潮逐渐生长。我党的战斗力组织力虽然弱到如中央所言，但在反革命潮流逐渐低落形势之下，恢复一定很快，党内干部分子的消极态度也会迅速地消灭。群众是一定倾向我们的。屠杀主义又固然是为渊驱鱼，改良主义也不能再号召群众了。群众对国民党的幻想一定很快地消灭。在将来形势之下，什么党都不能和共产党争群众的。六次大会[4]指示的政治路线和组织路线是十分对的：革命的现时阶段是民权主义，党的目前任务是争取群众而不是马上武装暴动。但革命发展是很快的，武装暴动的宣传和准备应该采取积极的精神。在大混乱的现局之下，只有积极口号积极精神才能领导群众。党的战斗力的恢复也一定要在这种积极精神之下才能有可能。我们感觉党在从前犯了盲动主义极大的错误，现时却在一些地方颇有取消主义的倾向了。闽西赣南我们所经过的地方党部，战斗的精神非常之弱，许多斗争的机会轻易放过去了。群众是广大而且革命的，党却袖手不去领导。由闽西赣南的例子使我们想到别的地方或者也有这种现象，所以我们要反对盲动主义和命令主义的恶劣倾向，但取消主义和不动主义的倾向又要极力防止。无产阶级领导是革命的唯一关键，党的无产阶级基础之建立，大区域产业支部之创造，正是目前党在组织方面的最大任务，但同时农村斗争的发展，小区域苏维埃之建立，红军之创造与扩大，亦是帮助城市斗争、促成革命潮流高涨的条件。所以抛弃城市斗争沉溺于农村游击主义是最大的错误，但畏惧农民势力发展，以为将超过工人的领导而不利于革命，如果党员中有这种意见，我们以为也是错误的。因为半殖民地中国的革命，只有农民斗争不得工人领导而失败，没有农民斗争发展超过工人势力而不利于革命本身的。六次大会指出了忽视农民革命的错误。中央此信有“发展农村中广大的普遍的斗争”之言，这种意见才是对的。

中央要求我们将队伍分得很小，散向农村中，朱、毛离开大的队伍，隐匿大的目标，目的在保存红军和发动群众，这是一种理想。以连或营为单位单独行动，分散在农村中，用游击的战术发动群众，避免目标，我们从前年冬天就计划起，而且多次实行都是失败的。因为：（一）红军不是本地人，与地方武装的赤卫队来说完全不同。湘赣边界宁冈各县的农民只愿在本县赤卫队当兵，不愿入红军，因此红军简直寻不出几个湘赣边界的农民。红军成分是老的国民革命军、浏平[5]湘南的农军和迭次战役的俘虏兵。（二）分开则领导机关不健全，恶劣环境中应付不来，容易失败。（三）容易被敌人各个击破。五军在平浏，四军在边界在湘南，因分兵而被敌人击破者共有五次之多。(四)愈是恶劣环境,部队愈须集中,领导者愈须坚强奋斗,方能应付敌人。只有在好的环境里才好分兵游击,领导者也不如在恶劣环境时刻不能离。此次离开井冈山向赣南闽西,因为我们部队是集中的,领导机关(前委)和负责人(朱、毛)的态度是坚决奋斗的,所以不但敌人无奈我何,而且敌人的损失大于他们的胜利,我们的胜利则大于我们的损失。宁都和汀州二役〔6〕的胜利,地头蛇之郭刘二旅完全消灭了战斗力,使赣南闽西一方清汉,致有现在之群众发动成绩者非部队集中、指导机关健全决办不到。我们三年来从斗争中所得的战术,真是与古今中外的战术都不同。用我们的战术,群众斗争的发展是一天天扩大的,任何强大的敌力是奈何我们不得的。我们用的战术就是游击的战术,大要说来是:"分兵以发动群众,集中以应付敌人。""敌进我退,敌驻我扰,敌疲我打,敌退我追。""固定区域的割据,用波浪式的推进政策。""强敌跟追,用盘旋式的打圈子政策。""很短的时间,很好的方法,发动群众。"这种战术正如打网,要随时打开,又要随时收拢,打开以争取群众,收拢以应付敌人。三年来都用这种战术。在湘赣边界时,大概集中兵力一度击溃敌人之后,可以散开工作两三星期(分数大支出去,每大支又分数小支出去),及至敌人再整军来,我们又集中起来了,再击溃敌人,再分散工作。此次敌人穷追,我们用盘旋式的游击,可以走很宽的地方,发动很宽的群众。每到一处少则顿住半天,多则顿住五天,先之以广大的宣传(政治部统属的文字宣传队和口头宣传队,均以连为单位,每连二队,每队三人,路上行军及每到一处,宣传就立刻普及),继之以散发财物(大地主及反动分子的谷子、衣服、器具),然后进行组织

（党的支部、秘密工会、秘密农会）。群众工作的技术，现在比以前更娴熟了。这时候的红军不是一个单纯打仗的东西，它的主要作用是发动群众，打仗仅是一种手段。并且打仗的时间、分做群众工作的时间乃是一与十之比。现在的队伍，与叶贺〔7〕时候的队伍大不相同，叶贺的队伍是单纯打仗的，若在今日，决不能存在的。红军无论在什么时候，党及军事的统一指挥机关是不可少的，否则陷于无政府，定是失败。

现在党的指导机关是前委，毛泽东为书记，军事指挥机关是军司令部，朱德为军长。中央若因别项需要朱毛二人改换工作，望即派遣得力人来。我们的意见，刘伯承〔8〕同志可以任军事，恽代英〔9〕同志可以任党及政治，两人如能派来，那是胜过我们的。中央去年六月来信说派贺昌〔10〕同志来视察，不知为何没有来，现在从福建来交通极便，以后务望随时派人来视察。

自刘郭二旅击溃之后，闽西赣南可以说没有敌人了。蒋桂部队在九江一带彼此逼近，大战爆发即在目前，国民党统治从此瓦解，革命高潮很快地会到来。在这种时局之下来布置工作，我们觉得南方数省中，粤湘二省中买办地主的军力太大，湘省则更因党的盲动主义政策的错误，党内党外群众几乎失尽。赣浙闽三省则另成一种形势。第一，三省军力最弱。浙江只有蒋伯诚〔11〕的少数省防军。福建五部虽有十四团，然郭旅已被击破，陈国辉卢兴邦〔12〕二部均土匪军，战力甚低，陆战队两旅在沿海，从前亦未打过仗，战力谅不大，只有张贞〔13〕比较能打，但据福建省委分析，张亦只有二团好的，且五部完全是无政府，不统一。江西朱培德熊式辉〔14〕二部共有十六团，比闽浙军力为强，然比起湖南来则差得多，其中一大半和我们作战过，除李文彬〔15〕一旅之外其余都是被我们打败过的。第二，三省党的错误比较少。除浙江情况我们不明了外，江西福建二省党及群众的基础都比湖南好些。赣北之德安、修水、铜鼓尚有相当基础，赣西宁冈、永新、莲花、遂川等县党及赤卫队的势力是依然存在的，赣南的希望更是很大的，吉安、永丰、兴国等县的红军独立第二团、第四团有一天一天发展之势，赣东方志敏〔16〕的红军独立第三团〔17〕并未消灭，如此已造成了向南昌包围之形势。我们建议中央在国民党混战的长期战斗中间，我们要和蒋桂二派争取江西，同时兼及闽西、浙西，在三省扩大红军的数量，造成群众的割据，以一年为期完成此计划。此一年中，要在上海、无锡、宁波、杭州、福州、厦门等处建设无产阶级斗争的基础，使能领导赣浙闽三省的农民斗争。江西省委必须健全，南昌、九江、吉安及南浔路的职工基础须努力建立起来。

我们三月十四日到汀州，战败郭旅，打死郭凤鸣，始知蒋桂决裂，国民党大混战快到来。对于目前工作的布置，决定在国民党混战初期，以闽西赣南二十余县一大区为范围，用游击战术从发动群众以至群众的公开割据，深入土地革命，建设工农政权，由此一割据与湘赣边之割据连接起来，形成一坚固势力，以为前进的根基。因此，我们不下杭、永〔18〕，也不去龙岩，在汀工作十七日，于四月一日开到瑞金，定四月八日进占于都，到于都当召集一扩大会，与赣南特委与中央军事部派来的罗寿男同志等讨论行动计划。闽西赣南的民众都非常之好，在长汀县城及新桥、河田等地工作时，夺取土劣谷子的群众，一聚就有几千。在汀州组织了二十个秘密农协,五个秘密工会,总工会也成立了。党的组织比前发展二倍。组织了一个赤卫队,单独站不住,现随军来到瑞金。政权机关开始是临时革命委员会,由政治部任命的,及至工会、农会各组织了几个之后,即召集代表会议选举正式革命委员会。临时与正式的革委都发布政纲。到瑞金规定四天工作计划,把部队分散到县城、壬田市、西江、九堡四地工作,每地再分小支,指挥机关在县城。瑞金民众如火如荼地起来,欢迎我们,和地主斗争非常勇敢。可惜以前全无组织,一个同志都没有,无本地领导,组织工作仓卒,难做得好,特别是县城。到于都后大约有一星期在县城及四郊工作,以后或向宁都、广昌,或向万安、泰和,看情形决定。赣南游击一个时期,再赴闽西,那时须与郭凤鸣残部及卢兴邦、陈国辉战,福建省委须努力准备。

军中状况,四军除小部分留边界外,大部分出来的计三千六百人,一千一百枪,在大余、信丰、寻乌损失约二百支枪,六百个人(多数是作战时失联络,真正被敌人拿去的不过几十枪,一百多人)。报纸所载那些骇人的消息,都是敌人欺骗的话。宁都汀州二战之后,不但恢复原状,而且增长了些。全军现编为第一第二第三三个纵队,每纵队辖二支队(等于营),每支队辖三大队(等于连),每纵队约枪五百余支,千二百余人。分兵游击时即以纵队为单位,分开出去,然后再分小支,分开、集合都很便利。彭德怀同志之第五军到井冈山者八百人、枪五百支,此次到瑞金者六百人四百枪,现在编为四军第五纵队,彭同志以副军长名义指挥之,数日后须返湘赣边界,收集旧部恢复政权,与赣南取得联络,仍属前委指挥。政治部已设立,军设军政治部，每纵队设纵队政治部。政治部内设秘书处、宣传科、组织科（分职工、农民、特务三股）、政治保卫科。支队大队两级设党代表。纵队以上废除党代表，只有政治部主任。全军在汀做了整齐的服装，每人发四元零用费，给养已不成问题，士气非常振发。赣东黎川方面（与广昌接近）有两个部队想来接头，一是金汉鼎〔19〕部下反叛出来的五百多人，三百多枪，现编为第四纵队，纵队长田桂清；一是土匪军三百多人，二百多枪，到处被打无出路，现编为独立营，胡竹笙为营长。此两部约定四月十四日后开到宁都编就训练。江西红军第二第四两团现在兴国一带，与我们联络很好。湘赣边界遭一度破败之后，现必到了恢复的机会，那边除王佐〔20〕部二百支枪系属红军第四军外，宁永莲遂酃茶〔21〕六县赤卫队共八百枪，在军阀混战无力顾及的时候，不但可以保守，且可以向外发展，彭同志率部回去，当更有办法。湘赣边界特委书记是邓乾元同志。湘南自去年三月暴动失败之后，党的基础在盲动主义之下完全毁灭，农军武装也被豪绅缴去，群众都被镇压下去了。去年八月红军攻郴，在资兴、汝城、桂东组织三个县委，三个农民武装的赤卫队，另组织一特委统辖之，杜修经为书记。近接报告，他们又在盲动主义之下牺牲了。醴陵去春暴动后，党的组织打破，武装消灭之后，夏季又向四军领去七十支枪，秋季全部覆灭于攸、醴〔22〕交界之皇图岭，此足见少数武装单独存在之不易。

红军党的指导机关是中央任命的前委。去年六月四日中央来信云：关于前敌指导机关，中央视为有组织委员会之必要，委员名单指定如下：毛泽东，朱德，一工人同志，一农民同志及前委所在地党部的书记五人组成，毛泽东为书记。此外还须组织一职工委员会，前委之工人同志为书记，一军事委员会，朱德为书记，军委及工委名单由前委决定。所有管辖的范围，依据环境来决定，所有管辖区域内工作，完全为前委指挥。前委在江西时，受江西省委指导，在湖南受湖南省委指导。主管的省委，接到前委的报告须立即回答，并将前委的报告及省委的回答立送中央。我们对中央这种组织的指示，视为十分适当，合于斗争的需要。超地方性质的红军，不但不宜受县委与特委的指挥，并不宜限定受某一省委指挥。五军在平、浏，四军在湘南及湘赣边界，多次地失败在地方主义指挥之下。超地方的红军必须在中央直接指挥之下，才能适合革命环境的需要，而不受地方主义的累害。

从去年八月起共有三个报告给中央。一个是去年八月毛泽东在边界失败时写的一封长信，讨论割据问题及湖南省委的政策，由湖南省委转中央，原稿已失。一个是去年十一月接到中央六月来信红军须重回湘赣边界时前委做的一个报告〔23〕，历史地叙述湘赣边界斗争的经过及割据问题政策计划等，由湘赣二省委付上，此信原稿尚存，特重写付上。以上两重要报告，中央一个也未收到，无怪对我们情形完全隔膜了。一个是三月二十日前委在长汀发的信，由福建省委转来，未知能达到否？今亦重新寄上。三年以来中央的刊物我们一本没有收到，及到汀州才看到《少年先锋》第三、四期，《中国工人》第三期，北京出版的《人言》第二期，汀州留沪同志出的《前响》第二期。在湘赣边界时，因敌人的封锁，曾二三个月看不到报纸。去年九月以后可以到吉安、长沙买报了，然亦得到很难。到赣南闽西以来，邮路极便，天天可以看到南京、上海、福州、厦门、漳州、南昌、赣州的报纸，到瑞金且可看到何键〔24〕的机关报长沙《民国日报》，真是拨云雾见青天，快乐真不可名状。以后望中央每月有一信给我们，我们亦至少每月给中央一信报告。中央的刊物并希设法寄来。

前　委

一九二九、四、五于瑞金

根据中央档案馆保存的抄件刊印。

注　　释

〔1〕这是毛泽东起草的中共红军第四军前委给中共中央的信。

〔2〕指中共中央一九二九年二月七日给中共红军第四军前委的信。

〔3〕指一九二九年初湖南、江西两省的国民党军对井冈山革命根据地的第三次“会剿”。

〔4〕指一九二八年六月十八日至七月十一日召开的中国共产党第六次全国代表大会。

〔5〕浏平，指湖南浏阳和平江。

〔6〕指大柏地战斗和长汀战斗。一九二九年二月十日至十一日，红军第四军在江西宁都大柏地(后改属瑞金)，伏击尾追红军的国民党军第一集团军第五师第十五旅刘士毅部，歼灭该旅大部，俘虏敌团长以下八百多人，缴枪八百余支。一九二九年三月十三日至十四日，红军第四军与国民党福建省防军暂编第二混成旅郭凤鸣部激战于福建长汀的渔溪、长岭寨一带，全歼敌军两千余人，击毙旅长郭凤鸣，并乘胜占领长汀城。

〔7〕叶，指叶挺(一八九六——一九四六)，广东惠阳人。北伐战争中曾任国民革命军第二十四师师长兼武昌卫戍司令。一九二七年八月率部参加南昌起义，任起义军代理前敌总指挥兼第十一军军长。贺，指贺龙(一八九六——一九六九)，湖南桑植人。北伐战争中曾任国民革命军暂编第二十军军长。一九二七年八月率部参加南昌起义，任起义军代理第二方面军总指挥兼第二十军军长。

〔8〕刘伯承(一八九二——一九八六),四川开县人。当时在苏联伏龙芝军事学院学习。一九二七年八月一日南昌起义时任中共前敌委员会参谋团参谋长。

〔9〕恽代英(一八九五——一九三一),江苏武进人。当时任中共中央宣传部秘书长。

〔10〕贺昌(一九〇六——一九三五),山西离石县柳林镇(今属柳林县)人。当时任中共中央委员。

〔11〕蒋伯诚(?——一九五一),浙江诸暨人。当时任国民党浙江省防军司令。

〔12〕陈国辉(一八九八——一九三二),福建南安人。当时任国民党福建省防军第一混成旅旅长。卢兴邦(一八八〇——一九四五),福建尤溪人。当时任国民党军新编第二师师长。

〔13〕张贞(一八八四——一九六三),福建诏安人。当时任国民党军暂编第一师师长。

〔14〕朱培德(一八八九——一九三七),云南盐兴(今属禄丰县)人。当时任国民党军第五方面军总指挥、江西省政府主席。熊式辉(一八九三——一九七四),江西安义人。当时任国民党军第一集团军第五师师长。

〔15〕李文彬,云南盐兴(今属禄丰县)人。当时任国民党军第一集团军第二十一旅旅长。

〔16〕方志敏(一八九九——一九三五),江西弋阳人。赣东北革命根据地和红军第十军的主要创建人。

〔17〕独立第三团,似应为独立第一团。

〔18〕杭、永,指福建上杭和永定。

〔19〕金汉鼎(一八九一——一九六七),云南黎县(今华宁)人。当时任国民党军第一集团军第十二师师长。

〔20〕王佐(一八九八——一九三〇),江西遂川人。当时任湘赣边界红军独立第一团团长。

〔21〕宁永莲遂酃茶,指江西宁冈、永新、莲花、遂川和湖南酃县、茶陵。

〔22〕攸、醴,指湖南攸县和醴陵。

〔23〕即《毛泽东选集》中《井冈山的斗争》一文。

〔24〕何键(一八八七——一九五六),湖南醴陵人。当时任国民党湖南省政府主席。

给林彪[1]的信

（一九二九年六月十四日）

林彪同志：

一、你的信[2]给我很大的感动，因为你的勇敢的前进，我的勇气也起来了，我一定同你及一切谋有利于党的团结和革命的前进的同志们，向一切有害的思想、习惯、制度奋斗。因为现在的争论问题，不是个人的和一时的问题，是整个四军党的和一年以来长期斗争的问题，不过从前因种种原因把它隐蔽了，到近日来才暴露出来。其实从前的隐蔽是错误了，现在的暴露才是对的，党内有争论问题发生是党的进步，不是退步。只有赶快调和敷衍了事，抹去了两方的界线，以归到庸俗的所谓大事化为小事才是退步，我想这回是不会发生可怕的恶结果的。白砂会议[3]后不到几天，问题已经在党内群众中热烈地讨论起来了，我想同志们一定要求这问题的彻底弄清楚，一定不肯调和敷衍，模棱两可，是非不分，而且一定能选择并拥护一种利于党的团结和革命前进的意见。四军改造的工作由此可以完成，四军的党由此可以得到一极大的进步，这是绝对无疑的。

二、不明四军斗争的历史，便不明白现在争论问题的来源，不明白它的来源，便不明白自有四军到现在两个思想系统的斗争的全部问题的性质。问题的主要点有以下各端:(一)个人领导与党的领导,(二)军事观点与政治观点,(三)小团体主义与反小团体主义,(四)流寇思想与反流寇思想,(五)罗霄山脉中段政权问题,(六)地方武装问题,(七)城市政策与红军军纪问题,(八)对时局的估量,(九)湘南之失败,(十)科学化、规律化问题,(十一)四军军事技术问题,(十二)形式主义与需要主义,(十三)分权主义与集权,(十四)其他腐败思想。让我在下面预说出来。

三、个人领导与党的领导,这是四军党的主要问题。讨论这个问题,我们首先要记得的就是四军的大部分是从旧式军队脱胎出来的,而且是从失败环境中拖出来的。我们记起了这两点,就可以知道一切思想、习惯、制度何以这样地难改,而党的领导与个人的领导何以总是抗分〔4〕,长在一种斗争状况之中。红军既是从旧式军队变来的,便带来了一切旧思想、旧习惯、旧制度的拥护者和一些反对这种思想、习惯、制度的人作斗争,这是党的领导权在四军里至今还不能绝对建立起来的第一个原因。不但如此,四军的大部分是从失败环境之下拖出来的(这是一九二七年),结集又是失败之前的党的组织,既是非常薄弱,在失败中就是完全失了领导。那时候的得救,可以说十分原因中有九分是靠了个人的领导才得救的,因此造成了个人庞大的领导权。这是党的领导权在四军里不能绝对建立起来的第二个原因。明白了这两个原因,我们再来看一看四军党组织以后的历史,更明白个人与党斗争的盈虚消长之机。自四军成立以后,党从连上建设了普遍的基础,现在上级指导机关对于斗争策略的正确(湘赣边界特委,四军军委前委),边界各县地方党部之建立，群众斗争之发展，使得个人作用渐渐减少，党的领导渐渐加强。大概可以分为三个时期：从四军成立到去年九月重回边界为第一个时期，这时期包括边界迭次战争的胜利和湘南的失败〔5〕。党在这时期中不能有绝对的指挥权，小团体主义充分存在而发展，党不敢作调动枪枝上的尝试，红军后方兼顾主义与少数同志的红军本位主义是冲突的，军需制度和编制法规未能建立，个人支配政治和武器的事常常有的，这时候的党从连到军从它的实质说是处在一种从属的地位，在某些问题上是绝对听命于个人。

从去年九月重回边界到三月十四日占领汀州是第二时期。这时期内，党能开始在理论上建设〔6〕小团体主义了（虽然在实际上还不能），军需制度建立，成立了七十五支长枪一连的制度〔7〕，然还没有能触及短枪〔8〕，拨枪交与地方没有第一时期那样困难了。这时期内少数同志极力把头低下来，党确处在指挥的地位了，从支部以至前委大体上说来都是如此的。在这时期内有几个显著的特征：第一，是在湘南失败及大余一路逃难形势之下，个人没有显出什么大领导，同时非依赖党的领导就会有塌台的可能，不比第一时期有迭次的军事胜利，这是党的领导抬头的第一原因。第二，这时期内党的组织与同志们的政治程度和斗争经验比起第一时期来确实进步些，少数同志不正确的言论行动比较不容易得到一般人的拥护，因此自己要收敛一些，这是党的领导抬头的第二个原因。第三，这时期内遇到两支新鲜的友军，即五军〔9〕与二、四团〔10〕。五军不能给四军以多大的影响，但在打破小团体主义一点上确还给予四军相当的刺激，特别是柏路会议〔11〕讨论四、五军合编问题时，彭德怀[12]同志的愤激的表示，给了少数同志以颇大的打击。至于二、四团，四军的同志见了他们直是惭愧万分，他们是指导员支配军官的，前五册[13]上军官的名字列在指导员的后面，一个子弹不问过党不能支配，他们是绝对的党领导。这也可以说是帮助四军党的领导加强的原因。

从汀州到现在是第三时期。这一时期内党及红军的各方面实在都比以前进步了。因一、二、三纵队的编制，小团体主义从事实上开始减弱，[14]纵队委员会比前委要起作用些。各级党部更能无顾忌地讨论各种各样的问题，短枪的数目也能规定。政治部成立，司令部的职权也有限制了。这都是关于组织方面的。关于政治路线方面的，六次大会[15]指示的政治任务能在工作上去求实现了，城市政策的执行更好了些，宣传进步了。大规模的游击战术学会了，因时局的开展红军的组织也扩大了。但因为党的意志极大的限度的伸张、个人意志感到从来未有的痛苦，一连打了几个胜仗和一种形式主义的理论从远方到来，这三样汇合所以爆发了近日的争论。争论的焦点是在现在时代军党部要不要的问题，因为少数同志坚决地要军委，遂不得不攻击前委，于是涉及党的机关的本身问题，"党太管多了"、"权太集中前委了"就是他们攻击的口号。在辩论中论到支部工作，便有人说出支部只管教育同志的话，这亦是由于党的管辖范围一问题生出来的，因为他们主张党所过问的范围是要限制的，便不得不主张支部工作也是要有限制的了。因为党的意志伸张，个人意志减缩，一切问题都要在各级党的会议席上议决之后，才许党员个人依照决议去执行工作，使得个人没有英雄式的自由，于是从要有相当自由要求出来的"一支枪也要问过党吗?”“马夫没有饭吃也要党去管吗?”这就成他们嘲笑党部精密细小工作的口号了。以上是他们在湖雷前委会议〔16〕时发表的意见,议论问题虽则分成了三个(党的势力所及的范围,支部的工作,个人无自由),但精神是一贯的,就是个人领导和党的领导争雄的具体的表现。自近日争论问题发生之后,有的同志觉得四军的党到来了一个危机,如果少数同志作的个人主义领导胜利了,那末必至如你的来信所说有一种破坏党的团结一致和不利于革命的前途会要到来。但我相信不致如此的,因为现在的四军的党是比第一、二时期都有显然的进步,各纵队的基础已是不能动摇,个人自私的欲望决定会被群众所拒绝,我们只要看四十一个人会议中三十六票对五票取消那少数同志们硬要成立军委的一件事,就可知道大多数人一定不会拥护他们的“不利于团结,不利于革命”的主张了。个人主义与反个人主义的,亦即个人领导和党的领导的斗争,是四军历史问题的总线索。下面各项大体说来(均其分支)没有一项不是有正相反对的两种意见,我们试简单举出。

四、四军中向来就有一些同志是偏于军事观点的,与站在政治观点即群众观点上的人的意见不合,这是一个很严重的政治路线问题。因长期斗争经验和工农群众的影响,这种单纯观点的头脑,渐渐洗刷了一些,单纯的“打大仗”和“拿几十个州县”的观念比较地减少了,但没有完全消灭,遇有机缘就会发作,特别是在军事失败时候,差不多什么都可以取消,只要枪杆子保存就够了。这些同志在会议时候最厌烦的是讨论宣传和组织问题,在游击工作中发展单纯的军事影响而不去发展政治影响。军阀军队残余的小团体主义是造害红军最大问题之一。少数同志们不但不肯努力去消灭小团体主义,反而有助长小团体主义的倾向。小团体主义不消灭,不能如二、四团一样的完全由集体的党领导,则红军只是一个好听的名称罢了!

流寇思想历来在红军中是很利害的,它的产生是由于四军中的游民成分。党与这种思想曾作过许多的奋斗,但它的尾巴至今还存在,从前代表这种思想的人,至今还不能说是已抛弃这种思想。流寇思想影响到政治方面的最显明的表现,就是罗霄山脉中段政权问题的不同的见解。我们不要忘记,湘赣边界割据问题在四军党内的一致仅仅是表面的罢了,骨子里面是有一部分同志时时刻刻要脱离边界的斗争,一到危急时候,这些同志马上[17],参加过湘赣边界斗争的人大家明了的。对于建设湘赣边界武装问题,因为要从红军中拨枪,历来成为一个斗争,这是军事观点群众观点两种不同的政治路线发生出来不同见解的表现。红军的游民成分产生了流寇思想,同时影响到城市政策与红军军纪。负责同志亦显然发出不同的意见,一种以为军纪破坏一些城市破坏一些也没有什么大要紧;另一种则与此相反。对于军纪破坏一事,有同志以为宁可没有这次胜利,不可有这次军纪破坏;还有同志则没有这种深刻的感觉,马马虎虎叹息一下就算了。这是最近的例子,以前的例子很多。军纪问题是红军一个很大的政治问题,但因一种人主严,一种人主宽,效果便相消了。在群众的心理上,因为多数人做了、少数人做好,结果便发生不良的影响。

对时局的估量亦历来有不同的意见,因此对于红军行动的意见也就不同了，特别在边界时是很显著的。去年七月四军大部往湘南的一致处，同志们大多数都承认是错了的，沙田的代表会议亦是这样承认，不料近日少数同志之中的奇异见解，却说往湘南是对的，留在边界的倒反是错了。这也是见解上极端相反的证例之一。

共产主义者的思想和行动总要稍为科学一点才好，而一部分同志则恰恰与科学正相反对，一篇演说、一个行动已可以找出很多的矛盾出来。说话完全不顾及这话将要发生的影响，不管对不对，乱说一顿便了。“你乱说就是，横直他们只晓得那多”，这是何种非科学的态度！稍为进步一点的军队，就需要规律化，像红军本来这种“烂糟糟的”现象，我们只好认它是一种原始的游民的队伍的现象，要极力和这种现象斗争。然而同志中显然有一部分人是有意无意中在拥护这种现象，至少对此现象没有和它奋斗的决心，遂使红军至今不能建设一规模，比起资产阶级军队还相差得很远，这实是一种可叹的现象。

“烂牛皮不是烂牛皮，烂豆腐不是烂豆腐”，这是朱云卿〔18〕同志形容四军军事技术太差的愤激话。凡在四军生活过的人，大概没有不承认四军军事技术到了很差的程度了，但是偏有一些同志对于训练军官的本职不愿去管，却天天作些政治上的鼓动，发生什么“土豪不能打还有什么事做”的怪话。这种现象不改变，四军的军事技术问题是没有法子解决的。

五、到近日，两种不同的意见最显明的莫过于军委问题的争论。少数同志们硬是要一个军委，骨子里是要一个党的指导机关拿在他们的手里，以求伸张那久抑求伸的素志（即与历来指导路线不同的另一指导路线），然而表现出的理由仍然是冠冕堂皇的，可惜完全是一种形式主义罢了。他们说："既名四军，就要有军委"，"完成组织系统应有军委"，这不是完全形式主义的说法吗？现在只有四千多人一个小部队，并没有多数的"军"如中央之下有多数的省一样。行军时多的游击时代与驻军时多的边界割据时代又绝然不同，军队指导需要集中而敏捷。少数同志们对这些实际的理由一点不顾及，只是形式地要于前委之下、纵委之上硬生生地插进一个军委，人也是这些人，事也是这些事，这是什么人都明白在实际上不需要的。然而少数同志们费尽九牛二虎之力，非要设立不可，究竟有什么理由可以说明呢？要找寻出理由，我只好说这是少数同志们历来错误路线的结穴，两个指导路线的最后斗争，我们只要查明了四军的历史，就容易明白这回争论的实际意义了。

为要成立新的指导机关——军委，便不得不搜出旧的理由，攻击旧的指导机关——前委以至支部。他们提出攻击的理由最具体的是：（一）党代替了群众的组织，（二）四军党内有家长制。他们这种攻击又全陷于形式主义。党的组织代替群众组织，自有四军党以来就是严禁的，就前委指导下的工农组织说来，未曾有党的支部代替过工农协会的事，就兵士组织上说，未曾有任何一连的连支部代替过连士兵委员会的事，这是四军中有眼睛的人都见到的。至于党部机关代替了群众机关或政权机关，如纵委代替了纵队士委、纵队司令部、纵队政治部，前委代替了军士委、军司令部、军政治部，亦是从来没有过。但是少数同志的形式主义又要在这里发挥了，他们说党部机关虽没代替群众机关及政权机关，但实际上纵队司令部少向军司令部打报告了，军司令部淡了。少数同志们不知道这种现象是形式主义与需要主义之不同，纵委或前委的领导加强，一切问题（凡是他们所需要提出的）都能够提出在会议席上讨论决定，然后通知政权机关负责同志去执行，否则谓之自由行动（如自由支配财政、自由支配枪弹等）。这种表现是党部领导力量加强的证例，我们不能不承认这是一种进步的现象。每次会议，政权机关的负责同志都是到会的，而意见也参加了，而且许多问题是要这些负责同志提议才能讨论的（如作战计划、官兵训练计划等），大家都参加了问题的讨论和表决了，会后拿去执行起来，因而觉得行政机关简单了一些，自由了一些，于实际上究竟有些什么要不得呢？军长闲起了，但是党代表（与党部书记是两个东西）的闲起更甚，因为没有下级党代表向他打报告。纵队司令部少有报告打到军司令部了，但是纵队政治部打到军政治部的报告更少。不问后来的状态比从前行政自由支配、比从前报告打得多的热闹的时代——湘赣边界的初期，于工作上是否有效果，于斗争上是否更形便利，不从需要上实际上去估量，单从形式上去估量，这是什么一种共产主义者的态度呢?！请问实际弄得不好，形式上弄得再好看又有什么用处呢?！至于指责到湘赣边界的行委〔19〕，不问行委制度在边界斗争中收了多少效果，只是形式上以为是党的机关代替了行政机关而认为要不得，这又是同样犯了形式论的错误。这种形式论发展下去，势必不问一切事的效果，而只是它的形式，危险将不可胜言。边界的行委制度在边界的斗争上有过很大的效果，这是有眼睛的人都明白的，而且行委一面是在内的党部，一面又是公开的行政机关，有什么妨碍行政机关的系统的呢？

至于攻击四军党内的家长制，这个同样是一种形式主义的观察。于此我们要先问什么叫做家长制，然后才可以知道四军内是否有家长制，不然随口乱说必定与事实不相符合。家长制的定义是：只有个人的命令，没有集体的讨论，只有上级委派，没有群众选举。如果大家承认是这个定义，那末，我们看一看，四军的党内有没有这定义所说的一样，就可以知道有没有家长制了。四军党的集体的讨论，从支部到前委历来是如此的，各级党部会议，特别是前委纵委两级会议，不论是常委会、全体会，应到委员之外，差不多每次到的有非委员的负责同志参加。假若少数同志们患了善忘病的话，现在各纵队的会议录（三纵委有从去年五月起的全部会议录，不差一次）、前委会的会议录（有从今年起的会议录，不差一次），可以去查。大的问题，如井冈山之出发问题讨论，东固之分兵讨论，此次之争论及分兵问题讨论等等，总是征求群众意见的。说四军党内只有个人命令没有集体讨论，无论如何说不过去吧？！说到各指导机关的产生，从支委〔20〕到纵委、前委是中央委派的，但这不能作为四军党内家长制的证明，四军党内事实上寻不出家长制。为什么少数同志有这种借口呢？这种话有什么客观的来源呢？是的，就是四军中有一种党部书记兼充红军党代表制度，一些同志分不清楚党代表与书记在职务上是两样东西，因为党代表与军官的权限历来没有弄清楚，时常发生争权问题，由是引起了头脑不清楚的人把党代表在那里工作看做是党的书记在那里工作了。三纵队几个连上的同志叫那个连的支书做“老板”，就是这样牵挂来的。要除去此弊，只有使党代表与书记分开，这是应该一面从内部找人，一面从外面多找人来才可以解决的（从前的兼任是因人材太少的事实，是大家都知道的）。形式主义之来源是由于唯心主义，唯心主义之来源是由于游民、农民与小资产阶级成分中产生出来的个人主义，这与小团体主义、流寇思想、单纯军事观点等等是在一条路线基础上的，只是一个东西。这种思想发展的另一方面必定是分权主义——也是代表游民、农民、小资产阶级的一种思想，而与无产阶级的斗争组织（无论是阶级的组织——工会，与阶级先锋队的组织——共产党，或它的武装组织——红军）不相容的。军委、前委分权的形式所以不能存在就是这个理由。

虚荣心、夸大、英雄思想等等腐败思想，都是以个人主义一个为头发出来的。

六、我们是唯物史观论者，凡事要从历史和环境两方面考察才能得到真相。我现举出了自有四军以来的历史问题的各方面，以证明近日的问题（军委问题，但原则问题）只是历史的结穴，历史上一种错误的思想路线上的最后挣扎。我们千万不要忘记红军的来源和它的成分，五月份统计，全军一三二四名党员中，工人三百一十一，农民六百二十六，小商人一百，学生一百九十二，其他九十五，工人与非工人的比例是百分之二十三对百分之七十七。讨论到个人思想时，不要忘记他的出身、教育和工作历史，这是共产主义者的研究态度。四军党内显然有一种建立于农民、游民、小资产阶级之上的不正确的思想，这种思想是不利于党的团结和革命的前途的，是有离开无产阶级革命立场的危险。我们必须和这种思想（主要的是思想问题，其余是小节）奋斗〔21〕，去克服这种思想，以求红军彻底改造，凡有障碍腐旧思想之铲除和红军之改造的，必须毫不犹豫地反对之，这是同志们今后奋斗的目标。

至于我之请求离开前委，并不是消极，不参加这种斗争，乃有以下的理由：

（一）对于与党内错误思想奋斗，两年以来已经既竭吾力了，现在我又把问题的内容提出以后，使多数同志们作不断的奋斗才能得到最后的胜利。

（二）我在四军的日子太久了，一种历史的地位发生出来的影响是很不好的，这是我要指出的中心理由。

（三）我个人身体太弱，智识太贫，所以我希望经过中央送到莫斯科去留学兼休息一个时期。在没有得到中央允许以前，由前委派我到地方做些事，使我能因改环境而得到相当的进步。

（四）四军的党已经有了比较坚固的基础了，我去之后，决然没有不好的影响。党的思想上的分化和斗争既已经起来了，决不因我去而不达到胜利的目的，所以你的信上的后面一段是过虑的。自然我的工作我只能提出意见，决定要在党部，我没有离开一天仍旧可以随大家作思想奋斗一天！

C 的敬礼〔22〕！

毛　泽　东

六月十四日于新泉

根据中央档案馆保存的抄件刊印。

注　　释

〔1〕林彪(一九〇七——一九七一)，湖北黄冈(今黄州市)人。当时任红军第四军第一纵队纵队长。

〔2〕指林彪一九二九年六月八日给毛泽东的信。

〔3〕白砂会议，指一九二九年六月八日在福建上杭县白砂召开的中共红四军前委扩大会议。

〔4〕原件在“抗分”后脱漏八九个字。

〔5〕一九二八年七月上旬，湘赣两省的敌人对井冈山革命根据地发动第一次“会剿”。中共湖南省委代表杜修经，不察当时正是统治阶级暂时稳定的时期，不顾湘赣特委、红四军军委和永新县县委联席会议关于红四军继续在湘赣边界巩固根据地的决定，只知形式地执行湖南省委关于红四军向湘南发展的指示，附和红四军第二十九团欲回家乡(湘南)的思想，于是第二十八团、第二十九团向湘南冒进，结果造成红四军在湘南和湘赣边界同受严重损失，通称八月失败。

〔6〕“建设”二字，从上下文分析，疑为“批评”二字之误。

〔7〕原件在“制度”后脱漏七八个字。

〔8〕原件在“短枪”后脱漏约三十个字。

〔9〕指彭德怀、滕代远率领的红军第五军，该军一九二八年十二月到达井冈山革命根据地与红四军会合。

〔10〕指江西红军独立第二、第四团。一九二九年二月，红军第四军与第二、第四团在吉安东固会合。

〔11〕柏路会议，指一九二九年一月四日在江西宁冈县柏路村召开的中共红军第四军前委，湘赣边界特委，红军第四军、第五军军委等的联席会议。会议传达了中共第六次全国代表大会的决议，讨论了如何粉碎湘赣两省国民党军对井冈山根据地的第三次“会剿”和红军的行动方针问题，决定彭德怀率红军第五军和第四军第三十二团留守井冈山，毛泽东、朱德率红军第四军主力向赣南出击，实施外线机动作战。

〔12〕彭德怀(一八九八——一九七四)，湖南湘潭人。当时任红军第五军军长。

〔13〕原件如此，可能是指花名册说的。

〔14〕原件在“纵队委员会”前，有三个字不清。

〔15〕指一九二八年六月十八日至七月十一日召开的中国共产党第六次全国代表大会。

〔16〕湖雷前委会议，指一九二九年五月底或六月初在福建永定县湖雷召开的中共红四军前委会议。

〔17〕原件在“马上”后脱漏三四个字。

〔18〕朱云卿（一九〇三——一九三一），广东梅县人。当时任红军第四军参谋长。

〔19〕行委，行动委员会的简称。

〔20〕支委，指红军中的中共支队委员会。支队，当时相当于营。

〔21〕原件在“奋斗”后脱漏七八个字。

〔22〕即共产主义的敬礼。C 为英文 Communism（共产主义）一词的第一个字母。

中国共产党红军第四军第九次代表大会决议案[1]

（一九二九年十二月）

关于纠正党内的错误思想

红军第四军的共产党内存在着各种非无产阶级的思想，这对于执行党的正确路线，妨碍极大。若不彻底纠正，则中国伟大革命斗争给予红军第四军的任务，是必然担负不起来的。四军党内种种不正确思想的来源，自然是由于党的组织基础的最大部分是由农民和其他小资产阶级出身的成分所构成的；但是党的领导机关对于这些不正确的思想缺乏一致的坚决的斗争，缺乏对党员作正确路线的教育，也是使这些不正确思想存在和发展的重要原因。大会根据中央九月来信[2]的精神，指出四军党内各种非无产阶级思想的表现、来源及其纠正的方法，号召同志们起来彻底地加以肃清。

关于单纯军事观点

单纯军事观点在红军一部分同志中非常发展。其表现如：

（一）认为军事政治二者是对立的，不承认军事只是完成政治任务的工具之一。甚至还有说“军事好，政治自然会好，军事不好，政治也不会好”的，则更进一步认为军事领导政治了。

（二）以为红军的任务也和白军相仿佛，只是单纯地打仗的。不知道中国的红军是一个执行革命的政治任务的武装集团。特别是现在，红军决不是单纯地打仗的，它除了打仗消灭敌人军事力量之外，还要负担宣传群众、组织群众、武装群众、帮助群众建立革命政权以至于建立共产党的组织等项重大的任务。红军的打仗，不是单纯地为了打仗而打仗，而是为了宣传群众、组织群众、武装群众，并帮助群众建设革命政权才去打仗的，离了对群众的宣传、组织、武装和建设革命政权等项目标，就是失去了打仗的意义，也就是失去了红军存在的意义。

（三）因此，在组织上，把红军的政治工作机关隶属于军事工作机关，提出“司令部对外”的口号。这种思想如果发展下去，便有走到脱离群众、以军队控制政权、离开无产阶级领导的危险，如像国民党军队所走的军阀主义的道路一样。

（四）同时，在宣传工作上，忽视宣传队的重要性。在群众组织上，忽视军队士兵会〔3〕的组织和对地方工农群众的组织。结果，宣传和组织工作，都成了被取消的状态。

（五）打胜仗就骄傲，打败仗就消极。

（六）本位主义，一切只知道为四军打算，不知道武装地方群众是红军的重要任务之一。这是一种放大了的小团体主义。

（七）有少数同志囿于四军的局部环境，以为除此就没有别的革命势力了。因此，保存实力、避免斗争的思想非常浓厚。

这是机会主义的残余。

（八）不顾主客观条件，犯着革命的急性病，不愿意艰苦地做细小严密的群众工作，只想大干，充满着幻想。这是盲动主义的残余〔4〕。

单纯军事观点的来源：

（一）政治水平低。因此不认识军队中政治领导的作用，不认识红军和白军是根本不同的。

（二）雇佣军队的思想。因为历次作战俘虏兵甚多，此种分子加入红军，带来了浓厚的雇佣军队的思想，使单纯军事观点有了下层基础。

（三）因有以上两个原因，便发生第三个原因，就是过分相信军事力量，而不相信人民群众的力量。

（四）党对于军事工作没有积极的注意和讨论，也是形成一部分同志的单纯军事观点的原因。

纠正的方法：

（一）从教育上提高党内的政治水平，肃清单纯军事观点的理论根源，认清红军和白军的根本区别。同时，还要肃清机会主义和盲动主义的残余，打破四军本位主义。

（二）加紧官兵的政治训练，特别是对俘虏成分的教育要加紧。同时，尽可能由地方政权机关选派有斗争经验的工农分子，加入红军，从组织上削弱以至去掉单纯军事观点的根源。

（三）发动地方党对红军党的批评和群众政权机关对红军的批评，以影响红军的党和红军的官兵。

（四）党对于军事工作要有积极的注意和讨论。一切工作，在党的讨论和决议之后，再经过群众去执行。

（五）编制红军法规，明白地规定红军的任务，军事工作系统和政治工作系统的关系，红军和人民群众的关系，士兵会的权能及其和军事政治机关的关系。

关于极端民主化

红军第四军在接受中央指示之后，极端民主化的现象，减少了许多。例如党的决议比较地能够执行了；要求在红军中实行所谓“由下而上的民主集权制”、“先交下级讨论，再由上级决议”等项错误主张，也没有人再提了。但是在实际上，这种减少，只是一时的和表面的现象，还不是极端民主化的思想的肃清。这就是说，极端民主化的根苗还深种在许多同志的思想中。例如对于决议案的执行，表示种种勉强的态度，就是证据。

纠正的方法：

（一）从理论上铲除极端民主化的根苗。首先，要指出极端民主化的危险，在于损伤以至完全破坏党的组织，削弱以至完全毁灭党的战斗力，使党担负不起斗争的责任，由此造成革命的失败。其次，要指出极端民主化的来源，在于小资产阶级的自由散漫性。这种自由散漫性带到党内，就成了政治上的和组织上的极端民主化的思想。这种思想是和无产阶级的斗争任务根本不相容的。

（二）在组织上，厉行集中指导下的民主生活。其路线是：

1　党的领导机关要有正确的指导路线，遇事要拿出办法，以建立领导的中枢。

2　上级机关要明了下级机关的情况和群众生活的情况，

成为正确指导的客观基础。

3 党的各级机关解决问题，不要太随便。一成决议，就须坚决执行。

4 上级机关的决议，凡属重要一点的，必须迅速地传达到下级机关和党员群众中去。其办法是开活动分子会，或开支部以至纵队的党员大会（须看环境的可能），派人出席作报告。

5 党的下级机关和党员群众对于上级机关的指示，要经过详尽的讨论，以求彻底地了解指示的意义，并决定对它的执行方法。

关于非组织观点

四军党内存在着的非组织的观点，其表现如下：

甲 少数不服从多数。例如少数人的提议被否决，他们就不诚意地执行党的决议。

纠正的方法：

（一）开会时要使到会的人尽量发表意见。有争论的问题，要把是非弄明白，不要调和敷衍。一次不能解决的，二次再议（以不妨碍工作为条件），以期得到明晰的结论。

（二）党的纪律之一是少数服从多数。少数人在自己的意见被否决之后，必须拥护多数人所通过的决议。除必要时得在下一次会议再提出讨论外，不得在行动上有任何反对的表示。

乙 非组织的批评：

（一）党内批评是坚强党的组织、增加党的战斗力的武器。但是红军党内的批评有些不是这样，变成了攻击个人。其结果，不但毁坏了个人，也毁坏了党的组织。这是小资产阶级个人主义的表现。纠正的方法，在于使党员明白批评的目的是增加党的战斗力以达到阶级斗争的胜利，不应当利用批评去做攻击个人的工具。

（二）许多党员不在党内批评而在党外去批评。这是因为一般党员还不懂得党的组织（会议等）的重要，以为批评在组织内或在组织外没有什么分别。纠正的方法，就是要教育党员懂得党的组织的重要性，对党委或同志有所批评应当在党的会议上提出。

关于绝对平均主义

红军中的绝对平均主义，有一个时期发展得很厉害。例如：发给伤兵用费，反对分伤轻伤重，要求平均发给。官长骑马，不认为是工作需要，而认为是不平等制度。分物品要求极端平均，不愿意有特别情形的部分多分去一点。背米不问大人小孩体强体弱，要平均背。住房子要分得一样平，司令部住了一间大点的房子也要骂起来。派勤务要派得一样平，稍微多做一点就不肯。甚至在一副担架两个伤兵的情况，宁愿大家抬不成，不愿把一个人抬了去。这些都证明红军官兵中的绝对平均主义还很严重。

绝对平均主义的来源，和政治上的极端民主化一样，是手工业和小农经济的产物，不过一则见之于政治生活方面，一则见之于物质生活方面罢了。

纠正的方法：应指出绝对平均主义不但在资本主义没有

消灭的时期，只是农民小资产者的一种幻想；就是在社会主义时期，物质的分配也要按照“各尽所能按劳取酬”的原则和工作的需要，决无所谓绝对的平均。红军人员的物质分配，应该做到大体上的平均，例如官兵薪饷平等，因为这是现时斗争环境所需要的。但是必须反对不问一切理由的绝对平均主义，因为这不是斗争的需要，适得其反，是于斗争有妨碍的。

关于主观主义

主观主义，在某些党员中浓厚地存在，这对分析政治形势和指导工作，都非常不利。因为对于政治形势的主观主义的分析和对于工作的主观主义的指导，其必然的结果，不是机会主义，就是盲动主义。至于党内的主观主义的批评，不要证据的乱说，或互相猜忌，往往酿成党内的无原则纠纷，破坏党的组织。

关于党内批评问题，还有一点要说及的，就是有些同志的批评不注意大的方面，只注意小的方面。他们不明白批评的主要任务，是指出政治上的错误和组织上的错误。至于个人缺点，如果不是与政治的和组织的错误有联系，则不必多所指摘，使同志们无所措手足。而且这种批评一发展，党内精神完全集注到小的缺点方面，人人变成了谨小慎微的君子，就会忘记党的政治任务，这是很大的危险。

纠正的方法：主要是教育党员使党员的思想和党内的生活都政治化，科学化。要达到这个目的，就要：（一）教育党员用马克思列宁主义的方法去作政治形势的分析和阶级势力的估量，以代替主观主义的分析和估量。(二)使党员注意社会经济的调查和研究，由此来决定斗争的策略和工作的方法，使同志们知道离开了实际情况的调查，就要堕入空想和盲动的深坑。(三)党内批评要防止主观武断和把批评庸俗化，说话要有证据，批评要注意政治。

关于个人主义

红军党内的个人主义的倾向有如下各种表现：

(一)报复主义。在党内受了士兵同志的批评，到党外找机会报复他，打骂就是报复的一种手段。在党内也寻报复；你在这次会议上说了我，我就在下次会议上找岔子报复你。这种报复主义，完全从个人观点出发，不知有阶级的利益和整个党的利益。它的目标不在敌对阶级，而在自己队伍里的别的个人。这是一种削弱组织、削弱战斗力的销蚀剂。

(二)小团体主义。只注意自己小团体的利益，不注意整体的利益，表面上不是为个人，实际上包含了极狭隘的个人主义，同样地具有很大的销蚀作用和离心作用。红军中历来小团体风气很盛，经过批评现在是好些了，但其残余依然存在，还须努力克服。

(三)雇佣思想。不认识党和红军都是执行革命任务的工具，而自己是其中的一员。不认识自己是革命的主体，以为自己仅仅对长官个人负责任，不是对革命负责任。这种消极的雇佣革命的思想，也是一种个人主义的表现。这种雇佣革命的思想，是无条件努力的积极活动分子所以不很多的原因。雇佣思想不肃清，积极活动分子便无由增加，革命的重担便始终放在少数人的肩上，于斗争极为不利。

（四）享乐主义。个人主义见于享乐方面的，在红军中也有不少的人。他们总是希望队伍开到大城市去。他们要到大城市不是为了去工作，而是为了去享乐。他们最不乐意的是在生活艰难的红色区域里工作。

（五）消极怠工。稍不遂意，就消极起来，不做工作。其原因主要是缺乏教育，但也有是领导者处理问题、分配工作或执行纪律不适当。

（六）离队思想。在红军工作的人要求脱离队伍调 地方工作的与日俱增。其原因，也不完全是个人的，尚有一，红军物质生活过差；二，长期斗争，感觉疲劳；三，领导者处理问题、分配工作或执行纪律不适当等项原因。

纠正的方法：主要是加强教育，从思想上纠正个人主义。再则处理问题、分配工作、执行纪律要得当。并要设法改善红军的物质生活，利用一切可能时机休息整理，以改善物质条件。个人主义的社会来源是小资产阶级和资产阶级的思想在党内的反映，当进行教育的时候必须说明这一点。

关于流寇思想

由于红军中游民成分占了很大的数量和全国特别是南方各省有广大游民群众的存在，就在红军中产生了流寇主义的政治思想。这种思想表现在：一，不愿意做艰苦工作建立根据地，建立人民群众的政权，并由此去扩大政治影响，而只想用流动游击的方法，去扩大政治影响。二，扩大红军，不走由扩大地方赤卫队[5]、地方红军到扩大主力红军的路线，而要走“招兵买马”“招降纳叛”的路线。三，不耐烦和群众在一块作艰苦的斗争，只希望跑到大城市去大吃大喝。凡此一切流寇思想的表现，极大地妨碍着红军去执行正确的任务，故肃清流寇思想，实为红军党内思想斗争的一个重要目标。应当认识，历史上黄巢、李闯[6]式的流寇主义，已为今日的环境所不许可。

纠正的方法：

（一）加紧教育，批评不正确思想，肃清流寇主义。

（二）对现有红军基本队伍和新来的俘虏兵，加紧反流氓意识的教育。

（三）争取有斗争经验的工农积极分子加入红军队伍，改变红军的成分。

（四）从斗争的工农群众中创造出新的红军部队。

关于盲动主义残余

红军党内对盲动主义已经做了斗争，但尚不充分。因此，红军中还有盲动主义思想的残余存在着。其表现如：一，不顾主观和客观条件的盲干。二，城市政策执行得不充分，不坚决。三，军纪松懈，特别是打败仗时。四，还有某些部队有烧屋行为。五，枪毙逃兵的制度和肉刑制度，也是带着盲动主义性质的。盲动主义的社会来源是流氓无产者的思想和小资产阶级的思想的综合。

纠正的方法：

（一）从思想上肃清盲动主义。

（二）从制度上和政策上纠正盲动的行为。

党的组织问题

红军党的组织问题现在到了非常之严重的时期，特别是党员的质量之差和组织之松懈，影响到红军的领导与政策之执行非常之大。大会对于这个问题特作详细的分析与决定。同志们应站在大会的精神之上努力去改造党的组织，务使党的组织确实能担负党的政治任务，才算得到成功。

一、党的组织路线

（一）党员发展的路线，以战斗兵为主要对象。同时对非战斗兵如夫子、勤务兵等亦不应忽视。

（二）每连建设一个支部，每班建设一个小组，这是红军中党的组织的重要原则之一。在党员数量过少的部队，事实上不能每班建立一个小组时，则暂以排为单位建设小组，而把组员有计划地分配到各班，但须明白这是过渡的方法。

（三）红军原有的小组编制法，即干部分子与一般分子，知识分子与劳动分子的混合编制法，是很对的。但还缺乏有计划地将各种出身不同能力不同分子很好地混合编起来，以后此点要多加注意。至于单纯地把干部分子编成小组，那是要不得的。

二、党的组织松懈问题

(一)四军党的组织现状:

1. 党员加入太随便,许多不够党员资格的也拉了进来,特别是官长不要任何条件,一概拉进。因此党的质量就弄得很差了。

2. 各级党部的工作做到了解决问题,但完全忘却了教育同志一个任务。关于训练性质的会议,如活动分子大会,书、宣、组联席会,委、组联席会,支部大会,纵队或支队[7]党员大会等,非常开得少。

3. 一般地纪律松懈。特别在负担重要工作,没有人代替他的情况,对他所犯错误,往往敷衍下去,不执行纪律。对一人如此,对他人亦不得不如此,因此把纪律一般地放松了。

4. 所有官长既都成了党员,结果所有军事政治机关的工作人员,便很少注意他的社会职业的工作了,都以为社会职业的工作就是党的工作,两者分不开来。如各级军事工作会议、各级政治工作会议几乎完全没有,一切都以为党决定了就完事了,党员在社会职业中起核心作用一件事,简直不谈起了。

5. 上下级的关系不密切。下级的报告,上级少有批答或指示。下级会议上级少有派人出席。这固然是因为上级机关组织不健全,但上级机关工作态度不积极,也是对下级机关指导缺乏或指导不详尽的原因之一。特别是对于指导实际工作,如一个部队出发游击的工作指导等,一般地缺乏详尽;还有某几个部队,几乎连粗略的指导都没有。

6. 支部大会及小组会，有许多没有按时开。

（二）纠正的路线：

1. 旧的基础厉行洗除。如政治观念错误，吃食鸦片，发洋财及赌博等，屡戒不改的，不论干部及非干部，一律清洗出党。

2. 以后新分子入党条件：

（1）政治观念没有错误的（包括阶级觉悟）；

（2）忠实；

（3）有牺牲精神，能积极工作；

（4）没有发洋财的观念；

（5）不吃鸦片、不赌博。

以上五个条件完备的人，才能够介绍他进党。介绍人首先要审查被介绍人是否确实具备上列条件，经过必需的介绍手续。介绍入党后，要详细告诉新党员以支部生活（包括秘密工作）及党员应遵守的要点。介绍人对所介绍人应负相当责任。支委要派人对将入党的人谈话，考查是否具备入党条件。

（三）各级党部不单是解决问题和指导实际工作的，它还有教育同志的重大任务。各种训练同志的会议，及其他训练办法如训练班、讨论会等，都要有计划地举行起来。

（四）严格地执行纪律，废止对纪律的敷衍现象。

（五）分清党员社会职业与党的工作的性质。每个党员（除开党内负了重要或专门任务的人是为革命职业家外）必须担负一件社会职业，同时即在他的社会职业中担负党给他的工作。

（六）各级党部的工作态度，应该比较从前更积极起来。下级对上级要有详尽的报告，上级对于这些报告要有详尽的讨论和答复,并尽可能派人出席下级会议,不能借口工作人少、工作能力薄弱和工作时间不够,来掩护自己的不积极,而把这些工作疏忽起来。

(七)支委会及支委以上各级党部,应该有计划地每月规定支部大会及小组会讨论的材料,并规定会期,严密地督促开会。

三、怎样使党员到会有兴趣

(一)党员到会少兴趣的原因:

1. 不明白会议的意义。支部会议的重要意义,第一是解决问题。一切斗争的问题,内部的问题,都要在会议上集中讨论去解决它。若不到会或到会不积极发表意见,就是他不了解会议的政治意义,就是他对斗争没有兴趣,凡是对斗争积极的人,他一定是热心到会,热心发言的。第二是教育同志。会议不仅解决了问题,而且在解决问题的过程当中,要考查问题的环境,要参考上级的指示,这样就发动了同志们的心思才力,由会议的政治化与实际化,同志们每个的头脑也都政治化实际化了。每个同志都政治化实际化,党的战斗力就强大起来了。这就是会议的教育意义。红军党员因为不明白这些意义,所以成为不爱到会或到会少兴趣的第一个原因。

2. 决议案决议了不执行,或对上级请求事项很久得不到答复,因此减少讨论的兴趣。

3. 负责人事前没有很好的准备。不准备议事日程,对问题的内容及环境不明了,问题应怎样解决也没有准备一点意见。

4．主席轻易停止党员发言，发言偶出题外，便马上禁止他，他便挫兴不做声了。如发言有错处，除停止外还讥笑他。

5．封建式的会场秩序，死板无活气，到会如坐狱。

（二）纠正的方法：

第一，会议要政治化实际化。

第二，要把会议的重大意义时常对同志们提醒，尤其是新党员及工作不积极的党员。

第三，决议不要轻易，一成决议，就要坚决执行。

第四，上级机关要勤快答复下级机关的问题，不要拖延太长，失了热气。

第五，负责人事先要准备议事日程，议事日程要具体化；对问题的内容和环境先要调查清楚，并对于怎样解决先要想一想。

第六，主席指导会议要采用很好的技术，要引导群众的讨论潮流奔赴到某一问题；但有重要意义的超出题外的发展，不但不要大杀风景地去喝止他，而且要珍重地捉住这一发展的要点，介绍给大众，成立新的议题。这样会议才有生趣，问题才能得到真正的解决，同时会议也才真正实现了教育的意义。

第七，废止封建的会场秩序。共产党的会场要是反映无产阶级之积极活泼的爽快的精神，把这些做成秩序。

四、红军党内青年组织及其工作

（一）军队中青年利益与成年利益不能划分，团没有特殊的工作对象。又党的小组以班为单位建设方才有利斗争。因此党的支部里头无设立团的小组的必要。

（二）党员中青年部分因其有比成年不同的情绪，除一般地接受党的训练外，还有特别受一种青年教育之必要。又因争取青年工农群众是党的重要任务之一，须有专门组织去担任这种工作。因此，应在支部中划出年在二十岁以下的青年党员（有特别情形如担任党的重要工作的除外），成立青年工作会议。这种会议，除以大队〔8〕为单位经常有计划地召集开会外，支队及纵队亦各应酌定时间，召集开会。

（三）为计划对青年党员的教育，计划争取青年工农群众的方法，并指导青年工作会议，前委及纵委〔9〕里头各设立五人之青年工作委员会，支队委及支委则各设一个青年委员，在各级党部的指导之下从事工作。

五、政治委员与党内工作关系

大队支队两级党部的书记，以不兼政治委员为原则，但在工作人缺乏的部队，仍可暂时兼充，没有担任党的书记责任的政治委员，上级党部应察看情形，在条件适合的环境之下得委为党的特派员，有指导该级党部的工作的任务。

六、直属队最高党部问题

军及各纵队的直属队，均组织直属队委为最高党部，委员人数五人至七人。

七、士兵会党团[10]问题

大队士兵会不设党团，工作由支委[11]指导。纵队士兵会要设党团，此党团受纵委指导。

党内教育问题

一、意　　义

红军党内最迫切的问题，要算是教育的问题。为了红军的健全与扩大，为了斗争任务之能够负荷，都要从党内教育做起。不提高党内政治水平，不肃清党内各种偏向，便决然不能健全并扩大红军，更不能负担重大的斗争任务。因此，有计划地进行党内教育，纠正过去之无计划的听其自然的状态，是党的重要任务之一。大会规定用下列的材料和方法去教育党员，党的指导机关，要有更详细的讨论，去执行这一任务。

二、材　　料

（一）政治分析；

（二）上级指导机关的通告的讨论；

（三）组织常识；

（四）红军党内八个错误思想[12]的纠正；

（五）反机会主义及托洛茨基主义反对派[13]问题的讨论；

（六）群众工作的策略和技术；

（七）游击区域社会经济的调查研究；

（八）马克思列宁主义的研究；

（九）社会经济科学的研究；

（十）革命的目前阶段和它的前途问题。

以上十项除一部分（如社会经济科学的研究）事实上限于适用在干部分子外，其余都适用于一般党员。

三、方　　法

（一）党报；

（二）政治简报；

（三）编辑各种教育同志的小册子；

（四）训练班；

（五）有组织地分配看书；

（六）对不认字党员读书报；

（七）个别谈话；

（八）批评；

（九）小组会；

（十）支部大会；

（十一）支部委、组联席会；

（十二）纵队为单位组长以上活动分子会议；

（十三）全军支书以上活动分子大会；

（十四）纵队为单位党员大会；

（十五）纵队为单位各级书、宣、组联席会议；

（十六）全军支队以上书、宣、组联席会议；

（十七）政治讨论会；

（十八）适当地分配党员参加实际工作。

红军宣传工作问题

一、红军宣传工作的意义

红军宣传工作的任务，就是扩大政治影响争取广大群众。由这个宣传任务之实现，才可以达到组织群众、武装群众、建立政权、消灭反动势力、促进革命高潮等红军的总任务。所以红军的宣传工作是红军第一个重大工作。若忽视了这个工作就是放弃了红军的主要任务，实际上就等于帮助统治阶级削弱红军的势力。

二、红军宣传工作的现状

（一）宣传内容的缺点：

1. 没有发布具体的政纲（从前发布的政纲如四言布告等均不具体）；

2. 忽略群众日常斗争的宣传与鼓动；

3. 忽略城市贫民之取得；

4. 忽略对妇女群众的宣传；

5. 对青年群众的宣传不充分；

6. 对流氓无产阶级的宣传不充分；

7．极少破坏地主阶级武装组织（民团、靖卫团[14]等）的宣传；

8．宣传没有时间性地方性。

（二）宣传技术的缺点：

1．宣传队不健全。

（1）宣传员由每大队五个缩小到三个，有些只有一两个，有些只有一个，有少数部队连一个都没有了。

（2）宣传员成分太差，俘虏兵也有，火夫马夫也有，吃鸦片的也有，有逃跑嫌疑便把他解除武装塞进宣传队去的也有，当司书[15]当不成器便送入宣传队去的也有，因残废了别的工作机关不要塞进宣传队去的也有，现在的宣传队简直成了收容所，完全不能执行它的任务了。

（3）差不多官兵一致地排斥宣传队（同时也是因为宣传员成分太差，工作成绩少，引起一般的人对它的不满），"闲杂人"、"卖假膏药的"就是一般人送给宣传员们的称号。

（4）宣传队没有够用的宣传费。

（5）对宣传员的训练没有计划，同时对他们工作的督促也不好，因此宣传队的工作简直随随便便，做一点不做一点都没有人理它。

2．传单、布告、宣言等陈旧不新鲜，同时散发和邮寄都不得法。

3．壁报出得很少，政治简报内容太简略，又出得少，字又太小看不清。

4．革命歌谣简直没有。

5．画报只出了几张。

6. 化装宣传完全没有。

7. 含有士兵娱乐和接近工农群众两个意义的俱乐部没有办起来。

8. 口头宣传又少又糟。

9. 红军纪律是一种对群众的实际宣传，现在的纪律比前松懈了，因此给了群众以不好的影响。

10. 上门板，捆禾草，扫地，讲话和气，买卖公平，借东西照还，赔偿损失，这些都是红军宣传工作的一种，现在也做得不充分。

11. 群众大会很少开，又开得不好。

12. 对白军士兵的宣传方法不好。

三、纠正的路线

（一）宣传的内容方面：

1. 发布一个具体的政纲，名曰红军政纲。

2. 宣传要切合群众的斗争情绪，除一般地发布暴动口号外，还要有适合群众斗争情绪尚低地方的日常生活的口号，以发动日常斗争，去联系着那些暴动口号。

3. 城市贫民（中小商人与学生）是民权革命过程中的一个相当的力量，忽视了这个力量之争取，就无异把这个力量送给豪绅资产阶级。以后对城市中小商人及学生群众，要有深入的宣传工作去取得他们。

4. 妇女占人口的半数，劳动妇女在经济上的地位和她们特别受压迫的状况，不但证明妇女对革命的迫切需要，而且是决定革命胜败的一个力量。以后对妇女要有切实的口号，作普遍的宣传。

5．劳苦青年群众占人口百分之三十以上，在斗争中他们又是最勇敢最坚决的。因此对取得青年群众的宣传，是整个宣传任务中的一个重要任务。

6．中国广大的游民群众若站在革命阶级方面，就成了革命的工具，若站在反动阶级方面，就成了反革命的工具，因此从反动阶级影响之下夺取游民群众，是党的宣传任务之一。执行宣传工作时，须注意各部分的游民生活和性质之不同，分别地对他们宣传。

7．地主阶级武装组织之破坏及其群众之争取，是农村中土地革命胜利条件之一，以后关于对民团、靖卫团等团丁群众的宣传工作特别要注意。

8．到一个地方要有适合那个地方的宣传口号和鼓动口号，又有依照不同的时间（如秋收与年关，蒋桂战争〔16〕时期与汪蒋战争〔17〕时期），制出不同的宣传和鼓动口号。

（二）宣传的技术方面：

1．宣传队问题

（1）意义

红军的宣传队是红军宣传工作的重要工具，宣传队若不弄好，红军的宣传任务就荒废了一个大的部分，因此关于宣传队的整理训练问题，是目前党要加紧努力的工作之一。这个工作的第一步就是要从理论纠正官兵中一般对宣传工作及宣传队轻视的观点，“闲杂人”、“卖假膏药”等等奇怪的称呼，应该从此取消掉。

(2)组织

甲、以支队为单位,军及纵队直属队均各成一单位,每单位组织一个中队,队长队副各一人,宣传员十六人,挑夫一人(挑宣传品),公差二人。每个中队的宣传员分为若干分队(按照大队或其他部队与机关的数目,定出分队的多少),每个分队有分队长一人,宣传员三人。

乙、各支队宣传队,受支队政治委员指挥。各大队分开游击时,每大队应派去一个宣传分队随同工作,受大队政治委员指挥。直属队宣传队,受政治部宣传科长指挥。全纵队各宣传队受纵队政治部宣传科指挥。全军宣传队受军政治部宣传科指挥。

丙、宣传队的用费,由政治部发给,须使之够用。

丁、改造宣传员成分的方法,除请地方政府选派进步分子参加红军的宣传队之外,从各部队士兵中挑选优秀分子(尽可能不调班长)为宣传员。政治部应经常地作出训练宣传队的计划,规定训练的材料、方法、时间、教授人等,积极地改进宣传员的质量。

2. 传单、布告、宣言等宣传文件,旧的应加以审查,新的应从速起草。宣传品分布的适当有效,应是宣传队技术问题的重要一项。邮寄宣传品,从邮件中夹带宣传品,或在邮件上印上宣传鼓动口号,政治工作机关应该注意去做,且要做得好。

3. 壁报为对群众宣传的重要方法之一。军及纵队各为一单位办一壁报,由政治部宣传科负责,名字均叫做《时事简报》。内容是:(1)国际国内政治消息;(2)游击地区群众斗争情形;(3)红军工作情形。每星期至少出一张,一概用大张纸写,不用油印。每次尽量多写几张。政治简报的编印，应注意下列各项：（1）要快；（2）内容要丰富一点；（3）字要稍大点，要清楚点。

4. 各政治部负责征集并编制表现各种群众情绪的革命歌谣，军政治部编制委员会负督促及调查之责。

5. 军政治部宣传科的艺术股，应该充实起来，出版石印的或油印的画报。为了充实军艺股，应该把全军绘画人才集中工作。

6. 化装宣传是一种最具体最有效的宣传方法，各支队各直属队的宣传队均设化装宣传股，组织并指挥对群众的化装宣传。

7. 以大队为单位在士兵会内建设俱乐部。

8. 宣传队中设口头宣传股及文字宣传股，研究并指挥口头及文字的宣传技术。

9. 严格地执行三条纪律〔18〕。

10. 上门板、捆禾草等项是从行动中扩大红军影响、增加群众对红军信仰的良好方法，应当好好地去执行。

11. 政治部及宣传队要有计划地有组织地召集各种群众大会，要预先规定开会秩序、演说人、演说题目及时间。

12. 对白军士兵及下级官长的宣传非常之重要，以后要注意下列的方法：

（1）宣传文字要简短，使他们顷刻间能看完，要精警，使他们一看起一个印象。

（2）除有计划地在敌人经过道路两旁多写切合某现实部队的标语之外，还要将传单存储于沿路党部及群众机关手中，候敌军经过时，巧妙地传达给他们。

（3）从俘虏官兵中及邮件检查中调查敌方官兵的姓名及所属部队番号，邮寄宣传品去，或写信给他们。

（4）优待敌方俘虏兵，是对敌军宣传的极有效方法。优待俘虏兵的方法：第一是不搜检他们身上的钱和一切物件，过去红军士兵搜检俘虏兵财物的行为要坚决地废掉。第二是要以极大的热情欢迎俘虏兵，使他们感觉得精神上的欢乐，反对给俘虏兵以任何言语上的或行动上的侮辱。第三是给俘虏兵以和老兵一样的物质上的平等待遇。第四是不愿留的，在经过宣传之后，发给路费放他们回去，使他们在白军中散布红军的影响，反对只贪兵多把不愿留的分子勉强地留下来。以上各项，对于俘虏过来的官长，除特殊情况外完全适用。

（5）医治敌方伤兵，亦是对敌军宣传的极有效方法。对于敌方伤兵的医治和发钱要完全和红军的伤兵一样，并且要利用一切可能的条件，把上好了药发给了钱的伤兵送返敌军。对待敌方受伤官长亦然。

士兵政治训练问题

一、材 料 问 题

下列各项应很艺术地编制课本，作对士兵的训练材料：

（一）目前政治分析及红军之任务与计划；

（二）土地革命各方面；

（三）武装组织及其战术；

（四）三条纪律建设的理由；

（五）早晚点名口号；

（六）识字运动；

（七）怎样做群众工作；

（八）红军标语之逐个解释；

（九）各种偏向之纠正；

（十）苏俄红军；

（十一）革命的目前阶段和它的前途；

（十二）红军白军比较；

（十三）共产党国民党比较；

（十四）革命故事；

（十五）社会进化故事；

（十六）卫生；

（十七）游击区域的地理及政治经济常识；

（十八）革命歌；

（十九）图报。

二、方　　法

（一）上政治课：

1. 分普通、特别、干部三班。普通班分两种形式，一个支队在一起时，以支队为单位上课，教授以支队政治委员为主任，大队政治委员分担各课，除战斗兵须到课外，传令兵、勤务兵、长夫、马夫、火夫须均到课。普通班之目的在使一般兵士得到初步政治常识。

2. 特别班以支队为单位，从各大队士兵中考选稍识文字及略有政治常识者五十名编成，支队政治委员为主任教授，大队政治委员分担各课。特别班之目的在造成较普通班高一级的政治常识人才，以备将来升当下级干部之用。

3. 干部班以纵队为单位，军直属队另成一单位，以大队长、大队副，中队长、中队副，各级军佐〔19〕及其他指定人员编成。目的在提高现任下级干部的政治水平线，使能领导群众，以预备将来能充当中级干部。由纵队政治委员政治部主任、纵队司令官及其他有适当能力的人担任教授。

4. 以支队为单位组织政治训练委员会，以支队各政治委员并军事长官中能任政治训练者组织之，以支队政治委员为主任，其任务为讨论在一个支队内关于执行士兵政治训练的种种问题。

5. 军及各纵队直属部队的政治训练，由军及各纵队政治部宣传科负责组织政治训练委员会执行之。

6. 教授法：

(1)启发式(废止注入式)；

(2)由近及远；

(3)由浅入深；

(4)说话通俗化(新名词要释俗)；

(5)说话要明白；

(6)说话要有趣味；

(7)以姿势助说话；

(8)后次复习前次的概念；

(9)要提纲；

(10)干部班要用讨论式。

(二)早晚点名说话:

1. 说话时间每次最多不得过半小时。

2. 材料:

(1)报告政治消息;

(2)批评日常生活;

(3)解释每周政治口号。

(三)集合讲话:

1. 支队每星期一次,纵队每半月一次,全军不定期。

2. 每次讲话须要有计划地由政治工作机关(支队由政治委员)商同军事工作机关规定讲话内容,指定讲话人,并分配讲话时间。

3. 每次讲话除任勤务的以外不准不到。

4. 每次讲话内容及对于群众的影响,下级政治机关须报告上级政治机关。

(四)个别谈话:

1. 对下列各种人须和他做个别谈话:

(1)有偏向的;

(2)受了处罚的;

(3)伤兵;

(4)病兵;

(5)新兵;

(6)俘虏兵;

(7)对工作不安的;

(8)思想动摇的。

2. 谈话前须调查谈话对象的心理及环境。

3. 谈话时须站在同志的地位，用诚恳的态度和他说话。

4. 谈话后须记录谈话的要点及其影响。

（五）游艺：

1. 以大队为单位充实士兵会娱乐部的工作，做下列各种游艺：

（1）捉迷藏等；

（2）踢足球；

（3）音乐；

（4）武术；

（5）花鼓调；

（6）旧剧。

2. 于每个宣传队下设化装宣传团。

3. 游艺设备费由公家支给（大队由纵队政治部批准）。

（六）改良待遇：

1. 坚决废止肉刑；

2. 废止辱骂；

3. 优待伤病兵；

4. 恢复每月发草鞋钱大洋四角的制度。

（七）怎样做新兵及俘虏兵的特别教育：

1. 把红军的生活习惯，如（1）官兵生活平等（官兵之间只有职务的分别，没有阶级的分别，官长不是剥削阶级，士兵不是被剥削阶级），（2）三大纪律及其理由，（3）士兵会的意义和作用，（4）红军中的经济制度（经济的来源，管理经济的组织，经济公开主义及士兵审查制度），（5）经济委员会管理大队伙食和分伙食尾数，(6)废止肉刑辱骂，(7)优待俘虏事项，讲给新兵们俘虏们听。

2. 讲述红军斗争略史。

3. 红军的宗旨：

(1)红军与白军所以不同，此点对俘虏兵要详细讲；

(2)红军与土匪所以不同；

(3)红军三大任务。

4. 讲述红军组织系统。

5. 普通政治常识，如：(1)国民党与共产党；(2)英日美三大帝国主义侵略中国；(3)各派军阀受帝国主义指挥到处混战；(4)分田；(5)苏维埃；(6)赤卫队等。

(八)青年士兵的特别教育：

1. 各纵队政治部负责编制青年士兵识字课本(以商务馆小学教材，平民千字课，龙岩文化社教本等作参考)。

2. 每个纵队内设立青年士兵学校一所，分为三班至四班，每个支队一班，直属队一班，每班学生不得超过二十五人。以政治部主任为校长，以宣传科长为教务主任。每班设一主任教员，每班以授足九十小时为一学期。

3. 由公家出钱置备纸笔墨等用具发给学生。

废止肉刑问题

一、红军中用肉刑的效果

各部队中凡打人最厉害的，士兵怨恨和逃跑的就越多。最显著的例子，如三纵队第八支队部某官长爱打人，结果不仅传令兵、火夫差不多跑完了，军需、上士及副官都跑了。九支队第二十五大队曾经有一时期来了一个最喜打人的大队长，群众送给他的名字叫做铁匠，结果士兵感觉没有出路，充满了怨恨空气，这个大队长调走了，士兵才得到解放。特务支队第三大队打人的结果，跑了四个火夫，一个特务长，两个斗争好久的班长，其中一个名萧文成，临走留下一封信，申明他不是反革命，因受不起压迫才逃跑。四纵队初成立时，一、二、三纵队调去的官长，一味地蛮打士兵，结果士兵纷纷逃跑，最后这班官长自己也立不住脚，都不得不离开四纵队。二纵队逃兵比任何纵队多，原因虽不止一个，然二纵队下级官长的大多数打人的习惯最厉害，乃是最重要原因之一。二纵队曾发现过三次自杀事件（排长一士兵二），这是红军最大的污点，意义是非常之严重的，这也不能不说是二纵队打人的风气特别浓厚的一种结果。现在红军中一般士兵的呼声是“官长不打士兵，打得要死！”这种群众的不平和怨愤的表露，实在值得我们严重的注意。

二、肉刑的来源和废止它的理由

封建阶级为了维持它的封建的剥削，不得不用最残酷的刑罚做工具，以镇压被剥削者的反抗和叛乱，这是肉刑所以为封建时代的产物的理由。经济的发展进步到资本主义制度，它便需要提出自由主义，以发展工农士兵群众的个性，增强他们的劳动能力和打仗能力，以造成资本主义发展之条件。因此，凡资产阶级的国家，一般地废止肉刑，在军队中亦早就没有什么打人的怪事了。至于经济发展到社会主义的诞生，阶级斗争的激进，工农阶级要推翻统治阶级的权力和依于这个权力的剥削，便要发动自己阶级的广大群众的力量，才能取得斗争的胜利。苏维埃政权，是最进步阶级的政权，它的下面，不应有一切封建制度的残余存在，因此苏联不但红军中老早就没有肉刑，在一般法律上亦通通严禁肉刑的使用。红军第四军产生于封建剥削制度尚未肃清的中国，它的主要成分，又多是从封建军阀军队里头转变过来的，一般封建的制度、思想和习惯，仍然很浓厚地存在于一般官长士兵之中，由是打人的习惯和非打不怕的习惯，还是与封建军阀军队里头的习惯一样。虽然老早就提出了官长不打士兵的口号和规定士兵会有申诉他们的苦痛的权利，但简直没有什么效力，其结果造成官兵间的悬隔，低落了士兵以至官长的情绪，逃跑的数目日多，军中充满了怨恨的空气，甚至发现自杀事件，这是与红军的斗争任务完全背驰的现象，如不赶快纠正，危险不可胜言。

三、纠正的方法

（一）坚决地废止肉刑。

（二）举行废止肉刑运动。这个运动，要从官兵两方面工作，使“废止肉刑，方才利于斗争”的意义普及于官兵群众之中。这样才能使官长方面不但不至因废止肉刑觉得兵带不住了，而且了解废止肉刑之后将要更利于管理与训练；士兵方面不但不至因废止肉刑更顽皮了，而且因废止肉刑增加了斗争的情绪，撤去了官兵的隔阂，将要自觉地接受管理训练和一般的纪律。

（三）肉刑废止之后，因为历史的习惯的原因，发生一些临时不良现象是会有的，这应该加紧我们的责任，努力于说服精神和自觉遵守纪律精神的提倡，去克服这个违反斗争任务的最恶劣的封建制度。决不能借口有些不良现象，便掩护了他的封建制度打人习惯。凡那些借口临时不良现象，反对废止肉刑或对废止肉刑怠工的，客观上便是妨碍革命斗争的发展，也就是帮助了统治阶级。

（四）四军废止肉刑的法律程序：

1．修改红军惩罚条例；

2．由最高军政机关会衔发布废止肉刑的通令，并颁布新的红军惩罚条例；

3．通令发布后，一方面由军政机关召集官长会议，详细说明废止肉刑的理由，使全体官长拥护这个通令的重大改革，良好地努力地在部队中执行起来；一方面由士兵会召集士兵代表会议，除拥护这个改革以后要自觉地遵守纪律外，并要森严群众的纪律制裁，以达到肉刑废止后的良好的收获。

优待伤病兵问题

一、伤病兵痛苦的现象及影响

（一）全军各部队卫生机关不健全，医官少，药少，担架设备不充分，办事人少与不健全，以致有许多伤病兵不但得不到充分治疗，即大概的初步治疗有时都得不到。

（二）全军军事政治机关对伤病兵的注意不充分，如：

1．对于卫生机关的健全，不但没有尽得最大的努力，而且简直不加注意。各种会议对卫生问题讨论很少。

2．官长对于伤病兵没有尽其可能去随时安慰他们，如官长替伤病兵送茶水、盖被窝、随时慰问等习惯，在红军中简直没有。官长对伤兵病兵，采一种不理问态度，甚至表示讨嫌他们的态度。

3．行军时官长以至士兵对在沿途落伍的伤兵完全不表示一点同情，不但不为他们想法子，反而一味地怒骂，或无情地驱逐他们。

（三）重伤重病兵给养和用费不够，伤兵伤后，七八天还没有衣服换，调养费病官有，病兵没有。

（四）蛟洋医院的缺点：

1．无组织状态；

2．医官和药太少；

3．医官卖私药；

4．不清洁；

5．御寒衣服被窝不够；

6．看护兵太少；

7．饮食恶劣；

8．房子窄；

9．与当地群众关系不良，以致伤病兵看医院如牢狱，不愿留在后方。

上列各种对伤病兵待遇不良，便发生下列的影响：

1. 使士兵不满意红军，“红军好是好，就只不要带花，不要病”，这种舆论简直普遍全体士兵以至下级官长之中；

2. 士兵对官长不满意，越发增加官兵间悬隔；

3. 士兵及下级官长都怕带花，因此，减少红军战斗力；

4. 逃兵多；

5. 影响工农群众，减少他们加入红军的勇气。

二、解决的办法

（一）军政机关对于卫生问题再不能像从前一样不注意，以后各种会议，应该充分讨论卫生问题。

（二）卫生机关的组织应特别使之健全，办事人要找有能力的，不要把别地方用不着的人塞进卫生队去，并要增加办事人达到照料完备之目的。医生少和药少的问题，要尽可能设法解决。对于医生应注意督促他们看病详细一点，不要马马虎虎。

（三）官长，特别是和士兵接近的连上官长，应当随时看视伤病兵，送茶水给他们吃，晚上替他们盖被窝，他们觉得冷，要替他们想办法，如向别人借，增加衣服。以上这些招呼伤病兵的方法，要定为一种制度，大家实行起来，因为这是最能取得群众的方法。

（四）对行军时沿途落伍的伤病兵：

1. 禁止任何人对他们的怒骂或讥笑；

2. 要伤病兵让路的时候，要好好对他说，不要一把推开他；

3. 无论哪一个部队或机关，凡有因病因伤落伍下来的，不论是战斗兵非战斗兵，均要立即派一个人去招呼他，如系重伤重病，并要尽量设法雇夫抬来；

4. 每次行军，后卫要耐烦带上落伍的伤病兵，必要时还要替他们背回枪弹。

（五）发给伤病兵零用钱，要酌量伤病的轻重，重伤重病的要比轻伤轻病的多给一点。调养费一项，对于特别重伤重病的，应该不分官兵夫酌量发给。

（六）伤病兵衣服被窝问题，除公家尽力置备外，应该在各部队官兵中发起募捐，此外还应该在各部队官兵中发起募款，这不仅为了增加伤病兵的零用钱，而且是唤起全军互助济难精神的好方法。

（七）蛟洋后方医院许多缺点，应该有计划去纠正。此外还应该在闽西工农群众中发起募捐（衣被、现款、粮食），以密切联系工农群众与红军。

红军军事系统与政治系统关系问题

一、在高级地方政权机关没有建设以前，红军的军事机关与政治机关，在前委指导之下，平行地执行工作。

二、红军与群众的关系：

（一）凡有全军意义的事项，如发布政纲等，军事政治两机关会衔发布。

（二）群众工作，如宣传群众，组织群众，建设政权，以及没收、审判、处罚、募捐、筹款、济难等事之指挥监督，在地方政权机关没有建设以前，均属政治部职权。

（三）凡没有建立政权机关的地方，红军政治部即代替地方政权机关，至地方政权机关建设时为止。凡地方政权机关已经建设的地方，应以使地方政权机关独立处理一切事情，在群众中巩固其信仰为原则。只有在地方政权机关还不健全，及红军与地方有关系的事项，得用地方政权机关和红军政治部会衔的方法处理之。

（四）帮助地方武装之建立与发展，这个责任是政治部的。帮助地方武装之平时的军事训练及战时的作战指挥，这个责任是司令部的。但均须尽可能地经过地方政权机关的路线，极力避免直接处理。

三、红军里面用人、行政，军事政治两个系统各有独立的路线。彼此有关系时，如人员等之互相调动，消息之互相传达等，则用公函平行通报。

四、礼节及军风纪之执行，军事政治两个系统相互间均应用阶级〔20〕服从原则，不得借口系统不同，有所怠慢或不服指挥。

五、凡给养、卫生、行军、作战、宿营等项，政治系统应接受军事系统之指挥。凡政治训练及群众工作事项，军事系统应接受政治系统之指挥。但指挥的形式，只能直达对方机关里头的从属机关（总务科或副官处等）。

六、凡红军筹款的指挥及政治工作用费之决定与支出，均属于政治部，军事机关不得干涉（取款的手续，政治部直接军需处），党部用费由政治部支给。

七、军事机关的一切命令，除政治委员须副署外，政治部主任无须署名。政治机关的一切命令，政治部单独行使，政治委员无须副署。

本篇第一部分根据人民出版社一九九一年出版的《毛泽东选集》（第二版）刊印；其他部分根据中央档案馆保存的一九三〇年四月六日铅印本刊印。

注释

〔1〕这是毛泽东为中国共产党红军第四军第九次代表大会写的决议。这次代表大会是一九二九年十二月在福建上杭县古田村召开的，所以这个决议又称"古田会议决议"。决议共分八个部分，第一部分经毛泽东校阅，编入一九五一年出版的《毛泽东选集》第一卷，题为《关于纠正党内的错误思想》。

〔2〕九月来信，指陈毅按照中共中央政治局会议和周恩来多次谈话的精神，为中共中央起草并经周恩来审定的给红四军前委的指示信（一九二九年九月二十八日）。

〔3〕士兵会，指红军中的士兵代表会议和士兵委员会，这是为了发扬军队内部民主而建立的一种制度。这种制度，后来被废除了。一九四七年新式整军运动开始以后，在人民解放军中，根据红军时期和新式整军运动中的经验，又在连队建立过干部领导的士兵会和士兵委员会的制度。

〔4〕一九二七年大革命失败后，中国共产党内曾经出现一种"左"倾盲动主义倾向，认为中国革命的性质是"不断革命"，中国革命的形势是"不断高涨"，因而不肯去组织有秩序的退却，错误地使用命令主义的方法，企图依靠少数党员和少数群众在全国组织毫无胜利希望的许多的地方起义。这种盲动主义的行动在一九二七年底流行过，到一九二八年初即逐渐地停止下来，但有些党员还存在着盲动主义的情绪。

〔5〕赤卫队，是革命根据地内群众的武装组织，不脱离生产。

〔6〕黄巢（？——八八四），曹州冤句（今山东菏泽）人。唐朝末年农民起义领

袖。他领导的农民战争持续了十年，是中国历史上有名的农民战争之一。由于黄巢起义军只是简单地进行流动的战争，没有建立过比较稳固的根据地，所以被封建统治者称为“流寇”。李闯，即李自成（一六〇六——一六四五），陕西米脂人。明朝末年农民起义领袖。他领导的起义军也没有建立过比较稳固的根据地，总是流动作战，一六四四年曾攻入北京，不久在明将吴三桂勾引清兵联合进攻下失败。

〔7〕纵队，当时相当于团；支队，当时相当于营。

〔8〕大队，当时相当于连。

〔9〕即中共红军第四军前敌委员会和各纵队委员会。

〔10〕党团，中国共产党第六次全国代表大会制定的党章规定：“在非党组织（如职工会，农会，社会团体及文化组织等）之各种代表大会和会议上及机关中，凡有党员三人以上者均成立党团。其任务在于非党的组织中，加强党的影响，实行党的政策，并监督党员在非党组织中之工作。”中国共产党第七次全国代表大会制定的党章，将“党团”改称“党组”。

〔11〕支委，见本卷第77页注〔20〕。

〔12〕指本篇第一部分《关于纠正党内的错误思想》中指出的关于单纯军事观点等八种错误思想。

〔13〕托洛茨基（一八七九——一九四〇），曾任俄国社会民主工党（布尔什维克）中央政治局委员、革命军事委员会主席等职。列宁逝世后，他反对列宁关于在苏联建设社会主义的理论和路线，在联共（布）党内组织反对派，进行派别活动，一九二七年十一月被开除出党。一九二七年中国大革命失败后，中国也出现了少数托洛茨基分子，他们与陈独秀等相结合，认为中国资产阶级民主革命已经完结，中国无产阶级只有待到将来再去举行社会主义革命，因而取消革命运动，被称为“托陈取消派”。陈独秀于一九二九年被开除党籍。

〔14〕民团、靖卫团，都是反动的地方武装。

〔15〕司书，即连队中担任文字书写的人员。

〔16〕蒋桂战争，指一九二九年三四月间蒋介石和广西军阀李宗仁、白崇禧之间的战争。

〔17〕指一九二七年十月宁（南京）汉（武汉）对立期间，国民党新军阀何应钦、李宗仁同唐生智之间的战争。

〔18〕当时红军三大纪律的内容是：（一）不拿工人、农民、小商人一点东西；

(二)打土豪归公;(三)一切行动听指挥。

〔**19**〕军佐,是旧军队中对辅助指挥员管理行政事务的人员的统称,如军需、军医等。这里毛泽东是沿用旧军队中的这种称呼。

〔**20**〕这里的"阶级",指军队中官阶的等级。

寻 乌 调 查

（一九三〇年五月）

我做的调查以这次为最大规模。我过去做过湘潭、湘乡、衡山、醴陵、长沙、永新、宁冈七个有系统的调查，湖南那五个是大革命时代（一九二七年一月）做的，永新、宁冈两个是井冈山时代（一九二七年十一月）〔1〕做的。湖南五个放在我的爱人杨开慧手里，她被杀了，这五个调查大概是损失了。永新、宁冈两个，一九二九年一月红军离开井冈山时放在山上的一个朋友手里，蒋桂会攻井冈山〔2〕时也损失了。失掉别的任何东西，我不着急，失掉这些调查（特别是衡山、永新两个），使我时常念及，永久也不会忘记。寻乌调查是一九三〇年五月四军到寻乌时做的，正是陂头会议〔3〕（二月七日四军前委与赣西特委的联席会议）之后，汀州会议〔4〕（六月四军前委与闽西特委的联席会议）之前，关于中国的富农问题我还没有全般了解的时候，同时我对于商业状况是完全的门外汉，因此下大力来做这个调查。在全部工作上帮助我组织这个调查的，是寻乌党的书记古柏同志（中学生，破产小地主，曾任小学教师、县革命委员会及县苏维埃主席，篁乡区人）。在材料上与我以大量供给的，是郭友梅（五十九岁，杂货店主，曾任县商会长，本城人）、范大明（五十一岁，贫农，县苏〔5〕职员，城区人）、赵镜清（三十岁，中农，做过铸铁工，做过小商，陈炯明[6]部下当过兵做到排长，现任县苏委员，双桥区人）、刘亮凡（二十七岁，县署钱粮兼征柜办事员，现任城郊乡苏维埃主席，城区人）四人，他们都是经常到调查会的。此外李大顺（二十八岁，贫农，曾任区苏委员）、刘茂哉（五十岁，老童生，开过赌场，做过小生意，原是小地主，降为贫民，曾任县革命委员会委员，现任区苏委员）两人，也供给了一部分材料，间或到我们的调查会。还有刘星五（四十六岁，农民，做过小生意，乡苏委员，城区人）、钟步赢（二十三岁，梅县师范生，区政府主席，石排下人）、陈倬云（三十九岁，自治研究所毕业，做过缝工，做过小生意，当过小学教师）、郭清如（六十二岁，秀才，赴过乡试，做过小学教师，城区人）四人，到过一二次调查会，稍微供给了一点材料。我们的调查会，就是我和以上十一个人开的，我做主席和记录。我们的会开了十多天，因为红军部队分在安远、寻乌、平远做发动群众的工作，故有时间给我们开调查会。

寻乌这个县，介在闽粤赣三省的交界，明了了这个县的情况，三省交界各县的情况大概相差不远。

这个调查有个大缺点，就是没有分析中农、雇农与流氓。还有在"旧有土地分配"上面，没有把富农、中农、贫农的土地分开来讲。

一九三一年二月二日于宁都小布

第一章　寻乌的政治区划

全县分为七区，七区之中包括四厢十二堡。

七区是：

城区：分东西南北四厢，为全县政治中心。

仁丰区[7]：即篁乡堡。公平圩、菖蒲圩（即篁乡圩）为本区两个政治中心，各设一个局。

双桥区：即双桥堡。内分十三段，以留车为政治中心。

南八区：分南桥、八富两堡，以牛斗光为政治中心。

兼三区：分项山、腰古、滋溪三堡，以吉潭为政治中心。

澄江区：分寻乌、大墩、桂岭三堡，以澄江圩为政治中心。

三水区：分三标、水源两堡，以三标圩为政治中心。

明万历前寻乌还未设县，万历以后才设县。没有设县的时候，一部分属江西的安远县管辖，设置石溪堡，其地域是现在的澄江、三水、仁丰、县城等区；一部分属广东平远县管辖，其地域是现在的双桥、南八、兼三等区。

第二章　寻乌的交通

（一）水　　路

寻乌水从桂岭山盘古隘一带山地发源，经澄江、吉潭、石排下、车头、留车，流入龙川，下惠州，故寻乌水乃是东江的上游。船可通到澄江。沿河以澄江、吉潭、留车三个圩场为最大，吉潭在三个圩中更首屈一指。

另由石排下可以通船到城区之河岭（城南十里）。

(二)陆 路

以石排下为中心,分为四条大路:一条经过吉潭(三十里)、澄江(六十里)、盘古隘,通筠门岭(一百一十里),为兴国、于都、会昌通广东的大路。一条经过县城(三十里)、三标(六十里)、太阳关,通安远城(一百四十里),为信丰、安远通梅县的大路。一条经过珠村、牛斗光(二十里)到平远之八尺(四十五里),为会昌、安远两方通梅县的大路,即会昌、安远两条路均到石排下集中,共同通梅县的大路。一条经过车头(二十里)、留车(三十五里)、荒塘肚(六十里)到兴宁之罗浮(九十五里)、罗冈(一百二十五里),往兴宁、五华,为寻乌下惠州的大路。

另有几条小些的路:一条从澄江通安远挖补界之罗塘(三十里),再由罗塘南往下坝,北往门岭。一条从吉潭经小田、船肚、书园往平远(六十里)。一条从县城经大炉下、滋溪、剑溪、礼奉、赖地往武平(一百八十里)。一条从县城经上坪通安远南乡之胡山(六十里),再由胡山北往安远城(六十里),西往太平(三十六里)、鹅公圩(六十里)。一条由县城到新圩(六十里),再由新圩经公平圩(三里)、两广亭(四十五里),往定南之鹅公圩(八十里),再南经鹅公圩,西往定南城,西经鹤子圩往信丰。由新圩经菖蒲(二十里)、隘排口往龙川城(二百四十里)。由菖蒲、隘排口通兴宁城(一百八十里)。以上各路比较小一点。

从寻乌城出发,往门岭九十里,往武平一百八十里,往梅县二百四十里,往兴宁二百四十里,往安远一百一十里,往龙川三百一十里,往定南(经上坪、胡山、太平、鹅公圩)一百六十里。

（三）电　　报

过去电报局设在吉潭，民国十一年移到县城。电线由吉潭通寻乌城，通筠门岭，通平远。

（四）邮　　政

县城是三等邮局。一路走吉潭、澄江通门岭。一路走牛斗光通八尺，再由八尺通梅县；另由八尺分一路通平远。一路走三标通安远。澄江、吉潭、牛斗光三处有“代办所”，三标、石排下二处有“代收所”。旧历二、五、八走门岭，一、三、五、七、九走八尺，二、四、六、八、十走安远。赣州的信走安远，送于都、兴国的信走门岭。县城邮局通常可以汇款二百元以内，五百元以内须先期交涉，否则不能。前年三二五暴动[8]，抓了邮政局长，罚过五百元。此次新局长怕抓，先期跑了。三二五暴动还杀了一个电报局长。

（五）陆路交通器具

和广东一样，不论什么道路一概没有车子。陆路运输工具大多数是活人的肩胛，其次是骡马。县城通梅县大路上骡马很多，县城通门岭、县城通吉潭两条路也有，此外没有。运输的骡马是骡多马少，但普通一概叫做“马子”。用马子驮的货物以盐豆两门为大宗。

第三章 寻乌的商业

本 章 目 录

(12)伞
(13)木器
(14)火店
(15)豆腐
(16)理发
(17)打铁
(18)爆竹
(19)打首饰
(20)打洋铁
(21)修钟表
(22)圩场生意
(23)娼妓
(24)同善社
(25)人口成分和他们在政治上的地位

(一) 门岭到梅县的生意

从石城、瑞金来的,米和豆子为大宗,值几十万元。从兴国来的,茶油[9]为大宗,米也有(少)。于都、会昌没有什么货来。

澄江圩每圩从门岭来的油约有四船(门岭肩挑到澄江下船),每船装油十二担,每担约值小洋三十元,每年以百圩计算,约值十五万元。

石城、瑞金的米到门岭,大部分经罗塘、下坝(武平属,在三省交界)、新铺(蕉岭属,离梅县三十里)往梅县,每天有约三百担过。米走寻乌通过往梅县的,很少。由寻乌通过的是油豆两大宗。豆子担数比油多一倍，每担有五斗的，有三斗的，不等。价值每斗小洋一元五毛。每圩（三天一圩）用船载的有五船，每船十四担，每担（以四斗计）值六元，每圩共值四百二十元，每年一百圩共值四万二千元。另还有肩挑，每圩有二十担，每年有二千八百担，共值一万六千八百元。两项共值五万八千八百元。

（二）安远到梅县的生意

鸡

这一条路上的生意，大宗是鸡，次是牛，又次是猪。鸡的大部分是唐江、南康、信丰来的，安远也有一点，甚至有从遂川来的。走王母渡、金鸡圩、新田、版石，不入安远城，由安远城北五里地方通过，入寻乌下梅县。由梅县的鸡行装往松口，向汕头输出。鸡每天走寻乌通过的，安远来的是大宗，也还有小部分走门岭来。每天少也有一百担，多的到百三十担。每担六十斤，以每天百担计，六千斤。鸡贩子由唐江一带一直挑到梅县城或新铺圩（由寻乌走大柘去新铺下船，直往松口，不经梅县）发卖，每斤价五毛（寻乌鸡价每斤四毛）。每天六千斤，共值三千元。每年三百六十天，共值一百零八万元。梅县鸡行卖与松口，每斤价七毛以上，可谓大赚其钱。

牛

每月逢一是“牛岗”。十一月最旺，每岗七八百头牛。正、二月次之，每岗一二百头。三、四、五、六、七月最淡，每岗少的三五头，多的也不过十余头。八月初一这天为牛市“开岗”的日子，从这日起生意逐渐旺盛，每岗从四五十头到六七十头。九、十两月每岗就有百把头了。

每年共有多少牛呢？

正、二月每月平均一百头，共二百头；

三月六十头；

四、五、六、七月没有市；

八月三岗，二百五十头；

九月同八月；

十月三百头；

十一月三岗，二千一百头；

十二月只有二岗，一百六十头；

全年三千三百二十头。

牛价平均每头值四十元，全年共值一十三万二千八百元。

牛也是如鸡一样，从唐江、信丰来的为大宗，安远也有一点点，寻乌本县没有。和鸡不同的是，鸡于寻乌只是经过，牛则在寻乌出卖。牛市在县城东门外河墈上，卖主是唐江、信丰、安远人，买主是梅县、武平、蕉岭、平远人，经纪（牙人）是寻乌人。不是经松口向汕头输出，大概是牛贩子们买了去转卖给人家耕田，或转卖给城市宰杀。牙人钱每只牛买卖双方各出半毛。牛税有承商包办，每年缴政府一千七百四十元。牛税从前每年"标"（即投标）一次，出钱多的得标，近改为三年一标。税到牛身上，黄牛每头四毛，水牛每头五毛，名之曰"饷"。抽过了税，在那只牛身上拍上个"饷"字的石灰印，买主就起牛跑。饷以外，还有捐，是近来附加的，每牛一毛。承商向政府出的税，连同他自己的赚项，年在二千元以上。以平均每牛抽税四毛半计，每年在寻乌城出卖的牛，当在四千五百头以上。上面说每年三千三百二十头，乃是最少量的估计。

猪

信丰来的最多，安远次之。走两条路来，一条从安远城，经寻乌城，走牛斗光、八尺去梅县，这一路最多；一条由安远南乡，走公平、新圩、留车、平远之中坑圩，往梅县，这一路较少。两条路全年有五千只猪通过。平均每只一百斤，每斤价四毛半（每只四十五元），五千只猪共值二十二万五千元。寻乌政府每只抽税二毛。

（三）梅县到门岭的生意

大宗是洋货（牙粉、牙刷、电筒、胶底鞋、肥皂、洋伞、马灯、洋铁均大宗。其中如牙粉、牙刷等，本属中国制的多，但普通也叫洋货），海味（海带、海参、鱼肚、鱿鱼、淡菜、咸鱼等为大宗），盐（十年前惠盐多，三四年前潮盐多，这是因为商人包办路线不同的缘故。现在又是惠盐多，则因八尺、中坑等处反动派对红色区域封锁，阻塞了潮盐的路的缘故。盐到门岭后，一直通往兴国），洋油（亚细亚牌的多），布匹（梅县去的少，兴宁去的多，均买了洋纱自己造的。兴宁织造很发达。兴宁一般生意也比梅县大）洋纱（外国货）这五类。糖与面粉亦有好些。

梅县与门岭不通车，货大部分是肩挑，盐通通用马子驮，只有用船载至澄江起岸。面粉之一部也用马子驮。

门岭去梅县，脚夫们一担货去，一担货回。

（四）梅县到安远、信丰的生意

货物种类与往门岭的同，但数量少于门岭，大概比例是门岭六成，安、信四成，因门岭货物销到瑞金、石城、于都、兴国等广大地方，安远、信丰地域较狭之故。

（五）惠 州 来 货

只有盐一门是大宗。咸鱼、黄糖二样略有一点来寻乌卖。此外没有。

（六）寻乌的出口货

上面说的都是进口货或通过货，这里要说寻乌县对外出口货。

第一是米。梅县一带很缺乏米，价比寻乌贵一倍，寻乌每年要供给它很多。澄江、三标、吉潭（项山的）、城区四个区域的米，从牛斗光经八尺、大柘，向梅县输出；龙图、腴田、留车、芳田、篁乡上半区一带的米，走中坑向梅县输出；大同、篁乡下半区、大田、蓝田、斗晏及龙川来的一部分，走岑峰经石正向梅县输出。三条路输出数量大略相等，每天共计输出米一百担，全年三万六千担，平均每担价八元，共二十八万八千元。

第二是茶。出于城区西厢之上、下坪，南厢之图合、冈上、鹅子湖一带。三、四、五、七、八月为采茶期。每圩约输出二十担(每担七十斤),每年百圩输出二千担,共一十四万斤,每斤价五毛,共值七万元。十分之八以上向兴宁输出,十分之二以下向梅县输出。采茶时兴宁客子到乡下,收买生叶自己制造。生叶中,“雨前茶”(谷雨以前的,又叫“头春茶”),一块钱八斤,每五斤生叶可以制出一斤茶。这种雨前茶价颇贵,要一块钱一斤。“二春”(三四月的)和“秋子”(七八月的),每块钱能买生茶叶十五斤,制造出来每斤卖五毛。做茶生意的靠着二春和秋子赚钱,头春茶是赚不到什么钱的。十二月还能产出些茶,名叫“雪子”,和雨前茶一样的贵,同属上等人家吃的。出不多,客子们于它也赚不到什么钱。城区之外,双桥区之雁洋坪也出茶,虽很少(每年只值百多元),但很好,因为不是岭头种的,而是菜园子里种的。

第三是纸。出于篁乡,向兴宁(走罗浮、罗冈)、梅县(走中坑,也有走岑峰的)、龙川(走贝岭)三地输出。平均每圩六十担,全年一百圩,六千担,每担价八元,共四万八千元。

第四是木。产地是城区的西厢(上、下坪)、南厢(鹅子湖),南八区的河角圩一带,篁乡区的香山、高头一带,三水区的肖木坑、寨塘坑,兼三区的罗福嶂。除罗福嶂的向潮汕输出外,其余均向东江输出。但罗福嶂木头输出潮汕价钱很贵,输出东江的则价钱很贱,每年约值万余元。二十年前出产较大。

木头出口是龙川客子出本钱,本地木商作辅助。都上山去看完了,把山价(那山里许多木头中,讲定可以“倒”的那些木头的价钱)交与山主,由客子自己雇工倒下来,本地商人则为之照顾,使木头不被别人偷去。四五月是倒树最多的季节,六月以后,倒的渐少,九月以后便不再倒了。木一倒下就剥皮。剥了皮之后至少有两个月摆在地上，使它干起来。两个月后如果市价好，出卖有利，就扎排子下河，往往有搭架搭到三四年的。本地商人对于树贩（外地客子）是处在一种工人的地位，他们称树贩叫“老板”，而树贩称他们叫“排头”，利益的分配是老板九成，排头一成。

第五是香菇。主要产地是三标和安远交界之大湖崃、小湖崃、寨塘坑、上下坝，城区和安远交界之上、下坪一带山地，其次是双桥区与平远交界之叶子峯。香菇每斤二元，每年约出一万元。安远出香菇比寻乌多，销往南雄，寻乌的销往兴宁。没有客子来收，是寻乌人贩了去卖。

第六是茶油。出在双桥的大同、斗晏、荒塘肚、蓝田、大田一带。年约一万五千斤，每百斤二十五元，共计三千七百五十元。从罗浮、岑峰两条路对兴宁、梅县两地输出。

总计寻乌六种出产（单说出口部分）价值如下：

1. 米 二八八，〇〇〇元
2. 茶 七〇，〇〇〇
3. 纸 四八，〇〇〇
4. 木 一〇，〇〇〇
5. 香菇 一〇，〇〇〇
6. 茶油 三，七五〇

四二九，七五〇元

（七）寻乌的重要市场

吉潭第一，盐、米、油、豆是大宗。牛斗光第二，盐、米略小于吉潭，油、豆与吉潭等。留车第三，布匹是最大宗，由兴宁进口;油、豆次之。县城第四,牛行要算第一门生意;第二是油、盐、米行;第三算是布匹(从前赣州有布子来,民国十七年起没有了,因为它是土纱织的,"一股大,一股细",被兴宁、梅县的洋纱布抢了生意去。兴宁、梅县的布很好,"一掌平")。鸡生意虽大,但它只通过不归"行",故不算。澄江第五,油、豆、盐在这里过驳,是大宗;米次之;鸦片亦是大宗,从兴宁、于都来。石排下第六,油、盐、米、豆的总口岸,但多属通过,只盐、米有些买卖。鸡、猪、牛亦是通过。

此外,如岑峰(米)、公平(纸)、篁乡、三标等处,都属普通小圩场。

(八)寻 乌 城

(1)寻乌城是什么

对于商业的内幕始终是门外汉的人,要决定对待商业资产阶级和争取城市贫民群众的策略,是非错不可的。非常明显,争取贫民一件事,一般同志不感觉它的重要,高级指导机关感觉它的重要了,却始终不能给同志们以行动上的具体策略,尤其是不能把具体工作方法指示出来。这不是由于不了解城市是什么东西才弄成这种现象吗?我是下决心要了解城市问题的一个人,总是没有让我了解这个问题的机会,就是找不到能充足地供给材料的人。这回到寻乌,因古柏同志的介绍,找到了郭友梅和范大明两位老先生。多谢两位先生的指点,使我像小学生发蒙一样开始懂得一点城市商业情况,真是不胜欢喜。倘能因此引起同志们(尤其是做农村运动和红军工作的同志们）研究城市问题的兴味，于研究农村问题之外还加以去研究城市问题，那更是有益的事了。我们研究城市问题也是和研究农村问题一样，要拼着精力把一个地方研究透彻，然后于研究别个地方，于明了一般情况，便都很容易了。倘若走马看花，如某同志所谓“到处只问一下子”，那便是一辈子也不能了解问题的深处。这种研究方法是显然不对的。

寻乌的许多市场中，由于机会的便利，特为把寻乌城这个市场拿了来观察一番。

说到寻乌城这个市场，真是不胜今昔之感。从前时候寻乌城的生意，比现在寻乌城的要大一倍。光绪二十七八年为最旺盛，那时候不但北半县的澄江、吉潭要到寻乌城来办货，就是南半县的篁乡、留车甚至平远县的八尺也到寻乌城来办货。这是因为前清时候赣州的货物经过寻乌销往东江，东江也还要买赣州的货，留车等地更不消说，因此中站地位的寻乌城的生意，当然便发达了。自从梅县的洋货生意和兴宁的布匹生意发展了，便把赣州的土制货色的生意夺了去，不但东江以至八尺都不到寻乌城办货了，南半县的留车等地也不到寻乌城办货了。再则光绪二十七八年前还是所谓“功名顶戴”时代，还没有行新政，县城生意的大宗是赣州来的绸缎。那时以后时局变化，绸缎的需要减少，直到民国元年废除“功名顶戴”，绸缎几乎全废，县城生意就大大衰败下来。寻乌城是这样一个手工业商品和资本主义商品交战表演了剧烈的荣枯得失的地方，怎么不值得我们注意呢？还有，寻乌城至今还是一个不定期的店铺交易和定期的圩场交易并行着的地方，它约有二千七百人口，一道坚城的内外，表现它那寂寞的情调，除非到一、四、七的圩期，才临时地热闹几小时，这不又是一件很好的资料吗？

下面是从各种货物去剖解这个城的生活情况和组织内容。

（2）盐

本城的一切货物，大都是销向城区的东西南北四厢和三水区的三标、水源两堡这个区域里的，别的地方很少到本城买东西。惟独盐是例外。盐的大部是销往安远、信丰，小部才销在城区、三标。又因为它是日用品，所以它是城里生意的第一大宗。城内有五家盐店，每家每年多的做得两万元生意，少的也做得六七千元生意，五家共合一年可做十万元生意。

盐分潮盐、惠盐。潮盐好，但贵，每元（小洋）买十斤到十一斤。潮盐色青黑，清洁能防腐。惠盐色白，但质差味淡，因之价也较贱，每元能买十六七斤。要是贪便宜的人才吃惠盐。寻乌的盐，历来是潮盐多，惠盐少。

开潮盐行的，本地籍二家（汇通、新发昌），平远籍一家（韩祥盛），万安籍一家（周裕昌），泰和与本地合开一家（万丰兴）。汇通有本三千元，算最大。周裕昌先前有本二千元，去年因做纸生意被匪劫失本九百多元，现只存千元左右了。以上两家都开了二十多年了。第三家要算韩祥盛，本约七百元，开了十几年。第四家万丰兴，两百块钱进店，开了四年，现有本四五百元了。第五是新发昌，开了十多年，拉拉扯扯不上一百元本。

汇通店主钟周瑞是个地主（开盐行的只有他是地主）。店子开在东门城内，家住在南门城外。有二百二十石谷田，每年收获两季，每季出谷二百二十担，一季完全交租，一季农民得着。他家里有个老婆，三个奶子（儿子），三个新妇（媳妇），一个等郎嫂（买来的，五岁了，因为她现在并没有郎，还要等着她老板娘把郎生下来，故叫等郎嫂，别处叫做童养媳），连他自己，共九个人吃饭。没有雇店员。他自己指挥他的奶子、新妇做事。这是城里第一个“资本家”。

韩祥盛，平远八尺人，自己两公婆，一个奶子，三个人吃饭。没有请店工。每年能赚些钱。

新发昌，主人叫邝明奎，车头人，是个前清的文秀才。他开了十多年店，几十块钱做生意，两公婆又一儿子吃饭。因他办事公平，做了两次商会长，前清一届做两年，去年到现在又是他，六十几岁的白头老人家。

（3）杂货

大的上十家，连同小的共十六七家杂货店。志成（兴宁人）、纶泰兴（吉安人）、义泰兴（吉安人一、本地人一合股）、义成、潘月利、王润祥、潘登记、祥兴、永源金（以上六家均兴宁人）、均益（挑担子出身，本地人）、骆晋丰（本地人，杂货商人中只有他是个地主，收租三百担）、范顺昌（福建人）、黄裕丰（福建人）这十三家，就是大一点的杂货店。其中黄裕丰以黄烟、纸张为主要生意。其他都是以布匹为主要生意。次于布匹就是洋货生意。这个小小市场竟什么洋货也有卖，略举之有一百三十一种：

牙粉	牙刷	胶底鞋
皮鞋	套鞋	运动鞋
拖鞋	铅笔	钢笔（自来水笔）
粉笔	天然墨	毛笔
墨盘（砚池）	墨湖（墨盒）	笔套

笔架	浆糊	练习本
印色	原纸	油墨

教科书（没有单独的书店，附在杂货店卖）

字画	小手巾	肥皂
香碱	花露水	花露精
毛面巾	洋袜子	洋瓷面盆
洋瓷碗	洋瓷水角（把碗）	生发油
生发膏	手袜子（手套）	胭脂
围巾	大小梳子	水粉
雪花膏	电筒	电土（电油〔10〕）
洋火	香烟（有金字、中国、三炮台、哈德门、扇美各种，以金字、中国两种销得较多）	
麻姑烟	烟嘴	洋遮（洋伞）
草帽	礼帽	洋瓷茶杯
文明帽	洋毡	棉毯
球被（毛毯子）	绒线帽（小儿用）	夜帽
木棉枕	皮枕	中山扣
白骨扣	乌骨扣	海螺扣
阴阳扣	宽紧带	吊带
丝裤带	洋裤带	爽身粉
汗衫	扇子（乌纸扇、白纸扇）	
钟	表	叫人钟
信纸	信封	日记册
镜子	眼镜	洋刀子

儿童玩具（小洋枪、火车、不倒翁、人公子、小皮球、哨子，此外还有很多）

德国响刀	安全刀	挥剪
毛剪（以上四种均剃头用）		皮夹子（皮箱子）
藤夹子（藤箱子）	<u>洋靛</u>（蓝的）	<u>染布用颜料</u>（洋红、乌粉、灰粉、品洋）
铜锁	铜番锁	铁锁
铁番锁	铜帐钩	骨帐钩
<u>洋油</u>	<u>马灯</u>	<u>不灯</u>（即草灯）
宝盖灯	洋瓷桌灯	莲花宝盖灯
三练洋灯	四方带灯	六角带灯
圆火带	扁火带（以上两种均点灯用）	
骨筷	漆筷	算盘
水烟筒	杆子烟筒	<u>洋钉</u>
铜煲（烧茶用）	轻铁锅子	轻铁盘子
轻铁调羹	明瓦	<u>各种瓷器</u>
骨牌	麻雀牌	枣子
泡圆	各种罐头（牛肉、杂菜、鸭肉、冬笋、枇杷、沙梨、荔枝、龙眼、菠萝、牛奶）	
对联	洋蜡烛	白洋蜡
葡萄干	洋线	铅线
铁线	墨水	

以上一百三十一种，商人都叫作“洋货”，在杂货店里出卖。其中打横画的二十三种是销数较多的，没有打横画的各种

销数都少。一百三十一种中有一百十八种是从梅县及兴宁来的，梅县来的占最大多数，只有洋袜子、围巾等织造品大部分是从兴宁来的。明瓦、对联二种完全从赣州来。皮枕、信纸、信封、铜煲、洋油、扇子、水烟筒、毛笔八种，梅县、赣州两处都有来。皮枕、信纸、信封、瓷器、扇子、水烟筒，赣州货不但占多数，而且比较好。信纸、信封，赣州的是本国纸制的，梅县的是用洋纸制的。洋油、纸烟则广东来多，赣州来少。纸烟是梅县、兴宁、赣州三处来。毛笔亦赣州来多，梅县的只有很少一点。

为杂货店里的次要生意的洋货已如上面所述，下面再说杂货店里的主要生意——布匹。

布匹有土布(青、白、花、灰、红、绿、柳条各种)，竹布(蓝、白、灰、乌、红、光、青、印花各种)，竹纱(白、灰、乌、蓝、柳条、靛各种)，绸缎(各种华丝葛、各种纺绸、薯莨绸、香云纱)，呢绒(厚呢、粗呢、镜面呢)，夏布(白、蓝、乌、机白、波心各种)。土布是中国人用洋纱制造，从兴宁来。竹布、竹纱都叫洋布，从香港走梅县来。绸缎中华丝葛、纺绸从杭州走赣州、梅县两路来，寻乌女人买来织头帕，这种头帕每个女人都有。全城布匹生意每年约值十万元，销地是城区和三标。

杂货店里除布匹、洋货二个大宗外，还附带出卖黄烟、糕饼和香纸蜡烛，也有搭卖零油零盐的。

城内杂货生意，前清时候每年总计十五万元上下，现今十二万元上下。十二万元的分配是：布匹八万余元(土布七万元，洋布一万元，呢绒二千元，夏布千余元)，洋货二万元(每家多的千一二百元，少的二三百元)，此外黄烟一万元上下，糕饼四百元上下(只有两家附带卖糕饼)，香纸爆竹五百元上下(附带卖香纸的二家，卖爆竹的十三家）。

还待举出几家杂货店，好更具体地了解他们的情况。

最大的杂货店，店主陈志成，兴宁人，在县城、吉潭、澄江各开一间店。县城这一间本钱三千元，自己只有千把元，余是借来的。三千元每年利息要九百元，除了工钱、伙食等项开销，每年以赚得利息为止。陈本人又嫖又赌。

第二家要算纶泰兴，三个份子合成，本钱二千元。除了开销，每年赚得三四百元。

第三家算义泰兴，三个份子，吊多钱本（即千多元本），每年赚得一二百元。

第四家，罗义成，一人开，千多元本，每年能赚四五百元。很节俭，吃饭就是点子青菜，穿的是土布衣。带两个徒弟，家眷在兴宁没有来。他是兴宁人，早年来寻乌挑糖箩子，在县城及四厢敲糖子卖，一个明钱〔11〕敲一块小糖（现在敲一块糖子起码要一块铜片〔12〕了），或者拿糖子换各种荒货（头发、烂铜、烂铁、猪牛骨头、烂棉被）。他就是这样子起家的。他到寻乌有了三十多年，发了财，开杂货店也有十大几年了（十五年以上叫十大几年）。

郭怡和是本钱最小的杂货店，百多块钱本，卖些黄烟、纸媢、蛋、自来火、带子、红索子（红绳子）、丝线、综条（镶鞋口用）、笔墨、毛巾、洋纱巾、骨扣等等东西。店主郭友梅（他是参加我们这个调查会的）和他一个老婆，每年穿衣吃饭缴费百多元，生意赚项仅敷了它。他是万安人，十二岁到寻乌，现在五十九岁了。他未来前，他的叔父早就在寻乌做了六十年生意，连他到今共做了百零年了，历来做的是杂货布匹。光绪二十五六年生意最盛时，有本三千元，从外边缴（商家赊借货物叫做“缴”）到五六千元，自己缴给人家也有四五千元，故那时虽只三千元本，却做得二万元上下的生意，乃是寻乌城里第一家大商店。现在是往留车、八尺、牛斗光、车头等处去买货，那时候那些地方的商店却都要到寻乌城中他的店里来买货。因为那时货物来源主要是赣州（布匹、绸缎、纸张、笔墨、草帽、苏席），吉安亦有来往（紫花布与丝线）。那时向赣州买三百块钱货，只付一百块现钱，货就可拿得动。现在不行了。这种不行，也不止郭怡和，差不多什么商店都缴不动了。不独赣州，梅县、兴宁也缴不动了。这是一种经济的大变化。就是从前年（一九二八）起，“世界不好”。商家的货缴与农民，农民受了重租重利剥削，本来就是穷的，加以前年蝗虫吃了禾，同时又遭旱灾，农民还不起本城商家的账，因此本城商家也还不起梅县、兴宁商家的账，梅县、兴宁商家都不放心缴给人家了。民国五年郭怡和遭了一个大抢（光复派率领农民千多入城，抢了许多别的店子。随即官军克复，又大抢郭怡和，抢去六千九百多元东西）。从这年起，就衰下来，一年不如一年，弄到现时这个样子。郭做过两任商会长——民国十四年到十六年。

这里还要说到杂货店的店员制度，看他们阶级关系原来是那样的模糊。

杂货店的学徒三年出师后，照规矩要帮老板做一年。他在这一年的开头，就把他在学徒时期穿的那些破旧衣服不要了，通通换过新的，因为他现在有了些钱用，而且地位也不同了。帮工一年将要过去的时候，能干的，老板继续留他做；不能干的，老板便辞歇他，老板对他说：“我的店里不需要这么多人做了，明年你要另找生意。”他斠到了一个新的店家，他的地位越发高了一些，衣服也穿得越发好了一些，薪俸（不叫工钱）也逐年加多起来。他的社会名称再也不是“徒弟”了，而是令人尊敬的“先生”。他在帮做的那一年中，老板给他的薪俸不是取讲定数目的形式，也没有“薪俸”的名目，只是老板要给他做各色冬夏衣服。再则他如果回家去讨老婆呢，那老板除送他十多块的盘费外（他家在远乡的），还要送他十元以上的礼物，像京果呀，海味呀等等，使他回家好做酒席。他不讨老婆而只是回家去看看父母呢，如果他是远乡人，就以“盘费”的名义送给他一些钱，盘费数目少也要拿十多元，多的到二十四五元。如果是近边人，那末径直送他十几块到二十几块钱。帮做一年之后，正式有了薪俸，头一年四五十元，第二年五十多元至六十元。做得好，店里长钱，他的薪俸便逐年增加。光绪年间生意好时，先生的薪俸最高有到一百二十元的，但现在因为生意零落，最高薪俸不过八十元了。忠实可靠而又精明能干的先生，老板把生意完全交给他做，自己回到家里去住也是有的；赚了钱分红利给先生，赚得多分三成，赚得少两成，再少也要分一成。像郭怡和的老板郭友梅回到万安去住家，把生意交给一位可靠的姓高的先生做，就是一例。靠不住的先生，是不能把生意交给他做的，因为他讲嫖赌，“打斧头”、“打雷公”（“打斧头”、“打雷公”，都谓“吃油饼”〔13〕）。

（4）油

油是本城第三门生意，从门岭、安远两方面来，销在城区及篁乡，三标也有点把子（点把子即一点子）。只一家油行，刘福兴，一百大洋领了一张“帖”，就算本钱。代客买卖，经过一担油收行佣两毛子。十一二月是顶大门生意，每个大圩（逢一为大圩）有一百担，两个月六百担；小圩（逢四、七）三几十担，两个月四百担。一月到十月很淡，每圩不过三几担，通共不过三百担。全年约一千三百担，抽行佣约二百六十元。因为他领了帖，由他卖独家，什么人都只能从他那里买油。帖从南昌省政府领来，要县政府用公事去，付足领帖钱，才有帖子发下来。一百块领帖费之外，还要五块钱手续费。一张帖八年有效，过了八年成为废纸，又要领过新帖。要领帖的不止油行，还有盐行、豆行和牛行。

（5）豆

也只一个行，没有店，城隍庙公地上买卖。何子贞是个公安局长，近来做警察队长，寻乌的反动首领。他在民国十六年领了张帖子开豆行。生意也是十一二月顶大门，两个月有八百担。全年约共一千担，一担（一担五斗，一斗十升）豆子抽行佣两升，每担豆价七元五毛（每升一毛半），约计抽去百分之四，每年可抽行佣三百元。何子贞是本城人，住在东门外，小时很苦，平远中学毕业，河南矿务学校读了两年，回来当小学教师，当了八九年，古柏、潘丽都是他的学生。民国十六年清党前后；古、潘等领导的“合作社派”，和何子贞领导的“新寻派”发生冲突。民国十六年四月打一仗。民国十七年，三二五暴动把何子贞赶跑。四月，何子贞恢复势力，大出头，大罚革命派的款子，后来又做公安局长、警察队长，渐渐发了些财，在近郊买了田地。他在民国十四年以前，即没有与合作社派冲突以前，是代表商业资本势力的，起始组织“留粤学友会”，开办平民义学，时在民国十年。民国十四年六月，合作社派在县城开大会，革命派势力长起来，何便与封建豪绅妥协，并且取得了对封建派的领导地位，成为寻乌最恶劣的反动首领。这次红军到寻乌，他才率领警察队（靖卫团[14]）逃往项山。

（6）屠坊

只有三个案，摆在街边，没有屠店。三个案是刘矢二、陈老二、刘世滑。刘矢二从前有百把元本，现在了了（了了即没有了）。陈老二、刘世滑也完全没有本钱，因为买猪不必要现钱，猪杀了后收了钱再付猪价，有信用便行。平均每天杀两个猪，每猪一百斤，每年杀猪七万二千斤。拿现时说，买猪进来每斤二毛半，卖肉出去每斤二毛八，每斤赚三分，全年可赚二千一百六十元，是个不恶的生意。但要出很多的屠宰税，从前三家每月出税百元，每年一千二百元。近因生意较淡，只出一千元，每家也要出三百多元。因为三家包缴屠宰税，所以三家人以外什么人也不能杀猪卖，除非自己吃便罢。红军入城后，由三案增加到七八案，销路大增。税又不要，赚了一个就是一个，屠户人人欢喜。肉价，红军未来前每斤三毛二，现在每斤二毛八。

（7）酒

陈贵和、高元利、元利栈、周裕昌、刘双盛、凌文盛、彭同孚这七家是较大的酒店，范广昌、邝洪盛、骆得利是小酒店。周裕昌（吉安人）、高元利（吉安人）、刘双盛（本地人）、陈贵和四家是最大的，本钱都不出百元。凌文盛（本地人）、元利栈（吉安人）、彭同孚每家不过四五十元。以上七家都是卖糯米做的甜酒，叫做水酒，因为色黄，也叫黄酒。这是农民和城市贫民一般喜欢喝的，因它味醇，也吃不坏人，又较便宜的原故。分为“双酒”、“单酒”（只城里这样称呼，乡下不说双单而说“好”“淡”），双酒酒娘多。卖酒以壶算不以斤算。双酒十八个铜板一壶，是黄酒中最好的，普通人家请客才吃；但也有自己一日三餐吃的，那些酒鬼们每餐喝一点，他就不吃饭也做得。单酒十个铜板一壶，口渴了，贫民买了当茶吃。双酒生意比单酒大。范广昌、邝洪盛、骆得利三家均本城人，本钱都不过十把块钱，卖的都是白酒。还有周裕昌卖的也有白酒。这种酒用黏米做，味较黄酒烈，出卖不讲壶，零卖两个铜板一杯，趸卖一毛六分一斤。白酒生意比黄酒少，黄酒约九成，白酒约一成。不论黄白，凡属做酒生意，他的目的并不全在酒，拿了酒糟供猪(喂猪)，是他更重要的目的。自己的猪吃不完，拿了发卖，两个铜板一小碗。黄酒店最好的时节(三月至八月口渴时节)每店每天能卖五块钱，平常时节(九月至二月)每天能卖两块钱。黄酒店每家每年可做一千零二十元生意，七家共计七千多块钱生意。白酒店热季半年，每天每家收一块钱，凉季半年，每天只得五毛子，每家全年二百七十元，四家共只有一千元上下。

酒税是非出不可的。看生意大小，大酒店每月约四毛，小酒店每月二毛，一毛五的也有。

(8)水货

水货店里的东西多得很呀，“山珍海错”就是它们的标语。水货商人的荣枯得失，亦是颇饶兴味的。下面先举出各样的品类，次观察他们的得失。

咸鱼　第一大门。桂花鱼、青鳞子、海乌头、海鲈、剥皮鱼、石头鱼、金瓜子、黄鱼、金线鱼、圆鲫子、大眼鲢、拿尾子(身大尾小)、鞋底鱼(即“并背罗食使”，只有一侧有眼睛，要两鱼并走才能觅食，故普通指人互相倚靠做事谓之“并背罗食使”，就是拿了这种鱼做比喻的）、角鱼子（头上有两个角），都是咸鱼类，一概从潮汕来。

海带　第二大门。有青带、海带两种。青带亦名赣带，最好，赣州来。海带少于青带，货较次，价钱较贱，梅县来。年销千多斤，两毛子一斤。

糖　也是水货店里出卖，第三大门。分为白糖、黄糖、冰糖、橘饼各种。白糖中有雪粉，看是好看，不甜，梅县来；有粗白，很甜，惠州来；有糜白，中庄货，惠州来。三种都是洋糖，一毛七八一斤。黄糖中有芋头糖，一团一团的，梅县来；有片糖，一片一片的，最好，惠州来；有散沙糖，掺有沙子，最差，惠州来。过去是黄糖便宜白糖贵，现在是黄糖贵白糖便宜。黄糖过去不过一毛六子一斤，现在涨到二毛四五了。过去白糖二毛六七子一斤，现在跌到一毛七八了。黄糖都是土糖，白糖都是洋糖。本城白糖每年销千多斤，黄糖销六七千斤（只冬季有来）。因为黄糖更甜，所以比白糖销得多。冰糖从梅县来，年仅销几十斤，两毛多子一斤，属洋糖。橘饼，梅县来，年销二三十斤，三毛子一斤。

以上各种糖中，以片糖销数为最大门，因为做米果要用它，过年时候不论城、乡、贫、富，家家都要做米果。

豆粉　第四大门。筠门岭来的多，他县来的也有。番薯做的，还是粉，没有成条子，做肉丸等用。年销几千斤，一毛五六子一斤。

猪皮　第五大门。普通席面用碗猪皮做假鱼肚。梅县来。年销千把斤，一毛子三两，每斤五毛半。

闽笋　从梅县、安远两条路来，“闽笋”是个名而已。第六大门。不但酒席用它，普通亦作粗菜吃，特别是割禾莳田时候。寻乌自己本有些笋子，三四月间农民挑了卖到梅县去，七八月后寻乌人要用，又零零碎碎从梅县买了来。年销五六百斤，二毛三四一斤。

鱿鱼　办酒席就要用，普通也要。第七大门。梅县来。年用三五百斤，每斤七八毛。

豆豉　年销三千斤内外，一毛四子一斤。寻乌人也会做，做了熬酱油，没出卖的。差不多家家要吃，放点油到里面蒸一碗吃得几餐，人家省吃省用，往往这样做。

面灰　即面粉，梅县来，洋面粉多。做包子，做饺子，做面条，做糕饼，都要用它。尤其是糕饼用面最多：蛋饼、提糖饼、冇饼（“冇”，当地读胖，意曰里面是空的）、五仁饼、猪油饼都是面做的。两毛子一斤，年用百包上下。

洋蜡　一块一块的白东西。二毛五六一斤，每年销四五百斤。

玉粉　又名西粉，番薯做成的，和豆粉不同就是它已造成了条子。梅县方面来。普通人都吃它。一毛子半斤左右，年销六七百斤。

以上十一门是比较用得多的，以下各门都用得少。

盖市　鱿鱼里的一种，即是最好的鱿鱼，请上客才用它。梅县来。用得不多，每年三两百块钱生意。普通的鱿鱼叫“洋鱿鱼”。

菜莆　就是芜菁，和萝卜相像，腌了的。走信丰来。每年销得三两百斤，端午过了才有卖，八月一过就没有来了。两毛子一斤，比西粉贵一点。

鱼翅　四毛子一两，用得很少，每年只要一二十斤。

海参　每年用三两百斤，比鱼翅生意大得多，每斤二元八九毛。

鱼肚　用三两百斤，价和海参差不多。普通席面用了海参必定要用鱼肚，便不用假鱼肚的猪皮了。

墨鱼　只用四五十斤，每斤价七八毛，同鱿鱼差不多。

珧柱　销二十斤上下，十二三毛一斤。

贡鱼干　仅销十斤八斤，每斤价二毛。过去可销七八十斤。

大虾　销七八十斤，每斤六毛。大虾并不是很大的虾，它的名字又叫“虾米”，不比“潮虾”有四两一个的。

虾壳　极小的虾子压扁起来好像虾皮一样，叫做虾壳。销得百多斤。过年过节家家要镶豆腐——把豆腐挖一个口，把猪肉、鱼子、香菇连同虾壳，或更加入些蒜子和韭菜，剁成碎酱塞了进去，叫做镶豆腐。虾壳价每斤一毛多。

蜇皮　三毛子一斤，销不大，每年二三十斤。

淡菜　大的叫做“蚝豉”，又叫“西利”。淡菜年销四五十斤，三毛多子一斤。西利本城没有卖。

天青鲔　一种海鱼，大的有扇子大一个。本城少卖。

以上盖市到天青鲔各种都是海菜，从潮汕来。

金针菜　即黄花，两毛子一斤，年销四五十斤。

云耳　销四五十斤，十毛子一斤，光绪年间每斤不过五毛子，涨了一个对倍。梅县来。

香菇　销百把斤。冬菇较好，两块零钱一斤。春菇较坏，一块二三毛一斤。本地出产。

冬菜　白菜制成罐头，过去走天津来，近来梅县也可以造了。销得百多罐，每罐四毛。

腐竹　豆腐皮卷成条子，两毛多钱一斤，销四五十斤。兴宁来。

豆腐霉　即腐乳，梅县来。豆腐浆、芋子、面粉三样东西做成，与普通人家用豆腐干做的不同。

胡椒　白胡椒，销十把斤，十二毛子一斤，光绪年间不过四毛钱一斤，贵了两倍。乌胡椒，销二三十斤，五六毛子一斤，光绪年间不过两毛多子一斤。都是外国来的。

榄豉　把生橄榄煮熟，去核发霉，即成榄豉，寻乌叫榄角，梅县叫榄豉。每年只销得十多斤，每斤价二毛多。

酱油　本地做的也有，门岭来的也有。小黄豆子蒸熟，晒得半干，摊开使它上霉，再拿了去煮。煮出来的水加进香料和盐，就成酱油；煮后的豆子就成豆豉，但这种豆豉是不好的。好豆豉是煮好没有滤去酱油的豆子。豆豉和酱油均以三、六、九月生意较大。豆豉每月销得二三百斤，年销三千多斤，每斤价一毛四。酱油每年销三几百斤，每斤价一毛半。

柿花　年销百把块钱，小的三个铜板一个，大的一毛子两个。

红枣黑枣　两样年销百零斤，黑枣四毛子一斤，红枣两毛子一斤。

龙眼　一年只销十把二十斤。有壳的三毛多子一斤。无壳的叫“元肉”，十毛一斤，药店里才有。

荔枝　很少有卖。价和龙眼略同。

杨桃干　销得几十斤，四毛子一斤。

从柿花到杨桃干各种均从梅县来。

瓜仁　就是瓜子，信丰、门岭都有来，三毛零子一斤，销得二三百斤。

以上三十九种都是水货店的生意。此外，水货店还附带卖洋油和茶油。

水货店中的盛衰兴替，不可不一述其概要：

顺昌老店、顺昌兴记、卢权利、汤尧阶、荣春祥、骆接赐、张均益七家，是水货生意中大一点的。此外，还有卖水货的小摊子若干家。其中，顺昌老店和张均益是杂货店兼做水货。

顺昌兴记是顺昌老店的分支，水货生意中算最好的，有千把块本钱，每年向梅县缴得动两三百元。店主范祖先，本城人，家中二十多人吃饭，生意赚项仅敷缴用。

卢权利，算第二家水货店，梅县人，资本千多两千元。除水货外，还做桐油、茶叶、香菇、茶油各样，运往兴、梅做"行岗生意"，他做的水货生意不如兴记，这一宗却是兴记所没有的。他也能在梅县缴得些些动，因为他是梅县人，生意颇红，缴千把八百都是没有问题的。他自己两公婆，请了两个先生(年薪各六十元)，除缴用外，每年至少赚两三百元，财气好的年头，千把八百也要赚。

汤尧阶，蕉岭人，资本二千元，没有请先生，缴用以外，无钱赚。早几年开油盐行很赚钱，前年起蚀本，改做水货。

荣春祥，本地人，资本七八百元。家里有几十担谷田，七八人吃饭。不请先生。用度呢，生意赚了钱来开支，城外家中的谷子就储蓄起来，算水货店第一家好的。苏维埃成立，把他的田没收了一部分，不待说心里是呕气的。他小时很穷，帮土豪管账赚了些钱，买点田起家。

顺昌老店主人范兴甫，本城人，三四百元本，家里十多个人，请了个先生（薪水五六十元），水货生意仅能敷口。他的祖父范渊甫是个大地主，三个儿子，全家百四十多人，年收八百担谷。后来败下来，土地分散，范兴甫一家只有三四十担谷子的田了。现在苏维埃分田，他家还能分一点进去。但他的兄弟范老八却能收百多担谷，今年分田大部分要分出去。老八没有做生意。顺昌兴记是他共祖公的兄弟开的，有四五十担谷田，二十多个人吃，苏维埃分田有点分进去。前清末年到民国初元，他家兄弟共有老店、兴记、达记、茂记、钧记、鸿昌、禄丰等七家店子，做的绸缎、布匹、杂货、水货各色生意，招牌响得很，赣州缴得动四五千元，和那时的郭怡和不相上下。民国十一年起渐次衰败，到民国十四年便只剩下老店和兴记两家了。主要的原因是市场变动了——洋货市场代替了土货市场，即梅县生意代替了赣州生意，寻乌南半县不需要赣州土货的供给了。这个原因，是和郭怡和失败同样的。其次是因为子弟很多，生长在那些封建经济的家庭里（大地主和初期商业资本的家庭里），大嫖大赌，大吃大着，“练腔调”（闹阔气），把个家门了了。那时候（民国十年以前），寻乌的城东小学（一些地主凑股子办的，五块钱一股）是个有名的“毕业公司”。全县地主子弟练腔调无出息的，拿了钱去这个公司里坐三年，得张文凭，就大摆其架子，用他们的名片上“城东小学毕业生”几个字，回到家里骗祖宗。什么叫做骗祖宗呢？第一是刚毕业的时候，祠堂里头照例赏给毕业生一些钱，叫做“抢花红”；第二是每年和那些秀才举人有功名的平分学谷；第三是每年祭祖完毕和有功名的分胙肉。范家的少爷们竟有六七十个进了这个毕业公司。他们毕业后，在他们的大小公堂中，除开抢花红得谷子外，单分胙肉一门，每年得一百斤。

骆接赐，本城人，二三百元本，四个人吃饭，没有请先生，蒸烧酒，卖水货，除开销外，能赚一头二百块钱（即一二百元），算是一家好的。他从前好嫖，讨了个老婆不嫖了（用去五百多块钱讨来的），老实勤快，酒糟又可供猪，所以年好一年，家里有十多担谷田。

张均益，做水货又做杂货，一头二百元本，其余是借来的。没有请先生，指挥他的儿子做生意，每年颇有些赚头。他是本地人，五六年前是个挑夫，帮寻乌城的商人挑了米子或者香菇去梅县，从梅县挑了布子及咸鱼回到寻乌。他自已挑东西，同时又当夫头。这种夫头的职务是能够赚钱的。寻乌商人拿了钱给他去办货，寻乌城的老板和梅县的老板两头都给酒钱与他，因此他就慢慢地发起财来。

摆摊子的水货生意，每家不过几十元本，多的不过一百元，他们的货是从本城大水货店和过往小贩那里买来。这种摆摊子的，往往能因勤苦精干发起财来。本城由摆摊子起家开店的有许多家，潘登记、何祥盛、罗义盛、刘恒泰、范老四都是。他们有家，但没有开张门面的店，一、四、七挑着担子赶本城的圩，三、六、九又挑着担子赶吉潭的圩，这样子挣得几个钱来。

（9）药材

本城就是百和堂、杨庆仁、新德生、田仁和、王普泰、黄裕兴、福春堂等七个药店。

百和堂是第一家，主人池某，潮州人。他本来是篁乡人，姓刘。小时因家穷，父母把他卖给潮州池姓药商。后来他到寻乌开药材店，本钱千元内外，就当起老板来。广东商人有句俗话："不怕扯，只怕绝。"那些没有儿子的人，一定要买个儿子传代，就是为了"怕绝"呢。也有为了劳动力需要的理由而买儿子的。普通买了来，聪明能干的把他做儿；蠢笨的呢，就把他做"奴古"〔15〕。百和堂主人自己是买来的，他因生子不育，又买来一个儿子，随后他自己也生了两个儿子、两个女娃子，连他的老婆共七个人吃饭。又带三个徒弟。有些钱赚。药材生意是很有利的，用秤称了进来，用戥子戥了出去。分粗药嫩料两类，粗药（水药）是治病的，一般人都要吃；嫩料是补品，只土豪才买得起。嫩料有价钱讲，粗药听药商话价。七家药店中，只百和堂、杨庆仁、王普泰三家有嫩料。

杨庆仁，樟树人，过去有本五六百元，去年被他儿子赌掉几百块，现只二三百元了。

王普泰，也是樟树人，百元左右本钱，和寻乌劣绅何子贞及天主堂陈神父（梅县人）勾结。陈神父借给他四百元，此外还向土娼来凤子借了两百元，除药店外再开了一间洋货店。来凤子的钱是从哪里来的呢？她跟了赖世璜〔16〕部下一个连长，去年回到寻乌，带来了三百块造孽钱。王普泰想方法巴结来凤子借了这笔钱。钱借到了，王普泰送了许多礼物给来凤子，花露水呀，汗巾呀，等等。

新德生，主人姓杜，也是樟树人，四五百元本。田仁和、黄裕兴、福春堂都是樟树老表，都是一百元本。

每年药材生意，百和堂值三千元，庆仁堂八百元，新德生、田仁和各六百元，王普泰四百元，黄裕兴、福春堂各三百元，共六千元。

王普泰是参加反动组织的，反动派会议他必到场，虽然他表面上没有做什么官。杂货店的陈志成，水货店的宝华祥，火店的同来安，都是以商人干与政治。苏维埃势力进城，四家都被没收。

（10）黄烟

城里有两家制造黄烟的店子。一家叫黄裕丰，上杭人，在寻乌开店开了两代，先前有本三千元，兼卖纸张杂货，赚了万多块钱，拿回上杭买了田，现在本城店里还有本钱千多元。另一家叫做涌泉号，也是自己制黄烟，安远人，三五百元本，前年才开张。

黄裕丰请了两个工人，一个刨烟，一个打包。涌泉号请了一个工人。工人年薪六十元。吃老板的饭，这一点与杂货药材店的“先生”差不多。不同的是工人平日无肉吃、无酒喝，只初一、十五才打牙祭，先生则平日有吃，因此没有特别的打牙祭。吃饭也有些不同，先生经常地同老板共桌吃，工人则人少时和老板共桌，假如多了几个工人呢，老板便同先生做一桌，工人另外做一桌。这些都表示先生的身份比工人高。工人普通不唤工人，唤做“师父”。

杂货店、水货店的黄烟，多是从这种制黄烟的店子里买去的。

（11）裁缝

共有用机器的十三家，手工三家。刘芹英、黄嫂子、廖接芳、刘森河、刘师父、谢神保、范癞子、谢其龙、何祥古、谢师父、黄老五、黄上先都是用机器的，每家一架“车子”（即缝纫机）。

每家的老板都同时是工人。每人带个徒弟，缝下子边，打下子扣绊。这种裁缝店的资本，就是买一架机器的本钱。机器第一等百二十多元，第二等七八十元，第三等三四十元（是别人用旧了的）。民国九年以前，寻乌没有缝纫机，一概手工做。民国九年有个兴宁人何师父，第一次弄来一架机器开店。他原先是在留车开店，民国九年搬到县城来。因他“剪刀很利”（寻乌人说裁缝偷布，不说他偷布，而说他剪刀很利），又好嫖，站不住，带着车子回兴宁去了。前年（一九二八）还只四架，去年增至十三架，内有几架是买了别人的旧车子。其中黄老五手艺顶好，生意顶大，勾结官厅及豪绅，包了好衣服做，因此赚钱买了田地。三二五暴动，他即表现反动，这次革命势力进城，他就跟反动派一路跑了。衣服式样，民国九年何师父创用机器，兴“上海装”（破胸、圆角、打边）。民国十二年，上海装不要了，行一种破胸、方角、大边装。去年起行“广州装”（七扣四袋而身很长），一小部分人喜欢穿这一种，但多数人还是大边装。从来的衣，一律是旧式的“大襟装”，从兴新学起，开始有破胸新装，到了民国七八年，新装渐渐多起来。但直到去年，拿全县人口说，还是旧装的多，新装的少。近两年来，尤其是土地革命胜利后，新装日渐加多，特别以青年为普遍。青年学生，不待说老早是新装，青年农民、青年工人，大多数也是新装了，除非是很穷无钱做衣服的才仍然是旧装。在青年群众中，特别是鞋子起了个显著的变化。去年夏季，南半县抗租得了胜利，冬季又分了田，农村中三十岁以下的青年人，十分之七以上都穿起胶底鞋和运动鞋来（这种鞋的底是从广州运到兴宁，兴宁做成鞋子，每双十毛左右）。赤卫队和苏维埃办事人，不但一概是新式衣和新式鞋，他们还要佩个电筒，系条围巾，有些还要穿薄毛羽的夹褂子裤。

城里手工缝衣店至今还剩三家。

手工与车子的比较是：手工做一件的时间，车子差不多可以做三件。工价的比较：每套短衣裤手工做七毛，机器做六毛。货色的比较：车子做的好于手工做的。机器哪得不驱逐手工？

全县重要圩场吉潭、澄江、石排下、车头、牛斗光、留车、篁乡（采用机器比任何一处早）、公平、荒塘肚、岑峰等十处，都有缝纫机，因此全县人口中已有百分之三十废除手工、采用机器做衣了，特别寻乌的南半县机器化的速度更发快。

（12）伞

彭万合、李祥仁两家造纸伞。彭万合是武平人，在寻乌城开伞店，开了三代一百多年了。初来寻乌时只有一二百元做本，做伞逐渐赚了钱，到前年（一九二八）三二五暴动前，连田产共有千多两千块钱资本了。店主彭老五子，他的父亲彭盛祥十多年前在寻乌南门外田背地方买了六十担谷田，起了一栋新屋。他家兄弟老三、老七在田背住家。他自己在城内做伞生意。田背的田租给农民耕种，每年收租十分之五。他家本有七个兄弟，死了四个，还有三个兄弟，六个儿子、侄子，一个母亲，三个妇人，五个媳妇，共十八个人吃饭。儿子在初等学堂读书。他们三兄弟中，他是做伞的，三十岁了。请了两个工人。他的兄弟老七子，二十多岁，曾在革命派办的中山中学读过二十几天书，就碰着三二五暴动，反动派加上他“暴徒”的罪名，没收他田背的家产，烧掉他田背的房屋。老三、老七都在城东学校毕业，不过老三读的是在“毕业公司”时代的城东学校，老七时城东学校却已经是改造过的，即革命的中山学校派办理的时候了。因此老七于城东学校毕业后，也就进了中山学校，加入“暴徒”队伍里。老三自城东毕业后，就在武平当小学教员，现在老七也跑到武平去了。老五的店子现在只有四五十元资本了。他父亲彭盛祥时代（光绪年间）纸伞还很盛行，那时候社会用的伞有了三成洋伞，还有七成是用纸伞。民国到今，恰好斠了一个方向：洋伞占去七成，纸伞只有三成。不论城乡，不论工农商学，凡属“后生家”和“嫩妇女子”，差不多一概打着洋伞了。洋伞是从梅县和兴宁来，因此彭盛祥时代南半县的留车、牛斗光要到县城彭店来买纸伞，现在却通通往梅县、兴宁买洋伞去了。从前彭万合每年要造出三千把纸伞发卖，现在每年不过只造得千二三百把了。从前（光绪年间）彭店雇工六七人，于今只雇两个人了。伞价从前每把二毛五，于今四毛五。

李祥仁是个南康老表，四十多岁，伞工出身，民国初年当了老板。四五十元本，每年出伞二千左右，请了两个工，一个削骨子，一个褙纸，他自己上油。

洋伞有羽绸伞、洋布伞两种。羽绸伞通是日本货，中国不能做。洋布伞的洋布和铁骨也是外国来的，中国人把它绷起来，加上一个伞把子。羽绸伞每把价一块大几（谓一块五毛以上），洋布伞每把一块二三。纸伞、洋布伞、羽绸伞的销行比例是：纸伞、洋布伞各百分之三十，羽绸伞百分之四十。

伞业现在没有人学徒弟了。拿寻乌城来说，不但现在，近十年来就没有人喜欢学做伞了。它的原因不外：一、伞业的前途是没有希望的；二、伞店的学徒比杂货店的学徒要辛苦，学做伞十三四岁才去学得，要煮一店人的饭，又要买菜，又要扫地，又要捡拾作坊里一切拉拉杂杂的东西。

（13）木器

从前只有一家，胡东林，赣州人，四五百元做生意，开了二十多年，制造各种木器出售，如台、凳、椅、桌、床铺、脚盆、衣架、水桶、柜子、面盆、尿桶、托盘、招牌、匾额（酬神、祝寿、颂德等用）、对联、书箱、衣箱、壁橱，学校用的黑板及其他用具，送礼用的扛盒和撑格，等等。

木器店算这一家大，他的木器不但销在城区，而且销往各区各县。但他店里的那些木器主要不是供给工农贫民，而是供给地主阶级、中等商人和富农的，因为他的那些东西工农贫民要不了，除非为了嫁女才向他买些小衣箱、小柜子之类。他家很苦，在赣州。二十年前他从赣州来寻乌帮人家做木工，积了点子钱开个小木店，慢慢发展，盛时请过四五个工，赚了千把块钱，付了一半去赣州，剩下四五百元做生意。一九二八年起始没有好多生意了，只留了一个工人，他自己做，儿子帮一点，仅仅敷口。衰败下来的原因，完全在于土地革命。北半县没有革命，也受了革命的影响。地主阶级和其他有钱人也不做寿了，也不做热闹喜事了，酬神和歌颂功德也停止了，学校也大半关门了，他的生意哪能不衰败下来呢？

他的木器的样式，凡供给封建地主的一概是旧式，但也有一部分是采取进步样范的，那就是学校和教堂的用具。他和福音堂的包牧师有来往。南门外福音堂和教会医院的建筑，木材部分和木器，是由他承包做的。

他的亲戚薛某，去年邀了十个人打了一个“月月标”的会，每人五块钱，共五十元起本，开个小小木货店在城隍庙侧边，不请工，两父子做，一年蚀了本，奄奄无生气了。

工农贫民要用的木器乃是圩场上供给的。每逢一、四、七圩期，便板子呀，提桶呀，水桶呀，脚盆呀，饭甑呀，饭盆呀，饭勺呀，水勺呀，锅盖呀，倾盆呀（覆菜碗、覆锅头的盆子），砧头呀，菜板呀（切菜用，圆的叫砧头，方的叫菜板），洗碗盆呀，禾篮呀（盛了割下来的禾挑往禾坪里去打的），谷斗呀（打禾用），砻盘呀（推子），楼梯呀，等等东西，都由那些住在山肚里“做圆木的”匠人们挑了来卖。并不是每次圩期都有那一切东西，是依了时节和需要而向圩场上供给的。砻盘一种要定做。风车要上杭师父才能造。全县有十来个上杭师父，每年由上杭来一二次。水车一门，本县农民百家中只有一具，因本县陂圳多，很少遇到干旱，用不着水车这种东西。

南门外还有两家棺材店，每家都只有四十元本，造的都是贫民用的“火料子”（又叫“火板子”）。地主、资本家乃至稍微有几个钱的佃农和工人，普通都是自己请木匠做棺材。只有极穷人家，或是“抖紧”时候（急用时候），才会买这种火料子。失了东西或被人损坏了东西的人，常常是这样破口大骂：“爱割爱绝的！爱绝人毛的！火板子夹的！火料子装的！”（“爱割”的“割”，消灭的意思。）这就是形容火料子这种棺材是不名誉的人才用它的。有钱人家自己请木匠做棺材，这种木匠除本地人外，一部分是上杭人，就是那些造风车的师父们，他们兼着造棺材。

（14）火店

有刘万利、合昌隆、刘鸿兴、温得利、潘发利、潘金利、汤日恒、同来安、曾记涛、九嫂子、大只四嫂子、古流芳、刘奀二（兼卖白酒)、古裕昌等十多家。火店里的客人以挑担子的为最多,占去百分之八十。卖牛的,背包袱子的(背着包袱子向着别地找生活去),四乡到城里来打官司的,往赣州读书的,变把戏的,卖膏药的,算八字的,和尚化缘的,行医的,看风水的,唱叫化歌的(即唱莲花落的),共占百分之二十。那百分之八十的挑担子客人中,大多数是鸡鸭客子,少数是挑烟皮客子(烟皮即烟叶)。

开火店不要多的资本,只须几条旧被窝,几床粗席子,买点米买点柴火,就可开张。店屋租钱要在几个月后才交付。

开火店赚钱,靠赚那些撑伞子的和穿长衫子的。他们来了,把点好东西给他们吃,把点好床铺给他们睡,要走了给他们重重地敲一下子。挑担子的及其他穷人来了,火钱(即歇钱)饭钱都要轻些。吃饭照碗数算,比长衫客子照餐数算,便宜得多,每碗半毛(会吃的一碗又一个零碗就够,不会吃的半碗也够)。吃酒的一壶水酒等于一碗饭价。火钱每夜三个铜壳子(即铜板),因为要点一盏灯火,还要烧水洗身,故要火钱。冷天盖被窝,另拿被窝钱,每人两个铜壳子。火店卖酒饭的利润,每十毛本赚四毛。真的讲起来,开火店的赚钱,还是靠畜猪子,因为火店的糠、饭汤和零饭,是经常有的。

火店的对头是警察和衙门口的差人,因为警察、差人要盘查,常常借了盘查为难客子,弄客子的东西,如像借了查烟土,一转眼把客子的银钱偷去了。若当戒严时候,还要因对答不妥当受那无妄的飞灾。以此客子怕上城里的火店,天还没黑,就在黄𡋾、河岭、长举、新寨等离城三里到十里的地方歇下来,火店的生意大受影响。

火店中，同来安店是反动的。店主陈登祺，出身却是贫农，家在留车，穷得没饭吃，因为他会两手打，便在留车一带乡下教打。民国七八年他到县城当法警，民国十四年就开了同来安店，兼做油行。他因与官厅勾结，又跟留车劣绅陈吐凤要好，三二五暴动时保护县长谢寅出险，为谢所赏识，政权恢复，被提拔为靖卫队长。他率领队兵到双桥一带掳人勒款，焚烧革命群众房屋。谢县长走了，他回到火店里。这回苏维埃没收了他的房屋。

（15）豆腐

以不满三千人的寻乌城，却有豆腐店三十多家。寻乌城里吃饭十餐有九餐要吃豆腐。吃豆腐原因，一是价廉，二是方便。寻乌的农村中也是很喜欢吃豆腐的，不如寻乌城这样厉害，却也占了食品的一半。

两升半豆子做一桌豆腐，豆子两升半的价钱是五毛，豆腐一桌的价钱是六毛半，赚一毛半。所谓"一桌豆腐"，就是大豆腐干四十六块，零卖每毛子七块，三个铜壳一块。若是小豆腐干，则每桌九十二块，每毛十四块，三个铜壳两块。豆腐有水豆腐、煎豆腐、豆腐干、薄干子四种。水豆腐销最多，次煎豆腐，次豆腐干；薄干子最少，因为只有人家做好事才用它。开豆腐店赚钱，主要还是拿豆腐渣畜猪子。因为每天普通只能销一桌豆腐，特别情况才能销两桌，每天只能赚毛半子到三毛子。畜猪子每年可畜两道"猪妈带子"，每道可出三四十元。若畜肉猪，每店每年可畜四个，约四百斤，出得一百元。但畜肉猪供米要多，还不如畜猪子划得来。

豆腐生意都是"居家生意"，就是一边磨豆腐，一边又耕田。

磨豆腐不是容易事。常言一句："快学难精。"又云："蒸酒磨豆腐，唔敢称师父。"

（16）理发

全城理发店八家。民国元年以前器具都是旧式的，装式则一律是辫子。民国元年起，开始用洋剪（挥剪和毛剪），样式一概和尚头，没有别的。民国二年开始兴"东洋装"，器具还没有大镜子，也没有化学梳和轻铁梳子。民国六七年，兴"平头装"、"陆军装"，还是没有大镜子等。民国十年加上赣州来的"博士装"，寻乌学生到赣州读书传来这种新样。民国十二年开始有了宽八九寸、长尺二三的大镜子，又将一尺长四个脚的"单凳子"换了有靠背的藤椅子，并且开始输入了轻铁梳。这些新式器具都是从梅县来的。民国十五六年大革命时，开始输入化学梳。东洋装的名目消灭了，博士装也差不多没有了，但原来在学生和商人中盛行的平头装和陆军装，却在青年工农贫民群众中普遍地盛行起来。"文装"、"花旗装"、"圆头装"（梅县人讥笑这种装叫"暹罗柚"）这三种，却是新添的花样，盛行于小资产学生群众（这个群众是接受资本主义文化反对地主文化的）之中。文装亦名"西装"，花旗装就是美国装，它的来源是从南洋传到梅县，由梅县传到寻乌的。现在县城及别的大市镇中，剃光头的可以说完全没有了。乡村农民中，还有一大部分是剃光头。在整个人口中，那种剃平头、陆军头等等新样子的，还只是一个小部分，这一个小部分又全数属于青年群众。

理发价，剃光头、挥光头都一毛，挥各种新装一毛半，修面只半毛。

开理发店要四五十元本，师父普通请两个，少的一个，至多三个。工价以半年计至少三四十元，普通五六十元，最多八十元。生意好的理发店，每天每人可以做一块钱生意，普通是一个老板两个工人，平均每天能进三元，每年能进千元内外。开销工钱百多元，其余都归老板，再开销伙食（以四个人计每人七十五元）、店租（三十元左右）和器具的消耗（百元以内），可赚四百元内外（老板自己的工钱在内）。这一笔钱的消耗呢？就是老板的嫖和赌。

剃头和裁缝，不论工人、老板，很少有把赚项储蓄起来发财的，原因是这两种人多半聪明伶俐、好嫖好赌、好吃好着。为什么这两种人是这样的呢？大概由于他们社会地位的卑下。前清时候，社会上看剃头工是属于"下九流"的。别的地方，缝工的社会地位也很卑下。缝工虽有老婆，但他们仍是好嫖。剃头工则十个有八个没老婆。这种没老婆的人并不觉得苦楚，他们倒在嫖的上面表现十分快活。

"下九流"是对"上九流"而言。下九流是：一削（削脚趾），二拍（拍背），三吹（吹鼓手），四打（打烟铳），五采茶（男女合唱采茶戏），六唱戏，七差人，八剃头，九娼妓。上九流是：一流举子二流医，三流问卜四堪舆〔17〕，五流丹青〔18〕六流匠，七僧八道九琴棋。

（17）打铁

三家打铁店，叶师父、杨师父、李师父。杨师父安远人，叶、李均于都人，每家资本五十元内外。打的是篾刀，柴刀，斧头，锄头，铁镢（即耙头），耘田耙，耙（大耙，牛拖的），鲢鲤刨，梭镖（寻乌土话"炮子"，梅县叫"挑笔子"，东江叫"尖串"），刀麻（菜刀），锅铲（炒菜用），铲子（刨锅头用），火钳，火铲，钩环（挑水用），铁勺（舀米舀油用），木匠用各种铁器（各种刨铁、各种凿子、斜铲、铁锤、凳头钳、角罗钻、割刀），铁尺（做衫压布用），绵刀子（裁缝用），马刀，关刀，双刀（卡子刀），小拐子（小把），铁钉，门锴（上门用），铁箍。除马刀、关刀、双刀外，余均家常用具，销向城厢附近。打铁器和打铁方法，一概旧式。

铁是城区南厢的黄沙水，双桥区的铁䥽水、石墈坑，南八区的车头、横径、大陂角六处地方所产，每处都有炉，铸铁，又铸锅头、犁头、犁壁（犁镩）。铸出的铁不但销在本县，大部分还是销往惠州、石龙，也有销往门岭的。锅头除销本地外，约有半数销往会昌及赣州，还有一小部销往潮汕。犁头、犁壁销在本县。每个炉子要挑响炭的（响炭即木炭，铸铁、铸锅都用它，挑的约二十人），烧炭的（用木烧响炭，每窑三人，五窑炭供一铁炉，共十五人），运砂的（铁砂从山崩下，农民挑运卖与打炉子的，这种工人不便统计），以及炉厂内的工人（高炉铸生铁十人，炒炉铸熟铁十二人，铸锅头十二人，火夫一人，坐柜和行走三人），共计一炉铸铁需二百人上下。每个炉子单铸铁要资本千元，单铸锅头也是千元，铸铁兼铸锅头则需二千元，大宗开支是砂子和响炭，其次是工人的伙食、工钱。炉厂有独家开的，也有合股开的。工人的工钱，师父（工头）每天十二毛，工人三毛，伙食吃老板的。坐柜每年七十元。师父和工人以日计，做一天算一天，坐柜以年计。还有神福、红包和来往盘缠，都是老板对工人的缴费。师父地位很高，待遇不好他就弄鬼，生意就要蚀本。师父会做的每年可得工资五百元。每间炉厂每年能生产四千元，六个厂二万四千元。民国以前没有洋铁来或来得少，工价又便宜，寻乌的铸铁生意比现在大，会做的炉厂每年能生产二万元以上。前清时虽只有两间炉厂，却共能生产四万余元。现在炉数加了，每间炉厂的产量却减少了，主要原因是工钱贵（工钱贵是因外来工业品贵）和洋铁侵入。

铁价现在比三十年前（光绪二十五六年）贵两倍，那时生铁每担（四十斤左右）最贵不过十一毛，现在却是三十二毛了，即需八分钱买一斤生铁。三斤生铁打成一斤熟铁，价五毛。

本城三个打铁店，两个于都人，一个安远人。乡下打行炉的通通是于都人。于都铁工很多，三千七八百座炉子出门，高炉每座四个人打，矮炉三个人打，共有铁工一万三千左右。他们打铁在江西，而且打到福建、广东，打到南洋去的也有。

（18）爆竹

一间爆竹店，钟老板，会昌人，几十块钱本，开了六七年。自己及请的一个师父共两个人做，每年做得四五百元生意。老习惯大年初一那天大放其爆竹，寻乌的小小商店每家也要放两块钱。今年初一反动政府宣布戒严，不准放爆竹，不但年初一，平日也不准放，爆竹生意因此大减。南半县农民暴动区域彻底破除迷信，也不要爆竹了。因此不但本城钟老板的爆竹生意减少了，从前梅县和门岭两方输入寻乌的爆竹，近来也停止了。

（19）打首饰

寻乌的妇女们也和别的封建经济没有彻底破坏的地方一样，不论工农商贾，不论贫富，一律戴起头上和手上的装饰品，除大地主妇女有金首饰外，一概是银子的。每个女人都有插头发银簪子和银耳环子，这两样无论怎么穷的女子都是要的。手钏和戒指也是稍微有碗饭吃的女人就有。银也是个名，实际是洋铁皮上面涂一点银，有些是铜上面涂一点银。打这种首饰的店子本城有七家之多，每家只要几十元做本。他们的首饰，一部分是人家来定做的，一部分是用个小匣子装着背往四乡去卖的。七家首饰店中，有四家是一个老板、一个工人、一个徒弟三个人做事，一家是四个人做，一家是两个人做，另一家只一个人做。学徒制度与理发业差不多，不过工作更苦些，穿的衣服也更烂一些。

（20）打洋铁

一家，刘俊记，兴宁人。前年来本城开店，以前无所谓洋铁。三几十块钱本，一个老婆、一个徒弟和他自己三个人。材料是洋油瓶，做的是小洋铁灯呀（不[19]灯），盛洋油的壶子呀，盛茶油的壶子呀，舀油的勺子呀，烧茶吃的壶呀，洋油透子呀（滤子），酒透子呀，盛茶叶的瓶子呀，各种小盒子呀等等日用必需品。所以，这样一个洋铁店乃社会需要的。生意也很赚钱，三个毛子一只洋油瓶，从本城、吉潭、三标、澄江、牛斗光等处杂货店里收了来，做成洋铁器以六个毛子卖出去。此次红军进城，刘俊记不知何故跟着反动派跑了。

（21）修钟表

也是一家，叶公昌，梅县人，除工具外，十把块本钱，专门修理钟表。全县除本城一家外，牛斗光还有一家。两家都是前年（一九二八）开的。寻乌全县有十二万人，百分之二的有了钟表，共有钟或表二千四百个，所以需要一两家修理钟表的店子。

（22）圩场生意

寻乌城还是个店铺生意和圩场生意并行着的城子。以寻乌情形说，圩场生意代表半自然经济，店铺生意代表商品经济。店铺生意与圩场生意的比例是：店铺占百分之七十，圩场占百分之三十，可见商品经济势力超过自然经济很远了。

圩场生意的要项如下：

第一是米。米生意全在一、四、七圩期做，店铺不做这门生意。米不但是本城许多人要的（本城人口中农民部分自己有米），而且运到广东去。梅县人或大柘人挑来一担盐，兑一担米回去，叫做“盐上米下”，因此米生意比寻乌城一切生意大。寻乌城的大宗生意是第一米，第二盐（年十万元以上），第三布匹、洋货（十万元），第四豆（二万余元）。米价，光绪二十六年每担（一百七十二斤）四元，民国元年五元，民国十六年旱灾有过十六元，本年红军未到八元五毛，既到七元。

第二是柴火。木炭、水炭子、片柴、把子柴、蕗萁，从四乡挑来“赴圩”。木炭（响炭）价，光绪二十六年每百斤五毛，民国元年到十七年每百斤八毛到十二毛，去年因雨多每百斤涨到二十二毛，现每百斤十六毛。片柴价，光绪二十六年每担（七十斤）一毛七八，民国元年二毛二三，民国十年到十六年四毛，民国十六年到现在五毛到六毛。

第三猪肉。前头店铺生意中已讲了的三个案子，其实应该讲在圩场生意里面，因为是圩场上的生意。

第四猪子。细猪子（两个月的）和猪条子（三四个月的）都没有行，都在圩场上买卖，每圩约三十个，每月九圩共二百七十个上下。现细猪子每斤三毛，猪条子二毛，大肉猪二毛五。为什么猪条最便宜呢？因为猪条子是四五十斤一个，不是很没有钱用的人不肯拿了出卖的，但迫得拿了出卖时，人家就卡他的价钱了，他也只得忍痛丢手。

第五鸡鸭。本地四乡来圩上零卖的，为数不多，平常每圩鸡鸭两门十把二十只，也有时一只都没人要的，这证明了寻乌城之苦。过年过节每圩可销百多只。价钱，鸡每斤四毛半，鸭三毛。

第六竹木器。木器在圩场出卖的部分已在前面店铺生意中木器项下附带讲过了。现在讲竹器，谷箩、谷笪（笪读达，即晒簟）、畚箕（挑灰粪下田的）、鸡鸭笼、猪笼、篮子、橐子（盛米果等零碎东西的）、磨栏（即栏盘）、糠筛、簸箕、睡床（睡椅）、撮箕、竹椅、灶捞（捞箕）、筷子、扫把、洗锅把、掇耳子（即鸢箕，比畚箕小）、角箩（小孩子装米果吃的小箩子）、篓（即鱼篮，摘茶子[20]也可用）、河子（即“得鱼忘筌”[21]之筌，别处曰簝）、茶篮、笠麻（斗篷）、菜篮、晒篮等等竹器，通通在圩场上卖。

第七小菜。芥菜、芹菜、苋菜、藠头、脉子、芥蓝菜、蒜子、苦瓜、冬瓜、南瓜（丝瓜）、节瓜、甜瓜、黄瓜、西瓜、番莆（南瓜）、茄子（广东人叫吊菜）、凤菜（又叫空心菜，别地叫蕹菜）、芋子、莆子、萝卜、韭菜、葱子、茼蒿菜、白菜、菜头（芥菜头）、当机（即刀豆）、辣椒、雪豆、彭皮豆（扁豆）、豆角、八月角（八月豆）、老虎豆、树豆子、青豆芽、黄豆芽、马齿、黄芽白，以上各种小菜都由附近乡村供给本城居民。

第八鱼。有鲩、鲢、鳙、虾子、鲤、鲫、黄鳝、泥鳅、虾蟆、虾公、元鱼（脚鱼）、河鱼子、“抢”等等。普通市上卖的只有鲩、鲢、鲤、鲫、黄鳝、泥鳅、虾蟆数种，其余各种不经见。鲩每斤二毛半，黄鳝每毛十两，泥鳅每毛一斤，虾蟆每毛七两。“抢”是少有的大鱼，寻乌城去年曾卖过一个四十斤的，别的地方有七八十斤的，由惠州一带循河上来，个把人淹死在水里，正好做了它的食品。

第九糖。粉、糍粑、那子（粉皮）、板子（软板子、铁练板、铁勺板、豆子板、油果、糖板子、鱼子板、苎叶板、番薯板、印子板各种）。圩期到了，他们就来了，特别是"会景"的时候（迎故事或打醮的时候）来的更多。一两块钱本钱。

第十水果。李子最多，荸荠次之。此外，枇杷、柚子、杨梅、柿子、桃子、桔子、柑子各有一些。水果不是很小的生意。

（23）娼妓

二千七百人的小城市里，"老货"、"嫩货"有三四十家，什么昌娇呀，月娥呀，钟四妹呀，谢三妹呀，黄昭坤呀，戊秀呀，润凤呀，大观兰呀，小观兰呀，昭娥呀，来昭呀，玉淑呀，五凤呀，亦娥呀，都是这个苦群众里的著名人物。除大观兰、亦娥两个外，都是人们所谓"嫩货"，润凤、戊秀、月娥、五凤、昭坤五个更加著名。

科举未废、文武两考盛行的时候，也有现时这样多的娼妓。科举既废，逐渐减少，光绪三十年左右只有十几名了。往后又渐加多，到现在又恢复科举时代的盛况。南半县革命向北发展，同时红军开抵澄江，娼妓们许多跑下乡去了。她们中间传说，"红军见草不留，扫把都要过斩"，所以她们吓得跑了。

本城娼妓三标人多。寻乌人有句俗话，"三标的货，项山的糯"，就是说的三标女子美丽的意思。

十年之前商业兴盛的时代，商人嫖娼的多，豪绅次之，豪绅子弟（所谓少爷）很少插足。十年以来换了一个地位：豪绅嫖娼的最多，少爷次之，商人嫖的最少了。商人为什么嫖的少了？因为他们的生意不行时了。豪绅为什么嫖的多？他们包了官司打，就以妓家为歇店，长年长月住在妓家，过年过节才回家一转。他们的嫖钱哪里来的？打官司，乡下人拿出一百元，他给乡下人使用二十元，八十元揣在自己的荷包里，这样子得到供给娼妓的费用。少爷们为什么从前没有到城里嫖的，近来有很多嫖的了？"毕业公司"等类的学校兴起来了，少爷们脱离那温暖的家庭走到城里来读书，觉得好生寂寞，娼妓家中少爷们的足迹就多起来了。

（24）同善社〔22〕

约当光绪二十七八年时，赣州一个绸缎店恒孚号的熊老板（南昌人）到寻乌来开办同善社，他就是所谓天恩先生。那时的善长古鹤甫是个秀才，住在城里，家务也不很好。后来善长改了潘明典，是个拔贡，有千元上下家资，现做九江地方法院书记。郭友梅是光绪二十七八年进的同善社，那时候有社员百把八九十个，以后还进了好多，最盛时本城同善社大概有二百多人。同善社的发源在四川，由那个四川的同善社发出公事到各省开办同善社，各省的政府准许后再向各县开同善社。赣州府的天恩先生是得了南昌省的公事的。他来到寻乌，首先拜会县知事，知事赞成了，出了保护告示，同善社就可以大大地开起来。入社是要经过神明的批准的，一个筒子放些纸坨子，有的写个"准"字，有的就是白纸。同善社的神明叫做达摩祖师，介绍人引导要进同善社的，走到神明面前磕头祈祷之后，伸只手到筒子里拈那纸坨，拈个"准"，便进同善社，拈个白，不能进去。有个屠夫三次都是拈个白的，有个土豪四次都拈个白的，

“莫说无神也有神哪”。林虎[23]到过寻乌城，好大一个头，二十八九岁，威武得很。许崇智[24]也曾到过这里。林虎部下营连长有七八个进了同善社，在这里扎了一个多月。进同善社要入社费一元，以后随时捐钱，也不勉强。南昌同善社、四川同善社都有公事来要捐钱，公事上说：“捐了钱，二天到那里去了，簿子上有名字，就可吃得饭哪。”郭友梅捐过南昌三元，四川五元。寻乌社二百多人中有三四十个是女子。他们的成分商人百分之五十，地主百分之二十，农民百分之三十。但所谓农民没有贫农，都是“有碗饭吃的”，“不求人的”。民国七八年省政府来公事要停办同善社，停了一两年。随后唐生智[25]有公事来，说“善菩萨，可以信得，不要取消它”，又办起来。民国十二三年政府又来公事要停，才停止到今。

每天早中晚三次静坐，叫作“做工夫”。做工夫的，两天内不能和女人睡觉，睡了就不灵验。同善社有秘密，做到五层工夫，天恩先生才有秘密讲，郭友梅还只两层工夫，未曾听得什么秘密。四川有个九层工夫的天恩先生到过赣州府，那里同善社每人出两块钱接天恩先生的风。方本仁[26]也到了。同善社每年做两次“龙华会”，社员都到，见人出两毛钱，向祖师磕头，奏鼓乐，吃斋菜。

进了同善社，得些朋友，可以做官。

寻乌县长曾有三个进了同善社，他们和社员们一样到同善社磕头。

（25）人口成分和他们在政治上的地位

寻乌这个城，把它的人口成分剖解起来，才知它还完全是一个农业手工业城市。全城近二千七百人的各业比例如下：

职　　业	人口数	百分比
农　　民	一,六二〇	六〇
手工业者	二九七	一一
游　　民	二七〇	一〇
娼　　妓	一六二	六
商　　人	一三五	五
政府机关	一〇〇	四
地　　主	七八	三
宗教徒	二二	一弱
共　　计	二,六八四	一〇〇

看这个表,农民和小手工业者共占百分之七十一,便知这个城市还是以农业手工业为主体,向附城一带耕田的和开小作坊做手工的占着住民的最大多数。所谓手工业者,包括各业手工工人和手工业主,商店的店员也算在内。所谓手工业,就是缝纫店、黄烟店、酒店、伞店、爆竹店、理发店、木器店、豆腐店、首饰店、洋铁店、修钟表店、屠坊店这一些。所谓宗教徒是耶稣教十人,天主教三人,斋公六人,和尚三人,共二十二人。本城纯粹地主十二家,共约七十八人。商人兼地主五家,算在商人里面。商人是指盐行、杂货布匹店、油行、豆行、水货店、药材店、火店等,共计一百三十五人。娼妓是三十余家,三十几个妓女,却养活一百六十二人。不工不农不商,专门靠赌博敲诈、为统治者当走狗吃饭的流氓,他们的人数竟超过商人一倍,和手工业者几乎同等。若把游民和娼妓合计,便等于商人和手工业者的合计,这表示失业群众之多是怎样的可惊。所谓政府机关一百人,是指新的县苏维埃、城区苏维埃两个机关(四十

人),加上县苏赤卫队(六十人),不是指的旧政府。但是旧政府机关人数也是与新政府人数差不多的。说到这个群众中的领袖部分,即那旧社会的指导阶级,自然不是那总数占百分之八十七的农民、工人、游民和娼妓,他们是被统治者,统治者是那仅仅占人口百分之十三的地主、商人和耶稣教天主教传教士等。商人的商会虽没有多大权力,商人群众中却有几个人参加那统治全县的县政府。不过那几个人也不是完全代表商业资产阶级说话,他们是接受地主的领导,帮着做些事。这也是因为寻乌城商业不但是很小而且是逐年衰落的原故。

商人而能向政界话事的:第一个算何子贞,豆行老板,用个假名出张帖子拿给别人去开。他自己一面教书,一面当公安局长,又当警察队长,又当国民党委员。他父亲承包牛岗税,剥削牛商。他初回寻乌表现的是资产阶级意识,颇有新派之称,后来便与地主妥协了。现逃。第二个是黄光甫,水货店宝华祥的老板,商会的文牍,能到衙门话事。现逃,店没收。第三是火店老板陈登祺,初当法警,升靖卫队长,跑衙门。现逃。第四是杂货店主陈志成,虽没做官,却事事与反动派同谋,有会必与。现逃,店没收。

十二家收租的地主,列举如下:

何德新　从前收租五六百石,现收百石,七八个人,仅够开销。乡人和衙门有交涉时要请他话事。他儿子何挺拔,平远中学毕业,新寻派中坚分子。

何成治　收三百多石,人少,有三百石出卖,是城内第一个大地主。何成治死,寡妇当家,买个儿子不能话事。

刘佛荣　收二百多石,人少,有谷出卖,寻乌城第二个大地主。“水浸牛皮——很吝”，不与外事。

刘段轩　只收几石谷。中山派，与何子贞打官司打穷了。他的儿子还在赣州班房里。他的儿子是赣州第四中学毕业，新的城东小学校长。

范老八　百多石，有多余。他哥哥开顺昌老店，他在家收租，不走衙门。此次派款三百元。农民没收了他。

范家声　百多石，有多，十五六岁，中山学生，被何子贞罚款。此次又被苏维埃派款一千元。

张三玉　百多石，有多，寡妇管家，不出面。

邝四嫂　几十石，有多，一个儿子，一个孙子，不反动。

吴老四　已死，留个寡妇，一个儿子，一个孙子，百多石租，有多，不话事。吴老四光绪年间坐县署征收柜，全县钱粮由他过手。死了四年。

范明才　先前开杂货店，歇了十多年了，收八十石，稍有多。民国初年当保卫团总，是劣绅，好嫖，好赌，现跑了。

何祥盛　摆摊子出身，做水货生意发财，三二五暴动被罚款，生意关门。他儿子何家常，买来的，梅县东山中学毕业，三二五暴动领袖之一，共产党员，过番去了(往南洋叫“过番”)，现到福建。

何学才　何子贞之父，县衙刑房科写口供，后做堪舆，承包牛岗税，买了几十石谷田，是个大劣绅。

以上十二家是纯粹地主(两家中地主，十家小地主)。其中何德新、范明才、何学才三人是积极反动分子，刘段轩、范家声两人是同情革命的，何祥盛的儿子何家常是共产党员，其余六家是所谓“只顾发财不管闲事”的。

下面五家是商人而兼地主：

钟汇通　寻城第一家盐行，二百二十石租，有百石余剩，跑衙门，话事情。

骆晋丰　分成四家，共六七千元。老二最富，有二百五六十石租，老实，不话事。老大死了，十多石租，糊口不够。老三有三四十石，糊口而已。老四（前商会会长，同善社主任教员）也只几十石，仅糊口。

荣春祥　几十石租，全部储蓄着，做生意吃饭，不话事。

温荣记　八十石，全存着，做生意吃饭。第三个儿子温锡纯与新寻派勾结。

林笔利　水货生意，百多石，稍有多，不管闲事。

以上五家均商人而兼地主。其中钟汇通与温荣记是反动派，余都是所谓“不话事”的。五家中钟汇通、骆晋丰两家是中地主，余三家是小地主。

第四章　寻乌的旧有土地关系

本章目录

（一）农村人口成分

（二）旧有田地分配

（三）公共地主

A. 祖宗地主

B. 神道地主

C. 政治地主

(四)个人地主

A. 大地主

B. 中地主

C. 大中地主对于生产的态度

D. 大中地主的政治思想

E. 小地主

(五)富农

(六)贫农

(七)山林制度

(八)剥削状况

A. 地租剥削

1. 见面分割制

2. 量租制

3. “禾头根下毛饭吃”

4. 批田

5. 批头、田信、田东饭

6. 谷纳、钱纳

7. 铁租、非铁租

8. “要衫裤着去捞”

9. 劳役

10. 土地买卖

B. 高利剥削

1. 钱利

2. 谷利

3. 油利

4. 卖奶子
5. 打会

C. 税捐剥削

1. 钱粮
2. 烟酒印花税
3. 屠宰税
4. 护商捐
5. 牛捐
6. 赌博捐
7. 财政局总收入
8. 派款借款

(九)寻乌的文化

(一) 农村人口成分

大地主(收租五百石以上的)	百分之零点零四五
中地主(收租五百石以下二百石以上的)	百分之零点四
小地主(收租二百石以下的)	百分之三
破落户	百分之一
新发户	百分之二
富农(有余钱剩米放债的)	百分之四
中农(够食不欠债的)	百分之一十八点二五五
贫农(不够食欠债的)	百分之七十
手工工人(各种工匠,船夫,	

专门脚夫）	百分之三
游民（无业的）	百分之一
雇农（长工及专门做零工的）	百分之零点三

（二）旧有田地分配

公田	百分之四十
地主	百分之三十
农民	百分之三十

（三）公 共 地 主

A. 祖宗地主

寻乌公田多，成了各区普遍现象。各种公会多得很，祠堂里的公会如什么“公”什么“公”，差不多凡属死人，只要是有“后”的，而他的后又是有钱的，他的所谓后者必定从他们的家产中各家抽出一份替他立个公。这种凑份子立公的办法是什么姓都普遍采用的。凑成的份子一概是田地，不用现钱。再则那什么公还在时，他自己就留出田产立起公来，这一种比前一种更多。公田一经成立，就年年收租。租除祭祖用费外，大概总是有多余的，便把它积蓄起来。积蓄的方式不是拿谷积蓄，而是拿钱积蓄，就是每年把多余的谷子粜给贫民，把钱积起来。积得若干年成一笔大款，便购买田地。如此下去，这一公的田地就渐渐地增多起来。但这积蓄增多的在全部款子中只占去一部分，还有一部分是由他的子孙均分了去。多半是子孙穷苦的多才主张分的，子孙富足的多呢，那便不主张分了。分是在什么时候呢？又是怎样一种分法呢？就是当那过年过节时候从祠堂里分谷分肉。男子都有分，女子没有分（有些族上寡妇有分），每人分得几斗谷、几斤肉。这种谷叫"红丁谷"。肉有四个项目：一是"胙肉"，从前是秀才、举人有功名的人分的，后头加上"毕业生"。二是"房股肉"，每房一份。三是"老人肉"，七十以上的人每人一份。四是"丁肉"，每个男子一份。分的次序：先分胙肉，次老人肉，因为这两种人是可贵重的，每人大概分一斤。次房股肉，每股十斤八斤的有，十多二十斤的也有，整的分出去，再零分与房众。为什么要分房股肉呢？这是一种斗争，房下人少的要分房股肉，房下人多的反对分房股肉，主张分丁肉。但结果各地多半是照了人数少的房份的意见分了房股肉。为什么少数对多数胜利呢？因为这种公的产业，原是各房都有平均的权利的。次分丁肉，不是每个公都有分，多数公是没有丁肉分的，这是因为公款不多，或是人太多了的原故。有少数公堂谷肉不是平分而是轮分，名义叫做"轮收"，又叫"管头"，轮流替祖宗收租的意思。租收了，每年开支一小部分在祖宗的祭祀上，大部分落在管头的荷包里，这并不算"吃油饼"，因为这样做正是公堂经济存在的根本原因。为什么呢？当他那个祖宗还没有死，把家产分拆给儿子们的时候，为了怕他的子孙日后把分得的一点田产变卖了弄得没有饭吃，就从田产中挖出一部分不分，作为公田，永不变卖。一面有了他死后的祭费，一面呢，他的穷困的子孙便得了周济了，这叫做"留出后路"。他的子孙也很赞成这种办法，因为这就是为自己留出后路。凡那祖宗生前没有立起会的，祖宗死后，子孙们只要稍为富裕也必定为他立会，出名叫做祀祖，其实是为了自己。所以轮流收租名则是轮流替祖宗收租，实则是轮流替自己收租。在这个意义之下，那些贫苦子孙往往闹着要分公田，同时富裕部分的子孙却反对分公田，成为一种氏族内部的阶级斗争。那些穷苦人闹着要分公田也不是要分了田去耕种，他们是要分了田去变卖，得钱还高利债或买明天的早饭米。在这种情形上面，看得出贫农群众因为他们苦得没有米煮，便把什么"祭扫"呀、"慎终追远"呀等等封建思想逐渐地不要了，他们的生活迫着他们要不了这些宝贝了。

总计祖宗方面的土地，占全部土地的百分之二十四，占全部公田的百分之六十。

B. 神道地主

神道地主即神、坛、社、庙、寺、观六种。"神"是指的各种各色的神，许多都有会，如赵公会、观音会、关爷会、大神会、真君会、婆太会、赖爷会、公王会、伯公会、文昌会等等，都是没有庙的。还有一种醮会，祈神之用，也属这一类。在上述的各种神内有一部分是立了"坛"的。坛是立起一块石头，有的几块石头垒成一个小屋，那里面藏着好灵验的神呀，因此叫做坛。不论神、坛，凡有会都有公田，出钱弄这种神会的通通是富农地主。神会的产业百分之九十五是田地，百分之五是谷子和钱。这种田、谷、钱，叫做"会底"。目的：一是为神，因为神能保佑他们人畜清泰，财丁兴旺；二是吃东西，神诞那一天吃一顿，过年过节还有肉分，但要斗了份子的才有吃有分。斗过份子后来穷了的，有顶退份子的办法，譬如每份是五块钱会底，人家就出五块钱给他“顶”了去，他就算是“退”出了会。“社”是与“神坛”有别的一种“社坛”，每个村子有一个，即使那个村子只有三家人，也有个社坛。为什么要社坛？保佑禾苗没有虫子食、牛猪六畜不至于遭瘟，保佑人们得到康健。每个社都有会，二月起，十月止，每月都开会，会期普通是初二，有些地方是十六。开会那天，同社的人每家来一个，不分贫富，一概有份，杀猪买酒，大吃一顿。吃过之后，开堂议事，作陂开圳呀，禁六畜伤害禾苗呀，禁胡乱砍伐山林竹木呀，条规不一，议论纷纷，也没有什么主席，也不要什么记录。虽然乱讲一顿，却有一种自然的秩序。就是当那所谓“老前辈”或所谓“更懂事的”讲得“更公道”的时候，大家都说他的话“讲得好”，就是这样子成了决议。这种社是群众的，虽然也信神，却与地主富农的神坛完全两样。这种社的会议是农民作主，不是豪绅作主，也不完全是富农作主，是大家来而“更公道”的人的话为大家所信仰，这个人就作了无形的主席。社坛有公堂的最少，大多数是每月初二开会(要敬神)时候大家斗钱，每人每次二毛、三毛至四毛，不来吃的不出。再讲到“庙”。庙是有屋子，而屋子里面有菩萨的。庙有个庙祝，土名叫做“庙老”，是个老头子，服侍菩萨，招扶香灯。庙多少有庙田，也有无田的庙。有庙田的，庙老吃庙田的租，无庙田的，庙老伙食从群众中捐钱谷。庙有城隍庙、关帝庙、三官庙、三圣宫、赖老庙、龙王庙、关岳庙、杨公庙、东岳庙、江东庙等等。庙的性质，是所谓“有功德于民则祀之”的意思。神坛是地主需要的，社坛是农民需要的，庙是地主、农民共同需要的。庙的田产很少，租入不够香纸费及庙老用，所以不是严重剥削所在。“寺”则完全不同，它是和尚的巢穴，是剥削厉害的地方。

寺产都是大地主“施”出的，施了田的大地主，叫做“施主”。大地主为什么施田地给和尚呢？因为佛教是大地主阶级利用的宗教，大地主为了“修子修孙修自己”，所以施田给和尚。五福庵、回龙寺、正觉寺、观音阁、东笔山、大悲阁、鹅湖庵、西竹山、天台山、狮子岩、三角崃、角公岩、法华庵、西华山、南阳山、梵慧寺、甘露寺、九龙山，都是城区附近的和尚寺。道士斋公的叫做“观”，则有云盖崃、大山里、川塘坑等等。观的田产的来源和剥削的状况，与寺无二样。

总计神道方面（神、坛、社、庙、寺、观）的土地，占全部土地的百分之八，占全部公田的百分之二十。

C. 政治地主

又分二类，一是考棚、宾兴、孔庙、学租一类属于教育性质的，一是桥会、路会、粮会一类属于社会公益性质的。

县城的考棚田收得六百五十石租，经手的豪绅“吃油饼”吃去一百八十石，交出四百七十石与考棚。考棚田的来历是前清时候修建考棚，大地主捐了许多谷子，建筑余款，置买田地，作为考棚年修经费。起个“尚义祠”，把那捐款大地主的姓名写在木主上，捐多的主高，捐少的主矮。

宾兴田的来历也是地主捐起的，田散在全县各堡，多数仍由原主管理，年交收获之五成与县城宾兴祠。宾兴祠在各堡设有分局掌管田产。田产的用途是作为乡试、会试的路费及中了举人、进士的奖赏（主要还是作为乡试路费和乡试奖赏），奖赏的别名叫做“花红”。县宾兴祠年可收千五六百石谷租。乡试（省考）每三年一次，逢“子”、“午”、“卯”、“酉”举行。每届寻乌试考的一百多人，每人路费二十四元，中了举的有花红百多元。宾兴祠内有百几十块木主，写的都是出捐的豪绅们的名字。科举废后，凡在赣州第二师范毕业的，每人发参观费三十元，使他们好往江浙一带参观。此外，往外国留学的也曾津贴过一回，一个留学日本的给了三百六十元。县城办简易师范及高等小学，即是用的宾兴祠的经费。

建筑学宫也是地主捐钱，因此也如尚义祠、宾兴祠一样，起了一个“好义祠”，纪念那般捐主。后头祀孔经费又捐了千多元，是款子不是田地。

学租是各姓地主捐集，为奖励本姓考功名的子弟的，姓姓都有。如篁乡古姓有学租一百石，车头邝姓有二百多石，至少的也有几十石。此外城区有“薪水会”，各区也有。各区普遍地有“文会”，性质同是奖励取功名，但系一种地方形式，由几姓或一区集合起来的。还有篁乡古姓某地主（古柏的祖父）捐出一百石租起个“尊育堂”，却是奖励全县读书人的，算是一个特别形式。

总计教育方面的土地，占全部土地的百分之四，占全部公田的百分之十。

至于公益性质的桥会、路会、粮会的土地，数亦不少。不但大桥、长桥有会，村落小桥也往往有会。有会就有田，都是地主、商人捐起的，目的是修理桥梁。起始钱少，逐年放债堆积起来成了大数，置买田地。每年十二月算数、敬桥神，名之曰“做桥会”，捐主都来吃一餐，吃了之后还分猪肉，所以桥会实在是个剥削机关。桥会大的有八千元，田产每年收租五百石，那就是留车的浮桥。小的有二三石租的，乃是很小的小桥。

路会不多，会田也少，全县不过十大几个(十五个以上叫十大几个)路会，每个路会不过收七八石谷。为什么桥会发达路会零落呢?因为路烂了修补易，不修补也不至于完全不能走人，桥则不然。

粮会也少，全县不过几个，如篁乡的严姓，大田的梅姓，车头的邝姓，吉潭圳下的刘姓，各有一个，各有些田地。多的如车头邝姓粮会有五百石租的田，原是"军田"，现充粮会。粮会的作用是代替一族人完粮，抵制政府向族内各家迫粮。各方敲榨，各人不利，故斗钱成立粮会，或由各小公出钱斗成。有了粮会，法警只找粮会一处，免得各家受害。没有粮会呢?法警来了，脚钱多过粮钱，逾限不完要算利息，利又非常之重，因此起个粮会。粮会起始钱也不多，也是逐年放利积起来的。

总计公益方面的土地，占全部土地的百分之四，占全部公田的百分之十。

(四) 个 人 地 主

A. 大地主

以上说了公共地主部分的土地，再说个人地主部分的土地。个人地主土地在全部土地中占百分之三十，比公共地主土地要少。个人地主土地中又以小地主(收租不满二百石的)土地占大多数，中地主(收租二百石以上但不满五百石的)土地次之，大地主(收租五百石以上的)土地最少。

全县共有八个头等大地主，如城区的刘土垣，篁乡区的罗含章，南八区的谢杰、邝文荣，双桥区的梅洪馨，兼三区的潘明征(绰号“屎缸伯公”),澄江区的林朝官、王菊圆,收租都在千石以上。其中最大的算“屎缸伯公”,他是兼三区的项山堡人,连田地、房屋、山林、牲畜及他在吉潭圩上开的药店、杂货店,共计价值三十万元,田地收租一万石左右。他是全县豪绅的领袖。民国初年他的第三个儿子潘梦春(是个文理不通的脚色,没有考过科举,也没有进过学堂)做过县财政课长(国家财政)。民国六七年他的大儿子潘奕仁(是个秀才,粗通文理)做过三年县财政局长(地方财政,管理考棚、宾兴、牛捐、赌捐、护商捐等款)。民国十三四年潘梦春又做全县保卫团总公所长,统辖七区保卫团,全县实权都在他手里。他在总保卫团任内为了要钱用,同时北洋军阀邓如琢〔27〕部队到县要军饷,发了许多纸票,使用了几个月,被一个中地主叫赖翱虚的在省城一状告了他,才停止了。民国十五年国民党势力来,他就失势,但他立即和原来带资产阶级色彩的、这时已经和地主妥协了的新寻派结合,当上了国民党县党部委员。今年三月豪绅们把县长胡泽凡推倒,他就上台做县长,红军到来他才跑往武平。他有七十多支枪,被武平钟少奎收编去了。刘土垣算第二个大土豪,但不活动,是个中学毕业生,在县里没有权。谢杰,江西陆军学校毕业,做过赖世璜的师长。现在上海组织什么赣南钨矿会,争钨矿自办,加入改组派〔28〕,组织“江西自救会”,出版《自救日报》,反对蒋介石。对于“剿共”,呼号甚力。王菊圆,赣州第四中学毕业生,澄江方面很有势力,和流氓很要好。他在澄江圩开三个店,做水货、杂货及鸦片烟贩卖生意,店的后楼开个鸦片烟馆,让流氓们去吃不要钱,因此取得一班流氓对他的拥护。他嫖人家的老婆,别人若不识高低也去嫖时,流氓们就要给那个人以厉害的打击，有受这种打击弄得倾家荡产的。

寻乌千石以下五百石以上的大地主有十二个。曹善成（西厢田背），收租五百石，祖父发的财，是个“老税户”〔29〕。丘树烈（西厢图合），收五百石，无大用。他的儿子是个工程师，南洋大学毕业，到英国打过一转，现在天津什么锅炉公司当工程师。曹愿森（东厢），收五百石，本城高小毕业，四十岁了，在东厢有权。黄甲宾（北厢长举），收七百石租，国民党员。何子贞想利用他，他不出来。现在投机，向农民表示好意，要枪交枪，要钱出钱。他说：“国民党没有用，出了钱不能保命，出到苏维埃还可保命。”谢善德（三标鸭子墓），五百石，读老书的，是个“山老鼠”〔30〕。王佛盛（水源垇背），五百石。儿子王维藩，北京朝阳大学毕业，国民党员，在外未归。蓝绍宗（澄江），五百石，蓝死了，寡妇当家。曹国栋（吉潭），六百石，从前称万户，造房子用掉一些，高小毕业，“屎缸伯公”之戚，与潘梦春合作。易展良（双桥区桂石下），五百石以上，开头反动，田快被分掉，又罚去千多元，穷了，不反动了。赖鹏池（双桥区丹溪），称万户，五百石以上，前清附生，老实得很，辫子还留着，但不反动。邝明经（南八区鸡子叫），六百石，他的第四个老弟当白军营长，反动，全家走尽。陈万保（廷岭），六百石，做猪贩，做烟土贩，开杂货店。他自己不反动，他的老弟是新寻派，和他共家，很反动。以上头等大地主八个，二等大地主十二个，共二十个，江西人所谓“万户”就是指的他们。为什么要把他们逐一列出来？为的要研究这个阶级的政治作用，不列出来便没有充实的例证。为的这个理由，我们还要把中地主列出来，只是小地主为数太多不便列举。地主阶级中为什么要分出中地主，因为中地主的政治作用不但和小地主大有分别,和大地主亦显然有分别。

B. 中地主

首先举城区。丘伟伍(西厢图合),收四百石,日本帝国大学皮革科毕业,在赣州贫民工厂做工程师半年,民国十一年回寻乌做教育局长,进国民党,新寻派领袖之一,为新寻派计划,是个厉害的东西,红军到寻乌,同谢嘉猷一路跑了。黄甲奎(北厢长举),收三百多石,平远中学毕业,寻乌国民党指导委员,新寻派分子(新寻学校教员),积极反动。骆松盛(北厢长举),收三百石,城内开骆晋丰杂货店,不积极反动。有个侄子是国民党员,高小毕业,说共产党的坏话。何挺拔(北门城外),收三百多石,平远中学毕业,国民党干事,新寻派主要人物,努力于反革命。刘佛荣(小东门外),收三百石,不反动,做医生。

三水区:雷昌响(三标长排),三百石,是个"山老鼠",无用。胡恩荣(三标圩),三百石,是个斋公,不问世事,专门要两个铜钱,在家里困觉。胡镜如(三标圩),二百石,赣州第四中学毕业,二十多岁,三标有名的土霸,参加县政权。凌鲁石(三标径石),三百多石,老秀才,做过多年财政局长,又做什么课长,又做考棚首士,一连干了十多年,赚了钱,在三标起了新房子,五十多岁。袁德和(水源袁屋,最反动地方),二百石左右,中学毕业,国民党员,反革命。此外,三水区还有中地主多人,记不清楚。

澄江区:蓝子乾,四百石,省立中学毕业,在澄江圩开蓝协泰杂货布匹店,反革命。谢嘉猷,三百石,高小毕业,四十多岁,做过十四军谢杰部下团长,寻乌团防总队长,改组派,把红军五十团第一营消灭的就是他，江西陆军学校毕业。凌希贤，三百石，中学毕业，新寻派，国民党员，澄江新圩开个店。

兼三区：陈玉横（吉潭），三百石，平远中学毕业，吉潭的土霸，新寻派主要人物，“屎缸伯公”的孙婿，很活动。刘太宗（吉潭圳下），四百石，赌博头子，流氓出身，赌博发财，民国五年还是“当乌”（做贼挖壁，夜间出门，叫做“当乌”）。潘金棣（项山），二百多石，梅县师范毕业，新寻派，国民党积极分子，吉潭靖卫团总。潘明瑞（项山），四百石，“屎缸伯公”亲属，吉潭圩上开了两间杂货水货店，项山反动首领。潘观澜，虽是个百多石租的小地主，却是反动首领，潘丽死于他手。赣州高小毕业，做小学教员五六年，那时并不反动，三二五暴动前后就腐化反革命了。他的父亲是个赌博头子，以此发财。潘明典（项山坪地），百多石，前清拔贡，民国法政毕业，做过陆丰、会昌两县知事，又做本县教育局长数年，还担任许多别的事，有“身兼九长”之称。本是个中等地主，运动省议员用掉四千多元，还是落选。去年做南昌高等法院管狱所长，今年在九江做高等法院书记官，是个官僚主义者。说话很漂亮，字也写得好，样子也好看，又很规矩，像个孔夫子。潘景文（项山大坜），三百多石，前清秀才，老先生。潘国才（项山村），三百石，也是个老秀才。潘国卿（项山村），只有五六十石租，高小毕业，叶子岽土匪的秘书，反革命。刘翰元（剑溪），二百多石，不中用。

篁乡区：李其琅（篁乡圩），三百石，赌博出身，儿子李含辉高小毕业，反动派重要分子。刘玉接（篁乡圩），二百多石。儿子刘金燕，南昌心远中学读书，又进了沪江大学、上海大学各读过一下，过去接近合作社派。刘玉麟，刘玉接的弟，四百石，是个哑巴，四五个儿子均小学毕业；小儿子读过中学，参加三二五暴动，现反革命。赖寿成（红头岭），四百石，儿子赖世芳梅县东山中学读过书，反革命。赖翱虚（红头岭），四百石，秀才，上海理化专修科毕业，做过县立高小校长一年、教员五六年，运动省议员失败。两个儿子中学读书，其中一个又在北京师范毕业，接近合作社派，三二五暴动时新寻派向他进攻，现在两个均反革命。汪子渊（山子下），二百石，篁乡的反动首领，是个大劣绅，做过保卫团总，宾兴分局长。刘经曦（司城村），三百多石，梅县中学毕业，父亲在胡谦那里干事，被土匪打死了，不反动。刘荃兰（司城），二百石左右，高利贷起家，现在也不反动，儿子加入农协，因误会被农民乱枪打死。罗成添（溪尾），四百石，买半毫子黄烟都要同人讲价钱，是个守财奴，要钱不要命，他那村子整个的反革命。罗福寿（溪尾），前有三百石，分开了，反革命。罗佩慈（溪尾），二百石，做过于都县长，是个诡计多端的人。三二五暴动前大家还在秘密准备，他看出来了，在农村中散布改良欺骗主张说："家里的谷子要赶快平价，不要钱，发与本姓的贫民，不然不得了。"是个反动首领，豪绅中很厉害的。罗禄寿（溪尾），二百石，儿子是新寻派，喜出风头。古乐三（塘背），两兄弟合计三百石。他哥子是个秀才，做过两任省议员。他自己在胡谦那里做过军需，陈炯明时代做过五华县的一个区长，全县反动首领之一，带三四十支枪，跟谢嘉猷跑了。古光瑞（塘背），二百多石，高小毕业，反动。古化南（塘背），二百石，是个老实人。古光禄（塘背），四百石，守财奴，顶好便宜，买小菜都要讲价。他儿子在梅县东山中学毕业，是个莫名其妙的家伙。（以上塘背各古，均古柏同屋人。）古有余（塘背），五百石，开纸行，又卖烟土，又开花会，纵赌。他是个守财奴，不问世事，专门要钱。因他是强房中的弱股，他的亲支大家欺负他，向他要五十就五十，要一百就一百。严锦绣（高头），过去唤万户，做屋做穷了，剩三四百石谷，开了间铺子在公平圩，子孙十几个，不问世事，发财为主，算得个“山老鼠”。严国兴（高头），百多石租的小地主，以做生意为主，公平圩开杂货店，同时贩纸，商家来往扯得通。贝岭、岩下的商人借钱给他，连同他自己的钱，共用掉六七千元，运动省议员，失败，现负债。篁乡区的反动首领之一。严锡柏（高头），二百多石，开了间杂货店在公平圩，不甚反动。（以上兼说了几个小地主，因为他们是著名脚色。）

双桥区：黄庆云（黄田），二百石，不反动。罗守汉（黄沙），二百石，不反动。赵尚钦（腴田），三百石，平远中学毕业，反动。谢友丰（腴田），二百石，不反动。陈德全（留车），二百石，在留车开盐行，反动，二十一纵队把他枪毙了。陈镜日（留车），二百石，不反动。儿子陈继光参加三二五暴动，梅县中学毕业，三二五暴动失败，跑往南洋。陈山牛（留车），赌博鬼，二百石谷，不反动。陈标记（留车族坑），过去是万户，分开三四家。陈标记死了，他的儿子“不子六”有三百石，在留车开水货店，反动首领。陈国才（留车族坑），二百石，梅县中学毕业，反动派。陈吐凤（留车族坑），二百多石，大劣绅，寻乌五虎将之一。“潘（明典）谢（虚左）陈（吐凤）彭（子经）邝（太澜），寻乌五虎将。”“新寻”、“合作”两个新派起来后，老的五虎将就倒台了。陈及潘、彭、邝都是秀才，只谢是毕业生（寻乌简易师范）。廖洪贵（石碣），二百石，开个水货杂货糕饼店在枫山圩，不反动。刘俊福

(坵坊),过去称万户,分开了,现有四百石。儿子刘鸿翔,赣南中学毕业,又在北京文化大学读过书,狗屁不通,却十分反动,双桥区反革命首领之一,现还在死守炮楼。刘石福,刘俊福的兄弟,二百多石,过去拿钱办过小学,现亦在炮楼中。刘元瑛(坵坊),二百多石,在炮楼中。刘作瑞(坵坊),四百石,三二十个人的大家庭,参加革命,把田分掉了。原因是早前和刘俊福争田买,又为了一个奸情案起衅,三二五暴动他家有人参加,失败,刘俊福诬告他,并勾结叶子峯土匪把他家烧掉了。现在他侄子刘国香做区苏维埃委员,刘日升做乡苏维埃委员,他自己在家不问事。他是梅县第五中学毕业生,老实得很,二十三四岁,比他侄子还年小,官司是他侄子的父亲即他的哥子主持着打的。刘宝华(石贝),三百石,儿子在县中山中学毕业,参加革命,做共产党区委书记。刘开香(石贝),二百石,高小毕业,不反动。汤思贤(下磜),三百石,梅县中学毕业,新寻派中坚分子,十分反动。汤立贤(下磜),二百石,黄埔生,做过靖卫队长,新寻派。汤佛淑(下磜),二百石,是个劣绅,人称土霸,小学教员讲习所毕业,新寻派走狗。曾超群(上磜),百多石〔31〕,梅县中学毕业,不反动。曾锡麟(芳田),三百石,读老书的,放高利贷放得很厉害,他和他的侄子曾光华(小学毕业)反动到十二分,均在坵坊炮楼里被农民围困着。曾菊香(芳田),二百石,侄子曾产丰,高小毕业,是个共产党员,房子被叶子峯土匪烧掉了。曾海澜(伯公坝),过去是万户,最近分拆,他得二百石。参加三二五暴动,被曾锡麟告状用去千余元,叶匪又罚他,老弟被叶匪捉去罚款六百多元。现不反动。易颂周(桂石下),二百石,前清秀才,是个劣绅,与叶匪有勾结,现跑走了。何子文(丹溪),过去是万户,分开了,现在二百多石,反动不厉害。钟寡妇(丹溪),二百多石,反动派,跑了。赖荣俊(岑峰),二百多石,过去是小劣绅,现不反动。梅仁华(岑峰),二百石,不反动。梅调先(大田),秀才,三百石,反动派,逃走。赖文莲(大同),三百石,红军二十一纵队捉着罚了二千元,田分掉,现不反动。邝春龙(雁洋坪),二百石,高利贷起家,没收了,现不反动。邝世仰(雁洋坪),二百石,梅县师范毕业,国民党员,死反动。邝应绍(黄羌坪),二百石,不反动。邝兰春(黄羌坪),二百石,不反动。陈陶香古(族坑),三百石,寡妇管事,赌博起家,反革命。

南八区:刘篁先(龙图),三百石,反革命,枪决了。刘添运(龙图),三百石,反革命,杀了他一个儿子,屈服了。刘焕通(龙图),三百石,被红军罚款千余串,现不反动。刘世滴(龙图),二百石,前清秀才,反动派,全家逃走。刘振广(河角圩),二百石,第三个儿子反动,跑了,其他不反动。刘梅荣(河角圩),二百石,不反动。曾月辉(河角圩),二百石,不反动,寡妇管事。曾路福星(河角圩),二百石,有余钱,勾结叶匪,全家反动,跑了。陈二赖禾(鸡子叫),二百石,他自己和他的儿子、侄子被红军枪决,很反动。赵芷香(车头),二百石,老先生,过去有点子"劣",不反动。赵赞杨二(车头),二百石,全家反动,跑到垢坊炮楼里去了。他是赌博鬼,祖父发的财。赵奕二(车头),二百石,老实,兼做生意,在车头开华兴店,今年第三次四县会攻时店被烧了,他的父亲被杀,不反动。赵应华(车头),二百石,过去是万户,分了一半给他四个儿子,余一半归他两公婆,"坐灶子"(把家分拆,自己留一份,叫"坐灶子"),不反动。他的余积是临时分给他子女比较多的儿子。温赞标(青龙),二百多石,高小毕业，不反动。钟文发（珠村），四百石，兼做盐米生意，祖父遗财，不反动。钟斑三（珠村），三百石，祖父遗业，他过去曾赌博，有时会做和事佬，不反动。钟继善（珠村），二百石，梅县中学读书，参加革命，在红军十一军五纵队工作。钟大面六（珠村圩），三百石，老税户，赌博，反动，全家走尽。钟咏柳（珠村圩），二百石，东洋留学生，做过武穴警察局长，在本县做过一等课员、承审员、实业局长，在谢杰部下亦干过事，南八区反动首领之一，逃到平远去了。彭子经（古坑岗），三百石，前清秀才，本县五虎将之一，清末做过湖南凤凰厅巡检，民国时代又在本县做过财政局事务员，收过赌款，最近在团防队做军需股，每次清乡都参加。一个儿子彭秉彝，梅县中学毕业，新寻派，国民党员，做过知耻小学校长。全家反动极了。黎祖德（古坑岗），过去是万户，做生意，做蚀了本，剩下三百石，全家反动，走了。彭宏云（下廖），二百石，不大反动，开个杂货店在下廖村。彭宏权，彭宏云老弟，二百石，反动，跑往平远。彭锦汉（下廖），二百石，兼做生意，开药材和杂货铺，死爱钱，不反动。韩佛仙（满坑），二百石，兼做生意，又耕田，老实人，但亦逃到平远去了。钟奕材（林田坝），三百石，高小毕业，祖父手里是万户，两家人分，过去不赞成革命，逃走，现自愿罚款，要求回家。钟丁四（林田坝），二百石，祖父遗业，子弟也有耕田的，不反动，“怕共产”。钟树芬（林田坝），二百石，他自己死了，老婆当家，罚款二百元，不反动。谢瑞琳（牛斗光），三百石，医生，不承认罚款，逃走。谢肇凡（牛斗光），二百石，新寻派，赣南中学毕业，做过保卫团总，最近做过靖卫团总，南八区革命胜利后，在反动县政府当秘书，是南八区反动首领之一。陈春荣（廷岭），二百石，本人老实，儿子高小毕业，当白军连长，反动，全家走平远。陈六记（牛斗光），三百石，在留车和牛斗光各开一个油盐米豆行，勾结叶匪，很反动，全家走了。陈忠俊（廷岭），二百石，本人老实，他的儿子过去做过保卫团总，不反动。谢佩钦（牛斗光之枫树岗），四百石，是个高利盘剥者，很多赌贩向他借钱，他的儿子在新寻学校读书，反动，逃走了。陈安如（廷岭），三百石，兼做猪牛贩，开火铺，罚了他的款，现在不见得反动。曾人升（莲坪），三百多石，自己会耕田，赌博发财，不交罚款，逃走。钟星奎（珠村龙虎坑），二百石，平远中学毕业，国民党做干事，南昌训政人员养成所毕业，新寻派的中坚分子，反动之极。

以上全县七区，共有中地主一百一十三个。

C. 大中地主对于生产的态度

收租二百石以上的中等地主，收租五百石以上的大地主，他们对于生产的态度是完全坐视不理。他们既不亲自劳动，又不组织生产，完全以收租坐视为目的。固然每个大中地主家里都多少耕了一点田，但他们的目的不在生产方法的改良和生产力的增进，不是靠此发财，而是为了人畜粪草堆积起来了弃之可惜，再则使雇工不致闲起，便择了自己土地中的最肥沃者耕上十多二十石谷，耕四五十石谷的可以说没有。这种地主家中普通都是请一个工人，只有“万户”以上的大地主而又人丁单薄的方才请两个工人。为使工人不致“闲嫐”（“嫐”，当地读廖，“东走西走”或“玩下子”的意思），除开做杂事外，便要他耕点田。

D. 大中地主的政治思想

大中地主的生活，依寻乌状况分为三种情形：第一种是新的，即接受资本主义影响多的。他们的生活比较奢华。他们看钱看得松，他们什么洋货也要买，衣服穿的是破胸装，头也要挥一个洋装。派遣子弟进学校也颇热心，或者自己就是中学等类学校毕业的。这种人在地主阶级中比较少，而且是在接近河流、接近市场的地点才有的，多半他本身就兼商人，澄江的王菊圆就是好例。第二种是半新不旧的。他们赞成一点“新”，但随即就批评“新”的坏处。他们也办学校，也做教育局长，但他们办的学校是专制腐败的。做教育局长是为了拿到一种权，可得到一些钱，而不是为了什么“开通民智，振兴教育”。但历来的教育局长多半是他们做，第一种人太新了是做不到手的。他们的生活介在节俭与奢华之间。他们人数在大中地主中占着大多数。守旧是地主的本性，这第二种人为什么也要半新不旧地随和时势一下子呢？完全为了争领导权。因为不如此则领导权就会完全被民权主义派即所谓“新学派”的人争取了去，所以他们有摇身一变的必要。却因他们的经济关系还是在一种封建剥削的状况中，所以他们仍充分表现地主性，那种革新只是表面的。城区的丘伟伍，兼三区的潘奕仁，澄江区的谢嘉猷，就是这个阶层的适例。第三种是完全封建思想封建生活的，他们的住地是在与河流及市场隔窎的山僻地方。他们始终希望恢复科举。他们完全是帝制派，他们欲以帝制主义来打倒民权主义，恢复他们的政治领导，挽回那江河日下的封建经济的崩溃形势。他们的生活很节制。他们至多挥个光头，有些仍是薙去额发一二寸。这种人在大中地主中依寻乌说是占着少数，双桥区(大田)的梅洪馨就是适例。大中地主阶级中新的占百分之十，半新的占百分之七十，全旧的占百分之二十。但所谓新的，是说他们走向资本主义化，不是说他们革命。大中地主阶级的全部都是反革命。还有一种情况要说明的，就是大中地主阶级的新旧，不仅是以地域的原因(河流与山地，近市与远市)而形成，还有以年龄的原因而形成的。一家之中，老年人多半守旧，少年人多半维新，中年人就多半半新不旧。这种年龄的原因即是时代的原因。老年人受旧制度熏染最深，同时他已行将就木，也无能力讲新，所以只得守旧。少年人受旧制度熏染浅，同时不维新没有出路，所以他们比较不顽固些。中年人则介在二者之间。举一个例，大地主"屎缸伯公"是很顽固的。他的儿子便主张办学堂，但办出来的学堂却是半新不旧。他的孙子则往广州，往上海，往北京，往英国，有六七个出外读书，研究所谓"新学"的。不过无论怎样研究新学，依然是彻底的反革命。"屎缸伯公"的孙子潘作琴在英国医科毕业回来，现在汕头行医，称汕头西医第二个好手，每天收入四五十元，每月能收千多元。他初回国时，寻乌教会医院出千二百元一年请他，不肯就，因为他在汕头的收入更要大。

E. 小地主

小地主(二百石租不满的)数目更多，以地主全数为一百，则大地主(租五百石以上)占百分之一，中地主(租二百石以上的)占百分之十九，小地主占百分之八十。大地主人数很少，在全县不显特别作用。中地主是全县权力的中心，他们的子弟许多是进中学校的，县政权如财政局、教育局、保卫团等也是他们抓到的多，特别是祠堂蒸尝费用〔32〕几乎全部在他们掌握之中，小地主及富农是很难过问的。但是小地主在地主阶级中是占着绝对大多数，而且显出下面的特点，即：(一)做小生意的多。他们开小杂货店，收买廉价农产物候价贵时卖出去，大概百个小地主中有十个是兼做这种小买卖的。中地主虽也有做生意的，而且他们一做生意就比小地主做得大，但他们做生意的成分比较很少，即中地主多半还在一种封建经济的领域中过生活，不如小地主商业化得厉害。(二)特别表现小地主商业化的，还有他们派遣子弟进学堂一事。小地主子弟进初等小学是全部，进高等小学也几乎是全部，至少十家有八家，进中学的亦十家有三家。这个阶级接受新文化的形势是比哪一个阶级要快要普及。他们在全般政治生活中是受中地主阶级统治的，即是说他们是没有权的。他们革命的要求在初期革命运动中却表现很迫切，革命的活动亦很猛进，寻乌的合作社派(即中山中学派)的运动，就是代表这个阶级的运动，而和他们对抗的新寻派(即青年革命同志会派)的运动，却是代表中地主阶级的反革命运动。为什么小地主阶级接受资本主义文化即民权主义的革命文化如此之迅速普遍，他们的革命要求与活动如此迫切与猛进呢？则完全是因为他们这阶级的大多数在经济上受资本主义侵蚀和政府机关(大中地主的)压榨(派款)，破产得非常厉害的原故。由这两个阶层(小地主与大中地主)的斗争，引导到农民阶级与地主阶级的斗争，即代表中等地主而多少带了资本主义倾向的新寻派，日益与大地主妥协结成反革命战线，而代表小地主带着革命民权主义倾向的合作社派，日益接受无产阶级意识的指导，与贫民阶级结合起来，形成近来的土地革命斗争。

上面所说的小地主，不是说小地主的全部，只是说他们的一部分。普通所讲的小地主包含两个部分。一个部分是从所谓老税户传下来的，这一部分的来源多半是由大中地主的家产分拆，所谓“大份分小份”，即由大中地主分成许多小地主。这部分的人数在整个地主阶级中占百分之三十二。依他们的经济地位又有三种分别：一是年有多余的，人数占地主阶级总数百分之零点九六，他们在斗争中是反革命的。平民合作社派中的刘鸿翔、赖世芳、刘瑞标就属于这个阶层。他们都是合作社社员，三二五暴动中以及失败后，就陆续表现反革命了。二是一年差过一年，须陆续变卖田地才能维持生活，时常显示着悲惨的前途的。这一部分人数很多，占地主阶级全数百分之二十二点四。他们很有革命的热情，寻乌平民合作社派人物的大部分都是属于这个阶层。如死去了的斗争领导者潘丽（共产党县委书记）、刘维炉（三二五暴动时革委会主席）、刘维锷（共产党区委委员）等，现在的斗争领导者古柏（共产党县委书记）、钟锡璆（红军营长）、黄余贵（共产党区委书记）等等，以及没有参加合作社后头参加革命的，如梅汝黄（红军大队政治委员）等，都是这个阶层里头的人。三是破产更厉害靠借债维持生活的。这一部分占地主全部百分之八点六四，他们也是革命的，有很多人参加现在寻乌的实际斗争。以上说所谓老税户破落下来的小地主，它的第二、第三部分一般说都是参加革命的。以合作社社员来说，有三十个中学生，一百个高小学生或小学教员，都是过去或现在参加革命的，都属于这两部分破落的小地主阶层，尤以第二部分为特别多。

普通所讲小地主，除上述老税户部分外，另有一个占地主全数百分之四十八的不小的阶层，那就是所谓“新发户子”。这一个阶层的来历，与从老税户破落下来的阶层恰好相反，是由农民力作致富升上来的，或由小商业致富来的。这个阶层是在一种“方新之气”的活动中。他们的经济情形是一面自己耕种（雇长工帮助的很少，雇零工帮助的很多），一面又把那窎远的瘦瘠的土地租与别人种而自己收取租谷。他们看钱看得很大，吝啬是他们的特性，发财是他们的中心思想，终日劳动是他们的工作。他们的粮食年有剩余，并且有许多不是把谷子出卖，而是把谷子加工做成米子，自己挑了去大圩市，甚至去平远的八尺等处发卖，以期多赚几个铜钱。他们又放很恶的高利贷，很多是“加五”（即百分之五十）的利息。放谷子出去，压迫贫民“上档量本，下档量利”（上档下档即夏收冬收）。他们又放“捡谷钱”和“捡油钱”。什么叫做捡谷钱？趁着青黄不接时候，以钱捡与农民，到了收获时候以谷还与债主，大概捡给两块钱，就要在收获时还一担谷，而那时谷价常常值得四块钱一担了，这是一种对倍利。捡油钱也是一样，多属对倍利。所有放高利贷，差不多全属这班新发户子。大地主、中地主放债也是放的加三利，加五利非常之少，捡谷钱、捡油钱可说没有。还有更凶的“月月加一”利，即见月还利百分之十，一年便对倍有过。这种借贷都要抵押品，并且要借一种“会”做面子，如“订同会”。还有“印子会”，是月月加一，利上起利，比订同会更厉害。这些都是大中地主所少做的。前清时候放恶利的比较少，民国以来放恶利的渐渐加多。“现在人心更贪了”，就是贫民对于高利贷者含有历史意义的评语。“今个人，人心较贪了咧”这个话，在寻乌贫民群众中到处都听见。这班新发户子看钱既看得大，更不肯花费钱米抛弃劳动送他们子弟去进学堂。所以他们中间很少有中学生，高小学生虽有一些，但比破落户阶层却少很多。至于破落户阶层为什么进学堂的多，就是因为他们看钱看得破些（因不是他经手赚来的），而且除了靠读书操本事一条路外，更没有别的路子可以振起家业，所以毕业生就多从这个阶层中涌了出来。上面所说那种所谓新发户子的小地主，在有些人的说法却不叫小地主，而叫它作富农，即所谓“半地主性的富农”。这种半地主性的富农，是农村中最恶劣的敌人阶级，在贫农眼中是没有什么理由不把它打倒的。

（五）富　　农

另有一种比较富裕的农民，在普通说法叫他们作自耕农或中农的，实际仍是一种富农。前边所谓“半地主性的富农”，则不叫作富农而叫他们作小地主。贫农群众便是作这样看法的。这种所谓比较富裕的自耕农或中农，许多人不主张在斗争中打击他们，理由是他们没有半地主性，他们的全部出产都是亲自劳动不是剥削他人来的。其实在贫农眼中，他们仍是一种特殊阶级。他们除不租田给人耕种外，一样是高利盘剥者，因为他们有钱余剩，他们有多余的土地。他们在自己农产物上面加工，如使谷子变成米子，自己挑了出卖。他们还做些小的囤买囤卖生意。他们供着猪子、猪条子或大肉猪。以上这些都是与半地主性的富农一致，而与自足的中农不相同的。因此，土地斗争一发展到群众的行动，便有大批的贫农唤着“平田”和“彻底废债”的口号，就是对付这种富农的。共产党如要阻止贫农的行动，那末贫农就非恨共产党不可了。因此可知，不但打倒半地主性的富农是没有疑义的，而且平富裕自耕农的田，废富裕自耕农的债，分富裕自耕农的谷，也是没有疑义的。必须这样才能争取广大的贫农群众。这是农村斗争的重要策略之一。只有富农路线的机会主义者，才会站在这个策略的反对方面。

（六）贫　　农

——贫农中的四个阶层——

什么叫做贫农？我们简单回答道：不够食的叫做贫农（不够食的原因是受剥削，那不待说）。但这是一个普通的说法。若从贫农里头再加剖解，便知贫农并不是一个经济地位完全相同的整一的阶级，他里头有四个不同的阶层。第一个是半自耕农。他们是不够食的，因为他们的土地不够使用。他们须从地主那里租来一部分土地，完了租去，自己又不够食了。但他们在贫农群众中则是最好的，因为他们不但有牛，有犁耙，多少有些活动本钱，而且有一个表现他们的特点的，就是他们自己有一部分土地。这个阶层占农村全人口百分之十点五，在贫农全数中则占百分之十五。第二个是佃农中之较好的。他们有牛，有犁耙，也多少有些活动本钱，但没有一点土地。他们的特点在于有牛，大多数有一条牛，极少数也有两条、三条牛的。他们比半自耕农穷，即比半自耕农更不够食，但比别部分贫农却要好些。这个阶层占农村全人口百分之四十二，占贫农人口百分之六十，是农村中一个最大的群众。第三个是佃农中之更穷困的。他们同样无土地，他们虽有犁耙，但多窳败，虽也有几个本钱，但是很少。他们还有一个主要的特点，就是他们不是每家有牛的，他们是几家共一条牛，或有一条牛，却不是他自己的，而是地主为了节省饲养费交给他饲养的，他只能在一定条件下使用一下子这条牛的劳力，寻乌所谓“只能定得一爪子”的就是指这种牛。这一个阶层之不够食的程度比上举两个阶层都厉害。他们占农村全人口百分之十点五，占贫农全人口百分之十五，是一个与半自耕农相等数量的群众。第四个是佃农中之最穷的。他们除没有土地之外，还没有一点本钱，借米借盐是常事。他们又没有一点牛力，农忙时节，候别人把田耕过了，然后同别人（那些亲戚家族们）借了牛来，或租了牛来，耕那数亩用重租租来的瘦田。他们虽然有犁，但没有耙，因为打一架铁耙要好些钱，他们力量不足办此。这一个阶层占农村全人口百分之七，占贫农全人口百分之十，是一个并不很小的群众。他们衫很烂，要讨来着。三餐饭两餐食杂粮（粟板呀，番薯片呀）。做米果卖，砍柴火卖，挑脚，就是他们添补生活的办法。

（七）山林制度

寻乌的山地，多落在首先落脚的氏族手里，后到的氏族便没有山或少有山。因为先到的占领，所以也有小姓先占了山，大姓后到仍没有山。田与山的情形不同，田地转移很快，小地主和农民的田地，用典当的方法一年转移两次的都有，一年转移一次的就更多了。至于卖绝，也是常有的。山地则因其生产力小，通常一姓的山（一姓住在一村），都管在公堂之手，周围五六里以内，用的公禁公采制度。所谓“公禁”者，不但禁止买卖，而且绝对地禁止自由采伐。除非死了人，“倒条把子树，搭墓棚”，才得许可。为公共利益使用，如作陂，开圳，修桥梁，那是可以的。除此以外，只有定期开山，蕗萁三年两开，树木两年一开。由“禁长”召集本村同姓人等到场议定开山日期。到期，每家出一工，到山采伐，所得蕗萁或树卡（开树木山又叫落卡，即砍树枝）共同分配。也有按山林生产情况分成若干小块，召集公众到场拈阄，然后按所分地段各自去采的。以上是家族主义的山林“共产”制度。还有地方主义的山林“共产”制度。多半以村为单位，由村内各姓人等公举禁长。严禁私采，定期开山等等，都与家族“共产”的山林一样。禁长三个起码，多的到十多个，依村落大小山林广狭而定，以五六个为最普通。禁长均由选举，任期不定，有一年换两回的，有四五年不换的，全看他尽职不尽职。凡做禁长的都要铁面无私，公公道道。“不管你天皇老爷的奶子，捉到了你偷树子，偷蕗萁，均要罚的。”南八区龙图乡有个禁长，捉到了一个偷树子的女子，那个女子对他说：“我倒条子树子搭下子亭子，不要罚我，我同你龙图人都是亲亲戚戚，为什么你就这样没有情呢？”那个禁长回答她道：“不要说你这个卖板子（米果）的昭凤妈，今天就是我的舅婆也要罚，要晓得我刘世烈狂是铁面无私的。”若是禁长不能维持，大家又乱砍乱伐不顾公益的时候，就要“暖禁”（唤起大家注意，恢复从前规矩，叫做“暖禁”。疏忽神明，重新致敬，叫做“暖神”或曰“暖福”）。禁长们每年召开禁山会议一次，一切关于禁山的规矩都是由这种会定出来的。禁山会临时召集的多，也有“有底子”的。开禁山会的那天，不但禁长们到，而且那个范围内每家都到一人，每人自带酒饭，另外出一毛子或半毛子买菜，并买敬“伯公”（“伯公”就是杨大伯公，什么地方都有，每个树头下，田塅下，山坳上，什么地方都有他）的香纸。以上两种这是说的“共产主义”的公山。还有“资本主义”的私山，乃是香菇山、茶子山、茶叶山、竹山、杉山等，生产品能变卖，出息较大的。这些山原来也都是公山，渐次落在有钱人手里，大概是大地主占一半，小地主（新发户子）及富农占一半。因为开这种山不是有资本的不能开，特别是开香菇山、茶叶山，要大地主，其余则多是资本主义化的小地主及富农。寻乌的山地约作如下的分配：一姓公山占百分之十五，一乡公山占百分之五，私山占百分之十，离人家远开发不到任其荒废的所谓“荒山”，则占了百分之七十。成为荒山的原因，有些是人少山多用不着它，有些则是姓界限制，虽有他姓欲利用的，亦被山主拒绝，只好让其荒废。这种被姓界限制欲开发而无从的情形，到处都有。土地革命之后，这种姓界便消灭了。

（八）剥削状况

A. 地租剥削

1. 见面分割制

见面分割与量租，两种同是寻乌县的收租制度。见面分割是禾熟时地主与农民同往禾田，农民把谷子打下和地主对分，双方各半，地主部分要农民送到他家里。有些地方分割之先，由地主先取一担，这一担不在对分数内，这种多半是肥田。地主的理由是：此田我买来时多费了田价，你佃户耕了省了粪草，若不先取一担，你占便宜太多。但这种办法是很少的，百家之中不过一家。另有一种，是农民先取出些谷子，叫做“撮谷种”，数量是在全数租谷中撮出一撮箕。理由是：秧子打在别人田内，不在你这个地主的田内，打了秧子的那块田，早子〔33〕没有收，别家地主要受损失，为了补偿佃户亦即补偿别家地主的损失，所以要先撮出一撮箕。当地主自己或派人到场监视分割时，要吃有猪肉有鱼（有些还有鸭子）的午餐。午餐过了，禾分割好了，农民挑了租谷伴同地主或其雇工送去地主家中时，还要加上两个鸡蛋，放在谷子上面一同挑了去，每天都是如此。农民和地主感情好的，送上七八个蛋的也有。

2. 量租制

量租制是“早六番四”。平远是对分。为什么要“早六番四”呢？因为早子价较贵，收获量也更多，交租六成才不便宜了佃农；番子〔34〕价较贱，收获也较少，故交四成。表面上看，早六番四两档扯平，还是五成，实则不然。地主常得五成六，农民只得四成四。因为早子收获量虽多，每十担中地主现已得去六担，农民只剩了四担了。番子则收获量每十担中往往要比早子少二担，只有八担，交去四担租，自己只得四担，合起早子的四担共得八担。地主却共得十担。成为四点四成与五点六成之比。

大暑（旧历六月）割禾，立秋（旧历七月）量租，地主通知农民把租送来。不见送来时，地主自己打个洋遮子，亲自跑到农民家里去催。再不送来，就派工去取。取又取不着，就调了他的田。有些恶地主呢，就告农民的状，捉了农民去坐班房，不过这种恶地主不多就是。原来见面分割占全县百分之四十，量租占百分之六十。近来见面分割的加多，量租的减少，各占百分之五十左右。为什么见面分割的加多起来呢？因为佃户穷的日多，常常一割下禾就没有谷子，地主怕农民收后不量，所以见面分割加多起来。同时农民为怕调田与吃官司，也宁愿见面分割。

3．“禾头根下毛饭吃”

“禾头根下毛（没有）饭吃”，说的是刚打下禾交过租就没有饭吃了，这种情形寻乌简直占百分之四十。为什么禾头根下毛饭吃呢？譬如耕了二十担谷田的，量去了十一担多租，剩下八担多。去年过年和今年青黄不接毛饭吃时借过地主谷子两三担，加上加五利，又要还去三担多至四担多。打禾了，要买好东西招扶地主。禾打过了，买上一点油盐，舂上一点米子，立秋刚到，一切都完。这就叫做“禾头根下毛饭吃”，又叫做“一年耕到又阿嘀”。南半县土地斗争中，农民、小孩子普遍地唱了一只歌，那歌唱道：

月光光，
光灼灼。
埃跌苦，
你快乐。
食也毛好食，
着也毛好着。
年年项起做，

总住烂屋壳。
唔婧女子毛钱讨，
害埃穷人样得老。
唔好学堂埃毛份，
有眼当个瞎眼棍。
天呀天，
越思越想越可怜。
事业毛钱做，
年年总耕田。
六月割也就，
田东做贼头。
袋子一大捆，
擎把过街溜。
吗个都唔问，
问谷曾晒就？
穷人一话毛，
放出下马头。
句句讲恶话，
俨然税户头。
唔奈何，
量了一箩又一箩，
量了田租量利谷，
一年耕到又阿嗬！
又阿嗬，
会伤心，

穷兄穷弟爱同心，
穷姊穷妹爱团结，
团结起来当红军，
当到红军杀敌人！

注〔35〕："埃"，我。"毛"，没有。"项起做"，继续做。"暗婧女子"，再漂亮女子。"样得老"，怎样得老。"暗好学堂"，再好学堂。"割也就"，刚割完。"做贼头"，很恶之意，如贼头一样恶。"袋子一大捆"，用去收租的。"过街溜"，洋伞。"吗个都唔问"，什么都不问。"放出下马头"，打官腔。"税户头"，大地主。"阿嘀"，没有了之意。"爱同心"，要同心。

4. 批田

寻乌地主把田批与农民通通要写"赁字"，没有不写的。五年一小批，七年一大批，是全县普通的赁期。这是东佃间的"规矩"，也就是不成文的法律。只有那种恶地主才敢借故破坏这种法律，三四年或七八年调换佃户。赁字上面写明的是：(一)田眼，写明田的所在及界址。(二)租额，写明见面分割制还是量租制。(三)租的质量，写明要"过风精燥"，不得少欠升斗，如违转批别人。(四)田信，写明每年或每两年交一只鸡公。这种赁字，哪怕少到三担谷田都要写一张。因为若不写赁字，一则怕农民不照额交租，打起官司来无凭据，二则怕年深日久农民吞没地主的田地。赁字只农民写交地主，地主不写交农民。

下面是赁字的一个例：

"立赁耕字人邝世明，今来赁到凌贱贵兄手内禾田一处，土名铁寮坝，禾田一大丘，计租六桶。当日三面言定，每年合纳租谷六桶，限至秋冬二次，早六番四，送至家中，过风精燥，交量明白，不得缺少。如有缺少，任田主另批别佃，不敢生端异说。恐口无凭，立赁字为照。

每年信鸡一只。

见人　罗长盛

代笔　谢雨霖

民国十六年十一月二十四日　立赁耕字人　邝世明”

5. 批头、田信、田东饭

批头分“批头钱”、“批头鸡公”二者。批头钱，每石租普通单批（五年一批叫单批）一毛，双批（十年一批叫双批）二毛，也有三毛的如篁乡等处，均批田时交清。批头鸡公不论批田多少总是一只，也是批田时交。单批转到双批，即五年转到十年，批头钱、批头鸡公一样照交。南半县双批多，如篁乡、双桥两区完全没有单批，就是一份田耕几十年的现在也还有，只很少。地主将田批出去后不久卖了与别人时，退还批头钱一部分与农民。北半县单批多，地主卖田时不退批头钱。

田信鸡每年一只，赁字上写明是“鸡公”，因为鸡公（阉鸡）比鸡婆较大，但农民还是送鸡婆的多。赁字上虽说了每年一只，但农民往往两年才送一只。送的时候在冬收后或过年时节。不见送来时，地主常常自己去催。“田信鸡公送了来啊！”“唔曾畜到。先生！等我后圩买到来。”或者说：“毛啊，先生！今年子总要免下子。”

双桥区有田东饭，每年请地主吃一次。别区很少。

6. 谷纳、钱纳

送租，全县说来百分之八十送谷子，百分之二十折钱。公堂、神会、庙宇、桥会的租，约有一半是交钱的，因为公堂、神会等佃农亦多半有份,因此佃农常常要照当时市价折钱送去,而把谷子留下备自己食用。这种人多半是兼做小生意的或有猪鸡出卖的,才能得到钱。那些豪绅把持的公堂、神会,为了有利他们的侵蚀(候谷价高时钱卖得多),便强迫农民交谷上仓,农民亦无可奈何。同一理由,地主田租总是交谷而不准农民交钱,只有离田庄很远的地主才有准许折钱的。

7. 铁租、非铁租

非铁租占全县百分之八十,水旱天灾,面议减少,但每石租只减少一斗到二斗。遇大灾害收成大减时,请了地主来看过了,冇谷("冇",当地音胖,冇谷,无米之谷)也要分一点去。铁租是在赁字上载明"半荒无减",在全县占百分之二十。但实际上农民实行得少,仍然是请了地主看过,精冇照分(精谷就是好谷)。

8. "要衫裤着去捞"

许多的农民把租交过,把债还清,就没有饭吃了。地主们收了那些租不肯出卖。过年了,农民急于得点谷子,地主把谷放出一部分,但不是卖而是借。因为借谷的利息是半年加五(早前的利率是"钱加三谷加四",近来谷息加四的少了,大多数都是加五),比卖的味道更多。地主卖谷是要到四五月间青黄不接时候,那时价钱抬得更高,但他还要三歪四摆。

农民走到地主家里向地主道:"先生,食了朝?"

地主:"唔,系哟!"

农民然后慢慢地话到粜谷:"您的谷,埃来粜两斗子。"

地主:"毛……啊! 自己都唔够食。"

农民:"好哩哪! 您都毛谷,河坝里水都毛流! 搭帮下子,让斗子给埃，等稳就要做到来食啊！〔36〕”

地主：“好，你十分话紧了，埃的口食谷都让点子把你，你肯不肯出这多价钱呢？”

农民：“先生，莫这样贵，算减点子给埃！”

价钱如了地主的意了，然后把谷子粜与农民。

有个传遍全县的故事：篁乡地主刘福郎，是个著名刻薄的人，青黄不接时候，他把冇谷掺进精谷里发粜。有一天，有个农民到他家里籴谷子，他叫他的媳妇和女儿道：“要衫裤子着就要去捞！”农民们把他这句话传了出去，就成了全县闻名的大笑话。为什么这句话会成笑话呢？因为寻乌习惯，女子偷人叫“捞”，把冇谷掺进精谷去也叫做“捞”。他当着农民不好明说把冇谷掺进精谷，一个不留心，对他的媳妇和女儿说出那句好笑的话来，就成了流传至今的典故。

9. 劳役

劳役制度全县都没有了。地主有紧急事如婚丧等类，也常常求佃户替他做事。地主带耕一点田地，农忙时候，也常常求佃户替他做工。但通通是出工钱的。

10. 土地买卖

据知事公署粮柜上当雇员的刘亮凡说，民国十四年全县把田出卖的有六百家（买田的不足六百家，因为有一家买几契田的），以全县三万家计（十二万人，每四人为一家），每五十家中有一家破产。至于典当，更多于卖绝，每百家有五家把田典出（典进的每百家有二家，因一家有典进几契田的）。即是寻乌近年每年有百分之二的人家破产，有百分之五的人家半破产。

田价：坑田每石租十七元到二十元，塅田每石租三十元到四十元。普通坑田二十元，塅田三十元。典当坑田每石租典价普通十五元，塅田普通二十元到二十五元。

典当分为“过手”、“不过手”。过手，是田主收了典主的典价之后，把田交了给典主，典主收了田或自己耕或佃给别人耕，都由他作主，田主不能过问。过手之后，典主也没有租送给田主了，田主除了保留收回权之外，简直和卖绝一样，因为主权的大半已在典主手里了。不过手，由典主将典价交与田主，而田仍由田主耕种，每年量租给典主，租率是照普通田租一样，每一石谷田交一石谷租（两档共）。譬如塅田典价每石租二十元，田主得了二十元，交出一石租，每石谷价普通四元，利率是年二分。为什么典田利率低于社会借钱利率呢（普通借钱年利三分起码）？因为一般富农（新发户子们）的心理，高利放债不如低利典田靠得住，“把钱放到泥里头”是很稳当的。富农们为什么不买田而去典田呢？因为农民和地主的破产是逐渐的不是突然的，“先典后买”，成了普遍现象。但“田就姓大，一典就卖”，也是普遍现象，故买田与典田仅仅相差一间。过手不过手二者，过手的占百分之九十，不过手的占百分之十。不过手的多半是包租（铁租），但也有法律上过手，而由原主向典主书立赁字成为东佃关系仍耕着这份田地的。这是于债主（典主）债户（田主）关系之外，再加一层东佃关系。

不过手典当的田，有些是偷典的。就是那些“嫖赌食着”的少爷们，当他们赌输了或者没有嫖钱了，欠了暗帐，不得开交的时候，便瞒了他的父亲把田秘密典给那些强房大姓的富农或地主之手，等到他的父亲死了，然后把田过手。为什么要典给强房大姓呢？因为只有强房大姓才不怕事，秘密发觉了，他就公开起来，也不怕他的父亲不依。

典田不过手，也是典主对田主的一种重利盘剥的机会。因为田主每年交租交不清时，典主就对那未清部分行起息来，年年加多，最后非把这份田完全卖给典主不可。这种欠租利息是三分以上的高利贷，而不是二分的典价利息。

B. 高利剥削

1. 钱利

钱利三分起码，也是普通利，占百分之七十，加四利占百分之十，加五利占百分之二十。通通要抵押，有田地的拿田地抵押，无田地的拿房屋、拿牛猪、拿木梓抵押，都要在“借字”上写明。大地主、中地主、公堂、新发户子(发财的小地主及富农)都有钱借。其中以借额论，中地主占百分之五十，新发户子占百分之三十，大地主及公堂占百分之二十。以起数论，新发户子最多，占百分之七十五，中地主占百分之二十，大地主及公堂占百分之五。以借债人论，加五利(年利五分，每百元利五十元)、加一利(月利一分，每百元年利百二十元)差不多通通是贫农借的。加三利(月利三厘，每百元年利三十六元)也有，但极少。以贫农借额作一百，加三利占百分之二十，加五利占百分之七十，加一利占百分之十。贫农的借主多半是新发户子，三元五元，十元八元，零零碎碎，利上起利。抵押品贫农无田可指，多半指房子，指牛猪。借主时时想吞并贫农的房屋牛猪，或他很小的一块田，或一个园子，察到贫农要钱用，就借给他，还不起，就没收抵押品。也有中等地主借这种吞蚀贫农的小份子债的，古柏的祖父古有尧就是一个例。他曾经用这种借贷法吞并贫农三个菜园子、两个房子。今天借一元,明天借两元,逐渐成一大注,便有资格吞并一个菜园子了。他常常处心积虑,用这种乘人之危、零碎借债的方法去谋人的财产。他于地方的事、公堂的事一切不管,因为这些事颇妨碍于他个人的发财。他算得个典型的重利盘剥者。

加三利,多半是富农向富农借的,借债的用途是做米贩、做猪贩或者往市上开家小商店。为什么富农向富农借得到加三利,贫农只借得到加五、加一利呢?有两个原因:一是"趸"。普通总是二百元、三百元一借,还了来,作得用,不像贫农之三元五元一借,零碎得很,还了来,也不能作个什么用。二是靠得住。富农有田契作抵押,他的经营又是生利的、有希望的,不像贫农之财产很少,借钱多半是为消费或转还别人债务,很不可靠。

中等地主的钱多半是借给那些小地主中之破落户及正在走向破产路上的农民,他的目的也是在于吞并土地。

大地主及公堂的钱很少借给人家的,因为大地主的目的在享乐而不在增殖资本,做八十酒呀,起大房子呀,留了钱做这些用,送子弟读书也要用钱(这不是他的重要目的)。一小部分商业化的大地主,拿了钱去做生意。因此,也就无钱借与别人。那些有多钱余剩的,没有工商业可以大注地投资,零零碎碎借给小地主及农民,既借不得几多,又不甚可靠,他就宁可挖窖埋藏,不贪这点利息。加以军阀捐派频繁,看见多钱出借之家,就这也要捐,那也要派,闹得不得下地。陈炯明部下林虎、刘志陆〔37〕,在篁乡向大中地主、公堂、神会派了万多元,派过两三次,因此更发使他们把钱藏起来。

2. 谷利

谷利比钱利重得多，乃富农及殷实中小地主剥削贫农的一种最毒辣的方法。十二月、三月两个期间借的最多。贫农为了过年，故十二月要借谷；为了莳田，故三月要借谷。不论十二月借，三月借，均六月早子收割时候要还他，利息均是加五，即借一石还一石半（三箩）。这种六个月乃至三个月算去百分之五十的利息的制度，乃是高利贷中很厉害的。

贫农六月收下早子，还去租谷和借谷，吃到八月就没有谷子了，又要跟地主富农借谷。八月借谷一石，十月打番子时候还他，加二利，要还一石二斗。若贫农十月还不起，只得同债主说："埃今年毛有还了，明年早子收了再还。"债主就说："也可以的，本利加算起来才行。借给你的那一石本，算加五利是五斗，那利息二斗利上起利也要加五，就是一斗，你明年六月总共还我一石八斗。"（本一石，加利二斗，又加利五斗，又加利一斗，共一石八斗。）那末从今年六月到明年六月一个对年，共是加八利。假若他明年六月又还不起，那末从一石八斗再行加五起算。假如那个农民到了那年番子时又还不起，转到次年六月，再转到次年八月，如此转下去，一年转两回，转到十年就成了一个十分惊人的数目。

3. 油利

油利是所有借贷关系中的最恶劣者。所谓"对加油"，寻乌南半县有茶子山的地方都有的，北半县没有茶子山，所以没有对加油。什么叫做对加油呢？借一斤，还两斤，借两斤，还四斤，借四斤，还八斤，这样叫做对加油。什么期限呢？九月打油时候为标准，九月以前一年之内不论什么时候借的，一概对加利。

油山〔38〕是地主或富农的，租给贫农耕种，地主富农收油租，二十斤油收十斤，六十斤油收三十斤，计收百分之五十。地主富农收了这些油租，大概百分之九十是挑赴市场发卖，百分之十是用对加利借给贫农。但他借时，往往说这油是他儿子或他媳妇的私家油。有些呢，也确是他儿子、媳妇的私家油，富农家里的媳妇们和他还没有当家的儿子们常常有私油。它的来历是，当摘茶子的时候将过了，茶子树下的零茶子遗落没有拾的，他们就拾起，打出油来作为他们的私财，他们就有资格放高利贷。

"先生，借点钱给埃！"

"毛！"

"借点谷给埃！"

"毛！"

"毛有吃了，总要借点子！"

"油就有，埃奶子的。"

贫农目的不是借油，因为油利太贵了，但因为地主富农钱谷都不肯借，迫着只得借油，借了油去变卖成钱，再籴谷子吃饭。

也有借油吃的。贫农们打禾子，没有油吃，提个壶子跑到地主富农家里借一壶油，六月借油九月还，一壶还了两壶去。贫农家里没有秤，有些贫农的老婆、媳妇也不识秤，借一壶还两壶，她们是容易记得的。

4. 卖奶子

上面第二节里所说十年拖欠的话是假设的，事实上债主很少准许农民一笔账拖到十年之久。他总是压迫农民很快还清，还清一次，再借二次，因为他怕农民欠久了靠不住。通常情形是准许农民还本欠息，息上加息，推算下去，也只三年五年打止，不准太欠久了。债主怎样强迫农民还债呢？打禾了，债主挑了箩子走到农民的稻田里去，对农民说："你的谷子还了我来！"农民无法，望着债主挑了谷去。既交了租，又还了债，"禾头根下毛饭吃"，就是指的这种情形。许多的农民在这种情况之下扯着袖子揩眼泪呢！

"嫁姑娘卖奶子，都要还埃。"这是寻乌的习惯话。债主们对那种"可恶的顽皮农民"逼债，逼到九曲三河气愤不过的时候，往往是这样说的。读者们，这不是我过甚其词，故意描写寻乌剥削阶级的罪恶的话，所有我的调查都很谨慎，都没有过分的话。我就是历来疑心别人的记载上面写着"卖妻鬻子"的话未必确实的，所以我这回特别下细问了寻乌的农民，看到底有这种事情没有？细问的结果，那天是三个人开调查会，他们三个村子里都有这种事。刘亮凡是城区富福山人，富福山离城十八里，那村子里共有三十七家人，分为刘、曹、陈、林、黄五姓，共有五家卖奶子（客籍叫儿子曰奶子）的，内三家都姓刘，是刘亮凡（城郊乡苏维埃主席）的亲房，名字叫做刘昌育、刘昌伦、刘昌纯，其他两家，一家叫林芳廷，一家叫陈良有。刘昌育（刘亮凡的胞叔）是小木工人，余四个都是佃农。刘昌育有四个奶子卖去三个，刘昌伦三个奶子卖去一个，刘昌纯两个奶子卖去一个，林芳廷三个奶子卖去两个，陈良有一个奶子卖去一半。五家都是因为破产到完全没有了，没法子，把奶子变卖得些钱，一面还清债主的账，一面自己吃饭。买主都是附近村庄里的本姓绅士和富农，绅士更多，富农次之。卖价每个百元（起码）到两百元（最多）。卖时两家在名义上不说“卖”而说“过继”，但社会上一般都说“卖奶子”。要写张“过继帖”，普通也叫作“身契”。过继帖上面写道：

“立过继帖人某某，今因家贫无奈，告借无门，人口嗷嗷，无力养育，情愿商请房族戚友将所生第几男过继于某宗兄为男，当得身价洋若干元。自过继之后，任凭养父教读婚配，倘有打骂等情，生父不得干涉。两方甘愿，并无勒迫，不敢生端异说。恐口无凭，立此过继帖一纸为据。

媒人某押
某押
某押
房族某押
某押
某押
戚友某押
某押
某押
父某押
母某押
兄某押
弟某押
某某代笔
某年某月某日立”

这种卖身契只有卖主写给买主，买主不写文件给卖主。所谓媒人即是中人，多的有四五个，都要“水扣钱”，抽卖价的百分之五。房族戚友临场有多到十几个的，都要“画押钱”，归买主出。亲房及强梁的（多半是绅士）画押钱要多，有十多元到二十元的，普通房族戚友画押钱每人一元以内。奶子的年龄有三四岁的，有七八岁的，有十三四岁的。买卖奶子，由媒人背了送到买主家。这时候奶子的父母总是痛哭流泪，甚至两夫妻打起架来，妻骂夫没有用，寻不到饭吃要卖奶子，旁人也多有替他们流泪的。刘昌育卖奶子，他的侄儿刘亮凡就是一个看不过意流了泪的。现在讲到调查会的第二个农友李大顺，看他供给的材料又是怎样？他是双桥区的黄沙村人，他那个村是个有人家四百户左右的大村，内中卖奶子而被他亲眼看见的有五家，每家卖出一个奶子。有一家是卖往广东平远县的八尺地方，李大顺在路上撞到这个背着小奶子的父亲往平远方向一路哭了去，这人撞到熟人脸上不好意思到十分。他为什么要把奶子卖往广东八尺呢？因为卖的价钱更高，一个奶子卖得二百多到三百元。不论卖到什么地方，四五岁的幼年奶子卖的价钱更高，因为容易“养得疼”（带得亲）。年龄大了，像八九岁的、十多岁的，反倒卖不起价钱，因为不容易带得亲，并且容易跑掉。至于到调查会的第三个农友梅治平，他是双桥区蓝田村的农民，他村里也有卖奶子的事。他的叔父梅宏波穷得不得了，三个奶子一个过番（往南洋）去了，一个在家，一个卖往平远。附近暗径村，贫农梅传华七个奶子，卖出五个。那天调查会到的就是刘、李、梅三位，他们自己村子里出卖儿子的事，就有上述那么多起。三人中一个是北半县人（刘），两个是南半县人，那末全县的情形也不难推知了。据他们说，在他们所知道的地方，每百家人家有十家是卖过儿子的。刘亮凡说，他曾见过和听过卖儿子的事，在他家乡的附近共有上百的数目。

普通总是卖儿子，卖妻卖女的不经见。

听见人家卖了儿子了，债主就急急地到他家里去讨账。“卖了奶子还不还埃（我）吗！”债主很恶声地叫着。他为什么要这样子呢？因为这时候是他这笔债的生死关头，卖了奶子犹不还他，钱一用掉，永久没有还债的机会了，所以他就顾不得一切了。

旧的社会关系，就是吃人关系！

5.打会

打会的目的是互相扶助，不是剥削。如为了娶媳妇，做生意，死了人要埋葬，还账等等，就邀集亲戚朋友打个会。但月子会、隔年会、四季会，因为标利很重，结果变成剥削农民。

打会的人（会头）不是全无资产的人，多半是中农阶级及小商人中间打会的多。富农不消打会，极贫的贫农想邀个会也邀不到，只有半自耕农，佃农中之有牛力、农具者，自耕农，市镇上较活动没有破产危险的小商人，他们邀会才有人来。

会有长年会、半年会、月子会、四季会、隔年会五种。

长年会是六个人，六年完满。除头会外，每人出洋十元，共五十元，交与头会。头会“没本盖利”，三年加三（每年盖利十五元，共四十五元），两年加二半（每年盖利十二元五毛，共二十五元），一年加二（十元），共计六年头会要盖利八十元，本则“没收”去了。二会以后没本盖利制度与头会同，惟利息逐年减轻。如二会是二年加三（每年十五元，共三十元），二年加二半（每年十二元五毛，共二十五元），一年加二（十元），共盖利息六十五元。三会以后盖利更少。“头会卖脸皮,二会捡便宜”,说的是头会虽得经济利益,但须低头求人才打成会,二会既不求人又得利益。

半年会采取标息制度,每半年标一次,人数八个起码,九个、十个、十一个以至二十多个都有。半年会不是没本盖利,而是每半年一了。(月子会、四季会、隔年会缺。)

C. 税捐剥削

1. 钱粮

(1)地丁 全县一千四百二十四两,每两还正税大洋三元,附税二角四分。它原本不是钱而是米,每石谷田完地丁米八勺(每十勺为一合,十合为一升),每升地丁米折成忙银六分四厘二,再照每两忙银折成大洋三元二角四分,约计每石谷田完大洋二分。相传从前安远典史杨霄远跑到北京皇帝老子那里,头上顶个盘子,盘子里面覆着许多酒杯子,表示安远、寻乌两县山多田少,手里拿着一篇奏文,上面写着“万顷山冈一线田”等等话头,请求减轻田赋,弄得那个皇帝大发脾气,说你那么个小官敢到我的面前上奏,我可不依,喝声推出斩首。然后拿了奏文一看,看到“万顷山冈一线田”的地方,却说“话还说得有理”,就批准他的奏文。因此安、寻两县田赋较之他处为轻。至今两县地主富农当每年完粮时候,还要拿些香烛到杨霄远庙里祭他一番。两个县城都有杨公庙。

(2)官租 篁乡全区,三标区一部分,城区也有一点,名曰“官田”。政府收官租不收地丁,共计九百四十多两,较之地丁贵得八九倍,大概每石谷田要完小洋二毛。为什么有这种官田呢?明朝篁乡出了个“霸王”,名叫叶楷,盘据篁乡多年,与明朝皇帝作对,皇帝用计把他剿平,把所有篁乡全区叶楷管辖地方的田地充公,名曰官田,禁止买卖,只能用佃户与佃户之间转移田地的名义,叫做“顶退”。三标官田的来历与篁乡相同,那里曾为叶楷部属占据过。城区的一点小的官田,则因那里的人曾经犯了皇帝老子的法,因此没收了他的田来。

(3)合计 地丁、官租二项,合计银二千三百六十余两,每两折三元二角四分大洋,也不过七千六百四十余元。由于沙冲水破,逃亡孤绝,贫苦拖欠几种原因,每年有两成收不到手,实际只能收六千一百十二元左右。

(4)苦甚 上述田赋数量,每年不过六千一百余元,而县署用款如行政经费、司法经费、监所经费、人犯囚粮、慈善经费各项,每年须用一万余元,以之抵充,不足远甚。故到寻乌做官的人,莫不觉得苦甚,便一意勾结豪绅,借种种事故压榨贫民。至于烟、酒、屠宰等税,直接归省政府,不与县署相干,县署能指挥的只有田赋一项。

(5)陋规 县署钱粮经征柜上有几种陋规:第一是银水,每块钱至少吃去半毛至多一毛。譬如市价每小洋十二毛折大洋一元,粮柜上却要收十二毛半,全年六千一百余元,每年可吃银水三百多元,这是粮柜上的第一个大剥削。经征主任没有薪水,专靠银水及其他陋规养他。第二是过割礼,又名割粮礼,民间买卖田地要交割粮礼,粮柜上每户要收过割礼二毛,全年约有六百户割粮,可得一百二十元。第三是填写礼,田地买卖不但要交割粮礼,而且要税契,就是要拿土契到粮柜上斛张官契(财政厅发下来的),将土契文字填写到官契之上,每张收填写礼二毛，全年所得总数与过割礼同。第四是券票礼，即粮票钱，每张小洋三分，全年约二千张，共六十元。以上四种陋规，除银水外，都是公共的。每个知事新到任，粮柜主任要孝敬二十元至三十元与他，名曰“点规”，即是希望新任知事再点他做粮柜主任的意思。此外，还有过节礼（端午）、过年礼，不但要送知事，而且要送财政科长，知事送物，科长送钱（十元到二十元）。这些耗费都是出之于陋规。

（6）管钱粮的　寻乌县有三个管钱粮的，刘士辉、刘梅芳、黄少堂。民国以来就是他们管钱粮，他们挟着几本粮册做宝贝，勾结历任县知事把这个职务当做世袭。由三人中互推一人为主任，其余两人为户书。红军到城，三个都挟着粮册跑掉了。

2. 烟酒印花税

寻乌的烟酒印花税，每月小洋各六十元，共百二十元，一个商人承包，在北门内设个税局。除县城外，每月往澄江、吉潭、三标、石排下、留车、车头、牛斗光、珠村圩、荒塘肚、公平圩、篁乡圩、中和圩、岑峰圩、茅坪圩、龙岗圩、上坪圩等十六个圩场收税一次。每个小酒摊子卖酒，每个小杂货店卖黄烟，都要抽税。老实的，多敲他一点，调皮的，照章程收。每月一百二十元包税，实收可得二百元，赚八十元。税局要用局丁二名、火夫一名。包商多半是赣州人。

3. 屠宰税

也是包，每月八十元税额，实收百五十余元，赚七十余元。也设一个局，局丁一名，火夫一名。局丁不但招扶局长，还要帮他出外收税。百五十余元，城中即占四十八元八毛（三个肉案）。包商也是赣州人。只能收到圩场有定案的屠户，章程虽然说的乡下人家杀一个猪也要完税，实际收不到。

4. 护商捐

是一种地方捐，普通叫做“百货捐”。国民党经费、靖卫团经费都从此出，公安局没钱用也要拨一份给它。县百货捐总局归地方财政局管辖，县城北门外、吉潭圩、盘古隘，各设分局。油、盐、米、豆、鸡、鸭、牛、猪、羊、狗、水货、杂货、布匹，凡属路途过往货物，无论什么都要抽税，每件半毛起码，五毛为止。米果、水果、柴火、竹木器等附近乡下挑到圩场零碎发卖而非远途过往的东西，不收税。反过来说，一切远途过往的东西都要收税。南半县留车、牛斗光等处群众斗争发展，便无法设局收税。三个分局每月数额二千元以上，吉潭过去有一个月收过二千多元，北门外过去有一个月收过八百多元，盘古隘过去无局，谢嘉猷最近才设立。名字叫做“护商捐”，实则商民恨得要死。

5. 牛捐

县城一处，每年一千七百多元，无局，由三四个股东承包，一人出面办理。四年来都是新寻派何子贞的老子何学才出面包办。一千七百多元捐额，实际则收二千三四百元，也是一笔地方捐，归财政局管理支配。

6. 赌博捐

名字叫做“公益捐”，包括赌摊与花会，亦属地方经费，由财政局派征收员（何子韶做过两年）管理征收。县城一处每月收一千一百元，盛时每月收过一千八百余元。全县各圩同样要抽。前年每月全县收过三千多元，那时有刘士毅〔39〕派了一排人来县经办，名曰“防务捐”，每月提去二千元。赣南各县都是如此。后赣南旅省同乡会向省政府告了刘士毅，他不得不撤销，但地方豪绅继续征收如故。这是地方豪绅与刘士毅斗争的一幕小史，许多县都有这种斗争。

7. 财政局总收入

财政局的收入是牛捐（年一千七百多元）、护商捐（年二万四千元）、考棚租（二千元左右）、宾兴租（以谷折钱计三千元左右）、孔庙租（三百元左右）等，共计年收三万元左右。其用途是，国民党县党部、靖卫队、财政局、建设局、教育局、清乡局、公安局、新寻学校（何子贞、何挺拔办的）、普化学校（在澄江，谢嘉猷、蓝玉卿办的）的开销，总而言之是豪绅及其走狗嫖赌、食着、鸦片烟的用费所从出。

8. 派款借款

省政府的赣省公债派过三千元，二五库券派过二千元，中央公债派过一千元左右，金融善后借款派过四千元，军阀过往，如林虎、刘志陆、李易标、黄任寰〔40〕、许崇智、赖世璜过了多回，前后派过四万多元。以上这些派借款项，由县署分摊到各区、各村、各圩，凡有一石谷田以上的，小商一百元资本以上的，均要派到。凡操到政权的豪绅地主大商，从县到乡各级机关的办事人，均不出钱，对他们的亲戚朋友也为之设法酌减。于是款子都派在那些老实的弱小的地主、富农、商人身上。还要加派手续费、夫马费、茶水费，如上头要派一千元，财政局就要派一千二百元，接下去区乡两级又各要加派，借此渔利。上面借了款去如公债等，间有还下来的，军队借款亦间有还来的，县城及各区保卫团豪绅们一把吞了下去，从不发还与借户。汪子渊当保卫团总时，吞没军队还来借款一千余元，惹起篁乡一带借户和他打官司,始终没有打得出一个铜板。

（九）寻乌的文化

女子可以说全部不识字,全县女子识字的不过三百人。男子文化程度并不很低,南半县文化因交通与广东的影响比北半县更加发达。依全县人口说,约计如下:

不识字	百分之六十
识字	百分之四十
识字二百	百分之二十
能记账	百分之十五
能看三国	百分之五
能写信	百分之三点五
能做文章	百分之一
初小学生	百分之五(五千人)
高小学生	百分之八(八千人)
中学生	五百人
大学生	三十人
出洋学生	六人
秀才	四百人
举人	一人

(上列的百分数是每一项对于人口总数的比例。)

高小学生多于初小,是因为进高小的多由读蒙馆后直接进去的。全县初小每区不出十个,七区共七十个,每个以五十人计共三千五百人。此外半新不旧的初小,有其名无其实或者连招牌也没有挂的有八十个，学生约一千五百人。两项共五千人上下。

高小每区至少一个。双桥区经常有两个，有一时期（三二五暴动前）有过四个。南八区有二个，有一时期（三二五暴动前）有过三个。城区有二个（城内之城东学校及田背之曹仓学校）。篁乡有一时期（三二五暴动前）有三个。县城有三个（除城东）。全县经常有高小十三个，最盛时期（三二五暴动前中国大革命前后文化运动高潮时期）有十八个。普通每校有一百学生。前清光绪末年办起到最近，最老的有二十多年历史，共有学生一万左右，一万人中已经死掉了二千左右。高小学生大部分是小地主子弟，大地主与富农子弟各占小部分。

本县有四个中学，但都短命。项山大地主“屎缸伯公”办的知耻中学（项山小杭）办了一年，双桥地主们联合办的尚志中学（在圳坊）办了半年，澄江公立的普化中学（在澄江圩）办了两年，革命派办的中山中学（在县城）办了两个月，总共出了一百多个没有毕业的学生。中学生的大多数是在梅县、平远、赣州三处中学读书的（每处各一百名左右）。全部都是地主子弟，其中亦是小地主占大多数。

大学生中大多数出于大中地主阶级，小地主只占着五个。刘维炉在广州中山大学读了一学期，刘维锷在北大读了二年，邝才诚在北京师大读了一年多，三个都是共产党员。二刘三二五暴动时被杀，邝任红军五十团参谋长，在澄江被谢嘉猷捉着割死。邝世芳在北京朝阳大学读四年，病死，思想是革命的。凌得路在北京文化大学读一年，到俄国留学，以不能供给饭费，在芬兰使馆教大使家塾，思想是革命的。五人都是由祠堂供给学费才进大学的。大地主出身的二十五个大学生(及专门学校学生)全部反动,主要如何子贞(河南矿务学校读了两年,寻乌靖卫队长)、赖世源(北京师大预科二年,在篁乡参加反革命)、刘鸿翔(北京文化大学读两年,在南八区领导反革命),三人均在寻乌,其余多在外头,属于蒋介石派。共大学生三十人,十分之八是读法科。

出洋学生六人中,潘作琴(英国医科毕业,在汕头行医)、丘淩云(到英国走过一回,其实不算留学,天津锅炉公司工程师)、丘伟伍(日本帝大毕业,新寻派中坚,随何子贞跑了)、古子平(从日本买了一张文凭回来,大嫖大赌,篁乡人,做过教育会长,此次在篁乡炮楼中被红军攻走)四人均大中地主出身。曾有澜(最先出外留学的,光绪年间去日本,法科毕业,在奉天、北京、湖北做法官,中山中学派曾捧他为假首领,三二五暴动失败房子被烧,现加入改组派)、邝摩汉(日本留学,自称马克思主义者,北京文化大学教务主任,与寻乌大地主谢杰在南京办汽车公司)二人出身不属大中地主。曾是小地主,官费留学日本。邝是贫农,高小毕业,进南昌宪兵学校,有个什么人赏识他,供给他钱去日本。

秀才生存者全县还有四百个,其中篁乡区塘背古姓一村六百人中占去十一个,是秀才最集中的地方。古柏的高祖七十岁,死时起个"圣旨"牌坊,中间写着"亲见七代",两边写着"眼见五廪贡"、"膝绕十二衿",说的就是那时候他的孙子同时有十二个秀才。塘背古姓的旧文化在全县是最盛的,他们在政治上也历来占着支配的地位。南八区车头乡二千人中有秀才九人,也算是很多的。南八区龙图乡一千四百人中有秀才二个,则算是少的。近数年来，秀才们大多数无所事事，在乡村中当“老太”（本姓农民呼尊长叫“老太”，地方上人称他则曰“先生”）。这班人多半是收租的小地主，一小部分教书（旧书，也有新书），又一小部分行医以为生。秀才都是地主阶级的产物，但也有极少数是从贫农阶级出身，受地主的栽培而读书进学的。寻乌唯一的现存举人古鹿苹，他的父亲是个雇农，苦得没有饭吃。他小时提个小篮子卖小口（糖子、荸荠、咸萝卜等等），后来读书，先生见他聪明，不收他的学费，以此读出头来。他做过两任县知事、两任省议员。他在乡间是个极顽滑的，什么人都同他好，他亦表面上赞成新派，同时又禁止他的女儿剪头发，限制她的婚姻自由。南半县土地斗争起来，他采取反对态度，这次红军进攻古姓炮楼，他又主张投降。

南半县土地斗争胜利，每个乡苏维埃至少办了一个列宁小学校，普通是每乡两个，特别地方（龙图、牛斗光）办了四个，每校学生四五十人。学校及学生数比旧时国民学校增多一倍。小孩子们说：“若不是土地革命我们没有书读。”高小因无经费也没有教员（革命知识分子忙于参加斗争去了），还没有办起来。

第五章 寻乌的土地斗争

本 章 目 录

(三)池塘分配问题

(四)房屋分配问题

(五)分配土地的区域标准

(六)城郊游民要求分田

(七)每人得田数量及不足生活之补添

(八)留公田问题

(九)分配快慢

(十)一个“平”字

(十一)抵抗平田的人

(十二)原耕总合分配

(十三)暴动在莳田之后怎样处理土地

(十四)非农民是否分田

(十五)废债问题

(十六)土地税

(十七)土地斗争中的妇女

(一) 分配土地的方法

有几种分配土地的方法。主要的是照人口平分。全县只有百分之二十的地方没有分配土地。就已经分配了的说，照男女老少平分法去分配的占百分之八十。当土地斗争初起时没有成法可援，寻乌县革命委员会(县政府)提出了四个办法，要区乡苏维埃召集群众代表开会讨论，任凭选择一种。那四个办法是：一、照人口平分；二、照劳动力状况分配，劳动力多的多分，劳动力少的少分，即四岁以上、五十五岁以下为一劳动单位分全田，四岁以下、五十五岁以上分半田；三、照生活财源多寡分配，如做手艺的少分，无他职业的多分；四、照土地肥瘦分配，肥的少分，瘦的多分。施行结果，多数地方采取第一个办法。后头斗争发展，寻乌党就采取第一种办法作为主要办法，推行各区，得到了多数贫农群众的拥护。现在照这个办法来分配的土地，占全分配区域百分之八十。这百分之八十的地方，通通按照人口数目，不分男女老少，不分劳动能力有无大小，以人口除田地的总数去分配。

有些地方是四岁以下的不分；四岁以上直到老年，不会劳动的分五成或七成，其余分十成。行这种办法的有留车、枫山、上磜、大同四个乡，约有一万人口的地方。

有些地方是照人口平分之后，不会劳动的因为无力耕种退回田之一部分（退的数目多少不等，由本人自定）于苏维埃，由苏维埃补给有劳动力的人耕种。结果成为有劳动力的多分，无劳动力的少分，与县政府提出的第二种办法差不多。不同的是由农民自动地在分田之后退回一部分田地，而不是一开始就按劳动力标准分配。这样做的有龙图一个乡。还有黄沙乡也是退田，不过不是农民自动退田，而是政府于平分之后见着一些人得了田无力耕种，就命令他们退回一部分。要农民退田，他们也没有什么怨言；不过若硬要退肥田，而不准他们退瘦田，他们就不喜欢。龙图、黄沙两乡共有二千五百人。

此外，还有大田乡的自由耕种，愿耕多少就耕多少。这是因为大田乡经过白色大屠杀，杀死壮丁近百、老小数十，有几家全家被杀，又有二三十人当赤卫队，或往外县做革命工作去了，全乡原有八百人，现只六百人，有许多田无人耕种，同时全乡的牛一条不剩地都被反动派牵去了，所以只得任人取耕，全不限制，牛则从别乡土豪家牵来使用。

（二）山林分配问题

全县对于山林，除牛斗光一个乡外，均没有分配，仍由原耕作人经营，名义上全归苏维埃公有，耕种人向苏维埃纳地税。为什么牛斗光的山林分了呢？因为那乡人多田少，农民要求分山迫切。此外，许多地方的农民仍然迫切要求分山，如附城南门外、北门外一带的农民，因为山权在各大姓公堂手里，小姓农民没山种，他们就迫切要求分山。

（三）池塘分配问题

所有权归苏维埃，使用权归农民，由池塘的邻近人家轮流管理，每年更换一家。全县都是这个办法。

（四）房屋分配问题

没有分，但准许屋少的或被反动派烧了屋的，搬进屋多的人家去住。双桥、南八两区被敌人烧屋很多，那些烧了屋的人都搬进附近地主富农家里去住，搬进中农贫农家里去住的也有。但有一个问题，就是屋主不欢喜新来的人在他家里生儿子。寻乌习惯，若别人在自己家里生了儿子，就认为他那一家的“精灵”会被那新来的人夺去，他家就要衰败了。从前双桥区的芳田乡有个进士叫曾行崧，他是在他的外祖家出生的，后来他中了进士，做了官，人们就说是夺了他外祖家的风水。这件事全县闻名。三二五暴动失败，留车暴动总指挥钟锡璆的老婆避难避到她的外祖家，她外祖恐怕她会生育，就赶快要她走。后头跑到龙川县的一个村子，在那里山上搭了个寮子才把儿子生下来。现在一般被工农占住的人家，虽然不敢公开反对别人在他家里生儿子，但心里是不满的。解决这个问题只有由现在这种“临时借住”改变到“据为己有”，就是把地主的房屋也完全照地主的田地一样加以分配。这亦是动摇封建基础争取贫农的一个策略。

（五）分配土地的区域标准

农民以两个理由反对用大的区域为单位分配土地，欢迎用小的区域为单位分配土地。一是怕把自己区域的土地分出去。为了这个，他们不但反对以区为单位分田，并且连乡为单位都不赞成。他们衷心愿意的还是以村为单位分田，使他们本村的田完全为本村所得。所以寻乌现在土地分配状况虽有百分之八十五是用乡为单位分的，但多数农民对于这一办法并不热烈拥护，而只是不积极反对就是。为什么他们不积极反对呢？则因一乡之中，村与村的土地数量虽有参差，并不怎样悬殊，照乡为单位分了，他们在经济上所受的损失为数甚为微小。至于那些村与村的土地数量相差很厉害的地方，或者是村的区域很大差不多等于别处一个乡的地方，他们就坚决反对以乡为单位，如城区的城郊乡（分为四村）、新寨乡（分为二村)，南八区的珠村乡(分为六村)等处地方，均以村为单位分配。但这种地区不多，只占全县百分之十五。二是不赞成移民。不但是这区移到那区农民自己不赞成，就是这乡移到那乡也不赞成。“上屋搬下屋，都要一箩谷”，说的是搬家要受损失。还有迷信风水，以为祖宗坟墓所在，抛去不利。农民相信风水是于他们的生产有利的。摸熟了的田头，住惯了的房屋，熟习了的人情，对于农民的确是有价值的财宝，抛了这些去弄个新地方，要受到许多不知不觉的损失。还有因为地理的原因，如车头地方交通便利，商业发达，那地方的农民不肯移到闭塞的小龙去(同一个区，相隔十多里)，也同样是经济理由。那种以为农民的地方主义是由于农民的思想陈旧，即承认是心理的原因，不承认是经济的原因，是不对的。

(六) 城郊游民要求分田

城内农民分田最少，每人一石八斗，为全县分田最少的地区。原因是过去耕田的少，过去不耕田而现在要求分田的游民和娼妓很多，因此把田分得少了。娼妓有爱人的跟爱人跑了。没有爱人的无论如何要求分田，她们说:“没有生意了，不分田会饿死。”人们说她们不会耕，她们说:“我来学呀!”实在她们业已在耕田了。游民同娼妓大多数都是分了田的。那些分了田的游民都是比较有耕种能力的，如有儿子，有少数本钱的;娼妓则是有丈夫或儿子的，她们每家有三五口人，迫切要求分田，若不分给，她们就闹。在这种情形下，政府也就分了田给她们。但也有一部分不分的，就是纯粹的流氓或娼妓而完全没有耕种能力的。以城郊说,游民分了田的占百分之六十,毫无耕种能力不分田的占百分之四十。

(七) 每人得田数量及不足生活之补添

城郊最少,每人每档(一年收两季,每季为一档)一石八斗。城区四厢又多一点,每人每档三石多。双桥区最多,每人每档七石以上。龙图、河角圩每人每档七石。但大多数地方都是每人每档分五石。每人每天要食米一斤,一年三百六十斤,一百八十斤合一石,共米二石,即谷四石。分田石数都是水谷(即毛谷),每档分五石的,一年两档共十石。十石水谷能晒八石燥谷,食去四石,尚余四石。这四石谷年节做米果呀,蒸酒呀,去了二三石,剩下一二石,不敷衣服、油盐、社会交际(婚丧年节)的日常用度。那末他怎样补足呢?便靠畜猪子、养鸡鸭、种小菜(指城市附近)、种甘蔗、栽竹木、种杂粮(番薯、芋子、包粟、豆子)以及兼做手工(做各种圆木和各种竹器,如锅盖、桶子、饭甑、脚盆、尿桶、水勺、竹椅子、斗篷、簸箕、米筛、畚箕、火笼、竹篮子等等东西。以上那些竹木器,农民兼做的多,专门竹木工做的少,农民甚至有兼做台、凳、椅、桌的),兼挑脚(挑米脚、挑盐脚、挑豆脚、挑油脚、挑杂货脚,都是帮助人家挑,挑米盐两脚的最多,余较少),兼做小买卖(贩油、盐、米、豆、猪、鸡以至米果等等),兼为资本家做工(采香菇、做纸工、采茶等)。上举各项,每人兼做一门或两门,用这种方法补足生活。全家生活,田收占三分之二,杂收占三分之一。

（八）留公田问题

没有留公田。开会分田的时候，农民忙的是把田一概分完，没有提议政府要留出公田的。原因是人口稠密，土地稀少，农民分田仅够食用，有些食用还不够，哪里会赞成政府留出公田呢？

（九）分配快慢

后起的北半县分配得很快，如城区从暴动占领县城到田地分配完毕，只有二十天时间。还有南八区的车头、龙图及三水区的上坪分配得更快，只要一天调查完结，两天算清，又一天宣布，此外的时间是照每人应得的数目实行抽多补少，确定每家田地的区划。这样，至快也需要一星期，因为实际的斗争就是在抽多补少里头。这种斗争是农民对地主富农的斗争，抽多的不愿抽肥，补少的不愿接瘦，要调配妥当，故需要相当时间。南半县的大部分（除车头、龙图）却分配得慢。去年二月起，双桥一带就有了武装斗争，但到十一月底县革命委员会成立，才开始发表册下去，做土地调查。调查费了一个月还没有调查清楚。原因是调查方法不对，调查表内容很复杂（人口、成分、文化程度、民族、年龄、土地所有权属谁、土地界址、面积数目、每年收成等等），不必调查的项目也列了进去，调查手续又很麻烦（县革委将调查表发往各乡，调查好了再送县革委审查），以致延长时日不能分田。今年一月才变更方法，调查表只列简单几项(家长姓名、一家人口总数、能耕种的若干、不能耕种的若干、专做工商业的若干、耕田若干、应分田若干)。调查手续,由乡政府召集“分田大会”,每家出一代表,讨论分田办法之后,当场调查(会场上摆设许多桌子,每个小村的代表们围绕一张桌子,众人口报,一人手录),送交乡政府核清,将人口总数除田的总数,得出每人应分数目,在通衢公布。从调查到公布,只需四天(调查一天,算清两天,公布一天)。剩下就是实际分配,即从第五天起每个乡政府同时派出指导员十多人,分往各村,踏看田地肥瘦,并验第一天调查场中是否实报无误。踏验明白,执行分配,抽多补少,确定界域。这种踏验、抽补工作较为麻烦,斗争亦多在其中,所以须费一星期内外的工夫。用这种方法从调查到分配完毕,至迟不过两星期即可办完。北半县后起地方,就是用的这种方法。

(十)一个“平”字

各乡分田会议中,讨论的问题是,乡为单位还是村为单位呢?人口标准分配还是劳动力标准分配呢?鱼塘、园、坝怎样分配(山林、房屋二者,寻乌没有提出讨论)呢?不准虚报,虚报的怎样处罚呢?至于没收标准问题简直不消讨论,因为红旗子一打起,那就是没收土地的宣告,用不着再有什么文字形式的宣告了。简单的问题就是这一大片土地怎样分配。很明显的,以人口总数除土地总数的平田主义是最直捷了当,最得多数群众拥护的,少数不愿意的(地主与富农)在群众威胁之下,简直不敢放半句屁。所以一个“平”字就包括了没收、分配两个意义。

（十一）抵抗平田的人

双桥区枫山乡有个姓刘的小地主，霸耕自己的肥田不肯拿出去，拿出的只是些坏田。当群众强迫他拿出的时候，他愤然说："遭人命也不拿！"乡政府不能解决。县政府派人到枫山，才把他压下去，肥田拿了出来。南八区牛斗光也有富农小地主不肯拿出好田。乡政府怕他们，不敢作主，县政府的人去召集群众大会，才强迫富农小地主照办。双桥区大田乡小地主梅元坤是被反动派烧了房子的，自以为有功于革命。当群众要分他的田的时候，他恶声说："分田呀！头脑壳生硬下子来！"群众告知县政府，县政府要区政府去捉他。区政府负责人梅立三是个共产党员，因与梅元坤同族，把这件事弥缝下去。梅元坤否认说过那句话，田仍分出来，就此了事。还有双桥区荒塘肚乡政府负责人林某及徐溪乡政府负责人林某（他也是共产党员），分田时独得好田。群众说"办事人得好田，我们补来的是坏田"，大为不满，斗争情绪因此低落。县政府把两人的好田撤回补给群众，群众才高兴了。以上几个例子，除梅元坤一家是反对没收他的田地外，其余都不是没收问题，而是肥瘦分配问题。所以没收富农与否，群众认为是不成问题的。群众中成为问题的，就是一个肥瘦分配的斗争，这是土地斗争的中心，也即是富农与贫农的斗争。

（十二）原耕总合分配

“以乡为单位”，说的是人口单位，不是土地单位。土地是不能以区域限制的。甲乡的人在乙乡耕了田，乙乡的人也在甲乡耕了田，一乡的人在他的邻近各乡都有土地耕种关系。区与区的交界，县与县的交界，省与省的交界，农民都是互相交错地耕种土地。所以一乡的人拿了他们原在本乡及邻乡耕种着的土地，总合起来，平均分配，被认为是毫无疑义的。寻乌的土地分配也是这样。

（十三）暴动在莳田之后怎样处理土地

有三种处理法。第一种是寻乌北半县现在行的（南半县分田在莳田之先，无此问题），上档（又叫“早子”）归原耕，下档（又叫“番子”）归新户。这种办法，富农不吃亏，但一切耕田少的贫农及不耕田的地主与流氓都不满意。特别是地主与流氓觉得没有办法。不能收租了，地主无法得谷。赌博废止，又没有钱借了，流氓失了吃饭的财源。第二种是新户帮钱给原耕，上档亦归新户得谷。这种办法又分帮多与帮少。帮钱多，原耕自然满意；帮钱少，原耕当然不满意。但贫农及流氓群众就纷纷议论，甚至有的说：“几多子家门都了了，你这几根子狗骨气力都唔掼？”意思是说几多大财东都破产了，你这一点点多余东西也舍不得吗？寻乌法律上没有承认这种办法，农民却有自由行之者。像城区有那食不够的贫农帮一点钱给富农，要求富农让了上档的分出部分给他收割，颇有些人家是这样做。第三种是不论上下档谁分了谁就去收获，广东平远县有行之者。

（十四）非农民是否分田

流氓在县城方面，略有耕种能力的准许分田，毫无耕种能力的不分；在县城以外各区，因流氓人数少，一概分田。工、商、学无可靠收入的准许分田，县城及大市镇有可靠收入的不分，不足的酌量补足一部分。红军士兵和革命职业者，不但分田，而且苏维埃动员农民替他们耕种。地主在乡居住的准许分田。僧尼、道士、传教士要改变职业，即不做僧尼、道士、传教士了，方许分田，否则不分。算命及地理先生无规定，因为很少，大概都是分田的。南半县完全没有僧尼、道士、传教士、算命及地理先生等人了，他们一概改了职业。黄沙乡政府主席的父亲死了，请和尚做佛事，农民反对。寻乌本县很少"看地的"，看地的多属于兴国人。和尚很少，全县不过百把人。耶稣、天主两教，县城一个耶稣堂二百多人，一个天主堂一百多人，篁乡一个耶稣堂一百多人，牛斗光一个耶稣堂七八十人，吉潭一个耶稣堂一百人左右，澄江一个耶稣堂七八十人左右，计耶稣堂五个七百人左右，天主堂一个百多人，共八百多人。耶稣堂属美国，过去县城有一个美国牧师，其余四处均中国人传教。天主堂属德国，有一个中国神甫。教徒成分，寡妇（内有贫农）及老年妇人（地主婆）占百分之三十，刁钻古怪的绅士及其家属占百分之三十，弱房小姓的农民占百分之二十（强房大姓的农民不入教），地主出身没有出路的青年知识分子占百分之十，其他百分之十。大概进教的不外两个部分：一部分是很坏的，一部分是很弱的。很坏的也不是流氓，而是那乡村中奸滑阴险想当霸王的，他们进教为了利用它达到自己的目的。另一种是受人压迫贪图保护的贫弱的人，他们的目的在于避祸。

（十五）废 债 问 题

分为债与账两项。债是废除二分利以上的高利贷。该欠商人的叫作账，民国十七年元旦以前的不还，以后的要还。因为寻乌所有的债，没有在二分以下的，所以二分以上的不还，实际上即是整个的不还。亲戚朋友之间讲人情借来不要利息的债务，群众仍归还，但这是非常之少的。欠商人的账多属富农阶级，中农稍有一点。贫农雇农是没有商人赊账的。

（十六）土 地 税

去年收了抗租所得税，每抗租一石，收税二斗，在双桥、南八两区实行了。今年二月县革委扩大会规定不分等第普遍收土地税百分之十，税率与抗租所得税相等。这是一种不分等第（不是累进的）的税法。五月县苏维埃大会采用赣西苏维埃颁布的累进税法。

（十七）土地斗争中的妇女

寻乌的女子与男子同为劳动的主力。严格说来，她们在耕种上尽的责任比男子还要多。犁田、耙田、挑粪草、挑谷米等项，虽因体力关系，多属男子担任，但帮挑粪草，帮担谷米、莳田、耘田、捡草、铲田塍田壁、倒田、割禾等项工作，均是男子作主，女子帮助；砻谷、踏碓、淋园、莳菜、砍柴割草、烧茶煮饭、挑水供猪、经管头牲（六畜叫头牲）、洗裙荡衫、补衫做鞋、扫地洗碗等项工作，则是女子作主，男子帮助。加以养育儿女是女子的专职，所以女子的劳苦实在比男子要厉害。她们的工作不成片段，这件未歇，那件又到。她们是男子经济（封建经济以至初期资本主义经济）的附属品。男子虽已脱离了农奴地位，女子却依然是男子的农奴或半农奴。她们没有政治地位，没有人身自由，她们的痛苦比一切人大。土地斗争发展，许多地方女子勇敢地参加斗争，这回四军二纵队打篁乡反动炮楼，篁乡的女子成群地挑柴去烧炮楼，又从反动地主家里抢了谷子出来。斗争胜利的地方她们立即有了个人的自觉。各处乡政府设立之初，所接离婚案子日必数起，多是女子提出来的。男子虽也有提出来的，却是很少。十个离婚案子，女子提出来的占九个，男子提出来的不过一个。男子在这个问题上却采取完全反对的态度，其中一小部分男子就消极起来了。“革命革割革绝，老婆都革掉了！”这就是他们无力禁阻离婚表示叹息的话。这一部分多是属于贫农。一大部分男子是非常强硬的。芳田赤卫队队长曾家勋原有一个老婆，后来又勾到人家一个女子。原有老婆要求离婚，他不肯，对她说：“我家是有进没出的，你要离婚就一驳壳打死你！”龙图的富农刘学盛，反对他的老婆离婚，对革委的主席说：“她要离婚，我就捂了渠。捂掉了渠，我死都愿！”（“捂”，当地读无，消灭的意思；“渠”，当地读己，他的意思。)这一部分男子多半属于富农。政权机关对于这个问题的态度,有过四次变更。第一次是去年十一月农民代表大会的决议,没有明显地反对一夫多妻,承认原有老婆后有爱人而老婆不反对者无罪;主张有条件的离婚,而其条件并不甚苛,承认一方有疾病的,女子受压迫的,夫妻反目半年不同居的,男子出外一年无消息的,均准离婚;地主阶级毫无条件可离婚。同时在法律外,申明禁止捉奸。这个申明传播后,南半县各地发生很多的男女间纷扰,最显著的是龙图与河角圩两乡(属南八区)的青年男女群众,几乎发生械斗。原因是两乡的青年男子,一群一群地时常调戏对乡成群的青年妇女。两乡的青年妇女都组织了妇女协会,她们有了团结,对于她们自身艰苦的劳动便自由地放松了一些(她们成群上山去砍柴火,比平素归家时间要晏)。同时和她们的男性青年朋友(对乡的)恋爱的行为逐渐有了许多,在山上公然成群地"自由"起来。他们两乡是同姓别房。到今年一月,因为发生捉奸的事,反对捉奸的群众就去干涉,结果几乎弄成械斗。上述事情之外,有老婆又新找一爱人的差不多每个乡村都有,老婆们就群起反对。政府在这种情形之下,来了一条相反的法律。今年二月县革委会扩大会,对"贞操问题"决议:"已结婚之男女,不准与另一男女发生性交,私奸者严办。"同时对所谓"爱人"问题亦定了一条法律:"反对一夫多妻、一妻多夫制度,原有夫或妇未经离婚,不得另找爱人,过去有些错误的应即马上离去,只同一个结为夫妇。"对离婚问题没有变更。这个决议发表后,纠纷停止了,一致对付当时严重的时局,打破了敌人的"进剿"。五月二日占领县城,同时红军第四军占领了反动的北半县,发动会昌、安远、平远的群众。在这种形势之下，五月六日全县第一次苏维埃大会，取消了二月会议的贞操决议，虽然没有明白地规定禁止捉奸，但再不说什么“私奸者严办”了。此次对“爱人”问题采取了二月会议的意见，对离婚问题与前二次会议无异。但大会闭幕不到一个月，第三区苏维埃大会却大大变更了对“爱人”问题、离婚问题的决议，他们的口号是“离婚结婚绝对自由”，当然的结果，不但禁止捉奸，而且什么爱人也可以带了。这个案子通过的地区是寻乌全县斗争最久（一九二八年到今），又是资本主义最先侵入的地区，时候则又在四军到来，会、安、寻、平四县斗争大大发展的时候。当这个案子提出的时候，提案人的演说是：“四军的人说了，有条件的离婚包含了封建思想。”这篇演说过后，案子就马上通过了。城区是新起来的，建设政权不上一月，男女问题已经闹得不亦乐乎。有一乡拒绝县政府派去的宣传员，他们说：“同志！你唔要来讲了，再讲埃村子里的女人会跑光了！”其实宣传员宣传的是“推翻封建势力”、“打土豪分田地”，离婚结婚问题也是照着法律讲的，但一经发动，就如水之就下不可制止。城郊一乡跑了十几个妇人，她们的老公跑到乡苏维埃去哭诉。乡苏维埃在老公们的迫切要求之下出了一张告示，上面说道：“一般青年男女，误解自由，黑夜逃跑，纷纷找爱。原配未弃，新爱复来。似此养成，似驴非驴，似马非马，偷偷摸摸，不伦不类……。”这篇告示，明显地描画了成年老公们的呼声。不过这种“不伦不类”的潮流——民主制度代替封建制度的潮流，是到底无法制止的了。

妇女在土地斗争中是表现非常之喜欢的，因为可以解决她们没有人身自由的束缚。未结婚的青年群众中，差不多不论哪个阶级都拥护婚姻自由的口号。贫农阶级已结婚的成年男子,一般说来是反对离婚自由的,但他们反对的态度不是那种反革命性的顽强态度,他们只觉得老婆跑了不得下地。他们的叹声是:“革命革割革绝,老婆都革掉了!”他们跑到乡政府请求设个法子,他们也不敢打他们的老婆了,即使是十分呕气的事。富农小地主阶级的成年男子们就完全不同,那种“捂了渠”,“一驳壳打死你”,都是他们反革命性的横蛮无理的表示。至于成年农民男子们为什么要反对离婚自由(结婚自由没有问题)呢?非常明显,他们是为了劳动力。

那末,农民男子是反对女子解放到底的吗?不是的,特别是贫农雇农阶级他们很快就会给予女子以完全的解放,在他们整个阶级解放完成了之后。他们之所以惧怕跑掉老婆,乃是在土地斗争尚未深入的时候——他们还没有充分看见推翻封建剥削以后的成果的时候所发生出来的一种思想。只要土地斗争一深入,他们对于婚姻问题的态度就要大大改变了。

根据人民出版社一九八二年出版的
《毛泽东农村调查文集》刊印。

注 释

〔1〕宁冈调查,是毛泽东在一九二七年十一月做的。永新调查,是毛泽东在一九二八年春做的。

〔2〕蒋,指蒋介石。桂,指桂系军阀李宗仁、白崇禧。一九二九年初,蒋介石派遣其驻江西的第一集团军,李宗仁、白崇禧派遣其驻湖南的第四集团军,对井冈山革命根据地进行第三次“会剿”。

〔3〕陂头会议，又称二七会议，指一九三〇年二月上旬，毛泽东在江西省吉安县陂头主持召开的红四军前委，红五军、红六军军委和赣西特委的联席会议。会议确定赣西南党组织的主要任务是扩大苏维埃区域，深入土地革命和扩大工农武装。在土地问题上，否定了按劳动力分配土地的主张，肯定了按人口分配土地的办法。

〔4〕汀州会议，又称南阳会议，指一九三〇年六月毛泽东主持召开的红四军前委和闽西特委的联席会议。会址先在福建长汀县的南阳（现属上杭县），后移至汀州城。会议讨论了政治、军事、经济等问题。在土地分配问题上，除肯定原来规定的"抽多补少"原则外，又增加了"抽肥补瘦"的原则。

〔5〕县苏，即县苏维埃政府的简称。第二次国内革命战争时期，革命根据地的工农民主政权通称苏维埃政府。本卷中的"省苏"、"区苏"、"乡苏"、"市苏"，分别为省、区、乡、市镇苏维埃政府的简称。

〔6〕陈炯明，见本卷第17页注〔2〕。

〔7〕仁丰区，在一九三〇年五月寻乌县苏维埃政府成立后，曾改称篁乡区。

〔8〕三二五暴动，指一九二八年三月二十五日中共寻乌县委领导农民和青年学生举行的全县性革命暴动。

〔9〕茶油，也称木油，指用油茶树果仁榨的油，可供食用。

〔10〕当地称电池为电油。

〔11〕明钱，即铜钱。

〔12〕铜片和本文中的"铜板"、"铜壳子"，都指铜元。

〔13〕"吃油饼"，这里指明吃暗拿占便宜的行为。

〔14〕靖卫团，又称靖卫队，是一种反动的地方武装。

〔15〕"奴古"，客家话，指男奴仆。

〔16〕赖世璜（一八八九——一九二七），江西石城人。曾任粤军第七军第一师师长、赣军第四师师长、国民党军第十四军军长等职。

〔17〕堪舆，和本文中的"地理先生"、"看地的"，均指看住宅基地和坟地的迷信职业者，通常称为"风水先生"、"阴阳先生"。

〔18〕丹青，通常借指绘画。这里指画工。

〔19〕不（读dùn），方言，指形状短粗、矮胖。

〔20〕茶子，和本文中的"木梓"，都指油茶树的果实。

〔21〕出自《庄子·外物》。原文是"得鱼而忘荃。"荃亦作筌，捕鱼用的竹器。

〔22〕同善社，从先天道分化出来的一种会道门组织，清朝末年发源于四川省永川县，后在反动政府扶持下逐渐蔓延到许多省。

〔23〕林虎，见本卷第17页注〔2〕。

〔24〕许崇智（一八八七——一九六五），广东番禺人。曾任粤军第二军军长、粤军总司令等职。

〔25〕唐生智，见本卷第48页注〔4〕。

〔26〕方本仁（一八八〇——一九五三），湖北黄冈（今黄州市）人。曾任北洋军阀赣南镇守使、赣粤边防督办和江西军务督办等职。

〔27〕邓如琢，安徽阜阳人。曾任北洋军阀陆军第九混成旅旅长、第一师师长等职。

〔28〕改组派，是国民党的一个派别。一九二八年底，汪精卫、陈公博、顾孟余等因不满蒋介石独揽权力，在上海成立中国国民党改组同志会，被称为改组派。

〔29〕"老税户"，指祖辈父辈已经是地主的人家。

〔30〕"山老鼠"，指住在山区，很少外出，不问世事的地主。

〔31〕这里指分家后曾超群所有的田亩数。分家前曾家兄弟二人共有谷田二百多石。

〔32〕蒸尝费用，即祭祀费用。

〔33〕早子，指一年两季稻的早稻。

〔34〕番子，指一年两季稻的晚稻。

〔35〕这个注是毛泽东加的。

〔36〕"等稳就要做到来食啊"，意思是等米下锅。

〔37〕刘志陆（一八九〇——？），广东人。曾任广东潮梅镇守使、粤军第二军军长等职。

〔38〕油山，指种植油茶树的山地。

〔39〕刘士毅（一八八六——一九八二），江西南昌人。曾任国民党军江西独立第七师师长、第五师第十五旅旅长。

〔40〕李易标，曾任北洋军阀广惠护军使、粤军第四军军长等职。黄任寰，曾任粤军第一军第一师师长。

《东塘等处调查》前言

（一九三〇年十一月）

一九三〇年十月三十日，红军前敌委员会在罗坊决定了诱敌深入方针。十一月六日红军从峡江渡赣江往永丰、南城，我从峡江到吉安布置撤退。十一月七日宿东塘，第二天到吉安，沿途做了一点简略调查。在李家坊调查中，使我明白了这些地方的村乡两级苏维埃在土地斗争中的组织和活动情形。在这次调查前，我对于那些情形的观念是模糊的。在这次调查中，使我发现以村为单位分配土地的严重性。赣西南分配了土地的有几十县。高级政府颁布的土地法是以乡为单位去分配，一般高级机关的工作人员大家也以为是照着乡为单位去分配的，哪晓得实际情形完全两样，普遍的是以村为单位去分配，乡为单位分配的很少。以村为单位，这种利于富农不利贫农的分配法，是应该改变的。

根据人民出版社一九八二年出版的《毛泽东农村调查文集》刊印。

分青和出租问题

（一九三〇年十一月十五日）

一九三〇年十一月十五日，江西省行动委员会在吉安开了一次扩大会。到会的人除省委[1]常委外，有永新、吉安、泰和、万安、吉水、安福、分宜、峡江各县苏维埃的主席及二十二军陈毅[2]同志。我代表总前委参加这次会。这次会的特点，就是讨论了分青和租田两个问题。对于分青问题，我提出了拥护分青的群众基础。对于租田问题，推翻了向来"苏维埃区域不应收租"的"左"倾的但实际是富农的理论。此外，反对江汉波式的劳力分配法[3]，指出了他的错误仍在于帮助富农妨碍贫农的利益。这个会没有开完就散了，因为敌军已到峡江，各县负责人须回去布置应敌，所以打算要讨论的山林、池塘、房屋、荒田、失业、债务等问题便都没有讨论了。会议过后，发生了严重的敌人进攻和富田事变[4]，因此省委至今没有发表这次会议的决议案。下面那一些，是我在那天会议中自己做的一点简略的记录。因为有些要紧的材料，所以把它留下来。

一　纯化以区为单位分田

纯化区第三次分田（一九三〇年十月），进到以区为单位统计人口与生产量，看每人得田若干，然后以乡为范围去分配，“移得田动的移田，移田不动的移民”。现在纯化全区三万多人，每人所得田数相等（每人得十一石谷田，每石四十四斤）。

二　村为单位分田的弊病

以村为单位分田的弊病：（一）大村不肯拨田于小村。（二）单位太多，区乡政府不易督促，暗中生出许多弊病。（三）一村之内，容易被地主富农以姓氏主义蒙蔽群众，不去彻底平田，彻底打土豪。这个意见可以注意。

三　土地斗争不是一下子能深入的

分田无论如何要分几次。头一次总是富农瞒好田，不能将田分别上中下三等调查好。头一次总是富农中农领导，贫农没有权。“暴动久得一点，无产阶级便起来了。”这个意见是对的。

四　杨成芙的“农业社会化”计划

吉安县政府主席杨成芙（原纯化区委书记，又是主席），主张将纯化区的田共耕共费[5]，作三步达到：第一步区为单位分田，第二步组织合作社，第三步共耕共费。这是完全错误的。

五　江汉波式的劳力分配法

分田以劳力为单位的弊病，就是凡孤、寡、老、幼、小脚妇女及一切不能耕田的人，均不够食。贫农劳力多的也抵不住富农，因为贫农不及富农的牛力、农具、资本，并且富农可以租耕孤、寡、老、幼、小脚妇女等人的田。因此，以劳力为单位只于富农有利。

安福与吉安、分宜交界的“边界区”及吉安之延福乡，都实行了以劳力为单位分田的“江汉波办法”，并且是绝对的，有劳力的有分，无劳力的无分，不论年龄。流氓有分。无劳力的，由有劳力的耕了给他们食。三军团一个政治委员来吉安，对王怀〔6〕说：湘鄂赣边界的分田法，是以劳力为单位，无劳力的分一半，不是由政府供给。

以劳力为单位分配，富农田多，牛力、犁耙需自己用，贫农要借不可能。只有平分，贫农才能借富农的剩余农具，所以贫农要求平分。

六　分青问题

瑞金、于都两处农民，一部分拥护汀州会议“无条件分青”的口号，一部分则拥护陂头会议“青苗不分”的口号，他们的口实是：“不得破坏土地法。”

北路各县，今年五月分田，补偿本钱与原耕，每石谷补六百文。旱田，富农的田不补，贫农的田每石谷补一串文。

纯化三月分田，当时还未莳田，只犁了一道，有些下了少数肥料，分田后不补还本钱。

北路，每石谷补偿本钱六百或一串，五月以前县议定谷价每石四串，补偿率为六分之一或四分之一。那时尚未分田，又值荒时，规定谷价四串，有帮助贫农抑平谷价的意义。但收获后还是规定每石四串，“这就不对”。

永新去年旧历五月，西北特区的第五区政府规定，早禾田谷快要熟了那时候分田的，进田人每两石谷(二百斤，即一石田)补回大洋一元与出田人；大禾田每年收一道的，五月时正当插秧之后禾还没有长成，每石田(谷二石)补回一串钱与出田人。县委的决定是无偿得田，但第五区因交通阻塞，没有得到县委指示，便照自己的决定做了。

于都东乡与赣县西北部的富农，要求每石谷田(实只八斗)补还小洋二元(值四串)，党不准，进田人无偿得了田。

正当的政策应该是“无偿得田，分亩分青”。地主家属照分，以归一律。地主钱多，另行派款。流氓照分，因为他们是劳苦的。富农反对流氓分青，是不对的。中农没有多的田分出去，不受影响。“上层贫农”耕田多的，虽受影响，但有他种利益满足他们。广大的下层贫农、手工工人、雇农，是十分拥护这个办法的。分青之后无力耕种的，准许照出租办法办理。

七 原耕总合平分

过去以村以家为单位照原耕为标准去平分，结果有利富农不利贫农。正当的办法应该是：以乡为单位，按全乡人口总数，除全乡人口原来所耕田地的总数（全乡人口原来在本乡耕的和原来在外乡耕的合计起来），抽多补少，抽肥补瘦，移得田动的移田（田多的村，把田推一部分给田少的村），移田不动的移民（隔远了，无法移田，只好移民）。这个办法，叫做“原耕总合分配”。

八　非劳动人口与新租田制

无劳力的人把田租与有劳力的人耕，佃户交租谷与田主。纯化、万安、新余交十分之四，分宜、宁都交十分之五，永新交三分之一。富田（吉安之一个区）分上中下三等田，上田交十分之四，中田交十分之三，下田交十分之二，似较合理。

无劳力要把田出租的人，纯化、安福、泰和、新余、分宜、峡江，均占人口百分之二十。宁都占百分之二十多，因为这些地方的女子小脚多。永新只有百分之五，因为女子都是大脚。出租的人多是孤寡残废老小，及做革命工作的人。以上所说，都是说的一家全无劳力而要把田出租的人口。至于无劳力而自己家中有人耕种不需出租的那种人口，就更多。全般说来，无劳力的占人口全数百分之七十五，即四个人中只有一个壮丁有充分力量耕田，这是中国的大问题。不过，这所谓无劳力，是指不能正式耕田，他们中间的半数有部分的劳力，如做看牛、砍柴、煮饭、洗衣服、作菜等事。统计起来：

百分之二十五——全有劳力；

百分之三十七点五——半有劳力或稍有劳力；

百分之三十七点五——全无劳力。

前面所述各地“租田交谷”，都是所谓“分谷制”，只有纯化是“收租制”。分谷制的坏处是：租户耕田，以己田为主，对于田户的田，不下力施肥，随随便便，禾熟时候，按收获谷数，对分，四六分，或他种比例分，这个制度于田户不利。收租制，是讲定租额，不论收成多少，因此租户注意下力施肥，于生产量及田户均有利。

收租制的坏处是：（一）铁租，遇灾患年成，于租户不利。（二）赤卫队出发次数多，耕田日子减少，亦于租户不利。

总括起来，分谷制利于富农，收租制利于贫农。

正当的政策应该如下：

（一）贫农、雇农及失业者分了田，缺乏牛力、农具、本钱的，由政府没收富农地主的多余牛力、农具等项，分给雇农、贫农、失业人等私人使用。同时，奖励集体使用这些工具，把没收富农地主的东西交些给合作社。再有一种办法，就是私人向富农临时借用牛力、农具，以资补助。政府裁制那些故意不借东西的富农，以赞助贫农、雇农及失业者。

（二）至于那些完全不能耕田的人，应准许他们在下列条件之下，把田租与富农中农耕种：

（甲）废除分谷制，规定固定租额，凶荒无减。

（乙）规定最低租额（百分之五十），务使富农对贫农雇农的“剥削”不得过多。

（丙）不准富农借口只耕己田，不耕人田。如富农不愿租田时，乡政府应将本乡必须出租的田，分配租与本乡富农中农，强制他们耕种。

九　城市失业工人要求分田问题

泰和城内泥水木匠二百多人失业，要求分田，没有分。他们是外县人，城区农民不准他们分田。又南门城外作甘蔗的，也要求分田。

兴国也闹这个问题。

此问题值得从长考虑。

根据人民出版社一九八二年出版的
《毛泽东农村调查文集》刊印。

注　　释

〔1〕这里和下文中的“省委”，应为省行委。

〔2〕陈毅（一九〇一——一九七二），四川乐至人。当时任红军第二十二军军长。

〔3〕指江西省委巡视员江汉波一九二九年冬至一九三〇年春在赣西工作中推行的反对按人口平均分配土地，而以劳动力为标准分配土地的办法。

〔4〕富田事变，指一九三〇年十二月十二日在江西省行委驻地富田发生的由肃反扩大化引发的一起有严重错误的事件。

〔5〕共耕共费，即共同生产、共同消费。当时革命根据地内有这样一种错误主张，即全部土地归苏维埃经营，农民在苏维埃指挥下耕种，生产品由苏维埃按人口需要分配，剩余部分归苏维埃所有。

〔6〕王怀（一九〇六——一九三二），江西永新人。一九三〇年三月至十月任中共赣西南特委常委。

《兴国调查》前言

（一九三一年一月二十六日）

一九三〇年九月，红军第一方面军从打长沙回到江西，十月初打开吉安，进到袁水流域，兴国送了许多农民来当红军，我趁此机会做了一个兴国第十区即永丰区的调查。找了傅济庭、李昌英、温奉章、陈侦山、钟得五、黄大春、陈北平、雷汉香八个人开调查会。调查的时间是一九三〇年十月底，开会的地点是新余县之罗坊，开了一个星期的调查会。永丰区位于兴国、赣县、万安三县的交界，分为四个乡，旧凌源区为第一乡，洞江区为第二乡，三坑区为第三乡，江团区为第四乡，以第二乡之永丰圩为本区政治经济中心。人口分布：第一乡三千，第二乡八百，第三乡三千，第四乡二千，总共八千八百。这一区介在兴、赣、万之交，明白了这一区，赣、万二县也就相差不远，整个赣南土地斗争的情况也都相差不远。实际政策的决定，一定要根据具体情况，坐在房子里面想像的东西，和看到的粗枝大叶的书面报告上写着的东西，决不是具体的情况。倘若根据“想当然”或不合实际的报告来决定政策，那是危险的。过去红色区域弄出了许多错误，都是党的指导与实际情况不符合的原故。所以详细的科学的实际调查，乃非常之必需。这次调查，一般说来仍不是很深入的，但较之我历次 调查要深入些。第一，做了八个家庭的调查，这是我从来没有做过的，其实没有这种调查，就没有农村的基础概念。第二，调查了各阶级在土地斗争中的表现，这是我在寻乌调查中做了而没有做得完全的。这个调查的缺点，是没有调查儿童和妇女状况，没有调查交易状况和物价比较，没有调查土地分配后农业生产的状况，也没有调查文化状况。这些本来是要调查的，因为敌人对罗坊进攻了，红军决定诱敌深入的方针，我们的调查会只得结束。下面的材料是这样得来的：由我提出调查的纲目，逐一发问并加讨论，一切结论，都是由我提出得到他们八个同志的同意，然后写下来的，有些并未做出结论，仅叙述了他们的答话。我们的调查会是活泼有趣的，每天开两次甚至三次，有时开至很夜深，他们也并不觉得疲倦。应该深深感谢这些同志。他们有几个是共产党员，但多数不是党员。

一九三一年一月二十六日，
于宁都小布圩，整理后记。

根据人民出版社一九八二年出版的
《毛泽东农村调查文集》刊印。

关于加强春耕工作的意见

（一九三一年二月二十八日）

现在春天到了，各地农民动手耕田的还很少，这件事值得我们注意。为什么农民动手耕的很少呢？有些固然是习惯上的原因，耕田时季素来推迟，但除了这个原因之外，据我们调查还有（一）田没有分定，（二）耕牛缺乏，（三）红白交界靖匪[1]威胁不好耕田几种原因。

关于田没有分定一层，在现在红色区域是个大问题。过去田归苏维埃所有，农民只有使用权的空气十分浓厚，并且四次五次分了又分使得农民感觉田不是他自己的，自己没有权来支配，因此不安心耕田。这种情形是很不好的。省苏[2]应该通令各地各级政府，要各地政府录令布告，推促农民耕种，在令上要说明过去分好了的田（实行抽多补少、抽肥补瘦了的）即算分定，得田的人，即由他管所分得的田，这田由他私有，别人不得侵犯。以后一家的田，一家定业，生的不补，死的不退，租借买卖，由他自主。田中出产，除交土地税于政府外，均归农民所有。吃不完的，任凭自由出卖，得了钱来供给零用，用不完的由他储蓄起来，或改田地，或经营商业，政府不得借词罚款，民众团体也不得勒捐。那些说农民余钱剩米归苏维埃公用的话完全是谣言。农民一家缺少劳力耕田不完，或全无劳力一点不能自耕的,准许出租。租完多少,以两不吃亏为原则,由各处议定。还有红色区域准许自由做生意,赚得钱来,均归本人。以上这些规定,是民权革命时代应该有的过程,共产主义不是一天做得起来的,苏联革命也经过许多阶段,然后才达到现在社会主义的胜利。这是希望各级苏维埃及民众团体负责同志大家明了的。实行上述办法,AB团〔3〕等反动派别或者要乘机造谣,说共产主义不成功了又要恢复地主制度。各级政府负责同志,便应根据民权革命的意义加以驳斥,说明只有实行现在民权革命时代所必要的政策,才是真正走向共产主义的良好办法,决不是什么恢复地主制度,那些反动派别的话,完全是错误的。

缺牛一层,第一,要提倡耕种互助,邻近乡村牛多的帮助牛少的耕田。但这种帮助,不是完全白送,除牛多人家自愿送耕不要租钱之外,应该准许租牛,只有正式准许租牛,才能相当解决缺牛问题。第二,全乡或全区缺牛太多简直不能下耕的,县区乡等级政府,应为设法调剂,鼓动牛多区乡把牛出借或出卖。在这里县区两级政府,应有全县全区牛数的调查,有了这个调查,才能实行调剂。第三,禁止杀牛。现在一边缺牛,一边各圩市尚有杀牛的,违反贫农利益,应加禁止。第四,红白两区域一般农产品与工业品流通交易,应许完全自由,没有特殊情形(如米荒时)不加禁止并不限价(红色区域内部更不限价)。但目前贩牛出口,因为红色区域缺牛太甚,影响很大,应暂时禁止。

至于红白交界,农民受靖匪威吓不敢耕田,以致荒了许多田地,解决这个问题,只有领导工农武装向地主武装猛力进攻，使红色区域向前发展，过去不能耕种的地方，便可以耕种了。

以上意见望讨论施行并复信给我们为要。

中央革命军事委员会
总政治部主任　毛泽东

二月二十八日

根据中革军委《总政治部通讯》第四号刊印。

注　　释

〔1〕靖匪，指靖卫团，是一种反动的地方武装。

〔2〕省苏，参见本卷第244页注〔5〕。

〔3〕AB团是一九二六年底在江西南昌成立的以反共为目的的国民党右派组织，存在时间不长。一九三〇年五月起，赣西南根据地内开展了所谓肃清AB团的斗争。斗争不断扩大，严重混淆了敌我矛盾。

普遍地举办《时事简报》[1]

（一九三一年三月）

一　总政治部的通令

红军各级政治部、政治委员，地方各级苏维埃、各界民众团体：

《时事简报》是苏维埃区域中提高群众斗争情绪、打破群众保守观念的重要武器，在新争取的区域对于推动群众斗争更有伟大的作用。因此，本部决定要红军和当地政府普遍地举办起来。为了这个需要，把举办《时事简报》的意义、《时事简报》的内容和它的编写方法，写成一个小册子附在下面，发往各地。红军各级政治部、地方各级苏维埃的文化部接到这个通令和小册子之后，应即速计划举办起来。本部出的《红军报》可以供给《时事简报》的一部分材料，除发给红军之外，从近日起每期（三天一期）发二百二十份给江西省苏维埃文化部，再由省苏文化部转发各县苏、区苏[2]。大约每一个区苏有一份，各县苏、区苏如未接到，望向省苏函索为要。

中央革命军事委员会　　
总　政　治　部　主　任　毛泽东

一九三一年三月十四日于黄陂

二　怎样办《时事简报》

（一）红色区域举办《时事简报》，提高群众的斗争情绪，打破群众的保守观念。

农村里头，小市镇里头，小城市里头，都是没有报纸看的。斗争的群众，革命以前和革命以后，在消息不灵通、见闻狭隘这一点上讲，是差不得很远的。井里虾蟆井里跳的现象，依然在群众中保持着。同志们，这种现象是不好的。这种现象引导群众把斗争的热情降低下去，引导群众走向保守局面上去。这是和扩大斗争、争取全国胜利的任务相冲突的。努力地扫除这种现象，是苏维埃和民众团体的责任。扫除的方法，代表大会、群众大会、巡行演说、团体参观等项固然都是好的，举办《时事简报》更是一种好的方法。

（二）新争取的区域用《时事简报》去推动群众斗争。

那些新争取的地方，《时事简报》更有伟大的作用。当着红军占领新的地方，引导群众起来斗争，打土豪呀，分田地呀，分谷物呀，废债务呀，起游击队呀，立苏维埃呀，当着这个地方的群众起来做这些斗争的时候，他们一面在那里斗争，一面却时时有一种疑虑：我们不是孤立的吗？我们的斗争不会失败吗？当着革命群众有这种疑虑的时候，正是潜藏的反动分子造谣恐吓的时候。这时革命群众所热望的，是近地及远地革命红军的援助。这时候，《时事简报》跑了出来答复他们这问题。记得去年（一九三〇年）三月红军占领大余时，出了一张《时事简报》，贴在一座大木桥的亭子上，引起成群的人川流不息地去看。好些人眼睛望着报，口里照着念，一座桥上充满了欢跃的空气。大余是一个例子。过去红军用这个方法作为发动群众的工具，收了很大效果的还做了一些，可惜没有普遍地做，更没有经常地做，是一个大的缺点。

(三)《时事简报》的内容和编写方法。

1.《时事简报》不是印的是写的，不是小字是大字，不是小张是大张。

2.《时事简报》不做文章，只登消息。登的消息是：(1)群众斗争消息（打土豪，分田地，捉AB团[3]，起贫农会，消灭地主武装，发展红色区域，甲乡瘟死十头牛，乙乡无盐吃、没菜等等）；(2)苏维埃的活动（开了代表大会，出了重要布告等等）；(3)红军的活动（作战胜利、帮助群众分田等等，但军事秘密如红军的人数、枪支、编制、行动、番号等不可登载，以防泄漏）；(4)统治阶级情形（军阀混战等等）。

3.也不是完全不发议论，要在消息中插句把两句议论进去，使看的人明白这件事的意义。但不可发得太多，一条新闻中插上三句议论就觉得太多了。插议论要插得有劲，疲沓疲沓的不插还好些。不要条条都插议论。许多新闻意义已明显，一看就明白，如插议论，就像画蛇添足。只有那些意义不明显的新闻，要插句把两句议论进去。

4.登消息的次序，本乡的，本区的，本县的，本省的，本国的，外国的，由近及远，看得很有味道。

5.地方的《时事简报》要完全用本地的土话。从别处报纸抄下来的那些文字不通俗的新闻，要把原文完全改变。红军的《时事简报》，不会写本地的土话，也要用十分浅白的普通话。

6.《时事简报》的材料，关于本地的和近地的，那就很容易采取；关于远地和全国的、国际的，从总政治部所出《红军报》采取或从别的报上采取。

7. 文字和材料都要是有鼓动性的。

8. 但严禁扯谎，例如，红军缴枪一千说有一万，白军本有一万说只一千。这种离事实太远的说法，是有害的。《时事简报》不靠扯谎吃饭。

9.《时事简报》三天出一张，一个月出十张，斗争紧张的地方可以一天出一张。

10. 编辑办法。地方县苏文化部设一专人，每三天编一张稿。稿子上的消息是本县的、邻县的、全国的、国际的，但不是每期要有各种新闻，几期本县新闻多些，几期邻县新闻多些，要紧的是本县、邻县这两部分新闻，因为它是群众欢迎的。全省的、全国的每期条把就够，国际新闻几期之内登他条把，这些新闻不可没有，没有就不能引导群众参加大范围的斗争，因此一定要有，但决不可多。多了，一来占去篇幅，把本地近地的重要消息篇幅缩小；二来这些消息缺乏兴味，群众不易了解。县苏文化部的《时事简报》编辑员把这一期稿子编好了，按照区苏的数目，每个区苏抄发一张，寄与区苏文化委员。区苏文化委员接到县苏文化部的稿子，在上面加上本区的新闻。这一部分新闻在《时事简报》里头占着第一等重要地位，因为没有这部分新闻，便缺乏《时事简报》的中心内容，因而也决不能引起群众注意，决不能达到《时事简报》所要取得的效果了。区苏文化委员把本区新闻加上去了之后，把这整篇稿子，按照全区乡苏的数目，每个乡苏抄寄一份。乡苏文化委员接到区苏的稿子，再在上面加上本乡的新闻。这一部分新闻也是要紧的，它的主要意义是引动看报的兴趣。要到这个时候，全篇稿子才算编成。按照本乡村的数目，每村一张，用大字写在大纸上面，加上红色圈点记号，写上出报日子，派人张贴到各个村子的显扬地方，给群众看。要到这个时候，才叫做报。县、区两级文化部写的都不是报，只是报的稿子。这种做法，功效是很大的，假如全县有一百乡一千村，每隔三天全县百乡千村的群众就都看到了《时事简报》。这种报同时又可做识字运动的材料，村中识字小组的组长给那些不识字人指点一番，既看了报又识了字，真是好得很的办法。

11.新闻条数的大概分配。比如一期《时事简报》有八条新闻，那末县苏的稿子四条（其中本县两条、邻县一条、国内国际一条），区苏加上三条，乡苏加上一条，共八条。字数每条不得超过四十字，每期不得超过四百字。

12.红军在散开做群众工作时，编《时事简报》的目的主要是给群众看。这是发动群众的一个有力的武器。决不可像过去一样，有些完全忽视这个方法，全不注意编《时事简报》；有些编一张不编一张，断断续续地在那里做一点。这些都是不对的。红军散开在做群众工作时，一定要有计划地编《时事简报》给群众看，但把编好的《时事简报》同时多挂几张在各个伙食单位的宿营地内给士兵看，也是要紧的。红军在集团驻扎时，编《时事简报》的目的主要是给士兵看，但同时多挂几张给当地群众看，也是必要的。

13.红军编《时事简报》，在散开做群众工作时，由军政治部编成初稿，发往各师；各师政治部或政治委员加上当地新闻及本部活动消息，发往各团；各团政治委员又加上当地新闻及本团活动消息，发往各连。（以上者都是稿子。）由连政治委员指定文书、上士及其他能写字的，按照当地村庄数目，用大字大纸写好，加红色圈点记号、出报日子，每个村庄一张，派宣传员前去张贴，贴到显要之处给群众看。同时留一张贴在宿营地，由连上识字运动委员会指挥识字小组，引导各组士兵去看。红军在集团驻扎训练时，《时事简报》的作用既主要是给士兵看，那末军政治部宣传科编稿时，除了编上地方斗争消息、国内国际政治消息（一条至二条）、友军消息（一条至二条）外，最要紧的是要编上本军消息（一条至三条）。编好了，发往各师。各师又加上本师消息（一条至二条），发往各团。各团又加上本团消息（一条至二条），由团政治委员指挥宣传队及团部司书按照连的数目，用大纸大字写好，每连一张，发往各连，引导士兵去看。每期《时事简报》条数至多十条，字数至多四百字。

14. 红军编的《时事简报》，它的内容国内国际消息要少，只占十分之三，本军、本地、近地消息要多，要占十分之七。只有这样，才能引动士兵和群众看报的兴趣，取得我们所要取得的效果。

15.《时事简报》的新闻，特别是本地的和近地的新闻，一定要是与群众生活紧密地关联着的。如牛瘟、禾死、米荒、盐缺、靖卫团[4]、赤卫队[5]、AB团造谣、共产党开会等等，都是与群众生活密切关联的，群众一定喜欢看。凡属不关紧急的事不登载。

16.《时事简报》一定是要大张纸、大个字写的，油印的要不得。现在总政治部出的《红军报》，省苏、县苏以至区苏出的报纸，各军各师出的报纸，凡属印刷成功的小字出品，不论它的用意是怎样安顿给群众看、给士兵看的，实际都是只有干事才能看得懂（有许多下层工农干事依然看不懂）。所以，决不能拿了这些报去代替《时事简报》。《时事简报》是极大黑墨字，稀松七八条，看上去明明朗朗，看完了爽爽快快，是真正群众的读物。

一九三一年三月十二日中央革命军事委员会总政治部于黄陂

根据新华出版社一九八三年出版的《毛泽东新闻工作文选》刊印。

注　释

〔1〕这是毛泽东为中央革命军事委员会总政治部写的关于在红色区域普遍地举办《时事简报》的通令和怎样办《时事简报》的小册子。文内用黑体字排印的标题是编者加的。

〔2〕县苏、区苏，参见本卷第244页注〔5〕。

〔3〕AB团，见本卷第258页注〔3〕。

〔4〕靖卫团，是一种反动的地方武装。

〔5〕赤卫队，是革命根据地中群众的武装组织，不脱离生产。

总政治部关于调查人口和土地状况的通知

（一九三一年四月二日）

红军各政治部、地方各级政府：

我们现规定了人口和土地两种调查表格。这两种表格主要地是要统计各阶级土地和人口比例，更具体地以铁的事实来解答我们现在许多问题。

过去许多地方往往忽视实际事实的调查，只凭自己空想去决定工作计划，去指导下级工作，结果计划是行不通的，指导是错了的。

现在这两种表格，我们如能照深刻注意实际的正确的统计填写起来，是能解决我们许多问题的，特别是现在分配土地中的许多实际问题。深望红军政治部每到一处注意填写，地方政权机关逐乡去填写，尤望红军中和政府中每个负责人随时随地做此种调查和统计。

到底如何才能使调查所得的材料真实正确呢？

第一，必须建立对这一工作的深刻认识，看清楚这一工作的重要，才会以大力注意。

第二，调查的人要不怕麻烦。调查这一乡，必须找到他们的分田的人口和土地调查本子，找到这一乡的经手分田的土地委员和熟悉这一乡情形的人，先把每一家人的阶级成分和每一亩田为哪个阶级占有（属于地主、富农、中农、贫农……）分别清楚，再用硬算的办法统计清楚，按照实际数目填写上去。

第三，上级政府派出去指导的同志和政治部负责任的同志，须将两张表格的内容及调查时要注意之点，详细向执行这一工作的同志说清楚。特别是要说清楚：富农标准要是以剥削为他收入的相当部分。那些少量放账或借账的人还是列在中农。那些原是雇农，中间（未革命前）已经租得土地耕种的人还是列入贫农。那些全家不耕田，专靠独立劳动（做裁缝、木匠等）谋生活的才叫独立劳动者。半耕半做手艺的还是按照他的经济地位列入贫农、中农或富农里面去。自由职业者与流氓的分别，是在自由职业者谋相当正业（如医生、教员等），流氓无一定职业，生活行为亦不一定，而且都是做坏的事多。

以上各项，如果调查时不弄清楚，则自己茫无把握，必致把阶级成分弄错了，失了统计的正确价值。

这两张表格——土地表格和人口表格有密切联系，填写时必须同时进行。无论个人或团体，填写好了可封好直接邮寄中央革命军事委员会总政治部收。

我们的口号是：

一，不做调查没有发言权。

二，不做正确的调查同样没有发言权。

中央革命军事委员会
总政治部主任　毛泽东

根据人民出版社一九八二年出版的《毛泽东农村调查文集》刊印。

查田运动[1]的群众工作

（一九三三年六月）

查田运动是一个剧烈的残酷的阶级斗争，必须发动最广大群众热烈起来参加斗争，形成群众运动，才能保障阶级路线的正确执行，才能达到消灭封建残余势力的目的。一切脱离群众的官僚主义命令主义工作方式，是查田运动最大的敌人。查田运动的群众工作，主要是讲阶级，通过阶级，没收分配，及对工会、贫农团的正确领导等。

一、讲阶级（做宣传）

（一）查田运动的策略，是以工人为领导者，依靠贫农，联合中农，去削弱富农，消灭地主。宣传的内容，就是要向群众很清楚地说明这个策略。

（二）为了说明这个策略起见，要将什么是地主，什么是富农，什么是中农，什么是贫农，什么是工人说清楚。在这个说明中证明地主是封建剥削者，富农是半封建剥削者，因此只有采取消灭地主、削弱富农的政策，才能使土地革命的利益完全落到中农、贫农、工人身上。

（三）但是富农与地主有分别，富农自己劳动，地主自己不劳动，所以对地主取消灭的政策，对富农则取削弱的政策。因此消灭富农的倾向是错误的，同时不应该把富农成分当做地主待遇。

（四）对中农的策略——联合中农，是土地革命中最中心的策略，中农的向背，关系土地革命的成败。所以要反复向群众说明这个策略，说明侵犯中农利益的绝对不许可的。为了联合中农不侵犯中农利益起见，要提出“富裕中农”来说明它，要着重说明富农与中农交界地方，使富裕中农稳定起来。要揭破地主富农对于中农的欺骗，使中农脱离地主富农的影响，团结在贫农周围，一致向地主作斗争。

（五）要揭破地主富农的每一欺骗口号，向群众作广泛的解释。要注意地主富农利用氏族的地方的落后观念，来对中农贫农进行欺骗破坏。

（六）要说明查田运动是粉碎敌人“围剿”的武器。因为把封建残余势力肃清了，去掉了敌人藏在苏区的捣乱者，广大群众革命热忱提高了，扩大红军、经济建设等项工作就更加好做。

（七）要按照当地环境提出具体口号。如在落后的村子，要找出落后的原因，提出发动群众的具体口号。比如该地有反动地主威胁群众，因此群众不敢积极起来斗争，必须提出捉起这个地主的口号。又如当地政府人员犯了脱离群众的严重错误，使得群众不满意，就要从揭发这些人员的错误着手宣传，以发动群众斗争。

（八）以上均是宣传的内容，以下再说宣传的方式。查田宣传的对象，第一要向乡一级干部分子（乡苏〔2〕代表、各群众团体负责人）讲话，使他们首先明了，经过他们去宣传群众。第二要在工会与贫农团会议上讲话，使会员群众明了。第三要在村子群众大会上讲话，使每一个群众都明了。

（九）宣传员。主要由乡一级积极干部分子担当，有布置地出席群众会议去讲话。其次是组织宣传队，经过训练后派往群众中去讲话。

（十）宣传的方法，第一口头讲话，第二贴布告，第三写标语，第四出传单，第五演新剧，第六墙报上做文章，等等。

二、查阶级

（一）查田运动是查阶级，不是按亩查田。按亩查田，要引起群众恐慌，是绝对错误的。

（二）查阶级是查地主富农阶级，查剥削者，查他们隐藏在农民中间而实在不是农民的人，查这些少数人，决不是查中农、贫农、工人的阶级。因此不得挨家挨户去查，挨家挨户去查要引起群众恐慌，是绝对错误的。

（三）查阶级之前，一定要经过宣传的阶段，即讲阶级的阶段，不经过公开地普遍地讲阶级就动手去查，要引起群众恐慌，是绝对错误的。

（四）查阶级要发动工会、贫农团的会员及其他群众多数人去查，要群众查了随时报告贫农团与查田委员会。不应该只是少数人去查，少数人去查要引起群众恐慌，是绝对错误的。

（五）查阶级要查得明白。不论是一个地主，一个富农，要把他们过去的剥削情形和生活情形查得明明白白，才能使本人服罪，使群众满意，如只查了大概就下断语，那就容易弄错，本人不服，群众不满意，就阻碍了查田运动。对那些中农的成分，更要仔细查清了，不使中农弄成富农，富农弄成地主。

（六）一家阶级查出来的材料，要填在一张“阶级成分调查表”上，使大家好评论，日后好根究。如只讲在口里记在心上，或只是在簿上写两三行，易得遗失，是不好的。

三、通过阶级

（一）通过阶级就是决定阶级成分，是对这个人决定“生死”的时候，故要十分谨慎。一定要是查清楚了的才能提出去通过。

（二）通过的次序：首先是贫农团，要开贫农团大会。经过大家讨论，大多数人举手赞成，才算在贫农团通过了。如有疑问的，移到下次讨论，此次不要通过。

（三）第二是乡查田委员会。对于贫农团的意见加以审查，对的通过，不对的改正，怀疑的再调查。

（四）第三是区土地部。区土地部决定不下的，提出于区查田委员会。区查田委员会决定不下的，提出交县土地部。

（五）第四是村子群众会。一定要在本人村子里召集群众大会，向群众报告本人的剥削情形与生活情形，看群众赞成不赞成，赞成的通过，不赞成的再去调查，决不可硬要通过。如果硬要通过，就会引起群众不满，这就是命令主义，要坚决反对的。

（六）以上通过阶级的四个步骤必不可少。特别是群众会通过，更加重要。许多地方，不经过群众通过就去没收，是错误的。

（七）如果过去有通过错了的，如把中农当富农，富农当地主，地主当富农，应该推翻原案。要在群众大会上说明过去错误了，现在改正的理由，取得群众的满意。

（八）过去弄错了现在翻过来的，如是中农一定要赔他的土地财产，即使田已分了，也要抽出赔他。如是富农，现在有赔则赔，如果实在没有赔，只好将来替他想别种方法。这种赔还，最能争取群众。如果将错就错，不肯改正，那是完全不对的。

四、没收分配

（一）没收地主土地财产，没收富农土地及多余的耕牛、农具、房屋，只有经过村子群众大会得到群众的同意后，才能实行。决不可不得群众同意就去没收，决不可黑夜去没收。

（二）没收了地主的财产，除开现款及宝贵物件交政府财政部外，其他一切东西，都应分发群众，这是提高群众斗争热情的好方法。

（三）趁着开村子群众会通过阶级的时候，举出临时的没收分配委员会，即刻没收，当场分配，不得迟延没收，不得迟延分配，不得把东西挑到政府里去再讲分配。

（四）要分配给本村子，不可全乡平摊（大地主不在此例）。

（五）首先要分配给红军家属、雇农、工人，及其他群众的贫苦者，不可不分阶层同等分配。

（六）猪鸡等物，煮起来在群众大会上使大家吃，不可工作人员少数人吃。

（七）政府工作人员最好不要求分东西，以作模范。如果十分缺少用物，要取得群众的同意，在群众大会上通过。要防止工作人员自由拿东西。

（八）没收的耕牛及重要农具，在群众同意下，由分得的人组织犁牛合作社，共同使用。

（九）没收来的土地，迟延不分是不对的，除开留出红军公田及公共事业田外，要迅速分配。首先分给过去那些未分田及少分田的人。再有多时，以村为单位大家平分。山林、鱼塘、房屋、茅厕，同样要迅速分配给群众。

（十）在每次分配东西群众斗争热忱最高涨时，要适时地提出扩大红军、发展合作社等口号，领导群众热烈参加革命战争，热烈参加苏维埃建设。

五、工会、贫农团

（一）所有讲阶级，查阶级，通过阶级，没收分配等许多工作，都只有动员工会动员贫农团才能收得最大的效果，工会应成为农村阶级斗争的领导者，贫农团是农村阶级斗争的柱石。

（二）正确地开展查田运动，依靠于工会指导自己的会员加入贫农团，在贫农团内部起积极的作用。

（三）要发展贫农团，使贫农团成为广大贫农群众自由加入的团体。

（四）要洗刷贫农团中暗藏的坏分子。

（五）贫农团在查田运动中要勤快开会，要抓紧查田运动为自己的中心工作。

（六）要团结中农在贫农团的周围，贫农团的会议，应该吸引中农来旁听。

（七）工会、贫农团领导查田斗争工作，不能违背前面各段所述的原则。

只有依照上面所述的策略与方法，来动员广大群众，才能使查田运动得到完满的成功。一切不做宣传或宣传不正确、不认真、不普遍，查阶级、通过阶级与没收分配不按阶级路线与群众路线，不得群众赞助与同意，都不能使查田运动收到成绩，反会使群众不满，阻碍查田运动的进行。因此，反对查田运动中的侵犯中农消灭富农的“左”倾机会主义，反对包庇地主富农的右倾机会主义，反对官僚主义的领导方式与工作方法，是正确开展查田运动的必要条件。

根据一九三三年十月二十八日出版的中共苏区中央局机关报《斗争》第三十二期刊印。

注　释

〔1〕查田运动，是当时革命根据地内在分配土地后进行的一种群众运动，目的是清查漏划的地主、富农，按照当时的土地法没收和分配他们的土地、财产。

〔2〕乡苏，参见本卷第244页注〔5〕。

长冈乡调查[1]

（一九三三年十一月）

一切苏维埃工作的实际执行都在乡苏与市苏[2]，这是人人了解的，但乡苏、市苏应该怎么样进行他们的工作，却有很多人不了解。而不了解乡苏与市苏的工作，简直就不能真正领导苏维埃工作，就不能真正去解决“一切苏维埃工作服从革命战争的要求”这个问题。现在上级苏维埃工作人员中我们遇得到这样的情形：发得出很多的命令与决议，却不知道任何一个乡苏、市苏工作的实际内容。同志们！这是不行的，这是官僚主义，这是苏维埃工作的障碍！

我们的任务是提出了，从扩大红军到修桥筑路的许多计划也发布了，问题是怎样动员群众去完全地实际地实行这些任务与计划。异常紧张的革命战争，要求我们迅速地普遍地解决这个问题。而这个问题的解决，不是脑子里头想得出来的，这依靠于从动员群众执行各种任务的过程中去收集各种新鲜的具体的经验，去发扬这些经验，去扩大我们动员群众的领域，使之适合于更高的任务与计划。

现在许多地方的苏维埃机关中，发生了敷衍塞责或者强迫命令的严重错误，这些苏维埃同群众的关系十分不好，大大障碍了苏维埃任务与计划的执行。另一方面，无数的下级苏维埃工作同志，又在许多地方创造了许多动员群众的很好的方法，他们与群众打成一片，他们的工作收到了很大的成效。上级苏维埃人员的一种责任，就在把这些好的经验收集整理起来，传播到广大区域中去。这样的工作，现在应该立即在各省各县实行起来。反对官僚主义的最有效方法，就是拿活的榜样给他们看。

这里收集的长冈乡的经验，限于时间与报告人的材料，仅是他们若干项主要工作的概略的总结。但这种总结已足引起我们的极大注意，已足使我们郑重称赞他们的工作为“苏维埃工作的模范”，因为他们与群众的关系十分密切，他们的工作收得了很大的成效。发扬这些经验，收集更多的经验，供给一切落后的乡苏、市苏以具体的榜样，使他们的工作提高到先进乡苏、市苏的地位，团结千百万群众于苏维埃的周围，争取一切苏维埃工作适合于粉碎敌人“围剿”的要求，这就是我们的目的。

一九三三年十二月十五日

政治区划及户口

长冈乡属于江西省兴国县之上社区，是从本区榔木乡划出来的。

上社区工作的等第：长冈、榔木第一，杨澄第二，合富、秀水、塘石第三，仁田、上社第四。

长冈乡分为长冈、塘背、新溪、泗网四村。

户口：

一、全乡四百三十七家，一千七百八十五人，出外当红军、做工作的三百二十，在乡一千四百六十五（短夫及区乡工作人员在内）。在乡人口中，中农贫农一千二百八十六，工人、雇农、苦力一百零二，地主富农七十七。

二、出外当红军、做工作的：

一九二八至一九三二年当红军，八十；

一九三三年当红军，一百三十九；

在游击营，七；

调县以上工作，三十四；

调后方医院工作，二十四；

调当长期夫子，三十六；

共三百二十。

三、地主富农：

原有地主二家，五人；

原有富农十一家，七十二人；

八月查田查出地主之妻女与工农结婚的，六人。

从这六人收回土地三十六担六斗，没有查出别的富农地主。

代　表　会　议

一　会议情形

议事日程经常是：(1)开会，(2)报告，(3)讨论，(4)其他，(5)散会。拿纸写好贴起来。每次讨论的具体问题，则只主席自己开在纸上，不贴起。“报告”，首先主席报告开会理由，讲二三十句。接着区苏的“参加同志”报告（差不多每次都有区苏的人参加：部员来的多，十次有五六次；部长来的少，十次有二三次；主席、副主席不常来，十次只有一次），内容是政治形势与工作情形。“参加同志”没有说到的，主席与支书补充。“讨论”，均是具体问题，例如十一月八日开的一次会议，讨论了下列各项：

（一）军事动员。又分为：1、扩大红军。长冈村代表答应扩大五人，塘背村代表答应四人，新溪村代表答应三人，泗网村代表答应三人，共十五人，限十一月三十日做到。2、优待红属。决定要模范耕田队与劳动互助社一齐动员。3、归队运动。本乡有七个开小差的，决定要宣传队（乡的，村的）、突击队（红军老婆组织的）进行工作。4、慰劳红军。每村答应毛巾四条；黄麻草鞋与布草鞋，长冈答应一百一十双，塘背一百双，新溪九十双，泗网一百双。

（二）经济动员。又分为：1、经济公债。本乡承认销五千四百五十六元，收到了谷子八百二十二担，值四千一百一十元，又收到现洋一百二十七元，共收了四千二百三十七元，尚差一千二百一十九元没有收齐，决定要各代表“拿出精神来”做宣传，限十一月二十五日收齐。2、合作社。消费合作社过去只区有，现在乡组织支社，还只集股一百零几元，但群众已承认了三百五十元，决定要各代表进行收集的宣传，宣传队也要出发。3、节省运动。决定多种蔬菜以备春荒，把谷米节省起来。

（三）修整河堤道路。决定限十一月二十日至三十日十天内，修好通江背洞之六里长的大路，修六尺宽。修好后再修他路，四尺宽。选举筹备员五人，于路修好后修那个一丈宽被水冲坏了的河堤。至于那座大木桥，则与榔木乡合修。

（四）“拥护区苏”。为了对第三次全区苏维埃代表大会十一月十二日的开会表示全乡群众的拥护，决定赠送红匾一幅，一尺四寸红布，写四个字。十二日复动员全乡群众十分之九整队去区苏，要打爆竹。（结果群众去了十分之八，打了五六千爆竹，都是群众自己买了去打的。）

后二项是放在“其他”一项议程内讨论的。此次讨论的各问题，都是选举大会中选民的提案交乡苏讨论者。

二 检查制度

两次代表会议之中，一次是讨论问题的，另一次是检查工作的。

每次检查工作的会议之前，各村值日代表召集所属代表开检查会，由值日代表以其结果在代表会议上作报告。报告后，讨论未曾做到的及做得不好的如何做到及改正。

此办法开始于榔木乡，长冈从榔木划出之后采用这个办法，后来杨澄乡也采用了。最近区苏召集了一个全区工作检查会议，要各乡都采用。

三 值日代表

各村代表数：

长冈村，五百多人（分田时人数），十四个代表。

塘背村，四百九十多人，十四个代表。

新溪村，三百多人，十三个代表。

泗网村，四百多人，十四个代表。

各村工作等第：长冈第一，塘背第二，新溪第三，泗网第四。

每村一个“值日代表”，轮流充当，每人每次值十天，九月起实行的。九月前是“代表主任”制，指定一人专任。行了两年后，以主任制有缺点，责归一人，余人不便练习工作，轮流则免此弊。但值日制（实是值旬）也有缺点，代表弱的不能领导一村。

四　常　委　会

苏维埃成立以来即有常委会。

主席、副主席、文书、中共支书、少共支书，共五人。必要时，值日代表参加。

五　代表领导居民

每个代表管居民二十几人至五十几人不等，如长冈村的代表李求应，他就是管五十多人的。

每个代表手中有一个居民册，册上分为男成年、女成年，男少队（可当长夫）、女少队（可当短夫），男儿童、女儿童。男成年中又分为在赤卫军的（可当长夫）与不在赤卫军的（可当短夫），女成年中也分为在赤卫军的（可当短夫）与不在赤卫军的

（可优待红属）。

六 代表的变动

没有新划行政区时的榔木乡（七村，三千人），去年十一月选举代表七十多人，候补代表十一人，共八十多人。其中女代表十六个，男代表六十多个。到今年十一月一日改选时，原选男代表只剩下五个，多数当红军去了，少数调动了工作，红五月一次就去了二十九个。每一代表去时，先天召集所管群众选举一人，名曰“代理代表”。

七 代表的政治表现

最好的百分之六十。

中等的百分之三十五。

最差的百分之五（四个）。

这四个最差的是两男两女，很笨，又不积极，十次会只到四次，到了也不听事，更不发言。对群众态度“粗”，群众不喜欢这四人。七月把他们改选了。

八 女代表

十六个中：

最好的八个，寻工作做，又做得好。

中等的六个，不知寻工作做，交给工作就做，做不很好，要人帮助。

最差的两个，交给工作也不做。

长冈乡代表会议有许多好的创造，如常委会、值日代表、代表领导居民、检查制度等，都是别地可学习的。但常委会应改为主席团（大乡七人，小乡五人）；值日代表应改为代表主任，择最好的代表一个月或两个月一任，十天一换太频繁了。会议讨论的问题也很实际，但那个空洞的五条议事日程应取消，为什么不把那张开列了具体问题的单子贴出来呢？长冈乡的检查制度是很好的，工作的完全执行与争取速度，依靠这种办法。最坏的代表应早些撤换，八个月后才改选，太迟了。代表调动了工作，即刻补选是对的，但不应称为“代理代表”。

此次选举

一 选举委员会

九人：中共支书，中共妇女干事，雇农支部长〔3〕，手工支部长〔4〕，贫农团主任及另一人，大队长，乡代表二人。支书为主任。九月组织的。

县苏原定九月底选举，两次改期，第二次决定十一月初。

二 选举宣传

讲过去阶级未分清楚，现分清了，故要选举。还讲了为打破“围剿”，为检阅工作使之更进步，故要选举。

三　选民登记

四村各造册，由代表负责登记所管居民，交于选举委员会发榜公布：有选举权的一张，十六岁以下无选举权的一张，地主富农等无选举权的一张，前二张红，后一张白。四村及乡苏门外各贴这样的三张。选民册九月本已造好，但把工人家属不算作工人成分，上月改正过来，重新公布。对于工、农选举代表标准的分别，群众中有生疑问者。正确了解“工人领导”这个问题〔5〕的，全乡不足十分之一。

四　选举单位

四村每村一选举单位，另一工人单位。

五　工作报告

分两天开选民会（十月十九、二十两天），第一天两个村，第二天两个村。

主席到长冈、塘背两村报告，分两天出席。副主席（支书兼）到新溪、泗网两村报告，也分两天。报告分军事动员、经济建设、其他工作，共三项。

报告后，选举候选名单。也曾提出要到会群众批评乡苏工作，但无批评者。

六　候选名单

十月十九日支部干事会开会，各村都有人到（共到十一人）。按照各村工农人数比例，拟定一张五十五人的名单，恰如应选代表之数。然后提交各村党的小组会、工会、贫农团去讨论，由各小组党员在作工作报告的选民大会上起来提议，经大会通过，省去了选委准备名单的手续。

名单公布，四村及乡苏门外各贴一张。

公布后三天即选举。

七　选举大会

时间：十一月四日。

工人在乡苏开会，到了百分之九十，余是病的，未到。农民分四村开会，到了百分之九十三。上午开会，选民进门签一"到"字于写好了自己名字的一张表上（表二十四格，县苏印发，写二十四个选民的名字）。一人守门，门外有小孩子看，也有进来的。地主富农知道没有份，无来者。

程序：选举委员报告，乡苏主席报告，区苏参加同志报告，问选民有意见没有（没有），依候选名单逐名介绍、表决（无否决者），讨论提案（有人提议全乡十六岁到四十五岁无疾病者全体上前线，多数通过。此外，如十一月八日代表会议所讨论的"军事"、"经济"、"堤路"各案，都是此次选举大会提议的）。

上午十时到齐开会，下午四时散会，“精神很好”。

八　代表的政治表现

五十五个代表中，最积极的三十六个，中等的十九个，最差的尚未发现。

各代表中，老代表连选连任占十分之六（三十多个），新当选的十分之四。

九　选举后的代表会议

选举后第二天（十一月五日）上午，开第一次代表会议，选举主席、副主席、文书，选举出席区大会的代表（十人）。区苏有三个同志参加这次会。第四天（十一月八日），开第二次会议，讨论选举大会的提案（见前）。

长冈乡此次选举的缺点：(1)宣传没有指出，苏维埃是群众自己管理自己生活的政权，选举苏维埃代表是群众最重要的权利。(2)候选名单人数恰如应选人数，没有比应选人数增加一倍，因此群众对于候选名单没有批评。选举委员会在组织候选名单问题上没有起什么作用，只有党的活动。(3)工作报告会议上没有尽力发动群众对乡苏工作的批评。除了这些缺点之外，其余都是成功的。

乡苏下的委员会

以下是群众团体。

分村、乡两级。村五人，主任即为乡之委员。乡五人的多，因村有委员会，但七人、九人、十一人的也有。

一 扩大红军委员会

七人，内三人是代表。讨论“扩大”、“优待”、“慰劳”、“欢迎”。

慰劳队(七人，有队长，内四人是代表，一男三女，其他三人一男二女)挑着花生、豆子、蔬菜、草鞋去医院，去县城，有一次去黄陂小布，慰劳红军。

二 土地委员会

七人。九月查田运动〔6〕时还开了几次会，对前月查出的三十六担田加以处理。后来没有开会了。

应改为农事试验场管理委员会，场内附设农产品展览所。

三 土地登记委员会

五人，每村一人，主任常驻。七月组织的，做了两个月，登记完毕,取消主任的伙食。

办法:到各村问各代表,登记起来。代表不晓得的,便到那家去问。八月不明表格内容,登记不完备,延长一个月,登记好了。

四 山林委员会

五人,主任外,每村一人。管种植、保护。

种了些树,山坏,不发达,应种在河旁、路近、屋边。

私山如砍树多,要问过山林委员,少则不问,没有规定尺寸。

五 建设委员会

五人。指挥“水利”、“桥梁”两委员会。

六 水利委员会

五人,主任外,每村一人。

七 桥梁委员会

五人。管桥路之修理。应称桥路委员会。

八　国有财产委员会

五人。虽有，不了解做什么工作。

九　仓库保管委员会

三人。管公债谷及红军公田谷之保存。

备荒仓亦归它管，将没收的三十六担田的谷拿来备荒，共十多担。

十　没收委员会

三人。管罚款、捐款。

九月起罚地主九元，捐富农二百二十五元（十一家，多的捐四十余元，少的十元）。

过去把富农田地、山林、房屋、耕牛、农具一概没收了，只分了些坏田、破屋给他们，没有分山。现富农耕牛、农具需向人租。富农的现款过去“罚”的也有，现在“罚”的也有，无所谓捐。现在富农家况比雇农差。

（应该指出：长冈乡对富农的政策是错误的。）

十一　查田委员会

九人。现没有了。

十二　教育委员会

九人。

十三　卫生委员会

五人。四月组织的。

十四　防空防毒委员会

五人。十月组织的。开了四五次会。

十五　筹备委员会

为开纪念会而设。

长冈乡的村委员会（许多的委员会在村都有），使苏维埃联结了更广大的群众，这是苏维埃工作发展到高度时的很好的创造。因为村有了五人的委员会，乡的委员会许多也只要五个人就行了，而乡的每个委员会的五个人，其中四个就是四个村委员会的主任，这样把工作组成了网，对于乡代表会议的工作的帮助是极大的。但长冈乡同志把这些委员会看做如同工会、贫农团等一样的群众团体，而不知其是苏维埃组织的一部分，这是不妥当的。其中建设委员会可取消。土地委员会在兴国这种土地斗争深入了的地方，应改为农事试验场委员会。此外应增加“粮食”、“户口”、“工农检察”、“赤色戒严”等几个委员会。这些，在中央政府颁布的地方苏维埃组织法上面，已经规定了。

地方部队

一 编 制

（一）男赤卫军一排

二十四岁至四十五岁。此年龄内的男子，全乡共六十六人，除主席、文书两人及重病残废等未编入的二十人外，全部编入，计四十六人。

排长、副排长各一，班长、副班长各六。旗一面。

（二）女赤卫军一连

年龄同前。此年龄内女子，全乡共二百四十六人（超过男子二倍多），除病残的二十六人外，一律编入，共二百二十人。

连长、副连长、政治指导员各一，排长、副排长各三，班长、副班长各九，均女子。旗一面。

（三）少队一大队

男女合编。十六至二十三岁的，全乡男二十一名，女八十名（四倍于男），共一百零一名，除病残（风脚等）十五名未编入外，一律编入，共八十六名。

大队长、副大队长各一。下分男的一排，女的两排，各有排长、副排长。

二 训 练

（一）排操

村为单位，每月两次，赤、少分开，男女合操。

教练人：长冈女副连长，塘背女连长，少队的是一个女子、三个男子。操目：立正，稍息，左右转，插当子，正步，跑步（女子少），散兵，野外（三四里远）。

武器：多数梭镖，少数木枪。

政治课：先操后讲，讲者政治指导员。讲革命形势、帝国主义、赤军任务等，无一定教材，“随便讲一下子”。

时间：下午，大约二时至六时，操二点半，讲一点半。

到操：平均能到十分之七。

（二）连操

乡为单位，每月十五日一次。

操目：各排操法，看哪排好，检阅排操的成绩。

政治课：操完，指导员讲政治形势。

时间：下午四个钟头。现冬天天冷，又较闲，改上午。

三 勤 务

（一）运输工作

男子当长夫（四十五岁以上未编入赤卫军的则当短夫）。

女子当短夫（挑出一部分去城内、高兴、茶岭等处），还有救护（挑出一部分组织救护排，准备着，无工作）及洗衣（组织洗衣队，每村挑出十多名，无小孩累赘的，去筲箕窝的补充师及教导队洗了好几次，去茶岭洗了两三次）的勤务。

（二）晚上放哨

长冈、塘背、泗网共三个哨所，每夜一班，五人或六人一班，赤、少各派几人，轮流担任，班长或副班长负责。一人站哨，余人睡觉。问口令（答“老百姓”，讲出自己的名字，去何地，做何事，其实群众并不知口令），查路条（别乡过路的），未曾捉到什么坏人。

（三）白天检查

三个人负一天责任，一个赤军，一个少队，一个童团。有人过，一个看路条（童团），一个盘问他（赤军或少队）。必要时送信。塘背哨所曾捉到四五个逃兵，送区。“老百姓”捉到一个无路条的（当他走山上小路过时），别县人，凶得很，疑是侦探，送县。

（四）防空

本乡防空防毒委员会指导群众防空，注意下列各事：

飞机来了不要乱跑。

挖防空洞，可以几家合挖一个，在做，尚未做好。

遇毒瓦斯用手巾封鼻。演习野营的回来说，用木炭屑装巾封鼻。

每村一个号炮所，都设好了。每所两个专人负责，一人外出必一人在家，司放号炮。

一切青年壮年的劳动群众都应组织到赤卫军或少先队中去，并且加以好的军事训练与政治训练，一方面保卫地方，一方面准备上前线，这是苏维埃在国内战争中的重要任务。长冈乡在这一个方面也是成功的。

群众生活

一　今年碰着饥荒

今春莳田前，竟有百分之八十的群众缺粮，要向东固、沙村、富田、水南等很远地方办米。这百分之八十的人平均整差一个月粮，每人每年需谷五担，月计四斗。全乡一千五百人的百分之八十为一千二百人，一个月粮计四百八十担，都从远地办来解决了，无饿饭的。

二　明年则不怕

今年春耕虽好，因虫害秋收不好，只等于去年的收成。但（一）秋耕好，番薯、豆子均比去年增加四成；（二）冬耕又加种蔬菜、胡豆、雪豆与油菜；（三）去年秋收后群众曾把谷子大批卖给商人，每担价仅二千八百文，不足一元，固然需要钱用，抓紧些少粜出点是可以的，但没有注意到，今年开了全县的会，议定非四元不卖给商人，并应少卖；（四）去年秋收后供猪供鸡鸭浪费许多，今年供的少了；（五）去年一、二两期公债，买两元需费去二担半谷，今年经济建设公债，买十元还只需交谷二担，——因此可保证明春不荒。

三　油有多余

花生比去年好，可打油。家家多少分了一点木梓岭[7]，又有些木油[8]。油不少，还有多余。

四　豆子可以换盐，但食盐量大减

今年豆子收成好（水匀，去年则几全受水害），豆价也好（去年每担九元，今年十二元），可交换全乡食盐百分之六十。其余百分之四十的盐，可以多余的油（油多百分之三十）去交换。

老少平均每人每天需盐四钱（月十二两），今年七月减少一半只二钱（月六两），十一月三钱多一点（月约十两）。群众食酸菜水，说与放盐差不多。（这是国民党的罪恶，冲破封锁才有盐吃。）

五　吃肉，贫农增一倍，工人增二倍

供猪的人家约百分之八十五，不能供的约百分之十五。平均每家每年猪卖出约值二十元，买进猪肉约十二元，余八元。但在暴动前平均每年每家只能买进猪肉约十元。以阶级分：暴动前中农买进猪肉约十二元，贫农约六元，工人约四元，现在差不多都有十二元（其中一部分人无此数）。过去不说逢圩，即过年过节也吃不到多少肉。现在不说过年过节，每次逢圩大家都要买点肉吃了。

六　鸡鸭多数自己吃，过去则多数卖出

七　生活好起来，柴火少出卖

柴火本地不缺。过去挑柴火去城里卖的多，现少了百分之三十，因有许多人不需卖它了。

八　衣增一倍

衣服一切算在内，平均每人每年需新制一套单衣裤。中农过去、现在无甚改变。贫农、工人则现在较过去改良了一倍，比如现在制二元衣服，过去则只能制一元。

九　雇农的生活改良了

雇农全乡约二十二家，十分之六比最贫的贫农要好些了，因为分了东西。本乡地主只二家，没收了富农的（十二家）不少，从城市又分了好些来。十分之四则同于贫农。

十　中农尚留在原地位

一般说来，中农生活与过去差不多。（苏维埃应该注意中农生活的改良。）

十一 市 价

（甲）农产：

谷——暴动前秋收后每担（九十斤）三元，暴动后一元，去年秋后一元，今春九元，今秋后三元，十一月四元七角。

花生——暴动前秋后每担（一百斤）三元，暴动后三元，去秋后三元，今秋后三元五角。

番薯——暴动前秋后每担（一百斤）一千文，去秋后一千三百文，今秋后一千二百文。

豆子——暴动前秋后每担（一百斤）七元，去秋后十元五角，今秋后十二元。

猪——暴动前每斤六百五十文，去秋后九百文，今春七百五十文，今秋后八百六十文。

鸡——暴动前每斤七百五十文，去年九百文，今年一千二百文。

鸭——暴动前每斤五百文，去年七百文，今年七百五十文。

鸡蛋——暴动前每个二十五文，去年及今年均四十文。

鸭蛋——暴动前每个三十文，去年及今年均五十文。

柴——暴动前片柴每斤八文，去年十文，今年十二文。

木油——暴动前每斤六百文（每元五斤半），去年九百二十文（每元三斤半），今春至秋每三斤一元，十一月二斤十二两一元，因能出口。

花生油——暴动前每七斤一元，去年三斤半一元，今年十一月三斤一元。

小柑子——暴动前每二十八斤一元，去年十九斤一元，今年十五斤一元。

（乙）外货：

盐——暴动前每七斤一元，一九三一年三月每一斤一元，去年每三斤半一元，今夏每一斤大洋一元，纸洋二元，十一月每一斤十二两大洋一元，每一斤四两纸洋一元。

布——暴动前中等蓝布每尺一百五十文，去年二百五十文，今春三百文，十一月三百八十文。

洋火——暴动前每盒四十文，去年七十文，今夏一百八十文，十一月九十文。

洋油——暴动前每斤五百三十文，去年一千一百二十文，今年一千六百文。

十二　群众的休息与劳动

每人每月平均约有五个整天（许多次会合计起来）的开会生活，即是他们很好的休息时间。因出外的多，乡间劳动力减少，群众的劳动强度还是同于暴动前，但劳动的意义不同了。

苏维埃是群众生活的组织者，只有苏维埃用尽它的一切努力解决了群众的问题，切切实实改良了群众的生活，取得了群众对于苏维埃的信仰，才能动员广大群众加入红军，帮助战争，为粉碎敌人的“围剿”而斗争。应该明白：长冈乡在战争动员上的伟大成绩，是与他们改良群众生活的成绩不可分离的。

劳动力的调剂与耕牛问题

一 模范耕田队

四村各一队，共约七十人，红军家属有劳动力者组织之，每队一个队长。队下分小队，比如长冈村模范队二十多人，分三小队，按住所接近，有三人的，有七人的。每小队管其附近几家或十几家，经常注意使这些人家的生产弄好。今年八月割禾时组织的，作用是调剂劳动力。

办法：劳动互助社帮红军家属耕田（不要工钱），模范队则帮群众耕田（要工钱）。比如某个互助社社员正要帮红属耕田，而他自己家里的田又正待耕，模范队便派人帮他耕，或者代替他帮红属耕田，由他出工钱与模范队员，这样来调剂劳动力。因此模范队须与互助社取得密切的联系。

二 劳动互助社

四村每村一个，除红属外，凡有劳力的，十分之八都加入了。全乡社员三百多。

全乡人口中：

全劳动的百分之十（在全乡总人口中约占一百五十人）。

半劳动的百分之二十（约三百人）。

附带劳动的百分之三十五（约五百二十五人）。

无劳动的百分之三十（约四百五十人）。

前二项共约四百五十人，大部分加入互助社。

全乡出外的三百二十人（内二百二十六人当红军，九十四人做工作）中，除十几个人属于半劳动外，全部都是全劳动的，此数对于现留的全劳动一百五十人，为百分之六十八对三十二之比。劳动力的有组织的调剂，成为生产上的中心问题，因此群众热烈地欢迎劳动互助社。

互助社的工作是优待红属、社员互助与帮助孤老，均完全达到目的，红属的田一般耕得好。其办法如下：

优待红属：本乡红军家属，紧时平均每家每月须帮助约二十五个工，平时平均每家每月须帮助约十个工。群众劳力多的多帮助，少的少帮助，无的不帮，女人带了小孩子的也少帮。大概紧时全家有两个劳动力的须帮出十三四个工，一个劳动力的须帮出六七个工，半个劳动力的帮一工两工做轻便工作。应该帮这多而少帮了，则须算给工钱于多帮了的。比如紧时甲家每月本应帮红属七工但只帮了五工，乙家应帮七工而帮了九工，则甲家应算两个工的工钱给乙家。

社员互助：工数对除，少做了的，按工找算工钱于多做了的。

帮助孤老：只要吃饭，不要工钱。

以村为单位全盘计划生产，调剂人工。

每个月底清算一次，找出工钱（拿钱的多，物品抵的少，都能找清）。

工价：今年割禾分三等，最高八百文（如打禾），其次六百四十文（如割禾、挑秆），最低三百二十文（如拿禾、点豆），七月间全乡社员大会议定的（此次到了上百人）。去年割禾工价，开头八百文，紧张时一千四百文为最高工价。

减低工资：雇农工会是赞成的，他们因为分了田更欠人工。劳动力多的也不反对，他们因为优待红属须帮工多。

互助社，委员五人，内主任、组织、宣传各一，受乡的秋收秋耕委员会指导。

劳动互助社在农业生产上伟大的作用，长冈乡明显地表现出来了。根据群众的意愿，以村为单位统筹生产，一切地方都可实行，特别在扩大红军数多的地方。必要时还可以乡为单位，甚至以区为单位统筹，上杭才溪区就是这样做的。耕田队可以合并到劳动互助社，使组织上统一起来。这里有一个重要问题，就是动员女子参加生产。长冈乡十六岁至四十五岁的全部青年壮年七百三十三人，出外当红军做工作去了三百二十人，在乡四百一十三人，其中男子只八十七人，女子竟占三百二十六人（一与四之比），因此长冈乡的生产绝大部分是依靠女子。长冈乡提出了“妇女学习犁耙”的口号，女子已是成群地进入生产战线中，这证明有组织地调剂人工与推动女子参加生产，是不可分离的任务。长冈乡扩大红军如此之多，生产不减少，反增加了，即因为他们把这个问题很好地解决了。

三　犁牛合作社

九月间开始组织的，每村一个，刚在进行，尚未弄好，入社的不多。五个人的委员会。

平均百家中有牛二十五头，全乡共有牛百一十头。

一家二牛的无。

在有牛人家中，一家一牛的占百分之五十（小牛多，十几元一头的）。

二家一牛的，百分之十五。

三家一牛及四家一牛的，百分之三十。

五家以上共一牛的，百分之五（有七家共一牛的，大水牛）。

无牛的百分之二十五，全乡四百三十七家，无牛的约一百零九家。犁牛合作社尚未讨论如何解决。

办到了禁止杀牛，牛老牛病应杀的，报告乡苏派人去看，准杀才杀，无敢故意弄死者。

在现时的农业技术条件下，耕牛的作用仅仅次于人工。根据瑞金石水乡（无牛的百分之三十）、兴国长冈乡（无牛的百分之二十五）、上杭才溪乡（无牛的百分之二十）三处的材料，可以知道农民中完全无牛的，平均要占百分之二十五，这是一个绝大的问题。解决方法，莫妙于领导群众组织犁牛合作社，共同集股买牛。办法是在自愿原则下（经过社员大会同意），每家照分田数每担谷田出谷二升至三升。例如，长冈乡每人分田六担二斗，无牛的一百零九家，平均每家四人，共四百三十六人，分田共二千七百零三担，每担三升得谷八十一担，每担五元得钱四百零五元，以二十元买一牛计，得二十头。每牛耕田八十担，共可耕田一千六百担，对于二千七百零三担，已解决了一大半，明年再出两升，即可完全解决。而租牛每年每担谷田即须出牛租五升。这一办法是石水乡群众提出来的，他们已在实行。我们希望各地都能实行。这不但解决贫苦农民一大困难，对于增加农业生产更有大的意义。

公债的推销

公债发行委员会五人，每村另有一个主任。

乡主席到县到区开会认销五千元，后又加认四百五十六元，共五千四百五十六元。

乡主席回来召集代表会议，由各村代表承认本村的销数。

各村值日代表召集本村群众开大会。事先各代表及宣传队向群众做个别的宣传，届时领导群众来开会，讲明购买公债的意义。当场各代表及各团体的负责人首先认购，群众跟着认购，席上登记起来。

没有销完。

各代表及宣传队，对那些未买的及买得太少的，按家按户作宣传。"今年这样多"，有些群众不了解，便把去年谷价（买两元公债要拿出谷子两担半）、今年公债（买十元公债还只要拿出两担）比给他们听，把合作社利益（集了股的分两次红就过了股金的头，不曾集股的无份）讲给他们听，把敌人封锁与经济建设的意义讲给他们听。

再开全村大会，加销一部，尚未销完。

再做宣传。

开第三次全村大会，又加销一部，仍未销完，但所余不多了。

再做宣传。

开第四次全村大会，全部销完。

共销五千四百五十六元，全乡一千四百六十五人，平均每人买了三元七角多。最多的买了四十五元（一家）。买三十元的五十六家，二十元的很多。一二元的极少，只十家左右。五角的无。孤老等不买的也有十几家。“群众完全满意。”从开始至销完为时十五天。

长冈乡工作的特点，在于能用全力去动员群众，用极大的耐心去说服群众，结果能完全实现他们的任务，并且争取了最快的速度，推销公债不过一例。长冈乡五千余元公债的推销，全是在会场认购，全不按家去销，全是宣传鼓动，全不强迫摊派，经过四次个别宣传，四次全村大会，从开始至销完共只有十五天。别乡则有销数比长冈乡少至五倍六倍、反而在强迫摊派、销了两三个月还不能结束者，拿了同长冈乡对照，真是一个天上，一个地下！

合作社运动

起始于一九三一年三次战争〔9〕结束后榔木乡（长冈乡那时属于榔木）的顾岭村。本村群众以每股五角为单位，集了八十多元，开始做生意，有成绩。一九三二年一月，改为榔木乡合作社，没有增股，货比市上便宜，得到群众欢迎。到九月，做了三百块钱生意，赚了钱。去年九月，区社成立，全区集了八百股（每股五角），把榔木乡社归并于区。

职员：村社时代，社长（李奎应，后历任乡社、区社、县社的社长）、采办（李其尚，后历任乡社、区社、县社的采办）、会计兼营业（王仁森，后任乡社、区社的会计）各一人，吃社内饭，无工钱。改乡社时，决定每人月给工钱三元，但三人不受。

货从茅店、直下办来。

村社、乡社时，社员及红属买货，每千文减五十，即百分之五。非社员不减，但照市价实际上便宜些，一串钱货便宜二十文上下，即百分之二。区社今年十一月改为盐布每串钱减二十（因盐布贵，赚钱少），他货仍减五十，非社员照市价，此时一百元生意约赚二元。

区社去年九月至今年三月（半年），四百多元本钱赚了六百多元，以百分之五十为公积金，百分之十为营业者及管理委员、审查委员的奖励金，百分之十为文化教育费（为俱乐部、学校及红属儿童买纸笔），百分之三十分红。为了增发红利，鼓励社员，临时将教育费取消（以后应该恢复），共分红百分之四十，每人分了一串钱。分红时，清算账目，悬榜公告。分红后，增加了许多股本，今年七月时，共有二千股一千元了。十一月，第二次分红，每股分五角，实发三角，二角作为增股。决定改股金单位为一元，每人不得超过十股。

管理委员会十一人，审查委员会七人。

现定乡设支社。长冈支社集了二百六十多股（每股一元），在开始营业中。

县总社八月成立，也在开始营业中。

顾岭村合作社为全县合作社首创，又办得最好，有模范合作社之称。

本乡粮食合作社集了二百二十多股(每股一元),谷子抵交的多(每担五元),集中在长冈村一个仓里。还未开始营业,组织了管理委员会。

每个乡每个区都要学习长冈乡与上社区的消费合作社!

文化运动

一　小　学

列宁小学,四个,每村一个,各有校长、教员。

学生:长冈五十五,塘背五十三,新溪三十三,泗网四十六,共一百八十七,占全乡学龄儿童总数百分之六十五。余百分之三十五,不是父母不要他们去,他们自己好玩不肯去,学生去“捉”,捉来有罚扫地的,有罚禁闭的,罚饿饭的也有个把——那是“又大又蛮”的。学生之间自己发动斗争,“精神很好”。那些顽皮小孩来读的时间少,不来读的时间多,父母送他们出门,“他们溜到山上打仗去了”。(惩罚的方法有些是不适当的。)

均分甲乙丙三班。

学生年龄,七岁至十三岁。也有十四岁十五岁的,则因生产忙,只读半天。

远的带中饭,近的回家吃。

书纸笔墨,学生自备。

教员尽义务,但劳动互助社帮他耕田,等于一个脱离生产的工作人员。教员自己不肯说，代表会议决定优待。（乡苏常驻人有优待，代表及群众团体负责人不脱离生产的无优待。）合富、秀水两乡，则由学生斗米（斗，集合之意）给老师吃，月斗两斗米。杨澄乡又是一个办法：比如某村有一小学，乡苏准许群众中推出两个人（要是五十以上不能当长夫的），去开长担（开担即挑担，开长担即经常挑担）做小生意，赚了钱供给老师伙食，其数照乡苏办事人例（乡苏每日九分，老师也九分）。乡苏则对此两人不派一切勤务，由这两人自愿承认。

教员多是“文墨不深”的。

二 夜 学

全乡九个：长冈三，塘背二，新溪一，泗网三。

学生平均每校约三十二人，九校共约三百。男约百分之三十，女约百分之七十。全乡十六岁至四十五岁的青年壮年共四百一十三人，大多数进了夜学，四十五岁以上的“老同志”也有少数来读的。群众非常欢迎，说“夜学顶好”。

各校均分甲乙丙三班。

灯火，少数是自己带去，四人五人共一盏灯。多数就夜学设备的一盏木油灯，十多二十人共在这盏灯下读，每月每人出二个或三个铜片。

书纸笔墨自备。

教材：

甲班，读报，算术。

乙班，成年读本。

丙班，儿童读本。

每校一校长，一教员。校长可不识字，只要热心，学生没有来时，“请校长来指示”。校长也来读书。校长“老同志”多。九个夜学校长，女的占五个。教员无女子。九个夜学教员，七个是乡苏代表。都是尽义务的。

三 识 字 班

小孩子累赘的，“更多年纪的”，家里人太少离夜学又远的，这些人编入识字班。

编制：依住所接近，少的三人、多的十人为一组，举一组长——稍识几个字的。组长多属夜学学生。

教法：随时，随地，随人数，乘凉时，喝茶时，一个人，三个人，五个人。起初，画地为字，随后各立一簿，学写起来，字从“桌椅板凳猪牛鸡鸭”写起。各人簿子，大约十天由组长收齐，送夜学老师看改，“写得多写得好”的给以口头夸奖。字，组长有不晓得写的，问夜学老师，夜学老师有不晓得的，问日学老师。

用此办法，过去不识字的，现在都识得四五十个字了，少数能识七八十个。

此办法今夏开始实行，识字班的组织则去年就有了。

识字牌：每村一块，钉在路旁屋壁。牌上绘图写字，两天三天一换，一天一换或四天五天一换间或也有的。每次，少的两个字，多的三个字，没有不绘图的。日学老师负责。此法效大。

四 俱 乐 部

全乡俱乐部四个，每村一个。

每个俱乐部下，有“体育”、“墙报”、“晚会”等很多的委员会。

每村一个墙报，放在列宁小学。十篇文章中列小学生约占八篇，群众占两篇。

俱乐部都有新戏。

每个乡苏维埃都要学习长冈乡的文化教育工作！

卫 生 运 动

一 办 法

将居民编为卫生班，按住所接近，四五家，七八家，十一二家为一班，七八家一班的多。有班长。

虽规定五天大扫除一次，实际七天一次的多，十天的也有。要督促，“不督促记不到，工夫又多”。

二 工 作

（一）扫除：厅堂、睡房不要放灰粪，前后水沟去掉污泥，坪场打扫光洁，公共的水沟、坪场则轮流疏扫。（二）饮食：还只说到禁吃死东西。(三)衣服:要洗洁。以上各项,不做的,发动童团耻笑他,特别那些衣服不洁的。文明戏中也唱了卫生运动。

三　成　绩

四月起,头一次“蛮好”。随即松懈下去,五六两月全没做。乡苏发现了,批评了卫生委员会主任,重新召集卫生委员会(乡卫生委员会外,还有各村的卫生委员会,乡、村均五人)开会,号召各村竞赛,“看哪村做得较好”。七月督促实行,四个月来大有成绩,比前清洁多了。

四　舆　论

“红军共产党什么都想到了!”“政府工作人员真正顾乐(爱惜的意思)我们!”但也有少数人说:“开窗户,没有病死要吹死!”还需要做深入的宣传。

疾病是苏区中一大仇敌,因为它减弱我们的革命力量。如长冈乡一样,发动广大群众的卫生运动,减少疾病以至消灭疾病,是每个乡苏维埃的责任。

社　会　救　济

互济会乡委员会五人(内主任、宣传、组织)。

村无委员会,有一主任。

下分小组。

会员六百一十一。全乡只有约二十家没有加入互济会，这些多属孤老。

月费一铜片，无不交的。

工作：

（一）慰劳红军。

（二）募捐救济难民，援助反帝。今年有过二次。一次是七十多个信丰难民到兴国城（榔木乡时），共捐了二十多串。一次是援助东北义勇军（也是榔木乡时，那时人口二千九百，会员约八百），捐了四十多串。捐数五个铜片起，一百的、二百的、一串的都有。一百的多数，约占会员百分之六十。五个铜片的，一串的，各只几人。

（三）乡里火烧了房子的，失业工人生病无药的，募捐救济。今春一家失火，烧了一间半屋，捐了六串多钱给他。

（四）救济饥荒。今夏榔木乡有三四个人饿饭（过去乞丐，现还很穷），请求区互济会发钱发米救济，每人每次多的三升，少的一升，今夏发了三四次。

（五）救济红军家属。红军家属中生病困难的（无饿饭的），今夏一次募了十一串多钱。又四月间，由合作社借出本钱，给群众中自愿的几个人，拿去办米，挑往桥头、江背洞发卖，赚了百多串钱，接济红属中病困者。经手的群众，除赚食外，一点多的不要。

在许多地方的苏维埃不注意社会救济工作、许多地方的互济会只知收月费不知救济群众困难的情形下，长冈乡苏维埃与互济会的社会救济工作，是值得赞扬的。长冈乡是在最具体最实际地解决群众中的每一个困难问题。

妇　女

女工农妇代表会每村一个主任。由各个村的主任及一个妇女指导员组成乡的女工农妇代表会的主席团。全乡代表四十三人，长冈十二，塘背十一，新溪九，泗网十一。去年十一月开始组织的，今年三月改选一次，九月第三次选举。各村七天一次会，都按期开，每次仅个把人缺席（小孩累赘等原因）。代表分开负责，每个管五家至十家，六七家的最多。

第一次成立时的选举，是由乡苏代表负责，村为单位，召集所有十六岁以上的劳动妇女开会。此次到会者各村平均十分之六。按住所接近，几家（不等）选一代表。这次各村选的代表数，较现时略少。这时，妇女们还不了解妇女代表会的作用，不十分踊跃，代表选出后，少数亦不大积极。代表会无主席团，只一主任，村则主任亦无。

今年三月，第二次选举。办法同前，但由妇女主任主持，各村的乡苏代表只参加帮助。规定了各妇女代表负责管辖的家数。规定乡组织主席团，村设主任。

九月，第三次选举。改变办法，不开全村妇女大会，由各妇女代表召集所属各家妇女开会选举，全村的乡苏代表仍然参加帮助。

第一第二两次选举会，仅选举代表，未讨论问题。第三次讨论了“扩大红军”、“慰劳红军”、“优待红属”、“妇女学习犁耙”、“妇女拿银器买公债”等问题。七天一次的代表会上讨论的问题，曾讨论到婚姻问题，说“要正确的自由，不要流氓的自由，不要一讲口就离婚”。在今年选举运动时，讨论了妇女的候选名单。但其他妇女切身问题，如“妇女病问题”、“小孩子问题”、“妇女教育问题”等，没有讨论。

本乡离婚无不自由的。

丈夫骂老婆的少，老婆骂丈夫的反倒多起来了。（应该彼此都不骂。）

完全不打小孩子的，现在还没有，但打的时候少了。（应该完全不打。）

小孩子现在也聪明得多了，如父母打骂，过去反口的少，现在多起来了。（父母不打骂，小孩子也不会反口。）

约百分之一的妇女，暴动后四年半中结过三次婚。秘密恋爱的，暴动前约占百分之五十，暴动后减少至百分之十，今年更减少了。这是因为，一分了田，二离婚结婚自由，三则革命工作忙。

衣服改短了，去掉了“花边”。发，除“老婆太”外，一律剪掉了，老婆太也有剪发的。老妇未剪的约占女子百分之二十。

群众中，过去（暴动前）互相打骂的事，时有发生，讲口的更不少。现在，相打绝迹，讲口也减少了。过去，讲口无人解释，即使有人劝解，“心里总不易散”。现在一讲口，便有代表出来解释，“心里即刻散了”。现在讲口，多是那些年纪较老的同志们，他们开会较少，对革命工作不大明了，要他们去优待红军家属，间或讲起口来，但明了的积极的占多数（百分之七十），少数不明了的，老婆太为多，“她们总是不肯去开会”。

去年以来，老婆太敬神（装香供饭、求神拜佛）的完全没有了，但“叫魂”的每村还有个把两个。迷信扫除得这样快的原因：打了土豪，分了田地，第一。儿童团、少队的反迷信宣传，苏维埃的节省香烛钱运动，第二。儿童团（特多）、少队的直接干涉（抹掉她们的香烛），第三。（应该拿说服代替干涉。）但有些老婆太，虽不敢公开敬神，心里还是信神，这些人多属没有儿子的。

妇女在革命战争中的伟大力量，在苏区是明显地表现出来了。在查田运动等各种群众斗争上，在经济战线上（长冈乡是主要依靠她们），在文化战线上（许多女子主持乡村教育），在军事动员上（她们的扩大红军与慰劳红军运动，她们的当短夫），在苏维埃的组织上（乡苏中女代表的作用），都表现她们的英雄姿态与伟大成绩。这里女工农妇代表会的领导与推动，是紧要的关节。女工农妇代表会，首先应该抓紧妇女群众的切身利益问题，跟着这些问题的动员，联系到一切政治的动员。在这一点上，许多地方的注意是非常不够的，就是长冈乡也还缺乏充分注意。每个乡苏维埃，都应该把领导女工农妇代表会的工作，放在自己的日程上。

儿　　童

童团委员会，乡五人，一个书记。村的，一个主任。

七岁至十五岁的入儿童团，百分之八十加入了，未加入的多是七岁（因小）及十五岁的（因入了少队，本应十六岁才入少队，但有些“肯长”的加入得早），未加入的，女孩较多。

工作：（一）做扩大红军与归队运动的宣传（宣传三四次不去才笑他，本乡历来无耻笑队）。（二）竞赛捡狗粪入“肥料所”，铲草皮入“肥料屋”。（三）交月费一铜片，慰劳红军。（四）节省运动——少吃果子，多买公债，五角、一元、二元、三元的都有，买五角的多，百分之六十的儿童买了公债。（五）做游戏，下操，到操场上练习打仗，逢星期日一次，订立了课目。（六）最大多数入了列宁学校。儿童团的纪律严得很，有些顽皮孩子不服父母，也不服老师，只服儿童团的纪律，罚扫地，罚禁闭，总是“服理服输”。（应该多用说服，少用惩罚。）

过去九岁十岁的小孩，为地主富农看牛，现在没有了。过去，儿童不论在家、帮人，每天劳动时间总在十小时以上，同于一个大人，可说全无休息与受教育的时间。现在，每日大部分时间受教育，做游戏，只早晨约一点半钟看牛或做别事。农忙时，则劳动时间较多些——向老师请假，助父母作工。过去受父母打骂，现在受打骂的很少了。

反　帝

反帝拥苏同盟，乡的委员会三人（主任、宣传、组织）。

村无委员会，有一主任。

下分小组。

全乡盟员五百五十八人。

月费一铜片，完全收齐，无不交的。

经常地做宣传，晓得“反帝”“拥苏”大意的百分之三十（七岁以上)。

有些慰劳品送给红军。

许多地方的群众甚至工作人员以为,反帝即是反国民党、反土豪,拥苏即是拥护苏维埃中央政府。反帝拥苏同盟的领导机关并没有去做深入的切实的宣传解释工作。长冈乡在这方面有了成绩,但也还要更进一步。

工　人

木匠:失业的十分之三。十工只有七工做。工资每日五百五十。

裁缝:大部失业,工资每日四百。

泥匠 :失业十分之三,工资每日五百五十。

篾匠:失业十分之一,工资每日四百。

理发:增加十分之一。剃头的,每人一年出谷八升。

零工:工资平时每天四百(二毛),紧时八百(四毛)。

贫　农　团

乡的委员会,三人(主任、宣传、组织)。村的委员会,五人。今年七月,会员二百七十一,十一月,增至三百八十六。

过去,“有事就唤贫农团”,但没有注意健全其组织。

今年查田运动中(七月),把组织整理了,村设了委员会,发展了会员。

七月前，甚至两个月不开一次会，七月后，村贫农团五天、十天或半月开一次会，看工作需要。乡的每月一次。讨论的问题："查阶级"，"会员每人节省一毛二"，"发展会员"，"健全组织"，"发展生产"，"罚款捐款"。关于扩大红军、优待红属、经济建设、文化教育等，则只向会员作报告，乡代表会对这些工作有决议时，提到贫农团会上来"发表"，没有什么特别讨论。（应该讨论。）

不收月费。

村下分小组。

在一切查田运动没有深入的地方，贫农团特别重要，乡苏维埃要负领导之责。贫农团，村应有委员会，应以村为单位开会，乡为单位的会可减少。长冈乡的办法是对的。

宣　传　队

乡一宣传中队，七人，一个队长。每村一宣传小队，大村（长冈、塘背）五人，小村（新溪、泗网）三人，有小队长。为扩大红军、经济建设、纪念节等做宣传。

宣传的方式：（一）个别宣传，此项最多。（二）值日代表召集全村群众讨论工作时去做宣传。（三）区县开纪念节大会时向群众宣传，也向别乡别区的"队伍"做宣传。

乡苏七天召集队长、小队长共五人开"宣传会"一次。区苏召集全区宣传队长开会，每月至少两次，有三次的。每次时间至少四点钟，会毕回家吃饭。

全乡队长、队员二十三人，女的占十分之六。均“较会讲的”，不一定要识字。

不更换，调动工作时才补人。专门研究宣传材料与宣传方法，“乌吗（怎样）能使群众更了解”。

今年二月起组织的。

突 击 队

乡苏下五人，一队长。村则长冈、塘背、新溪有突击队，泗网没有。红军老婆组织的。

哪一村工作做不动，别一村的突击队就去检查帮助，把别村如何做动的方法告诉他们。乡的也一样，看哪一村做不动，就去检查帮助。

比宣传队工作少，不显大作用。

乡苏召集他们开了三四次会。

八月起组织的。

宣传队与突击队的办法是好的，各乡都可以组织。

革 命 竞 赛

竞赛的办法，从今年春耕运动做起的，比赛“较早”、“较好”、“无荒田”三项。这次是全区各乡竞赛，各乡主席在区苏开会决定的。本乡则各村竞赛，召集各村值日代表开会订定。每村由各个代表竞赛，值日代表召集各代表开会订定。没有要各家订立竞赛(也可订立)。条约上写明如下各项:竞赛项目的最高标准,某村与某村竞赛,奖品的种类及数目(分为第一等,红旗;第二等,信纸百张;第三等,信纸五十张),竞赛的时间,负责人与公证人。竞赛期内,乡代表会开了检阅会议,由值日代表报告情形,知道各村做到了什么程度。会后主席等(即公证人)到各村去巡视,看值日代表的报告是否"打花"(扯谎)。

四月间,另外还有一次竞赛,目标是"军事动员",分"扩大红军"、"慰劳工作"、"优待红属"三项。(无"归队运动",因其时无开小差的,五月间加入此项。)

五月二十日,乡代表会开"春耕"、"军事"两项竞赛的总结会,新溪夺得红旗,长冈得信纸百张,塘背得五十,泗网无所得。

七月订立"军事"、"经济"两项竞赛,现还未做总结,但已知长冈村最好。

为了争取工作的速度,革命竞赛的办法应该在每个乡里实行起来。乡苏是竞赛的领导者,但乡苏也只是"领导者",因为每一竞赛,主要是群众的竞赛,不只是各村代表之间的竞赛。因此每一竞赛条约的订立,应召集村为单位的群众大会作报告,得到群众的承认,并把竞赛条约张贴出来。在生产问题等项的竞赛上,还应召集每个代表领导下的几十个居民开会作报告,得到他们的承认。一时期内检查成绩的结果,也应该召集这样的会作报告,来推动工作的前进。一切竞赛没有成绩的,都是由于只把竞赛条约放在少数人的袋子里,没有推动广大的群众。每一次竞赛,都要作出总结,并且给奖。长冈乡的两次竞赛，对于这些都大体上做到了，所以他们得到了实际的成绩。

根据人民出版社一九八二年出版的
《毛泽东农村调查文集》刊印。

注　　释

〔1〕一九三四年一月，中华苏维埃共和国临时中央政府曾将这个调查报告的油印单行本发给参加第二次全国苏维埃代表大会的代表，单行本的题目是《乡苏工作的模范（一）——长冈乡》。在正文前面毛泽东注有：

“长冈乡

（一九三三年十一月十八日）

谢昌宝　主席（塘背村）

李求应　代表（长冈村）

王先怀　贫农团主任（新溪村）

下面的材料是从这三个同志收集的。”

〔2〕乡苏、市苏及本篇中的区苏、县苏，均参见本卷第244页注〔5〕。

〔3〕雇农支部，是当时中央革命根据地内赤色工会的一种基层组织，其负责人称支部长。

〔4〕手工支部，即手工业各业支部，是当时中央革命根据地内赤色工会的一种基层组织，其负责人称支部长。

〔5〕一九六五年毛泽东对这里的“工人领导”问题写了一个批注，注文是：“乡村的工人是手工业工人，如建筑（泥水匠）、打铁、造纸、裁缝、木匠、篾匠、剃头师父等，人数很少，叫他们单独组织工会，领导广大农民，农民是不服气的。他们因为不能不为农业服务，出外当红军、脱产做政府工作的也较少。除造纸业有几人至十几人的工场手工业外，其余都是个体工人，自有工具，有些还是半农半工的人；土地改革中，工人怕失业，分了一些的土地，他们大体相当于贫农，所以农民不认为他们是自己的领导者。工人方面，也不认为自己有资格可以领导广大的农民。反而觉

得怕农民不请工，或者少请工，自己有失业、半失业的危险，所以他们在土地革命中坚决要求分田。只是因为当时‘左’倾路线的中国共产党中央一定要在乡村中及在落后的小城镇中（那里只有手工业，没有机器工业），命令工人领导农民。而工农双方都不理解这个大道理，因而始终没有真正实行过。这件事闹了多少年，直到一九三七年抗日战争以后，才没有再闹这种笑话了，因为那时的领导路线改变了。”

〔**6**〕查田运动，参见本卷第275页注〔1〕。

〔**7**〕木梓岭，指种植油茶树的山地。

〔**8**〕木油，参见本卷第244页注〔9〕。

〔**9**〕指红军第一方面军于一九三一年七月至九月进行的第三次反“围剿”战争。

才溪乡调查[1]

（一九三三年十一月）

行政区划

中央苏区有名的上下才溪，属于福建上杭县的才溪区。才溪区自新划行政区后分为下列八个乡：上才溪、下才溪、岭保、同康、曾坑、文才、大地、下王。

上才溪：五百二十三家，二千三百一十八人。

分为四村：雷屋（人口约六百）、洋下（五百）、中兴（五百）、上屋（六百）。

乡苏[2]常驻人：主席、文书。

因是大乡，文书常驻，帮助乡苏工作。

下才溪：五百零三家，二千六百一十人。

分为四村：樟坑（人口约六百）、下坑（五百）、发坑（八百）、孙屋（七百）。

代表会议

一 代表数

上才溪：前五十三个代表。此次选举，工人家属算入工人成分，增至七十五个代表（新增二十二，本乡泥水工人多）。原五十三个代表中，工人十三人，加新增二十二人，共有工人代表三十五人，余四十是农民代表。全乡工人一百八十三人，属于一百六十三家，连家属平均每家以三人计，共四百八十九人，每十三人举一代表，故举代表如上数。

下才溪：前七十三个代表，现在九十一个代表，新增了十八个代表，也是因为工人家属的选举比例提高了。

二 代表团

代表在各村，每村有十多个的，有二十多个的，四村每村代表各自开会选举一人成为乡苏的“代表团”，故代表团是四人。比较小的工作即由主席召集代表团开会解决。每次代表会开会之先，召集代表团开会，预先准备（或在上午，或在先天），代表会约五天开会一次。此办法，一九三一年开始的。（代表团应改称代表主任。）

三　代表与居民的关系

每个代表管辖的居民，有十多人的，二十多人的，三十多人的，四十多人的，以五十多人的为最多。工人代表管辖少些，农民代表管辖多些。此办法，一九三二年开始的。

四　代表的政治表现

上才溪五十三个代表中：

最积极的，二十多个。

中等的，二十多个。

最差的，一个。

这个最差的代表，十次会只到三次，忙于找自己的生活，分配工作不上紧做，批评了多回，被代表会开除。

下才溪七十三个代表中，没有最差的。

五　代表的调动与补选

上才溪五十三个代表，去年十一月选举的。到今年十月十四日再选举时，当红军的二十七人（去年十一月一回去的），调动工作的十一人，共去了三十八人，剩下十五人。以村开选民大会补选，去的是工人补选工人，农民补选农民。有候补代表，则以候补代表充任。此补选会是去年十一月开的，后未开过。至今年十月再选举时，剩下四十二人，因陆续又调动了十一人。

下才溪七十三个代表，今年红五月，当红军的十一人，村为单位开了一次补选大会。七月又有当红军的十五人，又开了一次补选大会。前后调动工作的十八人，以候补代表充任。

六 女代表

去年十月选举时，上才溪五十三个代表中，女的十六个，占百分之三十。下才溪七十三个代表中，女的二十一个，也是百分之三十。补选以后，至今年十月选举时，上才溪五十三个代表中，女的三十三个，差不多占了百分之六十。下才溪七十三个代表中，女的四十三个，也是百分之六十。此次选举，上才溪七十五个代表中，女的四十三个，仍然是百分之六十。下才溪九十一个代表中，女的五十九个，则占了百分之六十五。

村的代表主任制度及代表与居民发生固定关系的办法，是苏维埃组织与领导方面的一大进步。才溪乡，是同长冈、石水等乡一样，收得了很大效果的。乡的中心在村，故村的组织与领导成为极应注意的问题。将乡的全境划分为若干村，依靠于民众自己的乡苏代表及村的委员会与民众团体在村的坚强的领导，使全村民众像网一样组织于苏维埃之下，去执行苏维埃的一切工作任务，这是苏维埃制度优胜于历史上一切政治制度的最明显的一个地方。长冈、才溪、石水等乡的办法，应该推行到全苏区去。

此 次 选 举

一、选举委员会领导选举。

二、居民选民登记，发榜三张。

三、候选名单，下才溪一百六十多人（内应选九十一人），一村贴一张，每张均写一百六十多个名字。群众在各人名下注意见的很多，注两个字的，五六个字的，十多个字的，儿童们也在注。注“好”、“不好”等字的多，注“同意”或“消极”的也有。有一人名下注着“官僚”二字。受墙报批评的有二十多人，被批评的都是只知找自己生活、不顾群众利益、工作表现消极的。有诗歌。内有三张批评乡苏对纸业问题解决得不好。

四、乡为单位开选民大会，乡苏报告工作。

五、工人全乡为一单位，农民村为单位（四个）。

六、选举大会，选民到百分之八十。病的，放哨的，在合作社工作出外办货的，女子坐月的，共约百分之二十没有到。老人撑着棍子到会。

七、为着选举开的会很多：工会、贫农团、妇女会、互济会与反帝同盟合开会员大会，儿童团、少队都开了会，党团员会先开。有标语，有小册子。所以今年的选举宣传，比去年普及得多，大多数人都了解选举的意义。

去年，十六岁以下的吵选举权，以为他们当红军的不少，工作也做得多，为什么没有选举权？今年，他们了解是年龄的理由，不吵了。

宣传队到各村宣传，白天讲演，夜间演戏。

八、选举大会上鼓动买公债，下才溪在会场中一天买了一千五百多元，上才溪六百三十元。

大地乡选民大会中，动员了十三个人当红军，全乡赤卫军模范营两班中去了一班。

九、新干部的当选：上才溪七十五个代表中，前任代表五十三个，有二十一个再当选了，落选的三十二个，新当选的占五十四个。下才溪九十一个代表中，前任代表七十三个，有五十个再当选，落选的二十三个，新当选的占四十一个。

上下才溪的选举是一般成功了的。他们的选举宣传，他们的组织候选名单与发动群众对候选名单的批评，他们的联系选举于别项工作，他们的组织工人与女子当选，都充分执行了中央政府的选举训令，成为苏区选举运动的模范。在选举大会上发动选民提案交新选代表讨论，这一方面则没有什么表现。这一方面的模范，应该让给兴国的长冈乡。

乡苏下的委员会

乡苏下有许多的委员会。举数例于下：

“拥护红军”。委员上下才溪均五人。四村各一个委员会，委员也是各五人。

“优待红军家属”。上下才溪均五人，村亦五人。

“查田”。两乡均十一人，村无。

“选举”。两乡均七人，村无。

“土地”。上才溪十一人，下才溪七人，村无。

“劳动”。即劳动合作社委员会，两乡均五人。村无委员会，有小组。

“山林”。上才溪七人，下才溪十一人。

“逃兵归队”。两乡均十二人。

没有“春耕”、“夏耕”等委员会。只组织耕田队，五人为一小组，十人为一班，三十人为一中队，百人为一大队，上下才溪各有一个大队。耕田队主要为了优待红军家属。

乡苏维埃下许多委员会的组织及其领导，成为乡苏工作的重要一部分，在才溪乡再一次证明了。中央政府已经采纳各地的经验，规定到地方苏维埃组织法里面。那里规定乡的委员会可以组织经常的与临时的共二十余个，依照各地工作情况，可以适当地给以增减。市区苏维埃，则须适应城市的特点，组织若干不同于乡的委员会。这一制度的明确的统一的建立，将使苏维埃与民众的关系更加密切，将使一切苏维埃工作的执行得着雄厚的力量。一个问题，就是村亦应建立某些重要工作的委员会（各种有广大会员的民众团体，同样应建立他们的村的领导机关）。因为如果只有乡的委员会，在有一千人上下的广大居民的乡，是无法周密地进行工作的。许多村的委员会的建立，即可保证这一点。

扩 大 红 军

八、九、十三个月。

上才溪：六十人，动员了两排模范营。

另归队的十一人。还有两三个因病没有归队。

下才溪：六十五人，模范营一次动员了五十二个人。另一次个别动员，去了十三人。

另归队的十一人。还有十四人未归队。

全区十二个乡(未划分前)，八月十五日那一次，动员模范营二百七十三人。新划区八个乡，共尚有未归队的五十多人。

全区以上下才溪两乡扩大红军成绩最好。主要原因是优待红军家属、慰劳红军工作历来不错。红五月以前，八乡平均每乡每月可集中布草鞋五百双，近因封锁无布，稍减少了。但上下才溪还有如下成绩：上才溪，八月五百多双，九月一百多双，十月九十多双。下才溪，八月三百多双，九月二百八十双，十月三百双，十一月六百三十双。

这些成绩，主要是由于党团支部动员党团员领导女工农妇代表会得来的：(一)党团员先开会，(二)妇女代表会开会，(三)妇女群众大会。

妇女代表会十天开一次，乡有主席团五人，内推一指导员，另四人分在四村，每村一人，即为村的主任。

妇女代表会讨论的问题，凡乡苏讨论的她们都讨论，除对慰劳红军、推销公债、发展生产极其努力外，本身利益如婚姻问题，也常讨论，解释婚姻条例给妇女听。

大数量地动员群众去当红军，依靠于：(一)政治上的充分的宣传鼓动，废弃一切强迫办法；(二)充分地优待红军家属；(三)健全的编制与训练地方武装。而优待红军家属，是使群众欢喜去并且安心留在红军部队的一个根本工作，长冈乡、才溪乡的经验，给我们完全证明了。长冈乡全部青年壮年男子（十六岁至四十五岁）四百零七人，其中出外当红军、做工作的三百二十人，占百分之七十九。上才溪全部青年壮年男子（十六岁至五十五岁）五百五十四人，出外当红军、做工作的四百八十五人，占百分之八十八。下才溪全部青年壮年男子七百六十五人，出外当红军、做工作的五百三十三人，也占了百分之七十。这样大数量地扩大红军，如果不从经济上、生产上去彻底解决问题，是决然办不到的。只有拿经济上的动员配合着政治上的动员，才能造成扩大红军的热潮，达到如像长冈乡、才溪乡一样的成绩。

经济生活

一 劳动力问题

上才溪：全人口二千三百一十八人（暴动时）中，男劳力五百五十四（十六岁至五十五岁，下同），女劳力五百八十一，内当红军的四百一十九，调外工作的八十八（男六十六，女二十二）。五百五十四个十六岁至五十五岁有劳动力的男子中，共去了当红军、做工作的四百八十五（四百一十九加六十六），留在乡村的只六十九人，与女劳力五百五十九人（五百八十一减二十二）比较，男子仅占劳动力总数的百分之十一。全乡有红军家属三百五十八家。

下才溪：全人口二千六百一十人中，男女合计有劳动力的一千二百零七人（男七百六十五，女四百四十二），当红军的四百四十二，调外工作的九十八（男九十一，女七）。男子有劳动力的七百六十五人中，共去了五百三十三人当红军及做工作，留在乡村的只二百三十二人，与女劳力四百三十五（四百四十二减七）比较，男子也只占劳动力总数的百分之三十五。全乡红军家属三百五十五家。

因此，耕种主要依靠于女子。上才溪今年女子能用牛的约三百人，能莳田的六十多人。暴动前这三百人中，只有十分之一即约三十个人能用牛。数年来的努力，得此成绩。

同时，“老同志”精神很好，开山开岭多是他们，一部分还可莳田割禾。儿童又参加生产。因此，生产是在发展中。除了女子、老人、儿童参加生产之外，生产的发展还依靠于劳动力的互相调剂。一村中，劳动力有余之家，帮助不足之家。一乡中，有余的村，帮助不足的村。一区中，有余的乡，帮助不足的乡。这样，以区为单位调剂劳力，做劳动工。党团员又做“礼拜六”〔3〕。因此，生产得着更大的发展。

调剂劳动力的主要方法，是劳动合作社与耕田队。其任务是帮助红属与群众互助。

帮助红属：带饭包（不带菜），带农具，莳田割禾也是这样。

群众互助：议定每天工钱二毛，男女一样，紧时平时一样，一九三〇年起就这样做。工钱，红属帮助红属，每天一毛半；红属帮助群众，每天二毛；群众帮助红属，不要工钱。

劳动合作社统筹全局，乡的劳动合作社委员会五人，主任筹划一乡。四村每村一个委员，筹划一村。要请工的，必经村委员，不能私请，否则混乱了劳动力的调剂。工钱，“雇”“佣”双方自理，不经委员。

本乡劳动合作社，一九三一年开始创设的。现在全苏区实行的“劳动互助社”，就是发源于此的。

委员手里有一个簿子，登记有劳动力的，无劳动力的，或缺劳动力的。有人请工，即刻可以分配。间有不知者，问耕田队的中队长（每村一个中队，五人为一小组，两组十人为一班，三班或四班为一中队），中队长手里也有个簿子。“赞成将耕田队与劳动合作社统一起来。”

生产情形：暴动后（一九二九至一九三一年），生产低落约百分之二十。一九三二年恢复了百分之十，今年（一九三三）比去年增加二成（杂粮如番薯、豆子、芋子、大薯等，则比去年增加了百分之五十），超过了暴动前百分之十。暴动后全区荒了许多田，去年开发了一小部分。今年大开，开了一千三百多担。开山比开田更多，山占四分之三，田占四分之一，因田开尽，故进到开山。没有一片田塍没有种杂粮，能种番薯的田一概种下番薯了。开山开得女同志“争”起来，我要开，你也要开。竞赛的效力很大。全区粮食，暴动前不够甚远（加以那时做粉干的多），去年已够食，今年则已有余了。现在全区没有做粉干及“板子”的，没有蒸酒的。

二 消费合作社

全区八乡有十四个消费合作社。

上才溪两个：

一个油盐肉合作社。原股本七十四元，后增至一百八十五元，每股五角。一九三〇年十月起的。一九三三年七月分红一次，每股分五角。办事常驻一人，圩日有两人帮助。

一个布匹合作社。原股本一百四十四元，后增至二百五十五元，每股一元。与前者同时起的。一九三三年九月分红一次，每股分一元。常驻二人，圩日帮助者一人。

下才溪三个：

一个布匹合作社。原股本一百二十元，后增至二百四十元，每股一元。一九三〇年一月起的。一九三二年二月分红一次，每股分一元。常驻二人。

一个油盐肉合作社。原股本三十五元，后增至一百五十七元，每股五角。一九二九年十月起的。一九三三年三月分红一次，每股分五角。常驻两人，圩日帮助一人。

一个豆腐、糖果、猪子合作社。原股本一百二十五元，后增至一百八十元，每股五角。一九三一年一月起的。一九三三年二月分红，每股分五角。办事常驻三人。

合作社每月查账两次（查毕回家吃饭），开社员大会一次（不吃饭）。办事人，每三个月于开社员大会时改选一次。调动到县社、区社去工作的，年壮当红军去了的（以较老的代），不胜任的，均即改换。但实际连任的多，换动的少。只红军家属困难的可赊账，赊一圩的，两圩的，最多三圩（五日一圩）。还时，米、豆等等均可。圩期未收清的，每年七月、十月两期收清。

加入消费合作社的人家，上才溪百分之六十，下才溪百分之九十。

货缺时，红属先买，社员后买，非社员再后买。

货价，红属（有证章）照市价减百分之五，社员不减。别乡甚至别区的红属来买亦然，旧县、南阳、官庄等区的红属，均有来买货的。

“合作社第一好。”——舆论。

卖“外货”的私人商店，除一家江西人开的药店外，全区绝迹（逐渐削弱至此），只圩日有个把子私人卖盐的，但土产如豆腐等，私人卖的还有。

三　粮食合作社

原名粮食调剂局，一九三〇年开始创设，由群众募集股金。此种募集不是普遍募集，而是向生活较好的人家募集，每股大洋一元。每乡组织一个调剂局，全区八个局，共有股金一千八百一十元。

调剂办法：每年向群众买进谷米，比私人买的少收二升，如私人每元一斗七升，调剂局只收一斗五升。卖出时先卖给红军家属，后卖给困难群众。但群众是否困难，要经过乡代表会调查通过。卖出时，也不照当时市价，仅照买进价格略除耗失。例如买进每元一斗五升，卖出则为一斗四升五合，除去耗失五合。红军家属无钱的，群众特别困难的，可以借给，割禾后照数归还，不取利息。每年收谷出谷工作完了，由乡苏通知群众，举出代表，向调剂局负责人算账，并发公告。每年秋后收谷子量入谷仓，用乡苏长条标封。春夏出谷一次二次不定，由群众决定，群众需要了，即开仓出卖。大概每年三月莳田时与五月青黄不接时，均是出谷时节。

今年二月，改名粮食合作社，但组织如旧。自今年经济建设运动发起以来，各乡粮社都扩大了。例如上才溪粮社，原股二百一十五元，现增加二百零三元，共四百一十八元。下才溪，原股一百三十七元，现增加二百元，共三百三十七元。调剂局委员五人，主任一人常驻，支领伙食。

今年五月，上村、障云两乡（现划入通贤区）发生饥荒（两乡尽是竹山，每人仅分田一担，纸业又失败了），全区各乡粮食调剂局合力救济。当时谷价每元八升，而调剂局借给此两乡的仍照去秋谷价每元一斗八升，秋后照数归还，全区共借给三十六担。另又募集杂粮（番薯干等）及钱去救济。结果无饿饭的。才溪区其余各乡，今年均未患荒，是调剂局调剂之力。

下才溪另有一个“贩米合作社”，股本一百三十元，每股五角。专为红军路过、行人来往、机关人员及被难群众买米而设。委员五人均不常驻，圩日有一人办事半天，平时托付消费合作社办理。除开支办米工人的工资、伙食外，不分红利。普通群众来此买米的极少，百人中仅一二人。米价照市。自从群众集股办了这个合作社，红军、难民等就不要向群众挨家办米了。

四　犁牛合作社

全区只上下才溪两乡组织了，各有三头牛。

两乡约百分之二十的人家无牛，还没有想出解决的办法来。

五　日常生活

米：暴动前，贫农雇农平均每年只有三个月吃米饭，其余九个月均是吃杂粮，青黄不接时要吃“羊蹄子”[4]，更有吃糠的。现在，有了六个月的米饭吃，配合六个月的杂粮，一年就够了。本地产米本来很少，故还需一半依靠杂粮，现在杂粮的生产也比前多了。以每餐说，暴动前不能吃饱，现在能吃饱了。并且自己吃外，还可卖给红军，完土地税，买公债票与兑换油盐。总之，吃饭改善了百分之一百（三个月米饭与六个月米饭之比）。

肉：暴动前贫农雇农平均每人每年吃肉约一元（大洋），现在为二元，增加百分之一百。暴动前百家只有六十家养猪，现在百家有九十五家养猪。

衣：暴动前平均每人每两年才能做一套衫裤，暴动后平均每人每年能做一套半，增加了百分之二百。今年情形又改变，因为封锁，布贵，平均每人只能做半套，恢复到暴动前。暴动前一套单衣服值十八毛（十五毛布，三毛工），去年每套二十一毛（十七毛布，四毛工），合大洋一元半，今年每套三十四毛（三十毛布，四毛工），合大洋二元四角。反革命使我们的衣服贵到如此程度！

盐：暴动前每人平均每月吃盐一斤，今年十一月每人每月只吃三两二钱，即暴动前五个人的家庭月吃盐五斤者，今年十一月只吃一斤。不打倒国民党无盐吃！

油：暴动前平均每人每月吃油（从江西来的木油[5]，本地的猪油）六两，现在未减少也未加多。但因江西的木油来得少了，群众吃的多是猪油。

六 物 价

谷——暴动前每担(一百斤)十元,一九二九年二元五角,一九三〇年五元,一九三二年六元二角,一九三三年五月十元,十月五元。

猪肉——暴动前有骨每元两斤半,现在无骨每元亦两斤半。

鱼——暴动后因封锁,九江(从武平县转)没有鱼苗来,塘是空的,无市。

鸡——前后价同,每斤八毛。

鸭——前后略同,每斤四毛。

鸡蛋——前后略同,每毛买三个。

鸭蛋——前后略同,每毛买三个。

猪油——与猪肉价同。

石灰——田里不用,用了做纸,前后略同,每元买一担(八十斤)。

豆子——暴动前每担(八斗)十元,一九三二年二十元,今年八元。

烟——暴动前每毛买二两,现在每毛一两六钱。

茶叶——前后略同,每元买三斤半。

菜油——暴动前每元三斤半,今春两斤半,今冬一斤十三两。

纸——暴动前每球(四十斤)草纸四元五角,一九三一年六元,一九三二年五元,一九三三年一元五角,因此无人造纸了。

木——不能出口，无市。纸、木是本地最大出口，今均失败。可恶的国民党的封锁！

木油——暴动前木油每元买三斤半，现在无甚货来，只得吃猪油了。

铁——比暴动前贵一倍。

布——棉布暴动前一元买一匹（二丈三尺），一九三二年一元又四毛买一匹，今年二元又两毛买一匹。

盐——暴动前每元十斤，一九三〇年至一九三二年春仍是十斤，此年夏贵至七斤。一九三三年每元买一斤，十一月每元仅买十四两。极大的问题是要打破封锁。

洋油——暴动前百分之五十人家点洋油，每元买七斤十四两，一九三三年每元仅买一斤五两，因此除机关办公外，无人点它了，均点“松光”〔6〕。

柴火——暴动前每斤两个铜片，去年三个铜片，今年五个铜片到九个铜片。

毛洋——前后同，每毛十六个铜片。

现洋——杂洋十三毛半；光洋十四毛，苏纸〔7〕同。现只有苏纸，现洋完全看不见了。又是国民党捣乱！

七　经济公债

新划的才溪区，八个乡，二千一百八十八家，八千七百八十二人，共承销公债一万三千六百元，现尚余约一千元没有销完。

上才溪五百二十三家，二千三百一十八人，销四千元。

下才溪五百零三家，二千六百一十人，销四千一百四十六元。

方法：

（一）党团员大会动员。

（二）各团体各自开会动员。

（三）乡苏代表会议动员。

（四）村为单位开群众大会一次，专门宣传，不销。

（五）乡为单位开群众大会一次，销债，两乡各销了一千五百多元，未完。

（六）乡代表、推销委员会（每村三人）、宣传队（乡组织的，每村五人），挨户宣传。

（七）选民大会上，上才溪销六百多元，下才溪销一千六百多元。至此，上才溪销了二千多元，尚余一千多元，下才溪销了三千多元，尚余约九百元。

（八）嗣后由代表、推销委员、宣传队按户鼓动，概销完了，承认了数目。但公债还没有完全领到。

完全自动买，没有强迫。没有一次会不讲经济建设。因为县贸易局建立，有了盐布买，群众更加认识经济公债的重要了。

我们重复地说，只有经济建设配合了政治动员，才能造成扩大红军的更高的热潮，推动广大群众上前线去。才溪乡在青年壮年男子成群地出去当红军、做工作之后，生产超过了暴动前百分之十。荒田开尽，进到开山，没有一片可耕的土地没有种植，群众生活有很大的改良。

劳动合作社（别地称劳动互助社）、消费合作社、粮食合作社，组织了全乡群众的经济生活，经济上的组织性进到了很高的程度，成为全苏区第一个光荣的模范。这种经济战线上的成绩，兴奋了整个群众，使广大群众为了保卫苏区发展苏区而手执武器上前线去，全无家庭后顾之忧。在两乡全人口四千九百二十八人中，男子出去当红军、做工作的一千零一十八人（上才溪四百八十五，下才溪五百三十三），女子出去做工作的有二十九人。这一铁的事实，给了我们一个有力的武器，去粉碎一切机会主义者的瞎说，如像说国内战争中经济建设是不可能的，如像说苏区群众生活没有改良，如像说群众不愿意当红军，或者说扩大红军便没有人生产了。我们郑重介绍长冈乡、才溪乡、石水乡的光荣成绩于全体工农群众之前，我们号召全苏区几千个乡一齐学习这几个乡，使几千个乡都如同长冈、才溪、石水一样，成为争取全中国胜利的坚强的前进阵地。

文化教育

上才溪：

日学。四个，共一校长，各一教员。教员伙食，群众募集款子，每人一角三分计算。学生共一百四十一人，多是六岁至十岁的。十一至十四岁的多进区苏义务教育性的劳动学校（由儿童工作干部训练所改）。全乡一至十五岁儿童六百多人，内六岁至十五岁的三百二十三人，此数内入日校的一百四十一人，入区苏劳动学校的三十七人，尚有一百四十五人失学。

夜学。四个，无校长，教员由日学教员兼。学生共一百二十多人，多是女子。每月每校办公费五角，群众募集的。

识字班。二十四组，每组十人，共二百四十人，每五天由夜学教员发五个新字去认。每组一个组长，男女均有。因老，因工作，因小孩牵累，不能入夜学的，便入识字班。

读报团。设于俱乐部内，有一主任，逢圩日（五日一圩）读《斗争》、《红中》及“通知”、“阶级分析”〔8〕等。每次最少五六十人听，多的八九十人。

识字牌。六块，设置于通路处。

俱乐部。一个，任俱乐部工作的五十多人，内新剧团占三十多人。

墙报。四处，每村一处，在日校门外。文章，学生教员做得多，群众做的不过十分之一。

下才溪：

日学。五个，共一校长，各一教员。教员伙食办法同上才溪。学生共一百五十多人，入区校的六十多人，共二百一十多人。

夜学。八个，无校长，教员五个由日校教员兼，三个是另找来的。平均每校学生约三十，共二百四十人。办公费每月五角。

俱乐部。一个，工作人员五十多人。

识字班。二十六组，共二百六十人，识字办法同上才溪。

识字牌。五块。

墙报。五处。

读报团。一处，也是每五天逢圩日一次。

根据人民出版社一九八二年出版的
《毛泽东农村调查文集》刊印。

注　释

〔1〕一九三四年一月，中华苏维埃共和国临时中央政府曾将这个调查报告的油印单行本发给参加第二次全国苏维埃代表大会的代表。单行本的题目是《乡苏工作的模范（二）——才溪乡》。在正文前面毛泽东注有：

“才溪乡

（一九三三年十一月二十六日）

卓兴华　上才溪主席，任职半年。

阙绍光　上才溪文书，任职半年。

王得清　下才溪代表，任职半年。

下面的材料是从三个同志的口头报告收集的。”

〔2〕乡苏，参见本卷第244页注〔5〕。

〔3〕“礼拜六”，指当时革命根据地内实行的帮助红军家属、贫农、雇农耕种土地和帮助耕种红军公田的义务劳动，来源于苏联十月革命后开展的共产主义星期六义务劳动。

〔4〕“羊蹄子”，山野里一种草的根茎，形状似羊蹄，可以用来充饥度荒。

〔5〕木油，参见本卷第244页注〔9〕。

〔6〕“松光”，即松明，点燃用来照明的油脂多的松木条。

〔7〕苏纸，这里指中华苏维埃共和国国家银行和闽西工农银行发行的纸币。

〔8〕《斗争》，即《斗争》报，当时是中国共产党苏区中央局机关报。《红中》，即《红色中华》，当时是中华苏维埃共和国临时中央政府机关报。“通知”，指当时上级机关发的关于各项工作的文件。“阶级分析”，指查田运动中印发的关于怎样分析农村阶级问题的文件和材料。

乡苏怎样工作?

（一九三四年四月十日）

乡苏维埃（与市[1]苏维埃）是苏维埃的基本组织，是苏维埃最接近群众的一级，是直接领导群众执行苏维埃各种革命任务的机关。在国内战争环境内，战争动员工作十分紧张，群众生活需要更加改善，因此极力改善乡苏（与市苏）的工作，健全乡苏的组织与领导，使它能够完全适合发展革命战争与改善群众生活的要求，是非常重要的事。改善乡苏工作的方向，应该朝着最能够接近广大群众，最能够发挥群众的积极性与创造性，最能够动员群众执行苏维埃任务，并且最能够争取任务完成的速度，使苏维埃工作与革命战争、群众生活的需要完全配合起来，这是苏维埃工作的原则。现在我们的苏区，已经有许多乡苏工作能够适合这样的原则，创造出许多好的组织形式与工作方法了。但还有许多乡苏的工作违反这样的原则或者没有完全适合这样的原则。因此根据这种原则明白具体地规定乡苏怎样工作，使每个乡苏工作人员有一个一般的标准去进行他们的工作，是十分必要的了。

乡苏究竟应该怎样进行他们的工作呢？应该依照下面的规定。

（一） 乡苏主席团的工作

（1）主席团人数大乡七人，小乡五人，他们是代表会议选举出来的，应该选举出最积极最有工作能力的分子。

（2）主席团是代表会议闭会后的全乡最高政权机关，它应该坚决执行代表会议和上级苏维埃的决议与指示，它应该积极领导全乡的工作。

（3）主席团要懂得抓紧每一时期内的中心工作，把这些工作提到代表会议上去讨论，而不应该只忙一些零碎事务，把中心工作丢掉了。

（4）主席团会议要开得好，常驻人员的工作要很紧张很切实地做，松懈懒惰的现象是不应该有的，强迫命令主义要完全废掉。

（5）主席团要明白各村的情形，要了解各村的特点，要注意各村群众中间的困难问题，根据各村的实际情形与特点去推动各村的工作，解决各村群众的困难问题。

（6）要使各村的工作很快进步，就要注意推动各村正副主任注意各村的代表会议、群众大会与各个代表领导之下的小单位群众会，都能够按时开，开得好。

（7）主席团要注意团结全体代表、各种委员会、各个群众团体于自己的周围，推动代表、委员会与群众团体去动员全乡群众执行各种工作。而不应该离开代表、委员会与群众团体，只是少数人忙着干。

（8）主席团要极力注意代表会议时的领导，每次代表会议事先都要有好的准备。

(9)主席团会议应该五天有一次，即在前后两次代表会议的中间主席团要开两次会。村主任可以要他来参加会议。

会议上讨论的问题。头一次，主要是讨论督促各村的主任副主任及代表同志们怎样执行上一次及以前代表会议的决定，最好在上一次代表会议之后两三天内开。第二次，主要收集近几天各个村里的工作经验，准备下一次代表会议的议题，最好在下一次代表会之前两三天内开。

主席团会议还要解决一些比较小的问题，不要把这些小问题都提到代表会议去。还要解决那些有时间性急于要解决的问题，不要把这些紧急问题拖延到下次代表会议才讨论。

主席团会议最好在吃晚饭后，开会时间不要多过两点钟。

(10)主席团要有一种分工，要给不常驻的那几个主席团同志一些工作做，比如要他们督促某些村里的某几项工作。

主席自然是主持全乡工作，主席团会议上当主席，出席上级召集的会议，处理日常事务。他应该抓住每一个时期中上级指示的几件中心工作(如扩大红军，查田运动，选举，修路，收土地税，推销公债，发展合作社，春耕运动等)，应该注意那些经常的工作(如赤少队训练，赤色戒严，粮食，教育，卫生，优待红军家属等)，还应该注意本乡发生的特殊问题(如饥荒，瘟疫，水灾，反革命活动等)。他应该把这些工作或问题时常地想一想，看这些工作在各个村里怎么样做的，哪一村的工作比较落后要加紧对哪个村里的突击和帮助。他应该与副主席、文书分工，出席各村的会议，收集各村每一件工作上好的经验和坏的现象，提到主席团会议上或代表会议上作报告，供给会议讨论的材料(当着讨论那个问题的时候)。主席还应与别人分工,担任出席几个委员会及群众团体的会议,出席各村的群众大会。

副主席要与主席、文书分工出席各村的会议,对于自己担任一个村或两个村的工作,要能够切实督促,收集材料,回来作报告。对全乡工作,也要求得明白,以便主席不在时代理主席处理工作。副主席常驻的要帮助主席处理日常事务,并且经常担任出席几个委员会及群众团体的会议。

文书的工作是办理人口册、土地册、婚姻生死登记、各种调查表,写对区苏的报告,派交通,下通知于各村,经手打路条,帮助红军家属写信,主席副主席不识字的读上级的文件给他们听,在主席团及代表会议上读文件中的重要地方,会议时写记录,主席副主席没有注意到的事情告诉主席副主席。文书也应该担任出席几个委员会及群众团体的会议。文书如果是代表,应该参加主席团。

(11)主席团应该注意于代表的考察与教育。如果代表中有些是积极工作的,又有些是消极怠工的,那便要将积极分子的模范工作表扬出来,给那些消极分子看样。对于消极分子要有批评,有些要在代表会议上提出他们的名字来引起大家向他们斗争,这样来教育全体代表,使消极分子积极起来。有些是初次当选为代表不知道工作怎么样做的,那便要好生告诉他工作的做法。那些经过了几次的批评斗争教育还不改变不进步的,如像经过一两个月全不能完成交代的工作,或者简直连会也不到,接连五六次故意不到代表会议,那就应该提到代表会议通过开除他出去,把候补代表补上来。如果对于这种坏得很的代表还不开除不补充,那是不对的。调动了工作的代表,也要即刻补充。

还要考察有无地主富农及反革命分子混当代表来破坏我们的苏维埃,如果有,应该即刻开除他。如果是反革命,更要即刻捉起来惩办。

(12)乡苏的交通与哨口检查员可在下列三个办法中选择一个:或者找人经常担任,吃自己的饭,但免除他们的各种勤务,并派人帮助他家耕田。或者是从少先队中轮流派出,先日下午通知他们,次日来做工作,饭回家里吃,但不派人帮他耕田。或者是由居民出钱米供给伙食,经常住在乡苏。这三个办法由各地自己决定,但以第一个办法为最好。交通与哨口检查员都须选用青年同志,哨口检查员更要精干分子,并要认得字。他们的工作须加以训练。

(二) 代表会议的工作

(1)乡代表会议是全乡最高政权机关,经过代表会议的讨论,实行苏维埃的一切法令政策,完成苏维埃的各种任务,所以对于代表会议的领导是十分要紧的。

(2)代表会议通常是十天开一次。农忙时候应在晚上开。开会时间通常以两点钟为好,最多不要超过三点钟。

每次会只分报告与讨论两项,主席与区苏参加人各报告十分钟,多的话到讨论时再讲。在讨论每个曾经在本乡进行过的工作问题时,各村主任可以每人报告几分钟,多的话也在讨论时再讲。其余都是讨论的时间。但在专门检查工作的会议上，各村主任报告的时间要多些。报告的内容要有切实的材料与意见，只讲空话的报告要取消。

(3)每次代表会议只应有一个主要的问题，此外，可以有一个两个次要的问题。讨论主要问题的时间要多些，讨论次要问题的时间要少些。倘若每次提出好几个大问题来讨论，就会使会议得不到结果。

(4)讨论的问题要实际化。比如讨论春耕问题，要分出"发展劳动互助社"，"发展犁牛合作社"，"耕田队怎样优待红军家属"，"增加肥料"，"多犁多耙"，"开荒田荒山"，"修理陂圳池塘水车"，"种棉"，"多种黏谷少种糯谷"，"多种杂粮蔬菜"等项。要按照各村的实际情形来讨论。每项要规定切实办法，比如"发展劳动互助社"一项，要估计全乡现时还可以发展多少人，定出一个总数，然后按各村的实际情形定出每村要发展多少，再交代各村主任副主任回去按照各代表管辖居民的情形去作更实际的分配，并要规定完成的时间。讨论时要一项一项讨论，第一项得了结果，再讨论第二项。讨论的结果成为决议，写在记录簿上，下次好考查，主席团好督促。讨论不完的下次再讨论。第二次讨论春耕，要按照上次的决议逐项加以检查。检查某一项时应由各村主任报告实行情形，完成与未完成的原因，主要是找出经验教训来供给代表和群众的学习。检查之后再讨论春耕中新发生的问题。在检查时对于没有完成任务的代表与村主任，要按情形给以适当的批评，唤起他们的注意。以上举一个例子，讨论其他问题，都仿这个办法。

许多乡代表会议讨论问题不切实，不分出大问题中的小项目。或者把许多项拢总讨论一顿，不是一项完了再来二项，使人带不到一个明白的结论回去。讨论时不按照各村的实际情形与特点，又不规定各村应该完成的数目（指那些应该规定数目的问题说），又不规定完成的日子，又不责成村主任回去再行分配与督促各个代表去完成他们一定的任务。或者对于按照某村特点规定的任务（如规定某村要开几眼塘，而别村则不须开），又不特别提出来问某村的代表们一声“你们觉得这样规定好不好”，使他们切实负责，而只是一般的通过。有些乡苏则只有讨论决定，不在以后相隔不久的会议上提出来检查，即检查也不能指出各村各屋的特点，成功或者失败的原因，又不对于怠工的代表与村主任加以批评。那末这样的讨论与检查有什么用处呢？这种讨论检查是空洞的，官僚主义的，白费去时间，不能完成苏维埃的任务。对于消极怠工的人采取和平主义，代表会议就缺乏生气，不能激发落后村子、屋子（小村子）的代表们，领导群众努力工作，赶上先进的村子、屋子。这些都是不对的。

（5）要使代表会议开得好，一定要主席团准备得好，所以前头说的主席团要在代表会议之前开一次会，好好准备下次会议的报告与议题，是必不可少的。这种准备工作，特别是主席要负责任，副主席、文书要帮助主席。

（6）代表会议开会时会场上的主席，许多地方是临时推举，有些地方还规定不要推举主席团里头的人，这是不好的。会场主席一定要是常驻的工作人员，最好就是乡苏主席充当，因为只有他们才熟悉全乡的情形，明白前后的经过。

（7）代表会议开会每次都要点名，没有到会的在他的名字上打个记号。主席团要有一张代表名单，分村分屋写出各个代表的姓名、性别、年龄与成分。

(三)村的组织与工作

(1)乡的工作重心在村,所以村的组织与领导,乡苏主席团应该极力注意。

(2)一切没有分村的乡,都要实行划分,有些乡可只分两村,有些乡可分三村,有些大乡则可分为四村五村,按照实际情形划定。但一般以划得小为好,村划大了不便领导工作。

(3)村设主任一人,副主任一人,由乡代表会议在代表中推举出来,要推举各村代表们中间最积极最有工作能力的人充当。在有几个屋子的村,主任副主任不要选在同一个屋子里头。

村主任担负督促全村工作之责,副主任帮助主任督促全村工作。

(注)村主任副主任如果是家中缺乏劳动力的,当农忙时候,可由乡苏规定发动群众酌量帮助他们一些工,以补充他们因努力苏维埃工作而费去的(比较别的代表要多些的)工作时间。如果得到群众同意,可以完全优待一个村主任,使他能把全部时间用在苏维埃工作上,为全村群众谋利益。

(4)村主任通常每十天召集全村代表开会一次(比如某村有代表十五人,即召集此十五人开会),工作忙时可以五天开一次,检查各代表的工作,按照各屋子各人家的特点,讨论怎样完成乡代表会议交给本村的任务,解决本村居民中间互相救济问题及小的争执问题,准备开村群众大会时的报告,推动村的委员会工作。

(5)这种村代表会议的日子，由乡苏主席团排定，最好在前后两次代表会议中间而比较接近后一次代表会议的日子开会。比如某乡有三村，乡代表会议是逢五开会，便可将第一村排在逢一，第二村排在逢二，第三村排在逢三开会，以便乡苏常驻人员特别是主席到各村去参加会议。如果是五天开一次，便可一次排在上次乡代表会议之后几天，一次排在下次乡代表会议之前几天。这种会议主要是检查与督促工作，并将检查的结果由村主任到下次乡代表会议上做报告。

(6)实行每个代表分工领导居民群众的制度。比如某村有代表十五人，有居民五百人，即将此五百人按家屋接近划分为十五个单位，分配每个代表管一个单位的群众，但不应该平均分配，而应该按照家屋的位置，代表能力的强弱，适当的分配人数，多的可以管至五十人六十人，少的可以只管三十人四十人。

这个代表分工的办法，是使全体代表都负起责任来，每个代表要在一定范围内去领导居民群众执行苏维埃工作（例如督促所管的几十个人努力春耕，宣传几十个人中间的积极分子当红军，宣传各人加入合作社，督促儿童进日学，督促大人进夜学，督促各家扫屋通沟讲究卫生，带领几十个人去开群众大会，监视地主富农的活动等等），很快吸收群众的意见提到村代表会议及乡代表会议上来，很快去解决群众中间的困难问题，真正有莫大的利益。但现在还有很多地方没有实行这个代表分工制度，一定要立即实行起来。

(注)村主任手里要有一本簿子，上面登记本村人口数，土

地数，赤少队数，粮食数（共有几多，几家有余，几家不足），以及其他必要事项。每个代表也要有一张开列所管几十个人的名单。

（7）每个代表要召集所管的几十个人开会，检查各家执行苏维埃工作的情形，讨论现在要做的工作，报告竞赛条约，报告乡苏的决议，征集群众的意见向村乡代表会议做报告。这种会议用谈话的方式，代表就是会议的主席。时间有一个钟头就够了。要在大家得闲的时候开。

这种会议应该规定每十天开一次，全村各代表所管的单位，可以在同一天内开。如果某个代表因为有事而未开会的，责成他另日补开。由乡苏主席召集各村主任排定日子，使他不同乡的村的其他会议时间相冲突。在这种会议上，要引导群众发展相互间的批评，例如某家收留逃兵不归队，某家春耕不努力，某家帮助红军家属耕田不上紧，某家孤老应该帮助而大家不注意，某家不督促子女读书，某家不讲卫生等等。经过这种会议能够使苏维埃的决定很快传达到群众中去，使苏维埃工作争取更快的速度，使群众生活迅速改良，使群众斗争情绪很快提高。

每个代表在这种会议以外，还要拿出一些时间到所管的个人家去访问，看他们有什么需要解决的问题没有，看他们实行了苏维埃的决定没有，首先是到红军家属与最贫苦人民家中去访问，地主富农家里也要去看一看，看他们有什么不对的行为没有。

各代表的小单位会议与按家访问，村主任负了督促之责，各代表工作的好坏，可以在这些上头考察出来。

(8)村的群众大会，是极能够教育群众、动员群众执行苏维埃任务，提高群众斗争情绪的，应该把它看作一种重要的动员与教育群众的方法。许多地方不注意开这种群众大会，那是不对的。

在这种村的群众大会上报告乡苏的决议，报告本村与别村、本屋与别屋的革命竞赛项目，解释上级苏维埃提出来的革命任务，使群众在完全明白之后努力迅速地执行起来。

这种群众大会，应该每半个月开一次，由乡苏主席团排定各村开会日期，通知村主任，不要与别的会议相冲突。各村群众大会日期不要同在一天内开，以便乡苏派人去参加。

这种群众大会，在人口集中只有一个屋子的村，自然全村作一个单位开，村主任即是会场的主席。但在目前苏区多数村是有两个以上屋子的，这些村里就应该分成两个单位开，使男女老幼大多数都能到会，村主任与副主任各在一个会场作主席。对于这种群众大会，事前应该好生准备。怎样推动各代表邀集大多数群众到会，会场上报告些什么，怎样引导群众发表意见，都要在村的代表会议上预先商量好。开会时间不要超过两点钟。要在多数群众得闲的时候开。

至于全乡群众大会，没有重要问题，不是纪念节日，不应随便召集。主要要利用村的群众大会与每个代表的小单位群众会去进行动员与教育工作。

（四）乡与村的委员会

(1)乡苏之下，应该组织各种辅助乡苏管理各种专门工作的委员会。吸收群众中的积极分子为委员，每个乡代表都要加入一个或者两个委员会，在里面起领导作用。要把委员会制度看作联系广大群众推进苏维埃工作的一种重要方法，没有组织委员会的要很快组织起来。

（2）有些委员会是经常组织的，如像扩大红军、优待红军、慰劳红军、赤色戒严、防空防毒、农业生产（春耕、夏耕、秋收秋耕、冬耕）、生产教育、山林、水利、调查登记、教育、卫生、桥路、粮食、国有财产（有国有财产的乡）、工农检察这些委员会，它们都有经常的工作。

有些委员会是临时组织的，如像查田、没收征发、土地税、公债、开荒、选举这些委员会是临时性质，工作做完了委员会就不要了，等到下次再做这些工作时再去临时组织起来。查田与没收征发委员会在土地问题彻底解决后也就不要了。

（3）有些委员会只有乡的就够了，但有些委员会村还应该有组织。如像扩大红军、优待红军、生产教育、春耕、山林、水利、教育、卫生这些委员会，村里有了组织，工作才更容易普遍深入。

（4）委员会人数，按它们的性质，少的五个人，多的七个或者九个人，不要太多了。凡是乡、村都有的（春耕委员会等），乡的村的各有五个委员就够了。村委员会的主任，即可以作乡委员会的委员。

（5）委员会的主任及委员，乡一级的，由主席团准备名单提在乡代表会议通过。村一级的由村主任准备名单提在村代表会议通过。

（6）各委员会都要找得一个最积极的同志当主任。主席团要教育各主任怎样去做工作，要督促各主任按时召集他们自己的会议，要检查各主任的工作。主任怠工的要撤销他，换过一个新主任。

(7)主任对于自己委员会的开会，事先要有准备，才使每次会议都能得到结果。会后要分配每个委员一份工作，告诉他们如何做法，下次会议要他们做工作报告。怠工的委员要撤销他，换过新的。

(8)委员会通常六个月改选一次，改选时留下积极分子，去掉消极怠工分子。

(9)乡苏主席团要分工参加乡一级的各个委员会的会议。这种分工最好在一个时期内固定起来，每个人分管几个委员会。例如主席管军事、财政方面（扩大红军，慰劳红军，赤色戒严，防空防毒，土地税，公债，没收征发，国有财产等），副主席管生产、经济方面（优待红军，春耕，山林，水利，粮食，桥路，生产教育等），文书可管其他方面（教育，卫生，工农检察，调查登记等）。在主席团会议上商量分定，各有专责，收集材料，好到主席团及代表会议上做报告。

村的委员会开会，乡委员会主任各要出席自己的下级那个委员会（例如乡教育委员会的主任出席村教育委员会的会议），村的代表主任与副主任也要分工参加。

(10)乡的村的各个委员开会日期，由乡苏主席团按照各个时期各项工作的缓急去规定，例如春天，春耕委员会开会要多些，但到冬天，冬耕委员会开会就可以比较少一些。每次开会时间不要多过两点半钟。

（五）乡苏与群众团体的联系

（1）乡的各种群众团体（工会，贫农团，女工农妇代表会，反帝拥苏同盟，互济会，儿童团，劳动互助社，犁牛合作社，消费、生产、粮食、信用各合作社，托儿所，消灭文盲协会，识字运动委员会，俱乐部等），要加紧对于他们的注意与帮助，依靠他们的努力去动员广大群众完成各种革命工作。

那些没有上级组织的团体，如像贫农团，女工农妇代表会，劳动互助社，犁牛合作社，托儿所等，乡苏更负了完全领导的责任。要按期检查他们的工作，如果发生了不好情形，要赶快讨论改正，不论什么群众团体，如果他们发生了困难问题，乡苏要帮助他们解决。

（2）当着主席团及代表会议讨论同某个群众团体有关系的工作时，应该邀那个团体的负责人来参加。各团体开会时，乡苏也应派人去参加。村代表会议与村群众团体的关系也是这样。乡苏主席团应同各群众团体的负责人商量，排定他们的会期，使不同乡的村的其他会议时间相冲突。

（3）乡苏应该注意对于赤卫军少先队的领导，要使全体男女青年成年都加入赤卫军少先队，要使他们的村操乡操都有大多数人到操，使他们的训练天天进步。他们的干部会议要派人去参加。

（六）革命竞赛与突击队

（1）为了争取苏维埃工作的质量与速度，使工作做得好又做得快，革命竞赛的方法与突击队的组织，应该在各乡各村实行起来。

（2）每一项革命工作的竞赛，不管是上级指示的或本乡发起的，都要经过乡代表会议的讨论，村群众大会上与各代表小单位群众会上的报告。同某个群众团体有关系的还要提到那个团体的会议去报告，得到每个代表每个民众的明白与承认，只有在大家完全明白了承认了之后，才能使大家负起责任来，才能激发大家的革命热情努力去做，才能使工作做得好又做得快，按期或更提早完成竞赛的要求。在这个上面，要废除一切强迫命令的方法。

（3）每一件工作的竞赛，不只是讨论了报告了就可以完事，还要紧紧跟着去检查。每个代表检查各家，村主任副主任检查各代表，乡苏主席团及代表会议检查各个村主任与副主任。没有这种检查，有些人家，有些代表，有些村屋，就会马虎过去，到期不能完成要求，或者数目上有了而工作内容不好。检查制度是争取苏维埃工作质量速度极其要紧的办法，只有决定，没有检查，就是官僚主义的领导，它同强迫命令主义是一样有害的。

（4）每一工作的竞赛，到了期满，一定要在村的乡的代表会议上做出结论，分出优劣，对优胜者给以奖励，劣败者给以批评。

（5）为了争取苏维埃工作的质量、速度，可以每村组织一个五个人至七个人的突击队，在代表中群众中，依照自愿的原则，挑选最积极会做工作的同志充当，每村一个队长，队员不要选在同一个屋子里头。

突击队工作的方法分两种：一种是在村内，各个屋子的队员互相到别个屋子去突击（甲屋的到乙屋，乙屋的到甲屋），但主要是使先进屋子的队员到落后屋子去突击。一种是在乡内，各村的突击队互相到别个村里去突击（甲村的到乙村，乙村的到甲村），但主要是先进村里的突击队到落后村里去突击。去突击不是去骂人，而是去帮助那里的工作，把好方法告诉那里的同志们，使那里的工作很快进步，使那里学到先进村子屋子里头的工作方法。

在乡苏主席团之下设一个管理全乡突击队的队长，他有权调动各村的突击队。主席团要按时召集乡队长村队长开会，检查他们的工作，告诉他们的工作方法，队长再去召集队员开会训练队员。主席团还应该每半月或每月召集全体突击队员开一次大会训练他们。

（七）区苏对乡的领导

区苏要按照前面所说各项切实指导乡苏完全实行起来，要把前说各项好生解释给乡苏同志们听，使他们完全明白，要随时检查各乡苏是不是都照着前说各项实行了，特别对工作落后的乡苏要给与多次的解释和帮助。上级政府检查区苏的工作，就看区苏是不是切实指导所属各乡都实行了前说各项办法，争取了各种苏维埃工作的最快速度与最好成绩。

（注）本文件一般适用于市、区苏维埃。

根据中华苏维埃共和国人民委员会出版的《区乡苏维埃怎样工作》单行本刊印。

注　释

〔1〕本篇中的“市”，指市镇。

中华苏维埃共和国中央政府、中国工农红军革命军事委员会抗日救国宣言

（一九三五年十一月二十八日）

全中国的工人、农民、兵士、学生、自由职业者、商人、工业家，东北人民革命军，东北义勇军，一切武装部队的官长们，以及一切热心爱国的志士们：

继东北四省之后，现在又是华北半个中国的沦亡。日本帝国主义强盗们是要把全中国人民变为亡国奴，把整个中国变为殖民地。卖国贼头子蒋介石在出卖东北四省之后，现在又在出卖整个华北以至整个中国，以维持他自己对于全中国人民残暴的法西斯的统治。

在亡国灭种的前面，中国人民决不能束手待毙。只有全国海陆空军与全国人民总动员，开展神圣的反日的民族革命战争，以打倒日本帝国主义，以消灭中国有史以来最大的汉奸卖国贼蒋介石，中国民族才能得到最后的彻底的解放。

中华苏维埃共和国中央政府与中国工农红军革命军事委员会曾经不断唤醒全国人民团结起来对日作战，曾经派遣了

自己红军主力，经过二万五千里的长征，历尽艰难困苦北上抗日。现在形势更加紧迫了。现在正是要求我们全国人民有力出力，有钱出钱，有枪出枪，有知识出知识，大家团结，大家奋斗，以誓死的决心以对付中国人民公敌的时候。因此，中华苏维埃共和国中央政府与中国工农红军革命军事委员会特向全国人民宣言，不论任何政治派别，任何武装队伍，任何社会团体，任何个人类别，只要他们愿意抗日反蒋者，我们不但愿意同他们订立抗日反蒋的作战协定，而且愿意更进一步地同他们组织抗日联军与国防政府。这个抗日联军与国防政府我们认为应该有以下的十大纲领。

（一）没收日本帝国主义在华的一切财产作抗日经费。

（二）没收一切卖国贼及汉奸的财产救济灾民及难民。

（三）救灾治水，安定民生。

（四）废除一切苛捐杂税，发展工商业。

（五）发薪发饷，改良工人、士兵及教职员的生活。

（六）发展教育，救济失学的学生。

（七）实现民主权利，释放所有的政治犯。

（八）发展生产技术，救济失业的知识分子。

（九）联合朝鲜、台湾、日本国内的工农及一切反日力量，结成巩固的联盟。

（十）对中国抗日的民族运动表示同情、赞助或守善意中立的民族或国家，建立亲密的友谊关系。

中华苏维埃共和国中央政府与中国工农红军革命军事委员会号召全国人民拥护我们这一主张，并立刻互派代表协商具体进行办法。我们相信，只要我们大家能够同心协力实现这一主张，则最后的胜利是我们的！

中华苏维埃共和国中央政府主席　毛泽东

中国工农红军革命军事委员会主席　朱　德

一九三五年十一月二十八日

根据一九三五年十二月五日出版的中共西北中央局机关报《斗争》第七十六期刊印。

直罗战役同目前的形势与任务[1]

（一九三五年十一月三十日）

一、直罗战役

（一）此次敌人进攻的严重性：

劳山、榆林桥两次胜利[2]后，敌主力由西边进，企图构成葫芦河东西封锁线，然后北援甘泉、延安，构成洛河南北封锁线，如果没有直罗胜利，则我们向南发展就被限制了，已有的苏区也不能得到完全的巩固。

（二）我们胜利的原因：

1．两个军团[3]的会合与团结（这是基本的）；

2．战略与战役枢纽的抓住（葫芦河与直罗镇）；

3．战斗准备的充足；

4．群众与我们一致。

这四个条件决定了我们的胜利与敌人的失败。没有第一个条件，不能取得这样伟大的胜利，不能使董英斌[4]五个师（西边四师、东边一师）在其先头百〇九师消灭后，主力即溃退，我军又于追击中消灭百〇六师一个团，使百〇八、百十一两师不得不退到甘肃境内，东边侵入羊泉之百十七师，也不得不退回富县城。没有第二个条件，就不能取得这次胜利，而让敌人占去了葫芦河与直罗镇。没有第三个条件，则部队没有休息训练，士气与战斗力不能提到这样高；张村驿、东村等五六个民团土围子不消灭驱逐，便不能荫蔽主力与便利战斗；没有团长以上的地形观察与地形图测绘，便不能布置得这样适当，打得这样漂亮。没有第四个条件，则荫蔽主力，搬运伤兵，供给粮食，都不能做得这样好。这四个条件是造成这次大胜利的原因。而中央与军委决定的“向南作战”与“初冬解决‘围剿’”的总方针，由于方面军各级首长与战斗员的坚决执行，已经完满地实现了。这次胜利的战斗告诉我们，对于以后作战亦必须争取这四个条件：(1)两个军团更加团结；(2)抓住战略枢纽去部署战役，抓住战役枢纽去部署战斗；(3)要争取在战前的军事训练与政治工作的充分准备；(4)努力地方工作，争取居民群众与我们一致。这四个条件是缺一不可的。

(三)这次胜利与下次胜利的关系：

这次胜利，最后地解决了第三次“围剿”，敌人非重新调兵重新部署，不能向我们进攻了。这就给了我们以准备打破新“围剿”的条件：时间与地区。时间与地区对于我们是十分重要的，我们要利用已经取得的每一点钟时间与每一方里地区来进行我们处在两次“围剿”之间的一切基本工作。

(四)这次胜利的影响：

1. 使刚刚会合的南中北三支红军〔5〕得到进一步的团结。到现在人人都相信这种会合与团结是很好的，是必要的，是一个不可侮的势力，是战胜敌人的基本条件。

2. 使我们能够利用时间去猛烈扩大红军。这是目前最重要最重要最重要的事。在胜利影响之下，当红军的也更多了，指导扩大红军的同志们也更起劲了。

3．巩固了苏区。苏区群众人人高兴，群众拥护红军帮助战争的积极性必定更加提高起来。“中央红军与十五军团真不错”，这种舆论是在沸腾着。

4．容许我们猛烈扩大苏区。洛川、中部〔6〕、宜君、宜川、韩城及关中、陇东一带游击区与白区，都可以变成苏区，这些地方的群众在胜利影响之下，必会更加积极起来。

5．日本帝国主义正用炮火进攻华北，并吞全国，国民党正在南京开卖国大会〔7〕。我们的胜利告诉他们，我们是不准许你这个日本帝国主义灭亡我们的华北和全国的，我们是不准许你这个万恶的国民党卖国到底的，卖国的国民党请滚开，全国人民的救星——红军与苏维埃要同人民携手，用我们的枪炮与热血打倒日本帝国主义，打倒卖国贼国民党，打倒卖国贼总头子蒋介石。全国人民，尤其是华北五省与海边各省的人民，正在日本帝国主义炮火威胁之下，正在国民党用刺刀用鞭子用欺骗宣传强迫去当亡国奴而没有援助的时候，我们的胜利告诉他们：“同胞们，不要怕，我们是援助你们的。”我们把捷报发出去，你道他们听了高兴不高兴？

6．配合了全国红军与游击战争的胜利。“你们看：我们在北方最后地粉碎了第三次‘围剿’呢！二万五千里远征的中央红军同二十五军与陕甘红军在战场上会合了，并且活捉了牛师长〔8〕呢！你们勇敢地向前吧！”

7．中央领导我们，要在西北建立广大的根据地——领导全国反日反蒋反一切卖国贼的革命战争的根据地，这次胜利算是举行了奠基礼。

8．日本帝国主义不但要灭亡中国，并且还想进攻苏联的西伯利亚和灭亡蒙古人民共和国。我们的胜利告诉他们:“假如日本帝国主义进攻你们的话,我们是要打它的侧翼和后路的。我们是你们的弟兄,我们担任打一条火线!”

同志们,这次胜利的影响是大得很的,我们要发挥这些影响出去,要向每个红色战士说明,要向前方、后方、苏区、白区一切工农群众与一切白军的兵士、官长解释清楚,使他们了解与同情我们。

二、目前的形势是怎样的呢?

(一)在世界:

——帝国主义间的矛盾走向大战(东方、西方)。

——无产阶级及民众的反对帝国主义大战(法国七月十四日的四十万人大示威,今年美国的空前大罢工,西班牙与希腊的民主革命,各国的革命形势)。

——殖民地的反帝运动(阿比西尼亚[9]的民族战争,中国的高涨的革命运动,英美殖民地的独立运动)。

——苏联的强盛(生产赶上与超过任何帝国主义国家,又一个四年完成五年计划),红军的新任务——“胜利是定了的,现在只是用小的牺牲去换得大的胜利的问题,红军要进行技术与战术的突击”。

——世界时局的突变性与急转性,全世界革命与战争的新时期是摆在我们面前了。

(二)在中国:

——日本的行动(独霸中国的严重局面)。

——帝国主义在中国的斗争(英美与日本)。

——国民党内部的斗争(蒋系与反蒋系的酝酿与展开)。

——以陕甘红军为领袖的三个主力红军(我们,二、六军团,四方面军)。

——恢复了及发展了的游击战争。

——新的反帝高潮(潜伏着与爆发着的)。

——中国时局的突变性与急转性,新的大革命的形势是摆在我们面前了。

(三)在西北:

1. 在敌方

——张学良〔10〕三个主力军的击破(王以哲军、董英斌军、何柱国骑兵军)。

——于学忠、万福麟〔11〕两军的徘徊。

——刘多荃〔12〕的孤军。

——杨虎臣〔13〕的防御地位。

——阎锡山〔14〕是辅助作用。

——蒋介石在待机位置。

所以第三次“围剿”被彻底粉碎了。

2. 在我方

——红军不可侮的力量(莫以为队伍比过去小)。

——游击战争的发展(战略上的重要意义)。

——工农群众的积极性(表现着与蕴藏着的力量)。

——党的正确领导(中央)。

——白区群众的同情。

——白军士兵与下级干部的同情。

——少数民族的同情。

所以我们是有良好阵地地有广大群众基础地向前发展

着。

（四）第四次“围剿”的问题

——我们的发展对日本帝国主义是大威胁。

——我们的发展对国民党的卖国政府是大威胁。

——我们的发展使张学良下不得台。

——我们的发展使杨虎臣、阎锡山、马鸿逵〔15〕寝食不安（特别是阎锡山，他同张学良是我们当前的两个主要敌人，第四次“围剿”中阎锡山必从山西向陕西打来）。

三、新的任务是什么呢？

（一）从现时起用极大努力争取与积蓄更加充足的力量，迎接敌人新的大举进攻而彻底粉碎之，开辟我们的苏区到晋陕甘绥〔16〕宁五个省份去，完成与苏联及蒙古人民共和国打成一片的任务。在那时，我们便可以争取更大的力量，给日本帝国主义进攻中国革命（这是必然的而且是不远的）与进攻苏联，国民党各派军阀进攻北方红军与进攻全国红军，以空前未有的大打击，争取苏维埃在北方七八个省内、南方若干个省内的伟大胜利，把抗日战争掀起到最高的程度。这是我们的总任务。

（二）猛烈发展游击战争

——使游击战争向晋陕甘绥宁五个省内广泛地有力地发展去。

——四个月内游击部队扩大一倍。

——使游击战争的发展增加计划性。

（三）一方面军的任务是：

1．继续消灭困守苏区境内的敌人，并调动可能来援之敌而消灭之，以求得人员武器的补充与苏区的巩固。

2．猛烈扩大自己，争取四个月扩大一倍（各兵团从居民中扩大，中央局军委会从后方扩大，俘虏兵中大量争取）。我重复地说，这是最重要最重要最重要的任务。

3．切实训练自己，提高方面军的战斗力到很高的程度。一方面着重射击教育与战术教育，一方面着重基本的政治教育与识字教育。我们的射击和射击指挥还有严重的缺点，我们的战斗指挥还非常之不精熟，一定要求得一个彻底的转变。文化水平和政治水平应该努力提高一步，指挥员要做到能写能看，战斗员要做到认得三百字，要懂得许多革命问题的普通道理。教育首先是干部教育，只有提高了干部的军事政治程度，才能使战斗员的军事政治程度真正提高。提高老干部的程度，创造许多的新干部，这是红军在大战争面前的迫切任务。

4．猛烈扩大苏区，造成有利的战斗环境。这有地方党政力量与我们配合去做。红军指挥员战斗员要尊重地方党政领导机关，拿命令的甚至骂人的态度去对付地方同志是完全不对的。

5．猛烈破坏敌军，把破坏工作变成红军与居民的群众运动。改变对待俘虏官的政策，一经缴了枪，不但一概不杀，而且要优待他们，不捆绑（除必要时），不剥衣，不打骂，经过保卫局政治部大批地放出去，影响白军官长同我们联合抗日。至于俘虏士兵则要十分优待，不论战场上打得如何激烈，一经缴枪就要把他们当弟兄看待，严禁报复行动。所以，消灭敌人、扩大红军、坚强红军、赤化地方与破坏敌军，是今后时期内一方面军的五项具体的严重的任务与工作，而以扩大红军为此时期中心的一环。这里提出消灭敌人的任务，不会妨碍也不应使它妨碍其余工作（尤其是扩大红军）的完成，即不去追求不可必得的战斗，不跑到很远的白区去求战斗。提出的这些任务与工作，虽然是红军经常的任务与工作，但处在两次“围剿”之间的目前时期内，是有它的特殊的内容与意义的。

四、我们拿了这些去粉碎敌人的新进攻，我们拿了这些去取得对于全国红军游击战争与抗日反蒋战争的领导，我们拿了这些去具体地准备着同日本帝国主义的侵略军队直接作战——我们领导着用武装制止日本帝国主义进攻华北、并吞全国与进攻苏联。我们的神圣的责任，要求我们的同志们拿出异乎寻常的努力去进行自己的工作，只要我们这样做，伟大的胜利是我们的。

根据中央档案馆保存的油印件刊印。

注 释

〔1〕这是毛泽东在陕西富县东村召开的红军第一方面军营以上干部大会上所作的关于直罗镇战役总结和目前形势与任务报告的提纲。直罗镇战役，是一九三五年十一月二十日至二十四日红军第一方面军在陕西富县直罗镇及周围地区进行的一次战役，歼灭国民党军一个师又一个团，粉碎了国民党军对陕甘革命根据地的第三次“围剿”。

〔2〕指一九三五年十月红军第十五军团在陕西甘泉县劳山歼灭国民党军第一一〇师大部和在榆林桥歼灭第一〇七师四个营这两次战斗的胜利。

〔3〕两个军团，指当时红一方面军第一军团和红军第十五军团。

〔4〕董英斌（一八九四——一九五〇），辽宁沈阳人。当时任国民党军第五十七军军长兼第一一一师师长。

〔5〕指从中央革命根据地长征到达陕北的红一方面军，从鄂豫皖革命根据地长征到达陕北的红二十五军和在原地坚持斗争的陕甘红军。

〔6〕中部，旧县名，今陕西黄陵县。

〔7〕指一九三五年十一月在南京召开的国民党第五次全国代表大会。

〔8〕牛师长，指国民党军第五十七军第一〇九师师长牛元峰，在直罗镇战役中毙命。

〔9〕阿比西尼亚，即埃塞俄比亚。

〔10〕张学良，一九〇一年生，辽宁海城人。当时任国民党军西北“剿总”副总司令。

〔11〕于学忠（一八九〇——一九六四），山东蓬莱人。当时任国民党军西北“剿总”第二路军总司令兼第五十一军军长。万福麟（一八八〇——一九五一），吉林农安人。当时任国民党军第五十三军军长。

〔12〕刘多荃（一八九八——一九八五），辽宁凤城人。当时任国民党军第五十七军第一〇五师师长。

〔13〕杨虎臣，即杨虎城（一八九三——一九四九），陕西蒲城人。当时任国民党军第十七路军总指挥、国民党政府西安绥靖公署主任。

〔14〕阎锡山（一八八三——一九六〇），山西五台河边村（今属定襄）人。当时任国民党政府军事委员会副委员长、太原绥靖公署主任。

〔15〕马鸿逵（一八九二——一九七〇），甘肃临夏人。当时任国民党军西北“剿总”第一防守区司令。

〔16〕绥，指绥远省，一九五四年撤销，原辖地区划归内蒙古自治区。

关于转变对富农的策略等问题给张闻天[1]的信

（一九三五年十二月一日）

洛甫：

二十号及二十五号信均到。

甲、关于红军靠近外蒙的根本方针，我是完全同意的。因为这个方针是使中国革命战争尤其不久就要到来的反日民族战争，取得更加有力量与更加迅速发展的正确方针。我不同意的是时间与经路问题。第一，红军目前必须增加一万人，在四个月内，我们必须依据陕北苏区，用空前努力达此目的。第二，最好是走山西与绥远[2]的道路，这是用战争用发展用不使陕北苏区同我们脱离的方针与外蒙靠近。为完成上述两种任务，我想有六个月左右的时间就够了。所以我们应在明年夏天或秋天与外蒙靠近，目前应立即开始组织蒙民游击队。

乙、反蒋抗日统一战线的策略内容及具体的口号与纲领完全同意，宣言[3]请立发。

丙、对富农策略的转变基本同意，但决议[4]上应指出，当斗争发展贫农中农要求平分富农土地时，党应赞助这一要求。富农可与贫农中农分得同等土地，过去分坏田的原则是不对的；但富农土地完全不动的原则，在苏区尤其在南方苏区也是不对的。在土地问题上，对富农策略同对中农应该有一点区别。农村中的党应善于领导与监督富农，严防为富农所领导。要指出当斗争深入时富农必然转入地主阵线，这是中国半封建富农阶层的特点。对有劳动力又破产了的小地主阶层，在群众同意下应按富农待遇。

丁、这里已经实行对俘虏官一律不杀、优待释放的政策。我给董英斌的信〔5〕已普遍发表，现正进行广泛瓦解白军的工作。

戊、我或于数日后回后方一行。

泽 东

一号二十四时

根据中央档案馆保存的抄件刊印。

注 释

〔1〕张闻天（一九〇〇——一九七六），又名洛甫，江苏南汇（今属上海市）人。当时任中共中央政治局常委，在党内负总责。

〔2〕绥远，见本卷第371页注〔16〕。

〔3〕指一九三五年十一月二十八日中华苏维埃共和国中央政府、中国工农红军革命军事委员会抗日救国宣言。见本卷第360—362页。

〔4〕一九三五年十二月六日，中共中央作出《关于改变对富农策略的决定》。

〔5〕指毛泽东一九三五年十一月二十六日给国民党军第五十七军军长董英斌的信。信中申明：（一）东北军不打红军，红军亦不打东北军；（二）凡愿抗日反蒋者，不论过去打过红军与否，红军愿与订立条约一同打日本打蒋介石；（三）红军优待东北军官兵，不但一律不杀，且分别任职或资遣回队，负伤官兵均照红军伤员一体医治。

中华苏维埃共和国中央执行委员会关于改变对富农政策的命令

（一九三五年十二月十五日）

鉴于日本帝国主义之积极侵略，中国沦亡之危迫，全国工农及爱国志士均积极参加民族革命斗争，反对日本侵略者及其走狗蒋介石辈；又因蒋介石等的卖国贼统治，陷中国经济于万劫不复之域——特别是农村经济，全国农民均群起反抗与暴动，富农已改变其仇视苏维埃革命而开始同情于反帝国主义与土地革命的斗争，苏维埃中央委员会为扩大全国抗日讨蒋之革命战线，特决定改变对于富农之政策。

（甲）富农之土地，除以封建性之高度佃租出租于佃农者，应以地主论而全部没收之外，其余富农自耕及雇人经营之土地，不论其土地之好坏，均一概不在没收之列。

（乙）富农之动产及牲畜耕具，除以封建性之高利贷出借以剥夺农民者外，均不应没收。

（丙）除统一累进税外，禁止地方政府对于富农之征发及特殊税捐。

(丁)富农在不违反苏维埃法律时,各级政府应保障其经营工商业及雇用劳动之自由。

(戊)在实行平分一切土地之区域(乡、区),富农有与普通农民分得同样土地之权。

(己)富农在违反苏维埃法令时应依法惩治之,进行反革命活动时应按暂行惩治反革命条例惩治之。

(庚)富农仍无权参加红军及一切武装部队(包括赤卫军在内),并无选举权。

(辛)以前颁布之土地法及一切其他法令,凡与本命令有抵触者悉废除之。

(壬)本命令自公布日起实行之(在未联系一片之区域,文到之日实行之),在本命令实行前依以前法令施行者仍属有效,不得翻案。

主席　毛泽东

一九三五年十二月十五日

根据一九三五年十二月二十一日《红色中华》刊印。

关于战略方针和作战指挥的基本原则[1]

（一九三五年十二月二十三日）

甲　战略方针

在日本帝国主义变中国为殖民地的形势之下，在中国红军及其他革命武装力量的现状之下，党的军事策略即战略方针应有如下各项：

（一）在以坚决的民族战争反抗日本帝国主义进攻中国总任务之下，首先须在一切政治的军事的号召上与实际行动上，确定“把国内战争同民族战争结合起来”的方针。这即是“抗日联军”，“红军是中国人民抗日的先锋队”，“一切不愿当亡国奴的士兵及军队同红军联合起来打日本去”，“全国同胞武装起来反对日本帝国主义进攻中国”，“工农商学兵联合起来武装保卫中国”，“打倒帮助日本帝国主义打中国人的汉奸卖国贼”，“打倒帮助日本灭中国的卖国头子——蒋介石”，“打倒侵入抗日根据地的汉奸卖国贼”，“反对汉奸卖国贼扰乱抗日后方”，“巩固抗日后方”，“扩大抗日根据地”，“红军白军联合起来打倒日本帝国主义”，“没收汉奸卖国贼的财产做抗日军经费”,“没收日本帝国主义在中国的财产做抗日军的经费”,“有钱出钱,有力出力,有枪出枪,有知识出知识,打倒日本帝国主义”,“为打倒日本帝国主义战到最后一滴血”,“民族革命战争万岁”等等的口号及行动。

(二)正确地估计敌我力量,党在一九三六年军事部署方面的总方针,应该是“准备直接对日作战的力量”。因此,一九三六年主力红军作战的主要目标还应该是汉奸卖国贼的军队,但在日本占领区域及自治区〔2〕,应尽量组织、扩大及联合一切的抗日武装力量——抗日义勇军、抗日游击队等,同日本军队进行直接的有力的游击战争。同时还应估计到,在一九三六年下半年,第一方面军有可能和有必要同日本军队发生部分的战斗(晋绥察〔3〕方面)。

(三)猛烈扩大红军,一九三六年全国主力红军应有二十万人,第一方面军应有五万。

(四)为坚决而有力地执行(一)(二)(三)项所述之方针(把国内战争同民族战争结合起来,准备对日作战力量,扩大红军),第一方面军行动部署之基础,应确定地放在“打通苏联”与“巩固扩大现有苏区”这两个任务之上,并把“打通苏联”作为中心任务,拿“巩固扩大现有苏区”同它密切地联系起来,具体步骤即把红军行动与苏区发展的主要方向放到东边的山西和北边的绥远等省去。

(五)第一方面军以外之红军(二、六军团,四方面军),对于南京卖国贼军队之削弱与牵制,有极大的战略上的作用,其行动应适当地指导之。

(六)游击战争对于战胜日本帝国主义及汉奸卖国贼的任

务，有很大的战略上的作用。其指导原则应如下：

1. 一切游击队以民族战争的面目出现（日本占领区、自治区及其附近省份称中华抗日义勇军。其他地区——华中、华南，称中华抗日游击队，在这些地方——华中、华南游击队壮大起来时，称中华抗日人民革命军）。土地革命在民族战争的口号与策略之下执行。

2. 在一切省份发展游击战争，而着重于主要的省份（河北，山西，热[4]察绥，东三省，山东，河南，江苏，浙江，福建，陕甘）。在大江南北原有苏区变为游击区域的地方，使之从恢复形势迅速地提高到发展形势。

3. 地方党对于游击战争，在白区是唯一的指导者，在苏区是主要指导者。

4. 大量地吸引卷入反日浪潮中的白军士兵与青年学生到游击战争中去。

5. 游击队应有根据地，但反对保守主义（这容易给游击队以损害）。

6. 游击队同当地革命民众密切地结合起来。

7. 提高游击战术。

8. 使游击队变为正规的革命军。

9. 游击队是苏区的创造者。

10. 使游击战争增加计划性。

（七）使白军士兵革命运动在民族战争旗帜之下，同抗日红军抗日游击队结合起来，注意如下的指导原则：

1. 没有士兵的援助（中国的，还有日本的），民族战争的彻底胜利是不可能的。

2．士兵的援助是可能的（亡国奴境遇，饥寒交迫，不得休息）。

3．把运动放到广泛的群众基础上去，从关门主义解放出来，公开运动同秘密工作相结合。

（八）把蒙回两族（首先蒙古）反日反中国统治者的斗争提到武装斗争的程度，并把他们的斗争同我们的斗争直接结合起来。

（九）执行“抗日联军”的策略，把敌人营垒中间的矛盾与破裂组织到民族战线上去，把我们营垒同“第三营垒”结合起来，成为统一的民族营垒。

（十）把苏联红军同中国红军在反对共同敌人日本帝国主义的基础之上结合起来，首先是技术条件的结合。

乙　作战指挥上的基本原则

（一）战略防御时：

1．反对单纯防御，执行积极防御。

2．反对先发制人，执行后发制人（一般的）。后发制人，即诱敌深入，不是所谓“机会主义的单纯防御路线”（宁都会议〔5〕及其后），而是内线作战的正确原则。

（二）战略进攻时：

1．反对机会主义的估计不足，为扩大战果而奋斗（当由战略防御中的反攻转到战略的进攻时，以及在整个战略进攻的过程中，均应为扩大战略上的战果而奋斗），为夺取先机而奋斗。

2．反对冒险主义：

(1)适可而止，保证已得的胜利(已得胜利是可能丧失的)。

(2)把阵地转到新的方向去，使处在两个大战斗间的红军得着暂时的休息，使苏区得着扩大，并把扩大苏区的任务同创造战场迎接新的战斗的任务联系起来。把两个以上的苏区打成一片和消灭苏区中间及其附近的白色据点(打土围子)，不是所谓“机会主义的动摇”(一九三二年党报〔6〕)，而是执行了正确的方针。

(3)发展形势中的推进政策，波浪式的发展，有阵地有后方的发展(即是所谓“巩固地发展苏区”，所谓“同时扩大，同时深入”)，反对冒进政策(敌我对比许可时是例外)。

(4)打城市及敌人巩固了的阵地是有条件的，过去反“上山主义”反“东北路线”〔7〕是错了的(一九三二年)。

(三)一般原则(不论防御时或进攻时)：

1．反对只“打”不“走”的拚命主义，又要打，又要走，自然走是为了打的。战争方式的游击性，即没有固定战线，这是由于技术条件落后而决定的中国红军作战的特点，也正是过去军事指导的长处。在这里反“游击主义”是错了的。第五次反“围剿”中企图建立固定战线是失败了。拿这一战线的暂时失利(地方被占)换得别一战线的胜利，这一战线的问题也就可以解决了(地方是可以恢复的)。

2．争取这种可能，迅速改变红军的技术条件，使没有固定战线的状态改变为一般有固定战线的状态，运动战还是运动战，但大大减少了游击性。没有这个现代的条件，要彻底战胜日本帝国主义及其走狗是不可能的，对于改变技术条件的消极是不对的。

3. 运动战是基本原则，反对“不让寸土”的保守主义的阵地战，主力红军大踏步进退是不可避免的、需要的。

4. 集中兵力于主要方向，战略上一个拳头打人，内线作战中的外线作战，消灭战；反对分兵主义，反对两个拳头主义，反对战略上的“全线出击”，反对击溃战（战略的及一般战役的）。

5. 战略的持久战，战役的速决战，反对战役持久战，反对“拚消耗”。

6. 要有充分的休息训练，反对无益的急，学习必要的慢。

7. 要有充分的战斗准备。

8. 依情况决定指挥方法，统一决心下的分割指挥是容许的、需要的。

9. 拿战略方针去指导战役战术方针，把今天联结到明天，把小的联结到大的，把局部联结到全体，反对走一步看一步。

10. 军事委员会在军事范围内有完全的权力。

根据中央档案馆保存的抄件刊印。

注　释

〔1〕这是毛泽东为中共中央政治局瓦窑堡会议起草的关于军事战略问题决议的前两部分。

〔2〕这里指伪冀东防共自治政府所控制的地区。一九三五年十一月，在日本

帝国主义指使下，国民党河北省政府滦榆、蓟密两区行政督察专员殷汝耕在河北省通县成立冀东防共自治委员会（不久改称冀东防共自治政府），控制冀东二十二个县，脱离中国政府的管辖。

〔**3**〕绥，指绥远省，见本卷第371页注〔16〕。察，指察哈尔省，当时的辖区是今河北省西北部和内蒙古自治区锡林郭勒盟。

〔**4**〕热，指热河省，一九五五年撤销，原辖地区划归河北、辽宁和内蒙古自治区。

〔**5**〕宁都会议，指中共苏区中央局一九三二年十月在江西宁都召开的会议。这个会议为贯彻执行中共临时中央的"左"倾冒险主义的进攻路线，错误地批评毛泽东提出的"诱敌深入"方针和他反对红军攻打中心城市，认为红军应向敌人统治力量较弱、党和群众力量较强的赣东北发展的正确主张。会议要求红军在国民党军合围之前主动出击，以夺取中心城市，争取江西首先胜利。会后，毛泽东被调做政府工作，接着又被撤销了红军第一方面军总政治委员的职务。

〔**6**〕党报，这里指中共中央机关报《红旗周报》。该报在一九三二年四月二十五日出版的第三十七、三十八期合刊上发表了《在争取中国革命在一省与数省的首先胜利中中国共产党内机会主义的动摇》一文。

〔**7**〕一九三二年三月中旬，毛泽东在赣县江口召开的中共苏区中央局会议总结打赣州的经验教训时，指出打赣州是错误的，提出红军主力应向敌人力量比较薄弱、党和群众基础较好、地势有利的赣东北发展根据地的主张，遭到会议多数人的否定。这个主张被要争取所谓一省数省首先胜利的"左"倾冒险主义者称为"上山主义"、"东北路线"。

中国人民红军抗日先锋军布告

（一九三六年三月一日）

为布告事：照得日本帝国主义横行华北，无人制止。蒋介石、阎锡山、宋哲元[1]，奴颜婢膝，媚外成性。全国丧亡，迫在眼前。中华苏维埃人民共和国中央政府、中国人民红军军事委员会派遣本军，东行抗日。一切爱国志士，革命仁人，不分新旧，不分派别，不分出身，凡属同情于反抗日本帝国主义者，本军均愿与之联合，共同进行民族革命之伟大事业。本军所到之处，保护爱国运动，保护革命人民，保护工农利益，保护知识分子，保护工商业。本军主张停止一切内战，红军、白军联合起来，一致对日，凡属爱国军人，不论积极地与本军联合抗日，或消极地不反对本军及爱国人民抗日者，本军均愿与之进行协商、协定或谅解。我中华最大敌人为日本帝国主义，凡属食毛践土之伦，炎黄华胄之族，均应一致奋起，团结为国。皮之不存，毛将安附，国既丧亡，身于何有？建义旗于国中，申天讨于禹域。有力出力，有钱出钱，有枪出枪，有知识出知识，以一当十，是我精神，以十当一，是我实力。中华民族之不亡，日本帝国主义之必倒，胜败之数，不辩自明。其有不明大义，媚外残民，甚至抵抗本军者，是自弃于国人，本军当以汉奸卖国贼论罪。工农商学兵联合起来！打倒日本帝国主义！打倒汉奸卖国贼！抗日民族战争万岁！自由平等与领土完整的新中国万岁！特此布告。

总　司　令　彭德怀
总政治委员　毛泽东
一九三六年三月一日

根据一九三六年四月二十四日出版的中共西北中央局机关报《斗争》第九十六期刊印。

注　　释

〔1〕阎锡山，见本卷第371页注〔14〕。宋哲元（一八八五——一九四〇），山东乐陵人。当时任国民党政府冀察政务委员会委员长、国民党军第二十九军军长。

停战议和一致抗日通电

（一九三六年五月五日）

南京国民政府，军事委员会，全体海陆空军，全国各党派各团体，各报馆，一切不愿意当亡国奴的同胞们：

自苏维埃中央政府与红军革命军事委员会组织中国人民红军抗日先锋军渡河东征以来，所向皆捷，全国响应。但正当抗日先锋军占领同蒲铁路，积极准备东出河北与日本帝国主义直接作战之时，蒋介石氏竟以十师以上兵力开入山西，协同阎锡山〔1〕氏拦阻红军抗日去路，并命令张学良杨虎臣〔2〕两氏及陕北军队向陕甘苏区挺进，扰乱我抗日后方。

中国人民红军抗日先锋军，本意集中全力消灭蒋氏拦阻抗日去路的部队，以达到对日直接作战之目的。但苏维埃中央政府与红军革命军事委员会，一再考虑，认为国难当前，双方决战，不论胜负属谁，都是中国国防力量的损失，而为日本帝国主义所称快；且在蒋介石阎锡山两氏的部队中，不少愿意停止内战一致抗日的爱国军人，目前接受两氏的命令拦阻红军抗日去路，实系违反自己良心的举动。

因此，苏维埃中央政府与红军革命军事委员会，为了保存国防实力，以便利于迅速执行抗日战争，为了坚决履行我们屡次向国人宣言停止内战一致抗日的主张，为了促进蒋介石氏及其部下爱国军人们的最后觉悟，故虽在山西取得了许多胜利，然仍将人民抗日先锋军撤回黄河西岸。以此行动，向南京政府、全国海陆空军、全国人民表示诚意，我们愿意在一个月内与所有一切进攻抗日红军的武装队伍实行停战议和，以达到一致抗日的目的。

苏维埃中央政府与红军革命军事委员会特慎重地向南京政府当局诸公进言，在亡国灭种的紧急关头，理应翻然改悔，以“兄弟阋于墙外御其侮”的精神，在全国范围首先在陕甘晋停止内战，双方互派代表，磋商抗日救亡具体办法，此不仅诸公之幸，实亦民族国家之福。如仍执迷不悟甘为汉奸卖国贼，则诸公的统治必将最后瓦解，必将为全中国人民所唾弃所倾覆。语云“千夫所指，不病而死”，又云“放下屠刀，立地成佛”，愿诸公深思熟虑之。

苏维埃中央政府与红军革命军事委员会更号召全国凡属不愿意做亡国奴的团体、人民、党派，赞助我们停战议和一致抗日的主张，组织停止内战的促进会，派遣代表隔断双方火线，督促并监视这一主张的完全实现。

中华苏维埃人民共和国中央政府主席　毛泽东
中国人民红军革命军事委员会主席　朱　德
一九三六年五月五日

根据一九三六年五月十六日《红色中华》刊印。

注　　释

〔**1**〕阎锡山，见本卷第371页注〔14〕。

〔**2**〕张学良，见本卷第371页注〔10〕。杨虎臣，即杨虎城，见本卷第371页注〔13〕。

给阎锡山[1]的信

（一九三六年五月二十五日）

百川先生：

敝军西渡，表示停止内战，促致贵部及蒋氏的觉悟，达到共同抗日之目的。微日通电[2]或恐未达，抄上一份，托郭团长[3]带回，即祈审览。

救国大计，非一手一足之烈所能集事。敝军抗日被阻，然此志如昨，千回百折，非达目的不止，亦料先生等终有觉悟的一日。侧闻蒋氏迫先生日甚，强制晋军二度入陕，而以其中央军监视其后，是蒋氏迄无悔祸之心，汉奸卖国贼无与为匹，三晋军民必有同慨。先生如能与敝方联合一致，抗日反蒋，则敝方同志甚愿与晋军立于共同战线，除此中国人民之公敌。

郭团长及贵军官兵一律优待，同属国人，胜之不武，敝方绝无骄矜之心，武器弹药，楚失楚得，谅先生及贵军领袖亦当不致有所芥蒂也。今遣郭团长返晋，面致手书，如有所教，乞令郭君再来，以便沟通两方，成立谅解，对付共同之公敌。吉县县长暂留此间[4]，稍缓亦当令其返晋。国难日亟，谅三晋贤者决难坐视也。

专此。即颂

勋祺。不一!

毛 泽 东

五月二十五日

根据人民出版社一九八三年出版的《毛泽东书信选集》刊印。

注 释

〔1〕阎锡山,字百川,见本卷第371页注〔14〕。

〔2〕指中华苏维埃人民共和国中央政府、中国人民红军革命军事委员会一九三六年五月五日《停战议和一致抗日通电》,见本卷第385—386页。

〔3〕指郭登瀛。原是阎锡山部第六十六师第三九二团团长,一九三六年春红军东征中被俘。

〔4〕参见本卷第475—476页《给阎锡山的信》。

和美国记者斯诺的谈话[1]

（一九三六年七月、九月）

外 交 问 题

（七月十五日）

斯诺问：苏维埃政府对资本主义国家的总政策是什么？

毛泽东答：在讨论政策问题时，我必须请你经常记住，中国人民今天面对的根本问题是同日本帝国主义的斗争。我们苏维埃的对外政策肯定受到这一斗争的制约。日本军阀想征服全中国，使中国人民成为他们的殖民地奴隶。反对日本侵略，反对日本军事和经济侵略的斗争——这些主要任务是我们在分析苏维埃政策时不能忘掉的。

日本侵略不仅威胁中国，而且也威胁世界和平，尤其是太平洋的和平。日本帝国主义不仅是中国的敌人，同时也是要求和平的世界各国人民的敌人，特别是和太平洋有利害关系的各国即美、英、法、苏等国的人民的敌人。日本的大陆政策和海洋政策不仅指向中国，而且也指向这些国家。

这样，日本的侵略就不仅是中国的问题，而且是应由太平洋地区所有国家来对付的问题。中国苏维埃和中国人民因此要同各国、各国人民、各党派和各群众组织团结起来，组成反对日本帝国主义的统一战线。

我们期望于外国的是什么呢？我们至少期望各友好国家不要帮助日本帝国主义，至少采取中立的立场。我们希望它们积极援助中国抵抗侵略和征服。

问：苏维埃政府如何区别友好国家和帝国主义国家？

答：关于帝国主义问题，一般说来，我们看到列强中有的表示不愿参加一场新的世界大战，有的不愿看到日本占领中国，像美国、英国、法国、荷兰和比利时这些国家。其次是一些长期处于侵略成性的强国威胁之下的国家和较小的民族、自治领、殖民地、半殖民地等，如暹罗〔2〕、菲律宾、中美各国、加拿大、印度、澳大利亚、荷属东印度〔3〕等等，或多或少都受到日本威胁。我们把它们看作自己的朋友，请它们同我们合作。至于奉行和平方针、无意于征服或剥削任何国家的苏联，自然是我们的好朋友。

因此，除了日本以及那些帮助日本帝国主义的国家，上述各种类型的国家（反战国家、殖民地和半殖民地国家、社会主义国家）能够组成一个反侵略、反战、反法西斯的世界联盟。

上述各种类型的国家中，凡是愿意参加这个共同战线的，都将作为友好国家受到我们的欢迎，不管它在促使这条共同战线成为反对侵略者的有效武器方面能作出多大贡献。

只有当南京决心抵抗日本帝国主义并同人民革命联合起来组织民主的国防政府时，只有到那时，这种援助才能对中华民族真正有益。援助可以从两个方面体现：(1)向中国抗日力量提供信贷和借款，出售军需品和飞机；或(2)在抗战实际开始时对日本进行封锁。如果美国和英国能够提供这样的援助，中国人民同美国人民和英国人民之间将会建立起最牢固的友谊和同情。

问：苏维埃政府是否承认北京政府和南京政府缔结的对外条约？如果承认，是哪些条约？

答：日本人事实上已在破坏这些条约。他们通过对东北的军事占领，在华北走私，以及各种非法活动，正在逐步破坏这些条约。尤其在东北，我们可以看到各国丧失其条约地位，正常的商务和外贸正在被日本破坏。因此，如果其他国家想同中国保持和平的通商关系，就必须制止日本，因为它们目前尚保有的贸易权利主要是受到了日本的威胁。

别国政府可能要问："你们对于我们同以前的中国政府签订的条约采取什么态度？"

对于这个问题，我们的回答是明确的。什么更为迫切？是修改条约，还是民族救亡？显然，对我们来说更为重要的是抗日，因此苏维埃政府和中国人民将把主要力量集中在这个任务上。

可能会产生这样的问题："假如苏维埃政府打败日本，收复中国失去的省份，重新建立中国的主权，到那时它对类如治外法权这样的问题将采取什么态度？"

对此我们可以回答说：到那时候，如果有一个中国人民政府而苏维埃是其一部分的话，我们将力主根据这些国家战时的表现来制订政策。那些曾在中国的独立和解放战争中给予援助或未曾反华的国家可以享有同中国亲密友好和互利的关系。积极协助过日本的那些国家当然不会得到同样的待遇，例如，已同伪满洲国建立特殊关系的德国，就不能被认为是一个同中国人民友好的国家。

如果中国真正赢得了独立，外国人在中国的合法贸易利益将会有比过去更多的机会。四亿五千万人民的生产和消费能力不仅仅是中国人才会对它关心的事情，而且能吸引许多国家。我国几亿人民一旦真正得到解放，他们巨大的生产潜力一旦被解放出来，并被用于各个领域的创造性活动，就能促进经济发展，提高全世界的文化水平。但是，中国人民的生产力过去几乎连动都没有动，相反地，却受到了压制——受到本国军阀和外国帝国主义，特别是日本帝国主义的压制。

在我们赢得独立之后，中国将同友好国家商订互助、互利和互相同意的条约。对于日本，我们现在只有一种办法，武装抵抗的办法。但是同其他国家，中国准备进行规模比现在更大的合作，并第一次在互相尊重的基础上同它们建立这样的关系。至于日本，中国必须通过解放战争废除一切不平等条约，没收日本帝国主义的一切财产，取消日本在我国的一切特权、租界和政治势力——包括像何梅协定〔4〕、上海停战协定〔5〕、塘沽协定〔6〕、各种反共公约等等为全中国人民所反对的“条约”。

在同其他国家的关系方面，我们共产党人不赞成任何可能使中国在抵抗日本帝国主义的斗争中处于不利的国际地位的步骤。

问：你们的政府是否承认外国在中国的财产权，也就是说是否承认现有的外国投资？如不全部承认，那末哪些类别的外国投资将得到承认，在什么情况下外国商人能够在中国经营？

答：苏维埃政府欢迎外国资本的投资。中国过去未能利用外国资本使中国人真正得到好处，外国资本给群众带来很少好处，或者根本没有好处。只有在中国取得真正的独立和民主之后，才有可能把大量外资用于大规模地发展生产事业；也只有自由的中国，由于生产性经济的广泛发展，才能够偿还这种外国投资的本金和利息。

合法的外债将得到承认。凡是为建设目的和用于建设的外债，我们都将认为是合法的。我们将不承认任何"政治借款"，也不承认任何用于打内战、打红军或其用途违背整个中国人民利益的借款。我们将承认用于建设铁路、电讯、无线电、航空线，发展工业或农业，救济灾荒等等的借款。

问：关于（甲）外国政治权利和（乙）外国投资，苏维埃政府的政策同国民党的政策有什么基本不同？

答：国民党将其外债主要用于进行军阀内战或打红军，或者把钱浪费在其他愚蠢的行动上。它的借款给中国的政治主权造成更大的损失。人民政府如果建立起来，外国借款和外国投资应就只能被用来发展中国经济生活中的基本生产能力——特别是在全国范围内建设基础工业和引进科学的农业方法和农业组织。同南京的政策相反，对影响中国独立政治权利的外国投资，一概不予承认。

问：苏维埃对外国传教士的新政策是否意味着将承认他们的财产权？他们是否将继续享有传教、教书、拥有土地、办学校和其他事业的权利？

答：是的。但这不包括日本传教士。

问：苏维埃政府目前对美国政府和美国人民的希望是什么？美国政府和人民怎样才能最好地帮助中国人民？

答：我们认为美国人民和美国政府对中国是有远见的，形势注定美国政府要对中国和日本的未来起非常积极的作用。我们希望并且相信，他们将同中国人民结成统一战线以反对日本帝国主义及日本所代表的法西斯战线。这是他们目前能帮助中国的最好办法。许多美国人民自己组织起来，成立“中国人民之友”、“太平洋关系学会”、“泛太平洋协会”、“中国学会”等等，表达了他们对中国的感情，证明了他们对中国人民的真正同情。我们以全体中国人民的名义对“中国人民之友”的慷慨援助和支持特别表示感谢。

但是也有一些目光短浅的美国政治家以为中国的灭亡与他们无关。我们共产党人认为这是一种对于实际情况的错误认识，实际情况是美国的东方利益同抵抗日本帝国主义紧密连结在一起。这些人提倡孤立政策。但是随着历史面貌的进一步暴露，我们相信他们会放弃“孤立主义”政策，美国将觉悟到它在太平洋的真正责任是同直接威胁美国理想和利益的日本帝国主义作斗争。

问：苏维埃政府目前对英国政府和英国人民的希望是什么？英国政府和英国人民怎样才能最好地帮助中国人民？

答：我们对英国人民的态度同对美国人民的态度差不多。英国人民中也有类似“中国人民之友”的社团。我们尊敬并欢迎这种真正同情中国人民的英国朋友。

十分清楚，英国政治家中有一派过去采取了错误的政策。英国政府奉行的政策实际上使得日本占领中国领土成为可能，即使它在事实上没有鼓励日本这样做。英国政府似乎要采取新的策略，但看来它还没有足够的勇气在世界的这一部分贯彻它的信念。英国如继续动摇并像过去那样采取观望政策，如继续乞求日本的“合作”，那将对英国毫无好处。日本帝国主义的面目已经一清二楚。对英国来说，它不是一张友善的面孔，而是破坏的形象。

问：很多人认为中国如果苏维埃化，苏维埃中国将受到苏联的支配，其内外政策将置于“莫斯科控制”之下。

答：大家都知道，法西斯宣传中包含的真实性是如此之微小，肉眼几乎无法看到。当墨索里尼要征服阿比西尼亚〔7〕时，他宣称他在解放非洲的奴隶。当希特勒在欧洲发动侵略时，他对德国人民说光荣胜于面包，对欧洲人民则说他是一个和平爱好者。日本军阀在吞并东北时也说，他们是在解放中国人民。

现在，如你所说，法西斯分子正在叫嚣“莫斯科控制中国”。如果这一切都属实，那末造一条铁路通往火星并向威尔斯（H. G. Wells）〔8〕先生买一张火车票也就全都可能了。

不管法西斯宣传多么愚蠢，少数人还是受了骗。因此有必要指出其根本的虚假性。由于中国现在谋求同苏联订立一个条约，法西斯分子就断言俄国企图“收买”中国。如果这样，那法国早已是莫斯科的一块殖民地了——欧洲其他几个同苏联签订条约的国家也都如此了。

事实上，法西斯分子的这个“逻辑”表明了他们自己要建立世界帝国的欲望——就像日本在东北和华北的行动，意大利在阿比西尼亚的行动等等。他们不能设想两国人民之间除了一个要吞掉另一个之外还有任何其他接触的基础。希特勒在欧洲某些部分的行动，日本在东亚的行动，意大利在非洲和西班牙的行动——其中的每一个行动，可以说都不仅是法西斯控制的威胁而且是确确实实的“法西斯控制”。但在这些地区和世界任何其他地方，我们都没有看到“莫斯科控制”的任何迹象。

可是，历史的发展毕竟将是另外一个样子。随着中国革命的胜利，中国人民将能够把俄国人民当作真正的兄弟来欢迎，正如他们能把其他国家的自由人民当作同自己真正平等的人来欢迎一样。中国人民不仅同苏联，而且将同一切以平等待我之民族建立友好关系，并同它们联合起来反对企图阻止历史前进的法西斯国家。

日本人现在叫嚷凡是反对日本帝国主义的就是共产党。但全体中国人民，除极少数卖国贼之外，都坚定不移地反对日本帝国主义。因此，在中国人民看来，如果共产主义意味着抗日，意味着民族解放斗争，那末大多数中国人民就不怕这样的共产主义，只有在汉奸卖国贼的恶梦里才存在所谓的“赤色威胁”。相反，全民族迫切需要这样的共产主义，正如饥饿的人需要大米一样。

假如你认为共产主义对中国人民是个“威胁”，你就去找一位日本将领，问问他的意见。他将告诉你，共产主义在中国意味着民族解放运动、自由和民族主权，这正是他所以要求同南京缔结条约来反对它的原因。但是，如果共产主义意味着这个，中国人民所要的就正是这个。中国人民不怕这样的运动，因为这恰恰是他们所要求的。他们将高呼：“解放了的中国人民万岁！一个自由、团结、自主和完整的中国万岁！”

斯大林在同一个美国记者的一次谈话中说：“革命不能输

出。”〔9〕同样正确的是，革命也不能输入。中国人民为了生存，自然要采用反对日本的最好办法。

在共产国际的所有决定或在苏联的宪法中，我们找不出苏联统治苏维埃中国的任何规定。这样的事在共产主义的全部历史中当然也从未讨论过。但是，我们不用到远处去找，就在我们的邻国法西斯日本，就能看到对中国实行法西斯统治的十分具体的计划。

我们从历史事实中可以知道，苏联以完全平等和真诚的态度帮助一切被压迫民族和人民。我们知道，它不企图从任何其他国家取得一寸领土或一个人。

问：中华苏维埃政府主张同外国组成一个反帝、反法西斯联盟，中国是否可能同民主的资本主义国家建立这样的联盟？

答：反法西斯联盟的性质是和平联盟，是为了共同抵抗那些发动战争的国家。中国若与苏联缔结条约，那必然是因为法西斯日本既是中国也是苏联的敌人。“共同保卫和平”是现有法苏条约的根本基础。它也可以成为类似的太平洋各国抗日条约的基础。

中国同资本主义民主国家缔结反法西斯条约是完全可能和合乎需要的。参加反法西斯战线以实行自卫，是符合这些国家的利益的。

摆在各国面前的一个问题是：中国将完全殖民地化，还是抵抗侵略者并成为一个主权国家。在后一种情况下，外国与中国合作的机会将非常之多，因为中国将获得自由，中国人民将成为独立的人民，有独立的经济、文化和政治组织。这样的中国将永远是世界上一支伟大的有益的力量，将是正义事业和世界文化发展的同盟军,任何国家都不能对这样一个中国的影响漠然置之。

但是,如果中国完全殖民地化,太平洋的未来就真是一片黑暗了。这将不仅意味着中国独立的毁灭,也将意味着太平洋沿岸各国人民和文化遭到毁灭的威胁,将是一长串可怕的、愚蠢的战争的开始。

必须作出抉择。中国人民自己将走同压迫者进行斗争的道路,我们希望外国的政治家和人民也将同我们一起在这条道路上迈进,而不要走帝国主义血腥历史铺设的黑暗小道。

因而,在这个基础上,你听到我们苏维埃中国的人民在高呼:“各国人民联合起来!抵抗日本法西斯主义的侵略和压迫!”

我们相信这种联合实际上可以实现,因为我们找不到正当的理由认为它不符合太平洋地区一切真诚要求和平和互相友好的文明人类的心愿。

论反对日本帝国主义

(七月十六日)

斯诺问:如果日本被打败,并被赶出中国,你是否认为外国帝国主义这个主要问题大体上在中国得到了解决?

毛泽东答:是的。如果别的帝国主义国家不像日本那样行动,如果中国打败了日本,这将意味着中国人民大众已经觉醒了,已经动员起来,并已取得了独立。因此,帝国主义的主要问题也就得到解决了。

问：中国苏维埃政府发表了许多呼吁和宣言，主张建立一个由各党各派和各方面的军队等等组成的统一战线，对日本帝国主义进行誓死斗争，把日本军队从中国赶出去。它是否相信中国目前能单独打败日本——也就是说，在没有任何外国支援的条件下打败日本？

答：让我先提醒你，无论是中国还是日本都不是孤立的国家，东方的和平与战争问题是一个世界性问题。日本有它潜在的盟国——例如德国与意大利。中国想要成功地反对日本，也必须争取别国的支援。但是，这并非说，没有外援，中国就无法和日本进行战争。也不是说，我们必须等到有了同外国的联盟才能开始抗日。

中国蕴藏着极其巨大的潜力，这些力量，在一个伟大的斗争的时期是能够组织起来投到强大的抗日战线上去的。在一九二七年以来反革命发动的长期内战中，中国人民早已对这股力量有了很多认识，并且找到了一个依靠共产党来领导它斗争的好办法。中国人民大众在其长期的政治经验中，已经掌握了反对敌人的非常有效的武器。

今天，特别是从一九三一年九月十八日以来，卖国贼的欺骗宣传已经破产了，已经没有什么人会上他们的当了。人民群众越来越清楚地认识到是谁代表他们的真正利益，连某些国民党员都已经参加或是打算参加抗日运动了。

我们深信，中国人民是不会向日本帝国主义屈服的。我们深信他们会把他们的巨大潜力动员起来，投到抗日的战场上去的，他们会全力以赴地去对付侵略者的挑战。在这场斗争中，最后胜利必定属于中国人民。如果中国单独作战，相对地说，牺牲就会大些，战争的时间也会拖得长些，因为日本是一个充分武装的强国，而且还会有它的盟国。为了在尽可能短的时期内以最小的代价赢得对日本帝国主义的胜利，中国必须首先实现国内的统一战线，其次还必须努力把这条统一战线推广到包括所有与太平洋地区和平有利害关系的国家。

问：在什么条件下，中国能战胜并消灭日本帝国主义的实力呢？

答：要有三个条件：第一是中国抗日统一战线的完成；第二是国际抗日统一战线的完成；第三是日本国内人民和日本殖民地人民的革命运动的兴起。就中国人民的立场来说，三个条件中，中国人民的大联合是主要的。

问：你想，这个战争要延长多久呢？

答：要看中国抗日统一战线的实力和中日两国其他许多决定的因素如何而定。即是说，除了主要地看中国自己的力量之外，国际间所给中国的援助和日本国内革命的援助也很有关系。如果中国抗日统一战线有力地发展起来，横的方面和纵的方面都有效地组织起来，如果认清日本帝国主义威胁他们自己利益的各国政府和各国人民能给中国以必要的援助，如果日本的革命起来得快，则这次战争将迅速结束，中国将迅速胜利。如果这些条件不能很快实现，战争就要延长。但结果还是一样，日本必败，中国必胜。只是牺牲会大，要经过一个很痛苦的时期。

问：从政治上和军事上来看，你以为这个战争的前途会要如何发展？

答：日本的大陆政策已经确定了，那些以为同日本妥协，再牺牲一些中国的领土主权就能够停止日本进攻的人们，他们的想法只是一种幻想。我们确切地知道，就是扬子江下游和南方各港口，都已经包括在日本帝国主义的大陆政策之内。并且日本还想占领菲律宾、暹罗、越南、马来半岛和荷属东印度，把外国和中国切开，独占西南太平洋。这又是日本的海洋政策。在这样的时期，中国无疑地要处于极端困难的地位。可是大多数中国人相信，这种困难是能够克服的；只有各大商埠的富人是失败论者，因为他们害怕损失财产。有许多人想，一旦中国海岸被日本封锁，中国就不能继续作战。这是废话。为反驳他们，我们不妨举出红军的战争史。在抗日战争中，中国所占的优势，比内战时红军的地位强得多。中国是一个庞大的国家，就是日本能占领中国一万万至二万万人口的区域，我们离战败还很远呢。我们仍然有很大的力量同日本作战，而日本在整个战争中须得时时在其后方作防御战。中国经济的不统一、不平衡，对于抗日战争反而有利。例如将上海和中国其他地方割断，对于中国的损害，绝没有将纽约和美国其他地方割断对于美国的损害那样严重。日本就是把中国沿海封锁，中国的西北、西南和西部，它是无法封锁的。所以问题的中心点还是中国全体人民团结起来，建立举国一致的抗日阵线。这是我们早就提出了的。

问：如果发生中日战争，你认为日本会发生革命吗？

答：日本人民的革命，不仅是可能的，而且是肯定的。它是不可避免的。

问：你认为苏俄与外蒙会卷入这场战争并支援中国吗？在

什么情况之下会这样?

答:当然,苏联也不是一个孤立的国家。它不能对远东的事态漠不关心,采取消极的态度。它会坐视日本征服全中国,把中国变成进攻苏联的战略基地呢,还是会帮助中国人民反对日本侵略者,赢得独立,与苏联人民建立友好的关系呢?我们认为苏联是会选择后一条道路的。

一旦中国人民有了自己的政府,开始抗战,并且愿意与苏联和其他友好国家建立友好同盟,我们相信,苏联将会站在与我们握手的国家的前列。反对日本帝国主义的斗争是一个世界性的任务,作为世界一部分的苏联和英美一样,是无法继续保持中立的。

问:中国的迫切任务是从日本手中收复所有的失地呢,还是仅仅把日本从华北与长城以内的中国领土上赶出去?

答:中国的迫切任务是收复所有失地,而不仅仅是保卫我们在长城以内的主权。这就是说,东北必须收复。这一点同样适用于台湾。至于内蒙,那是汉族与蒙族人民共同居住的地区,我们要努力把日本从内蒙赶出去,帮助内蒙建立自治。当我们光复中国的失地之后,如果朝鲜人民希望挣脱日本帝国主义的枷锁,我们将对他们的独立斗争提供热情的援助。

问:假如战争拖得很长,日本没有完全战败,共产党能否同意讲和,并承认日本统治东北?

答:不能。中国共产党和全国人民一样,不容许日本保留中国的寸土。

问:在实际行动中,共产党政府和红军怎么能与国民党军队合作共同抗日呢?就是说,在一场对外战争中,必须将所有的中国军队置于统一的指挥之下。如果红军在最高军事委员会中享有代表权，红军同意服从最高军事委员会的军事和政治决定吗？

答：是的。只要这样一个委员会是真正抗日的，我们的政府将衷心服从它的决定。

问：红军是否同意除非得到最高军事委员会的同意或命令，不把它的部队开进国民党军队占领的地区，也不调动它的部队指向这些地区？

答：是的。我们当然不会把我们的军队开进抗日军队占领的任何地区去——一段时期以来，我们也没有这样做过。红军是不会采取机会主义的办法来利用任何战争局势的。

问：作为这种合作的报答，共产党会提出什么要求呢？

答：共产党会坚持要求对日本的侵略展开决定性的、最后的抗战。此外，它还会要求实施我们在建立民主共和国与国防政府的呼吁中所提出的主张。

问：为了进行抗日战争，红军需要多大的基地，需要外界的多少支援？

答：不论基地大小，红军都能进行战争。但是，基地越大，它能动员的抗日力量自然也就越强大。如果我们有三四个省，我们就能把一支比南京的全部兵力还要大、还更有效率的抗日队伍投入到战争中去。至于外援，我们非常需要，而且越多越好，但是即使没有任何外援，我们也能对付得很好。在没有任何援助的情况下，我们已经进行了十年的革命斗争了。

问：怎样才能最好地武装、组织和训练人民，使他们参加到这样一场战争中来呢？

答:人民必须享有组织与武装自己的权利。在北平、上海和其他地方,尽管有严厉的镇压,学生们已经开始组织起来,并使自己在政治上有了准备。但学生与革命的抗日群众仍然没有自由,不能得到动员、训练和武装。如果情况与此相反,人民群众能享有经济、社会与政治的自由,那末他们的力量将能成百倍地增长,国家的真正力量将显示出来。

红军通过自己的斗争,从军阀手中赢得了自由,成为一支不可战胜的力量。抗日义勇军从日本压迫者手中赢得了自由,并以同样的方式武装了自己。如果中国人民都得到训练、武装和组织,他们也同样能成为一支战无不胜的力量。

问:照你的意见,这次解放战争,主要的战略方针是什么?

答:我们的战略方针,应该是使用我们的主力在很长的变动不定的战线上作战。中国军队要胜利,必须在广阔的战场上进行高度的运动战,迅速地前进和迅速地后退,迅速地集中和迅速地分散。这就是大规模的运动战,而不是深沟高垒、层层设防、专靠防御工事的阵地战。这并不是说要放弃一切重要的军事地点,对于这些地点,只要有利,就应配置阵地战。但是转换全局的战略方针,必须是运动战。阵地战虽也必需,但是属于辅助性质的第二种的方针。在地理上,战场这样广大,我们作最有效的运动战,是可能的。日军遇到我军的猛烈活动,必得谨慎。他们的战争机构很笨重,行动很慢,效力有限。如果我们集中兵力在一个狭小的阵地上作消耗战的抵抗,将使我军失掉地理上和经济组织上的有利条件,犯阿比西尼亚的错误。战争的前期,我们要避免一切大的决战,要先用运动战逐渐地破坏敌人军队的精神和战斗力。

除了调动有训练的军队进行运动战之外，还要在农民中组织很多的游击队。须知东三省的抗日义勇军，仅仅是表示了全国农民所能动员抗战的潜伏力量的一小部分。中国农民有很大的潜力，只要组织和指挥得当，能使日本军队一天忙碌二十四小时，使之疲于奔命。必须记住这个战争是在中国打的，这就是说，日军要完全被敌对的中国人所包围；日军要被迫运来他们所需的军用品，而且要自己看守；他们要用重兵去保护交通线，时时谨防袭击；另外，还要有一大部力量驻扎满洲和日本内地。

在战争的过程中，中国能俘虏许多的日本兵，夺取许多的武器弹药来武装自己；同时，争取外国的援助，使中国军队的装备逐渐加强起来。因此，中国能够在战争的后期从事阵地战，对于日本的占领地进行阵地的攻击。这样，日本在中国抗战的长期消耗下，它的经济行将崩溃；在无数战争的消磨中，它的士气行将颓靡。中国方面，则抗战的潜力一天一天地奔腾高涨，大批的革命民众不断地倾注到前线去，为自由而战争。所有这些因素和其他的因素配合起来，就使我们能够对日本占领地的堡垒和根据地，作最后的致命的攻击，驱逐日本侵略军出中国。

被我们俘虏和解除武装的日军官兵将受到优待。我们不会杀死他们，而是会像兄弟那样对待他们。我们将采取一切措施使得与我们并无冲突的日本无产阶级出身的士兵站起来反对他们自己的法西斯压迫者。我们的口号将是：“团结起来，反对共同的压迫者法西斯头子”。反法西斯的日本军队是我们的朋友，我们彼此的目的是一致的。

论 统 一 战 线

（九月二十三日）

斯诺问：能否请你解释一下共产党的统一战线政策，以及它对国民党政府态度的改变。

毛泽东答：有三个主要因素使我们决定最近的宣言[10]中所公布的政策。

首先是日本侵略的严重性，它日益加剧，造成那么大的威胁，以致所有的中国军队必须在它面前团结起来。除了共产党以外，我们当然承认中国其他党派和军队的存在，而其中最强大的是国民党。如果不合作，我们现有的力量要进行抗日战争是不够的。南京必须参加。国民党和共产党是中国两个主要的政治力量，如果他们现在继续打内战，其结果是对抗日运动不利的。

第二，从去年（一九三五年）八月以来，共产党通过发表宣言，一直在呼吁全中国各党派团结抗日，对于这个纲领，人民群众的反应是赞同的。今天，中国人民和许多爱国官员，都热切盼望两党为了民族救亡的目标团结起来。他们热切希望结束内战。这一点不实现，抗日运动就会遇到极大的障碍。

第三，即使在国民党内部，现在也有许多爱国人士赞成和共产党重新联合。今天，即使在南京政府及其军队内部，也有某些抗日分子鉴于民族的危急存亡，准备实行联合。

以上这些就是当前中国形势的主要特点。由于有这些特点，我们必须重新仔细地考虑能够使民族解放运动的这种合作成为可能的具体方案。事实上，这种方案已经在我们最近和国民党的谈判中提出来了。我们所坚持的团结的基点是民族解放的抗日原则。为了实现这个原则，我们认为必须建立民主共和国，建立国防民主政府。它的主要任务应该是：一、抵抗外国侵略者，二、给广大人民以民主权利，三、加速发展国民经济。

这样一个纲领符合当前人民的意愿，并将得到人民的一致拥护，苏维埃政府赞成建立这样一个统一的人民民主政府的理由也即在此。

我们将支持成立一个有国会的代议制政府，一个抗日救亡的政府——一个保护和支持一切人民爱国力量的政府。如果这样一个共和国成立了，苏维埃政府将成为它的一部分。我们的地区将和国内其他地区一样，采取同样的措施以建立民主的代议制政府。

问：这是不是说，这样一个政府的法律在苏区也同样有效？

答：是的。

问：这是不是说，苏区的现行法律，特别是有关土地问题的法律，将被废除？

答：如果同南京政府建立了统一战线，这个问题是很容易解决的。

当然，我们知道日本与中国的亲日派会强烈地反对这个纲领，这个纲领的原则是和他们的利益直接冲突的。但是中国人民将会欢迎这个纲领，我们相信他们将进行斗争以促其实现。每一个有良心的人一定会看到，如果不这样做，就要被日本帝国主义征服，中国就要灭亡。

我们知道，一部分国民党人已在反对进一步向日本人屈服。正如在我们自己的工人和农民中一样，在广大人民中，在各阶层中，在军人、科学家、学生、商人、警察和自由职业者中，已经出现了有组织的抗日爱国团体，我们衷心希望同这些团体携手合作。我们希望这些人士将会组成一个联合的力量去压倒亲日派的影响。我们希望这些人士将会帮助恢复并再次实现孙中山在大革命时代实行的基本原则，即（一）联合苏联与一切平等待我的国家，（二）联合中国共产党，（三）保护中国劳动阶级的根本利益。我们希望这些人士将能帮助实现孙中山的遗嘱，反对日本帝国主义。

如果这样的运动在国民党中发展起来，我们准备同它合作，给予支持，并同它组成一条反帝统一战线，就像一九二四——二七年存在过的统一战线那样。我们深信这是救国的唯一途径。如果这样的纲领实现了，我们是不必惧怕日本的。日本帝国主义是无法打败真正团结、武装和组织起来的中国人民的。

不过，与此同时，日本也在打算组成它自己的反共战线。对于中国人民来说，这实际上是一条灭亡中国的战线。我们要建立一条民族解放战线，它的成功将意味着抗日斗争的胜利，这个胜利，归根到底，也就是世界和平的胜利。因为只有获得这样的胜利，中国人民才能和世界上所有的自由人民并肩前进。

问：你所说的“代议制”政府的确切涵义是什么？例如，在选举权方面，你将坚持什么样的最低条件呢？

答：选举权应该是普遍的，不受财产、社会地位、教育程度和性别的限制。

问：如果南京接受这样的纲领，红军将同意改变它的名称，并服从南京的上级命令吗？

答：我们承认，在一场抵抗日本的战争中，全国军队必须有一个统一的指挥，但是我们也认为军事委员会应该是有代表性的。应该强调指出：这一点只有在成立抗日民族解放战线的基础上才有可能实现。有些国民党分子也在谈什么"统一"，但是却不支持民族解放和反帝运动。实际上很清楚，没有真正的反帝斗争就没有国家的统一。

至于红军换不换名称，要视重新联合的情况而定。

问：这一新政策是否意味着共产党承认，必须首先实现民族解放，然后才能完成阶级革命？

答：在现阶段，必须将反帝运动进行到底，这是共产党目前的而且也是历来一贯的原则。所以，从根本上说，我们强调抗日民族斗争并不是什么新的论点。同时，正如我们所已经指出的，我们相信，只有同时实现被压迫农民的解放和孙中山的第三条原则即保护劳动者的利益，抗日运动才能有效地开展。

问：统一战线的政策是否意味着共产党愿意放弃，或者无限期地推迟执行没收地主土地并将其重新分给贫穷、无地的农民的政策？

答：这也要取决于抗日运动的发展。不过，我们深信，如果不减轻农民的负担，抗日的纲领是无法实现的。土地革命，正如你知道的，是资产阶级性质的革命。它有利于资本主义的发展。我们并不反对目前在中国发展资本主义,我们反对的是帝国主义。这一原则是符合国内一切民主人士的要求的,我们衷心支持它。

问:在这个基础上实现的统一战线,是不是实际上意味着立即向日本宣战?

答:是的。很可能是今天宣布联合,明天就会爆发战争。

根据人民出版社一九七九年十二月出版的《毛泽东一九三六年同斯诺的谈话》刊印。

注　释

〔1〕斯诺(一九〇五——一九七二),美国著名进步记者和作家。一九三六年七月他到达陕北保安,是访问中国共产党领导区域的第一位外国记者。在苏区停留近四个月,毛泽东多次接受他的采访。本篇收入的是毛泽东同他的三次谈话,分别刊载在美国《美亚》杂志和上海《密勒氏评论报》。

〔2〕暹罗,泰国的旧称。

〔3〕荷属东印度,即今印度尼西亚。

〔4〕一九三五年五月,日本帝国主义向国民党政府提出对华北统治权的无理要求,六月九日日本华北驻屯军司令官梅津美治郎向国民党政府在华北的代表何应钦提出"觉书",限三日答复。何应钦经与日方秘密会商后,于七月六日正式复函梅津美治郎,接受日方的要求,出卖了华北的大量主权,通常称为"何梅协定"。

〔5〕一九三二年一月二十八日,日本侵略军进攻上海,驻上海一带的国民党军第十九路军等在全国人民抗日高潮的推动下,奋起抗战。但蒋介石坚持攘外必先安内的政策,派代表和日本谈判,于五月五日签订停战协定,并划上海为非武装区,中国不得在上海至苏州、昆山一带地区驻军,而日本则可以在许多地区驻军。这个协定称上海停战协定,即淞沪停战协定。

〔6〕一九三三年三月,日本侵略军于占领热河省后,向长城各口大举进攻,国

民党军第二十九军及驻守长城沿线的其他军队进行抵抗。五月三十一日，国民党政府派熊斌与日本关东军代表冈村宁茨在塘沽签订停战协定，实际上承认了日本帝国主义占领东三省及热河的事实，划绥东、察北、冀东为日军自由出入地区，便利了日本进一步控制整个华北。这个协定称塘沽协定。

〔**7**〕阿比西尼亚，即埃塞俄比亚。

〔**8**〕威尔斯（一八六六——一九四六），英国作家。早期写过一些科学幻想小说，如《时间机器》、《星际大战》、《月球上的第一批人》。后来又发表长篇小说，并著有《世界史纲》等。

〔**9**〕见斯大林一九三六年三月一日《和美国"斯克里浦斯—霍华德报系"报业联合公司总经理罗易·霍华德先生的谈话》。斯大林说："我们马克思主义者认为，革命在其他国家也要产生。但是只有当这些国家的革命者觉得可能或者需要的时候，革命才能产生。输出革命，这是胡说。"（《斯大林文选》，人民出版社 1962 年版，第 73 页）

〔**10**〕指一九三六年八月二十五日《中国共产党致中国国民党书》，见本卷第 424—433 页。

给高桂滋[1]的信

（一九三六年夏）

培五师长阁下：

马志明同志回，述阁下赞同敝方国防政府、抗日联军之提议，甚感甚感。时至今日，全国即将陷于沦亡惨境，凡属食毛践土之伦，实舍救国无急务，舍抗日无工作。敝军间关南北，克抵三秦，所务者救中国，所求者抗日本。任何个人、团体、党派、军队，凡与此旨合者则联合之，凡与此旨背者则攻击之。其联之者，为民族革命增义旗也。其攻之者，谓其是真正之汉奸卖国贼，为四万万同胞诛妖孽也。阁下率领之数千健儿，与于一九二七年大革命之役，复与于四年前抗日之役，光荣历史，国人同佩。与红军为敌，谅出于卖国贼首蒋介石之驱迫，转旆击贼，则前事消忘。从此抗日讨卖国贼之革命联合战线上，有广大民众，有红军，复有阁下之义师，无疑将更有无数之义师续续涌出于炎黄华胄之域，出中国于危亡，实为此之是赖。为使猜疑去之务尽，诚信孚于金石，就阁下对马同志所示及敝方所见，列为数条，借求明察：

（一）两军各守原防，互不相犯。

（二）抗日讨卖国贼大计，从长计议，务出尽善，并使贵军处于安全地位，有任何卖国贼加贵军以危害者，敝方愿以实力共击之。

（三）在贵军尚未至能取公开行动之时机，敝方愿将双方关系及一切信使往还保守绝对秘密。

（四）贵军未至公开行动之时机，当敝方攻击卖国贼军队（如井岳秀[2]）时，务望采取消极态度，即对敝方之敌不作任何援助举动。

（五）清涧贵部粮秣柴火，既属友军，自当尽力接济。但请阁下对敝方所需之物（如西药、布匹等）亦量为接济。

（六）互派代表在共同基础上订立初步的抗日讨卖国贼协定。

（七）互相建立最机密之通讯联络（交换密码）。

（八）保证双方代表及来往人员之安全。

以上各项，不论阁下所能同意者为全部或一部，敝方均愿与阁下开始实际之谈判。当此国亡无日关头，鄙人等决不因小节而忘大难。区区救国之诚，谅蒙贤者深察。抑更有进者，居今日而言，抗日讨卖国贼，非有广大之联合战线不为功，此不但在国内者为然，即在国际者亦然。环西北数省而军者非尽汉奸卖国贼，其中尽多爱国有志之人，告之以亡国灭种之祸，陈之以联合救国之谋，动之以汉奸卖国贼之蠢与危，必有能感发兴起者，阁下曷尽力图之乎？其在国际则联合一切与日本为敌之国家与民族，实为抗日讨卖国贼重要纲领之一，远者姑勿具论，近在西北，则有伟大强立之苏维埃联邦。是国也，有与我共同反侵略目标，有援助中国反帝运动之深长历史，引以为友，实无损而有益，鄙人等当尽力以图之。附上敝党中央之政治决议及文告多种，借供参考。嘤其鸣矣，求其友声，暴虎入门，懦夫奋臂，谁谓秦无人而曰甘受亡国奴之辱乎？寇深情急，竭意进言，惟阁下熟思而审图之。专此。

顺颂

勋祺

中国抗日红军西北革命军事委员会

主　席　毛泽东

副主席　周恩来

彭德怀

根据人民出版社一九八三年出版的《毛泽东书信选集》刊印。

注　释

〔1〕高桂滋（一八九一——一九五九），字培五，陕西定边人。当时任国民党军第八十四师师长。

〔2〕井岳秀（一八七九——一九三六），陕西蒲城人。当时任国民党军第八十六师师长。

给杨虎城[1]的信

（一九三六年八月十三日）

虎臣先生勋鉴：

先生同意联合战线，盛情可感。九个月来，敝方未曾视先生为敌人，良以先生在理在势在历史均有参加抗日战线之可能，故敝方坚持联合政策，不以先生之迟疑态度而稍变自己之方针。然为友为敌，在先生不可无明确之表示。虚与委蛇的办法，当非先生之本意。目前日本进攻绥远[2]，陕甘受其威胁。覆巢之下，将无完卵。蒋氏向西南求出路，欲保其半壁山河，倚靠英国，西北已非其注意之重心。全国各派联合抗日渐次成熟，而先生反持冷静态度——若秘密之联系，暗中之准备，皆所不取，甚非敝方同志所望于先生者也。兹派张文彬[3]同志奉诚拜谒，望确实表示先生之意向，以便敝方作全盘之策划。先生如以诚意参加联合战线，则先生之一切顾虑与困难，敝方均愿代为设计，务使先生及贵军全部立于无损有益之地位。比闻贵部将移防肤洛[4]，双方更必靠近，敝方庆得善邻，同时切望贵部维持对民众之纪律，并确保经济通商。双方关系更臻融洽，非特两军之幸，抑亦救国阵线之福。具体办法及迅速建立通信联络等事，均嘱张同志趋前商订。专此奉达，不尽欲言。

敬颂

公祺

毛 泽 东

八月十三日

根据人民出版社一九八三年出版的《毛泽东书信选集》刊印。

注　释

〔1〕杨虎城，即杨虎臣。见本册第371页注〔13〕。

〔2〕绥远，见本卷第371页注〔16〕。

〔3〕张文彬（一九一〇——一九四四），湖南平江人。当时是红军准备派驻杨虎城部的联络代表。

〔4〕肤，指肤施，即延安。洛，指洛川。

给宋哲元[1]的信

（一九三六年八月十四日）

明轩主席先生勋鉴：

刘子青[2]先生来，知先生情殷抗日，曷胜仰佩。曩者日寇入关，先生奋力边陲，慨然御侮，义声所播，中外同钦。况今日寇得寸进尺，军事政治经济同时进攻，先生独力支撑，不为强寇与汉奸之环迫而丧所守。对华北民众运动，亦不复继续去冬之政策。果然确立抗日决心，一面联合华北人民群众作实力之准备，一面恢复一九二五至一九二七年西北军光荣历史时期曾经实行之联俄联共政策，一俟时机成熟，实行发动大规模之抗日战争，则不但苏维埃红军愿以全力为先生及二十九军助，全国民众及一切抗日力量均将拥护先生及贵军全体为真正之抗日英雄。目前日寇图绥[3]甚急，德王[4]蠢蠢欲动，蒙古第二傀儡国之出现，大抵为时不远，冀察政委会[5]汉奸成分之增加，着着向先生进逼。然弟等甚望先生能于艰难困苦之中坚持初志，弟等及全国人民必不让先生独当其难，誓竭全力以为后援。近者国内统一战线大有进步，红军主力渐次集中，国际联系已有把握，凡此均非徒托空言，而有实际力量，足以资为抗日之用者也。惟具体实施步骤，必须规划周详，方免贻误。兹遣张金吾[6]同志前来就教，请予接谈。如荷同意，即以张同志为敝方长驻尊处之联络代表，一切通信联络均以秘密出之。鲁韩绥傅晋阎〔7〕三处，弟等甚愿与之发生关系，共组北方联合战线。先生必有同心，尚祈设法介绍。临书不胜屏营翘企之至。

专此。即请勋祺

弟 毛泽东 拜启

八月十四日

根据人民出版社一九八三年出版的《毛泽东书信选集》刊印。

注释

〔1〕宋哲元，字明轩。见本卷第384页注〔1〕。

〔2〕刘子青，当时是宋哲元派来与中国共产党联络的代表。

〔3〕绥，指绥远省，见本卷第371页注〔16〕。

〔4〕德王，即德穆楚克栋鲁普（一九〇二——一九六六），内蒙古锡林郭勒盟正镶白旗人，蒙古王公。一九三六年五月在侵华日军的策划下，伪蒙古军政府成立，德王任总裁，充当日本帝国主义的傀儡。

〔5〕冀察政委会，即冀察政务委员会，是国民党政府适应日本帝国主义关于"华北政权特殊化"的要求于一九三五年十二月在北平设立的政权机构。宋哲元任冀察政务委员会委员长。

〔6〕张金吾，即张经武（一九〇六——一九七一），湖南酃县人。当时是中国共产党派往华北地区做统一战线工作的代表。

〔7〕鲁韩，指当时国民党山东省政府主席韩复榘。绥傅，指当时国民党绥远省政府主席、国民党军第三十五军军长傅作义。晋阎，指当时国民党政府太原绥靖公署主任阎锡山。

给宋子文[1]的信

（一九三六年八月十四日）

子文先生：

十年分袂，国事全非，救亡图存，惟有复归于联合战线。前次董健吾[2]兄来，托致鄙意，不知已达左右否？弟等频年三呼吁，希望南京当局改变其对外对内方针，目前虽有若干端倪，然大端仍旧不变，甚难于真正之联合抗日。

先生邦国闻人，时有抗日绪论，甚佩甚佩！深望竿头更进，起为首倡，排斥卖国贼汉奸，恢复贵党一九二七年以前孙中山先生之革命精神，实行联俄联共农工三大政策，则非惟救国，亦以自救。寇深祸亟，情切嘤鸣，风雨同舟，愿闻明教。匆此布臆，不尽欲言！顺颂

公绥

毛　泽　东

一九三六年八月十四日

根据人民出版社一九八三年出版的《毛泽东书信选集》刊印。

注　　释

〔1〕宋子文（一八九四——一九七一），广东文昌（今属海南省）人，国民党英美派代表。当时任国民党政府全国经济委员会主席、中国银行董事长。

〔2〕董健吾（一八九二——一九七〇），江苏青浦（今属上海市）人。当时是中国共产党党员，公开身份是牧师，在上海等地从事秘密工作。

给傅作义[1]的信

（一九三六年八月十四日）

作义先生主席勋鉴：

涿州之战[2]，久耳英名，况处比邻，实深驰系。迩者李守信卓什海[3]向绥进迫，德王[4]不啻溥仪[5]，蒙古傀儡国之出演，咄咄逼人。日本帝国主义卧榻之侧，岂容他人鼾睡！先生北方领袖，爱国宁肯后人？保卫绥远，保卫西北，保卫华北，先生之责，亦红军及全国人民之责也。今之大计，退则亡，抗则存；自相煎艾则亡，举国奋战则存。弟等频年呼吁，要求全国各界一致联合，共同抗日，组织国防政府、抗日联军。幸人心未死，应者日多，抗日图存，光明渐启。近日红军渐次集中，力量加厚，先生如能毅然抗战，弟等决为后援。亟望互派代表，速定大计，为救亡图存而努力，知先生必有同心也。

专此。敬颂

勋祺

毛泽东　拜启

八月十四日

根据人民出版社一九八三年出版的《毛泽东书信选集》刊印。

注　释

〔1〕傅作义（一八九五——一九七四），山西临猗人。当时任国民党绥远省主席、国民党军第三十五军军长。这时他正指挥部队抗击日本侵略军和伪蒙军对绥远（现属内蒙古自治区）的进攻。

〔2〕涿州之战，指一九二七年十月至一九二八年一月晋军傅作义部和奉系军阀部队之间在河北涿州进行的攻守战。在奉军的猛烈围攻下，傅部孤军坚守涿州城三个月。

〔3〕李守信（一八九二——一九七〇），内蒙古赤峰市人。当时任伪蒙古军政府参谋部部长、伪蒙古军第一军军长。卓什海，即卓特巴扎普（一八七三——？），内蒙古锡林郭勒盟正镶白旗人。当时任伪蒙古军副司令。

〔4〕德王，见本书第419页注〔4〕。

〔5〕溥仪，即爱新觉罗·溥仪（一九〇六——一九六七），清朝末代皇帝，辛亥革命后退位。一九三二年任日本帝国主义一手策划的伪满洲国执政，一九三四年改称"满洲帝国"皇帝。

中国共产党致中国国民党书[1]

（一九三六年八月二十五日）

中国国民党中央委员会诸位先生并转中国国民党全体党员大鉴：

自从本党及苏维埃政府与红军发表抗日救国宣言[2]以来，忽已一年多了。本党及苏维埃政府与红军创议组织民族统一战线联合全国各党各派各界一致抗日的主张，虽然得到了全国爱国领袖与爱国人民的拥护，但因贵党及贵党政府迟疑不肯采纳，致使神圣的民族自卫战争直到今天还未发动。而日寇则已乘虚直入，得寸进尺，沦亡惨祸，迫在目前，全国彷徨，不可终日，这种全国全民族的绝大危险，完全是由于贵党及贵党政府的错误政策所招来的。现在是亡国灭种的紧急关头了，本党不得不向贵党再一次地大声疾呼：立即停止内战，组织全国的抗日统一战线，发动神圣的民族自卫战争，抵抗日本帝国主义的进攻，保卫及恢复中国的领土主权，拯救全国人民于水深火热之中。如果你们还要继续内争，不把向内的枪口掉转向外，不把退让的政策转到抗战，不把分离的局面转到团结，不把涣散的情况转到统一，则祸患之来，不堪设想，而诸位先生千秋万世的罪名，亦将无可挽回。为了这个原故，我们特以诚恳的态度致书于诸位先生及中国国民党全体党员之前。

读了贵党二中全会宣言及蒋委员长在全会的报告之后，认为贵党二中全会对于全国人民日夜焦虑的救亡图存问题，依然没有肯定的答复，对贵党五全大会“和平未到完全绝望时期，决不放弃和平，牺牲未到最后关头，亦不轻言牺牲”的对外政策，并没有作彻底的改变，这对于全国爱国人民，不能不是非常失望的。

蒋委员长的报告曾经对贵党五全大会的政策给了新的解释，说：“中央对于外交所抱的最低限度，就是保持领土主权的完整，任何国家要来侵扰我们的领土主权，我们绝对不能容忍，我们绝对不订立任何侵害我们领土主权的协定，并绝对不容忍任何侵害我们领土主权的事实。再明白些说，假如有人强迫我们欲订承认伪国等损害领土主权的时候，就是我们不能容忍的时候，就是我们最后牺牲的时候。”蒋委员长的这种解释是非常需要的，因为中国人民始终不了解如何方可称为“和平的绝望时期”与“牺牲的最后关头”的最低限度。我们承认蒋委员长的这种解释，较之过去是有了若干进步，我们诚恳地欢迎这种进步。然而蒋委员长的这种解释，基本上依然不能满足全国人民的要求，因为蒋委员长在自己的报告中又认为：“半年来外交的形势，大家相信并未到达和平绝望的时期，与其说是和平绝望，反不如说是这半年来较之以前的形势，还有一线的希望。我敢说最近外交途径，并未达到最后关头。”因此蒋委员长依然不愿提出组织抗日统一战线的任务，依然拒绝了立即发动神圣的抗日战争，以阿比西尼亚〔3〕的失败为借口，继续了自己的退让政策。这是非常可惜的，这是非常不能满足全国人民的要求的。在全国人民看来，东北四省的沦亡，察哈尔[4]大部的失去，冀东防共自治政府[5]的猖獗，冀察政委会[6]的傀儡化，日本大军的进驻冀察，华北经济权的丧失，泛滥全国的公开走私，民族工商业的陷于绝境，国家财政的趋于破产，海关权的破坏，华北以至西北各省日本特务机关的遍设，日、伪蒙军对于绥远[7]的大举进攻，内蒙独立政府[8]的成立，敌机在我领空上无限制的飞行，日本浪人的横行无忌，学生爱国运动与人民爱国言论遭受日寇直接间接的干涉，大批工农群众的遭受屠杀，许多爱国人民、爱国军人、爱国警察、爱国记者，甚至许多贵党的要员与贵党政府的官吏，无不遭受不堪的侮辱，守土军队的被迫撤退，青岛的告警，华南自治运动的策动等等，无一而非中国领土主权的极大损失。在全国人民看来，淞沪协定[9]、塘沽协定[10]、何梅协定[11]、华北防共协定，以及其他没有宣布的成文与不成文的协定，无一不是丧权失地的条约。因此在全国人民看来，和平早已绝望，牺牲早已到了最后关头，除了发动全国人民全国武装力量的坚决的自卫战争外，中国领土主权的全部沦亡是无法挽救的。

日本帝国主义灭亡中国的强盗计划，除了动员全中国的力量给以坚决的击破之外，是决不会改变的。它的侵略方式的变换，侵略方向的转移，以及所谓“经济提携”的表示，丝毫不是因为它要停止侵略，而正是为了便利于侵略。所以如果以为冀察进兵之后，日寇一时着重于华北五省的经济侵略，而即以为和平途径有了希望，这是自欺欺人之谈。如果以为日寇的侵略会停止于黄河以北，而我们可偏安于黄河以南，也是完全的幻想。看吧，正在先生们高谈和平尚未绝望的时候，察北的日伪军又大举向绥远进攻了。绥远、宁夏、内蒙、甘肃各地遍设特务机关之后，又在这些地方建立航空总站与许多分站了。在四川强设领事馆激动了残杀爱国同胞的巨变。华北增兵之后，凶横的日军蠢蠢欲动，二十九军的防线时有小接触，华北局势日趋险恶。日寇军事考察团、经济考察团等侦察集团遍行各地，无孔不入。日寇的侦探网遍布全国，并且遍布于贵党与贵党政府的各种组织中。所有这些，只是指明日寇灭亡中国的形势是十分危急了。和平绝不可能，抗战决不可免，已经是明白无疑的事实，先生们的想法是完全错了。

贵党二中全会宣言中曾郑重申说："御侮之先决条件，乃在集中一切救国力量于中央指挥之下，齐一其步调，巩固其阵线，故御侮救国之有需于统一与纪律，实为无可动摇之铁则，而军政军令之统一，尤为完成'近代国家'组织之最低限度"。我们完全承认，为了发动全国人民的最大抵抗力量，为了取得抗战的彻底胜利，集中与统一全国的救国力量，是绝对必要的。还在九一八事变时，本党及苏维埃政府与红军即已号召全国人民与全国军队进行神圣的民族革命战争，驱逐日本帝国主义出中国。一二八淞沪抗战之后，本党及苏维埃政府与红军曾向围攻苏区的所有贵党及贵党政府的武装队伍提议，立刻停战议和共同抗日。华北事变之后，我们又提出了迅速组织全中国各党各派各界的最广泛抗日统一战线的新政策，无数次地请求贵党及贵党政府停止内战一致抗日，提议立即召集由全国人民及全国愿意抗日的武装队伍选举出来的抗日救国代表大会，决定抗日救亡大计，由此大会选举统一全国的国防政府与组织抗日联军，实行大规模的抗日战争，并坚决声明：苏维埃政府愿意成为这样的国防政府的一个组成部分，红军愿意服从抗日联军总司令部的指挥，担任一定的战线，并保证每一作战任务的完成。本党及苏维埃政府与红军的所有这些主张，是完全符合于全国人民的要求的，是救亡图存唯一正确的政策。全国人民从来也没有像今天这样迫切要求停止内战，集中统一，以便一致抗日的了，只有日寇及其代理人，才会煽动中国的继续分裂与继续内战，因为这只能给日本强盗造成灭亡中国的条件。

然而贵党二中全会所说的“集中统一”，实在未免本末倒置。须知十年以来的内战与不统一，完全是因为贵党及贵党政府依赖帝国主义的误国政策，尤其是“九一八”以来一贯的不抵抗政策造成的。在贵党及贵党政府“攘外必先安内”的口号之下，进行了连年不绝的内战，举行了无数次对于苏维埃红军的围攻，不遗余力地镇压了全国人民的爱国运动与民主运动。直至最近还是放弃东北与华北不顾，忘记日本帝国主义是中国的最大敌人，而把一切力量反对苏维埃与红军，从事贵党自己营垒之间的内争，用一切力量拦阻红军的抗日去路，捣乱红军的抗日后方，漠视全国人民的抗日要求，剥夺全国人民的自由权利，爱国有罪，冤狱遍于国中，卖国有赏，汉奸弹冠相庆，以这种错误政策来求集中与统一，真是缘木求鱼，适得其反。我们现在正告诸位先生：如果你们不根本改变自己的错误方针，如果不把仇恨之心放到日本帝国主义身上去，而依旧放在自己同胞身上的话，那末你们即欲勉强维持现状也是不可能的，集中统一以及所谓“现代国家”更是完全的空谈。

全国人民现在所要的是抗日救民的集中统一，而不是媚外残民的集中统一。全国人民现在热烈要求一个真正救国救民的政府，要求一个真正的民主共和国。全国人民要求一个为他们自己谋利益的民主共和政府。这个政府的主要纲领，必须：第一，是能够抵抗外侮的，第二，是能够给予人民以民主权利的，第三，是能够发展国民经济减轻以至免除人民生活上的痛苦的。如果要说“现代国家”，这些纲领才是真正殖民地与半殖民地中国在现时代所要求的，全国人民现在正以热烈的愿望与坚毅的决心为着实现这样的目标而斗争。而贵党及贵党政府的政策，则与此种全国人民的愿望背道而驰。以此而求人民的信任，是决不可能的。

中国共产党、中国苏维埃政府与中国红军，今特郑重宣言：我们赞助建立全中国统一的民主共和国，赞助召集由普选权选举出来的国会，拥护全国人民和抗日军队的抗日救国代表大会，拥护全国统一的国防政府。我们宣布：在全中国统一的民主共和国建立之时，苏维埃区域即可成为全中国统一的民主共和国的一个组成部分，苏区人民的代表将参加全中国的国会，并在苏区实行与全中国一样的民主制度。

我们认为贵党二中全会所决定组织的国防会议，以及贵党与贵党政府正在召集中的国民大会，是不能完成集中统一抗日救亡的任务的。依照贵党二中全会所通过的国防会议条例看来，则国防会议的组织只限于贵党及贵党政府当权执政的少数官员，国防会议的任务是仅充贵党政府的咨询机关，这种会议之不能有任何的成就与不能取得人民的任何信任，是十分明显的。而诸位先生所要召集的国民大会，依据贵党政府所通过的《中华民国宪法草案》及《国民大会组织法及代表选举法》看来，也同样的不能有什么成就与不能得到人民的任何信任，因为这种国民大会仅仅是贵党及贵党政府少数官员们所操纵的机关，是这些官员们的附属品与装饰品，这样的国防会议与国民大会，同本党所主张的全国抗日救国代表大会（即国防会议），中华民主共和国和它的国会，是没有丝毫相同之点的。我们认为抗日救国的国防会议，必须吸收各党各派各界各武装队伍的代表，构成真正能够决定抗日救国大计的权力机关，并从这一会议中产生全国统一的国防政府。而国民大会也必须是全国人民普选出来的国会，是中华民主共和国的最高权力机关。只有这样的国防会议与全国国会，才能是全国人民所欢迎、拥护与参加的，才能把救国救民的伟大事业放在坚固不拔的基础之上。否则任何好听的名词，均决然无补实际，决然不为全国人民所同意。贵党及贵党政府历来所召集的各种会议之失败，就是最好的明证。

贵党二中全会宣言又说："险阻之来，本可意计，断不因国事之艰虞，而自懈其应负之职责"；本党"对于国家兴亡，必当尽其心思才力，贯彻始终"。诚然，贵党是中国最大部分领土中的统治的政党，一切过去实施的政治责任不能不由贵党负担，在一党专政的国民党政府之下，国民党决不能逃避其责任。尤其是九一八事变以来，贵党违背全国民意，违背全民族利益，执行了绝对错误的政策，得到了丧失半个中国的结果，这个责任是绝对不能推诿于任何别人的。然而在我们及全国人民看来，半个中国由贵党而沦亡，决不能不课督贵党以恢复领土主权的责任。同时贵党中许多有良心的分子，现在也确然憬悟于亡国之可怕与民意之不可侮，而开始了新的转变，开始了对于自己党中祸党祸国分子之愤怒与不满。中国共产党完全同情于这种新的转变，热烈地欢迎这些有爱国心的有良心的，保存着并正在激发着中华民族英雄气概的中国国民党员的志气与觉悟，欢迎他们在民族危亡面前愿意牺牲奋斗与勇于革新的精神。我们知道在贵党中央及各省党部中，中央及各省政府中，在文化界、在科学界、在艺术界、在新闻界、在实业界、在妇女界、在宗教界、在医药界、在警察界，在各种民众团体，尤其在广大的军队、国民党的新旧党员与各级领袖中，实在有很多觉悟与爱国之士，并且这样的人还在日益增加着，这是非常可喜的事情。中国共产党人随时准备着同这些国民党人携手，组织坚固的民族统一战线，去反对全民族的最大敌人——日本帝国主义。我们希望这些国民党员能够在国民党中迅速形成一种支配的势力，去压倒那些不顾民族利益实际成为日本帝国主义代理人，实际成为亲日汉奸的最坏与最可耻的国民党员——那些侮辱孙中山先生的国民党员，恢复孙中山先生革命的三民主义精神，重振孙中山先生联俄、联共与农工三大政策，把自己的“心思才力”去“贯彻”革命的三民主义与三大政策的“始终”，“贯彻”孙中山先生革命遗嘱的“始终”，坚决地担负起继承孙中山先生革命事业的责任，和全国各党各派各界爱国领袖与爱国人民一道，坚决地为驱逐日本帝国主义挽救中国于危亡而斗争，为全国人民的民主权利而斗争，为发展中国国民经济解除最大多数人民的痛苦而斗争，为实现中华民主共和国及其民主国会与民主政府而斗争。

中国共产党向一切中国国民党人宣言：假如你们真正这样干的时候，我们是坚决地赞助你们的，我们愿意同你们结成一个坚固的革命的统一战线，如像一九二五至二七年第一次中国大革命时两党结成反对民族压迫与封建压迫的伟大的统一战线一样，因为这是今日救亡图存的唯一正确的道路。

诸位先生及国民党全体党员，还没有忘记上次大革命时两党合作的光荣历史吧，因为有了这个合作，一切民族压迫者与封建压迫者都在我们面前发起抖来了！那时的民族压迫者特别是日本帝国主义，深悉我们的合作会要进到彻底的胜利，会要使中国得到完全的解放，他们就挑拨离间威迫利诱无所不用其极，而且终于挑动了合作的一方，葬送了这个第一次的统一战线。先生们清夜扪心，也应该喟然兴叹吧！现在是谁也明白，如果那时中国国民党能同中国共产党合作到底，那中国就决不会有像现在这样任人宰割、沦亡及半的惨状，而决然是独立自由的中国了！现在全国人民盼望两党重新合作共同救国之心是迫切到了万分，他们相信只有国共的重新合作以及同全国各党各派各界的总合作，才能真正的救亡图存。然而，日本帝国主义与汉奸卖国贼们，则一定会又一次地来破坏这种合作，因为他们明显地知道这种合作会要给日本帝国主义及汉奸卖国贼们以致命的打击。日本帝国主义向贵党政府提出的以“防共”作中心的所谓“三大原则”，就是这种预防及准备破坏国共合作的企图。但是问题是很明白的，还是同日本帝国主义及汉奸们一道建立防共统一战线即亡国统一战线呢？还是同中国共产党及全国人民一道建立抗日统一战线即救国统一战线呢？现在是已经到了决定的关头了。一切犹豫动摇，只是国家民族的损失，只是成全了日本帝国主义的利益。国共合作的关键现在是在贵党的手中，诚如贵党二中全会所说：国家兴亡，贵党有责。如果贵党真正愿意担负救亡图存的责任，那末现在是要下决心的时候了，等到做了亡国奴的时候再讲什么合作那就会悔之无及了。至于我们方面是早已准备着在任何地方与任何时候派出自己的全权代表，同贵党的全权代表一道，开始具体实际的谈判，以期迅速订立抗日救国的具体协定，并愿坚决地遵守这个协定。

假如你们同我们的统一战线，你们我们同全国各党各派各界的统一战线，一旦宣告成功的话，那末，你们我们及全国人就有权利高呼：让那些汉奸卖国贼以及一切无气节的奴才们，在日本帝国主义暴力前面高喊“中国无力抗日”吧！伟大的中华民族的子孙是誓不投降，誓不屈服的！我们要为大中华民族的独立解放奋斗到最后一滴血！中国决不是阿比西尼亚！四万万五千万人的中华民族，终会有一天在地球上的东方，雄壮地站起来，高举着民族革命最后胜利的旗帜，同全世界一切自由解放的民族携手，连那个帝国主义成分除外的日本民族也在内，统治着整个的地球，统治着光明灿烂的新世界！让我们的敌人在我们的联合战线面前发抖吧，胜利是一定属于我们的！

专此，谨致

民族革命的敬礼！

中国共产党中央委员会

一九三六年八月二十五日

根据中央档案馆保存的油印件刊印。

注　释

〔1〕这是毛泽东起草的中国共产党中央委员会致中国国民党中央执行委员会的信。

〔2〕指中国共产党中央委员会和中华苏维埃共和国中央政府一九三五年八月一日《为抗日救国告全体同胞书》,通称八一宣言。

〔3〕阿比西尼亚,即埃塞俄比亚,一九三六年五月被意大利法西斯侵占。

〔4〕察哈尔,见本卷第382页注〔3〕。

〔5〕指一九三五年十一月二十五日在日本帝国主义指使下,由原国民党河北省政府滦榆、蓟密两区行政督察专员殷汝耕在通县成立的傀儡政权,成立时称"冀东防共自治委员会",一个月后改称"冀东防共自治政府",从而使河北省东部的二十二个县脱离了中国政府的管辖。

〔6〕冀察政委会,见本卷第419页注〔5〕。

〔7〕绥远,见本卷第371页注〔16〕。

〔8〕一九三六年一月,在日本帝国主义策划下,蒙古上层反动分子德穆楚克栋鲁普(即德王)公开投降日本,成立"蒙古军总司令部",同年五月,在嘉卜寺(今内蒙古化德)成立伪"蒙古军政府"。

〔9〕淞沪协定,见本卷第411页注〔5〕。

〔10〕塘沽协定,见本卷第412页注〔6〕。

〔11〕何梅协定,见本卷第411页注〔4〕。

给王以哲[1]的信

（一九三六年）

鼎方军长勋鉴：

日寇侵略益厉，兄我双方救亡之准备大宜加紧，庶于救亡阵线有最大之裨益。我兄高瞻远瞩，对此谅有同心。目前国际与中国形势日益紧张，一方面侵略主义者动员其侵略阵线，一方面反侵略主义者大规模动员广大民众，组成和平与救国的阵线。中国之汉奸势力虽日益嚣张（如所谓以日制蒋、以政制党、以团制军之一派），然反日反汉奸势力亦大见增进。蒋氏政策之开始若干的转变，南京国民党左派之开始形成，实为近可喜之现象。蒋氏及国民党果能毅然抛弃过去之政策，恢复孙中山先生联俄联共农工三大政策，停止进攻红军，开放各派党禁，弟等极愿与之联合一致，共同担负抗日救亡之事业。双方谈判现将进至比较具体的阶段，虽何时成就尚不可知，然希望实已存在。倘能达到成功之域，对贵我双方之合作事业自有极大之便利也。

近日外间谣传蒋氏将于西南问题[2]解决之后进攻东北军，谓将用分化政策不利于张副司令[3]。此讯如确，是蒋氏尚未放弃其挑拨离间、排除异己之阴贼险狠的政策。其政策果欲见之实行，弟等可断言蒋氏必归于最后的失败，因为张副司令及我兄联俄联共抗日救亡之主张，并非少数人的主张，实全国爱国同胞的主张；非陈济棠等之不真实不纯洁的主张，乃真心实意为国家为民族的主张。谁要反对张副司令及我兄，不但弟等所率领的红军必以全力出而声讨蒋氏及东北军中叛逆分子之罪恶行为，即全国爱国人民及国际革命势力亦决不容蒋氏等胡干。至于东北军最大多数官兵抗日复土之决心及其坚固的团体，亦必不容东北军中极少数无志节之分子逞其私欲而任其作叛国叛乡叛团体之万恶的勾当。目前蒋氏及其一派亦正在开始进行联俄联共政策，我兄与张副司令实此政策之首先提倡与首先实行者，安得以为有罪而排斥之？由此以观，弟则深望此说之止于谣言，或为蒋氏左右一部分汉奸分子谋划，而非现正开始若干转变之蒋氏及国民党多数有良心分子的意见。但兄等仍宜严密警戒，十分团结自己的团体，预先防止东北团体中某些居心不正分子的乘机捣乱，则以全国与西北的有利形势，以东北军与红军的联合力量，决不怕外间若何之风波也。秋风多厉，为国珍摄。匆此布臆。

敬颂

公祺

毛　泽　东

根据人民出版社一九八三年出版的《毛泽东书信选集》刊印。

注　　释

〔1〕王以哲（一八九六——一九三七），字鼎方，吉林宾县（今属黑龙江省）人。当时任国民党军第六十七军军长。

〔**2**〕指两广事变。一九三六年六月，广东地方实力派首领陈济棠和广西的李宗仁、白崇禧以抗日为名发出通电，组织西南联军，并出兵企图争夺南京国民党政权。七月陈济棠因部下为蒋介石收买而被迫下台，九月李宗仁、白崇禧与蒋妥协。

〔**3**〕指张学良，见本卷第 371 页注〔10〕。

抗日反蒋不能并提

（一九三六年九月八日）

朱张任〔1〕同志：

甲、来电收到。向西行动须求得苏联协助。我们已有几个电报给国际，并派邓发〔2〕经新疆去莫申请，他们正等邓发到后查明情形，即有回答。你们来电已经转去。九至十一月三个方面军的部署，即照商定办法执行。

乙、中国最大敌人是日本帝国主义，抗日反蒋并提是错误的。我们从二月起开始改变此口号。三月南京有人来接洽。我们提出一般的条件再往南京。六月、八月南京又有两次来件。八月上旬政治局讨论了对南京的方针，大体见以前给你们的电报。然而我们的估计还是不足的，八月下旬国际有进一步指示。目前我们的联络代表又已出去向南京接洽，双方正式负责代表进行具体谈判问题，依情势看有成就之希望。在南京方面不单是我们问题，还有联俄问题。依南京发表蒋廷黻为驻苏大使看来，联俄问题也有成就之望。我们现已发表了中国共产党致中国国民党书〔3〕，这是我们新的宣言，包括了民主共和国、民主国会与民主政府等新的内容。国际对中国党的政治指示已到，政治局讨论之后即可告知你们。

丙、你们不要提出打倒中央军及任何中国军队的口号，相反地要提出联合抗日口号。向毛、王[4]等部派出人员进行接洽，仅在我们必要占领的地方遇到他们的反对才与之作战，但同时进行宣传与接洽。希望你们依据这个方针，把自己的宣传工作改造一下。

丁、对张学良[5]任何部分都不要取真正攻击态度，应向他的师、团、营长写信，向士兵作普遍宣传。在我们与南京谈判没有成就以前，张学良指挥下的西北各部，包括东北军在内，都还不能停止对我们的敌对行为。东北军之何、于[6]两部受我们影响尚少，何与蒋有联系，张不能以联红事告他，你们更要加紧工作。

戊、你们提出的出川陕豫鄂方案，是一种向南京进攻的姿势，只在不能出西北及与南京谈判决裂之时，才是可行的与必须的。我们已把此点电告国际，我们向国际提出亦是出西北与不得已时出东南两方案。

己、德怀[7]在前线指挥野战军，育英[8]在环县进行东北军工作，我们在保安。

洛、恩、博、泽[9]

一九三六年九月八日

根据中央档案馆保存的抄件刊印。

注　　释

〔1〕朱，指朱德。张，指张国焘（一八九七——一九七九），江西萍乡人。当时任中共中央政治局委员、红军总政治委员。任，指任弼时（一九〇四——一九五〇），湖南湘阴人。当时任中共中央政治局委员、红军第二方面军政治委员。

〔2〕邓发（一九〇六——一九四六），广东云浮人。当时任中共中央政治局候补委员。

〔3〕指一九三六年八月二十五日《中国共产党致中国国民党书》。见本卷第424—433页。

〔4〕毛，指毛炳文（一八九一——一九七〇），湖南湘乡人。当时任国民党军第三十七军军长。王，指王均（一八九一——一九三六），云南呈贡人。当时任国民党军第三军军长。

〔5〕张学良，见本卷第371页注〔10〕。

〔6〕何，指何柱国（一八九七——一九八五），广西容县人。当时任国民党军骑兵军军长。于，指于学忠，见本卷第371页注〔11〕。

〔7〕德怀，即彭德怀，当时任红军西方野战军司令员兼政治委员。

〔8〕育英，即林育英（一八九七——一九四二），又名张浩，湖北黄冈（今黄州市）人。曾任中华全国总工会驻赤色职工国际代表、中国共产党驻共产国际代表团成员，一九三五年十一月回国到达陕北。一九三五年十二月任中共中央白区工作委员会书记。一九三六年一月中央政治局决定林育英参加政治局的工作。

〔9〕洛、恩、博、泽，指洛甫（张闻天）、周恩来、博古（秦邦宪）、毛泽东，他们当时都是中共中央政治局常委。

给宋庆龄的信

（一九三六年九月十八日）

庆龄先生左右：

武汉分别，忽近十年。每从报端及外来同志口中得知先生革命救国的言论行动，引起我们无限的敬爱。一九二七年后，真能继续孙中山先生革命救国之精神的，只有先生与我们的同志们。目前停止内战联合抗日之呼声虽已普及全国，然而统率大兵之蒋氏及国民党中央迄今尚无彻底悔祸之心。这种违反孙中山先生革命的三民主义与三大政策之行为，实为国民党大多数党员所不应容许而应立起纠正才是。因此，我想到要唤醒国民党中枢诸负责人员，觉悟于亡国之可怕与民意之不可侮，迅速改变其错误政策，是尚有赖于先生利用国民党中委之资格作具体实际之活动。兹派潘汉年〔1〕同志前来面申具体组织统一战线之意见，并与先生商酌公开活动之办法，到时敬求接洽，予以指导。付上我们致国民党中央的信〔2〕以作参考。同时请先生介绍与先生比较接近的诸国民党中枢人员，如吴稚晖、孔祥熙、宋子文、李石曾、蔡元培、孙科〔3〕诸先生，与汉年同志一谈，不胜感幸。

顺问

近安

毛 泽 东

“九一八”五周年纪念日

根据人民出版社一九八三年出版的《毛泽东书信选集》刊印。

注 释

〔1〕潘汉年（一九〇六——一九七七），江苏宜兴人。当时是中国共产党同南京国民党当局谈判的代表。

〔2〕指一九三六年八月二十五日《中国共产党致中国国民党书》，见本卷第424—433页。

〔3〕吴稚晖（一八六五——一九五三），江苏武进人。当时任国民党中央监察委员。孔祥熙（一八八〇——一九六七），山西太谷人。当时任国民党政府行政院副院长兼财政部部长。宋子文，见本卷第421页注〔1〕。李石曾（一八八一——一九七三），河北高阳人。当时任国民党中央监察委员、北平研究院院长。蔡元培，见本卷第445页注〔1〕。孙科（一八九一——一九七三），广东香山（今中山县）人。当时任国民党政府立法院院长。

给蔡元培[1]的信

（一九三六年九月二十二日）

孑民先生左右：

五四运动时期北大课堂，旧京集会，湘城讲座，数聆先生之崇论宏议，不期忽忽二十年矣！今日者何日？民族国家存亡绝续之日。老者如先生一辈，中年者如泽东一辈，少年者则今日之学生，不论贫富，不分工农商学，不别信仰尊尚，将群入于异族侵略者之手，河山将非复我之河山，人民将非复我之人民，城郭将非复我之城郭，所谓亡国灭种者，旷古旷世无与伦比，先生将何以处此耶？共产党创议抗日统一战线，国人皆曰可行，知先生亦必曰可行，独于当权在势之衮衮诸公或则曰不可行，或则曰要缓行，盗入门而不拒，虎噬人而不斗，率通国而入于麻木不仁窒息待死之绝境，先生将何以处此耶？孙中山先生联俄、联共与农工政策，行之于一九二五至一九二七年之第一次大革命而有效，国共两党合作之时期，亦即国民党最革命之时期。孙先生革命政策之毁弃，内战因之而连绵不绝，外患乃溃围决堤滔滔不可收拾矣！八月二十五日共产党致国民党书[2]，虽旧策之重提，实救亡之至计，先生将何以处此耶？读《新文字意见书》，赫然列名于首位者，先生也。二十年后忽见我敬爱之孑民先生，发表了崭然不同于一般新旧顽固党之簇新议论，先生当知见之而欢跃者绝不止我一人，绝不止共产党，必为无数量人也！从同志从朋友称述先生同情抗日救国事业，闻之而欢跃者，更绝不止我一人，绝不止共产党，必为全民族之诚实儿女，毫无疑义也。然而百尺竿头，更进一步，持此大义，起而率先，以光复会、同盟会之民族伟人，北京大学、中央研究院之学术领袖，当民族危亡之顷，作狂澜逆挽之谋，不但坐言，而且起行，不但同情，而且倡导，痛责南京当局立即停止内战，放弃其对外退让对内苛求之错误政策，撤废其爱国有罪卖国有赏之亡国方针，发动全国海陆空军，实行真正之抗日作战，恢复孙中山先生革命的三民主义与三大政策精神，拯救四万万五千万同胞于水深火热之境，召集各党各派各界各军之抗日救国代表大会，召集人民选举之全国国会，建立统一对外之国防政府，建立真正之民主共和国，致国家于富强隆盛之域，置民族于自由解放之林。若然，则先生者，必将照耀万世，留芳千代，买丝争绣，遍于通国之人，置邮而传，沸于全民之口矣。先生其将不令数千里外曾聆教益之人，稍稍减杀其欢跃之情而更增之增之以至于无已乎？

宋庆龄先生，何香凝先生，李石曾先生，吴稚晖先生，张溥泉先生，于右任先生，孙哲生先生，居觉生先生，覃理鸣先生，柳亚子先生，叶楚伧先生，邵力子先生，汪精卫先生，陈璧君先生，经亨颐先生，陈公博先生，顾孟余先生，曾仲鸣先生，甘乃光先生，张静江先生，戴季陶先生，陈果夫先生，丁惟汾先生，宋子文先生，陈树人先生，褚民谊先生，彭泽民先生，李任潮先生，李德邻先生，陈友仁先生，邹海滨先生，徐季龙先生，朱霁青先生，白云梯先生，恩克巴图先生，李福林先生，陈护方先生，程颂云先生，唐孟潇先生，朱益之先生，李协和先生，柏烈武先生，刘震寰先生，谭逸儒先生，张知本先生，冯自由先生，谢慧生先生，茅祖权先生，蒋雨岩先生，孔庚先生，郭沫若先生，沈雁冰先生，陈望道先生，李鹤鸣先生，胡适之先生，章行严先生，周作人先生，钱介磐先生，傅斯年先生，罗家伦先生，段锡朋先生，陈宝锷先生，张东荪先生，彭一湖先生，彭泉舫先生，杨端六先生，胡子靖先生，陈夙荒先生，周谷城先生，舒新城先生，以及一切之党国故人，学术师友，社会朋旧，统此致讯。

寇深祸急，率尔进言。风雨同舟，愿闻明教。

敬颂

道安。不具。

毛　泽　东

一九三六年九月二十二日

根据人民出版社一九八三年出版的《毛泽东书信选集》刊印。

注　　释

〔1〕蔡元培(一八六八——一九四〇)，号孑民，浙江绍兴人。早年反对清朝封建专制统治，是光复会的发起人之一。一九〇五年加入同盟会，任上海分部主盟员。一九一七年一月任北京大学校长，五四运动期间积极支持学生的爱国行动。一九二八年起任中央研究院院长。九一八事变后主张抗日，同宋庆龄、鲁迅等发起组织中国民权保障同盟，任副主席。

〔2〕见本卷第424—433页。

国共两党抗日救国协定草案[1]

（一九三六年十月）

一、中国国民党中央执行委员会、中国共产党中央委员会，鉴于日本帝国主义者对于中国侵略之有加无已，危害中国领土主权之保全与民族之生存，一致认为惟有两党合作并唤起民众，联合全国各党各派各界，联合世界上以平等待我之民族与国家，实行对日武装抗战，方能达到驱逐日本帝国主义，保卫与恢复中国领土主权，争取国家独立与民族生存之目的。因此，双方派遣全权代表举行谈判，订立此抗日救国协定。

二、双方共同承认，互矢最大之诚信与决心，一致努力于下列之伟大的政治任务：

（甲）实行对日武装抗战，保卫与恢复全中国之领土与主权；

（乙）实现全国各党各派各界各军之抗日救国联合战线；

（丙）实现依据民主纲领而建立的中华民主共和国。

三、为力求以上政治任务之完成起见，双方同意实行下列各项必要的步骤与方法：

（甲）从本协定签字之日起，双方立即停止军事敌对行为。

（乙）中国国民党方面承认经过国民政府军事委员会下令停止进攻红军与侵犯苏区，取消经济封锁，并承认经过单独协商，一方面调动进攻红军之部队离开现在区域开赴抗日战线，一方面划定红军必须的与适宜的根据地，供给必需的军械、军服、军费、粮食与一切军用品，供给兵员的补充，以便红军安心进行对日抗战。中国共产党方面承认经过苏维埃政府革命军事委员会下令红军不向国民党部队攻击，承认在抗日作战时在不变更共产党人员在红军中的组织与领导之条件下，全国军队包括红军在内实行统一的指挥与统一的编制，红军担负一定之防线与战线。

（丙）中国国民党方面承认改革现行政治制度，撤废一切限制民主权利之法令，允许人民言论出版集会结社等自由，惩办汉奸与亲日分子，释放政治犯，释放已被逮捕之共产党员，并承认以后不再破坏共产党之组织与不再逮捕共产党之人员。中国共产党方面承认停止以武力推翻国民党政权之言论与行动，承认在全国建立民主共和国与召集根据普选权选举的全国国会时，苏维埃区域选举代表参加此国会，苏区实行与全中国一样的民主制度。

（丁）中国国民党与中国共产党共同承认，在全中国民主国会未召集与民主政府未建立之前，为着实行真正的对日武装抗战，有召集基于全国各党各派各界各军选举的抗日救国代表大会或国防会议之必要，此种抗日救国代表大会或国防会议有决定一切抗日救国方针与方案之权。

（戊）中国国民党与中国共产党共同承认，为着实行真正的对日武装抗战，有迅速建立统一全国的军事指挥机关（军事委员会与总司令部）及由此机关采取真正对日抗战的一切实际军事步骤之必要。中国国民党承认，红军军事委员会及总司令部有选派代表参加全国的军事委员会与总司令部之必要，并保证该代表等顺利进行其工作；中国共产党承认，中国国民党人员在此种机关中占主要领导的地位。

（己）中国国民党与中国共产党共同承认，为着实行真正的对日武装抗战，有与苏联订立互助协定之必要，同时对日本以外之其他国家在不丧失领土主权条件下，应保持友谊并取得其帮助。

四、双方共同承认，为完善地执行本协定起见，两党中央各派出同数之代表组织混合委员会，作为经常接洽与讨论之机关。

五、双方互相承认，两党应忠实地执行本协定所规定之一切原则与事项，但同时双方均保持其政治上与组织上之独立性。

六、在本协定的原则下，双方得订立关于许多个别问题之协定。

七、本协定在双方代表签字互换后发生效力。

八、本协定之修改须得双方之同意。

根据中央档案馆保存的抄件刊印。

注　　释

〔1〕这是毛泽东起草的准备由周恩来带去在同国民党谈判时提出的国共两党抗日救国协定草案。这个协定草案后来没有签订。

给张学良[1]的信

（一九三六年十月五日）

汉卿先生阁下：

中国共产党建议全国各党各派各界各军的抗日民族统一战线已经一年多了，虽已得到全国人民的赞助，但中国国民党不但至今采取游移不决态度，而且当日寇正在准备新的大举进攻时，反令胡宗南[2]军深入陕甘配合先生所指挥的部队扩大自相残杀的内战。我们正式宣言，为了迅速执行停止内战一致抗日主张，只要国民党军队不拦阻红军的抗日去路与侵犯红军的抗日后方，我们首先实行停止向国民党军队的攻击，以此作为我们停战抗日的坚决表示，静待国民党当局的觉悟，仅在国民党军队向我们攻击时我们才在自卫的方式上与以必要的还击，这同样是为着促进国民党当局的觉悟。先生是西北各军的领袖，且是内战与抗战歧途中的重要责任者，如能顾及中国民族历史关头的出路，即祈当机立断，立即停止西北各军向红军的进攻，并祈将敝方意见转达蒋介石先生速即决策，互派正式代表谈判停战抗日的具体条件。拟具国共两党抗日救国协定草案[3]，送呈卓览。寇深祸急，愿先生速起图之。

毛泽东 周恩来

十月五日

根据人民出版社一九八三年出版的《毛泽东书信选集》刊印。

注 释

〔1〕张学良，字汉卿。见本卷第371页注〔10〕。

〔2〕胡宗南（一八九六——一九六二），浙江孝丰（今属安吉县）人。当时任国民党军第一军军长。

〔3〕见本卷第446—448页。

为徐向前[1]起草的致胡宗南[2]信

（一九三六年十月十八日）

宗南学兄军长勋鉴：

黄埔一别，忽已十年，回念旧情，宛然如昨。目前日寇大举进迫，西北垂危，山河震动，兄我双方亟宜弃嫌修好，走上抗日战线，为挽救国家民族于危亡而努力。敝部已奉苏维埃政府与红军军事委员会命令，对于贵军及其他国民党军队停止进攻，仅在贵军攻击时取自卫手段，一切问题均可商洽，总以和平方法达到停止内战一致抗日之目的。非畏贵军也，国难当前，实不欲自相残杀，伤国力长寇焰也；如不见谅，必欲一战而后快，则敝方部队已有相当之准备，迫不得已当立于自卫地位给予必要之还击。敝方各军仅为抗日之目的而斗争，深愿与贵军缔结同盟，携手前进。蒋[3]校长现已大有觉悟，甚为佩服。吾辈师生同学之间倘能尽弃前嫌，恢复国共两党之统一战线，共向我全民族最大敌人日本帝国主义决一死战，卫国卫民复仇雪耻，当在今日。吾兄高瞻远瞩，素为弟所钦敬，虽多年敌对，不难一旦言欢。兹特遣使携函征求吾兄高见，倘蒙惠予采纳，即乞停止贵方军事行动，静候敝党中央与蒋校长及贵党中央之

谈判。如承派员驾临，敝部自当竭诚欢迎。时危祸急，率尔进言，叨在同门，知不认为唐突也。专此。顺叩
戎绥！

学弟　徐向前　手上
十月十八日

根据中央档案馆保存的抄件刊印。

注　　释

〔1〕徐向前（一九〇一——一九九〇），山西五台人。黄埔陆军军官学校第一期毕业生。当时任红军第四方面军总指挥。

〔2〕胡宗南，黄埔陆军军官学校第一期毕业生，见本卷第450页注〔2〕。

〔3〕蒋，指蒋介石，曾任黄埔陆军军官学校校长。

给叶剑英、刘鼎[1]的信

（一九三六年十月二十二日）

剑、鼎二兄：

经济甚紧，外面用费须节省又节省，千万不可过费。无论何时不要丧失我们的立场，不要接受别人的馈赠。只有到了万不得已时，才允许向别人借一点钱用，日后如数归还。一切用费均须报账。因近日接连发生几件浪费事，故向二兄指出此点。并请向雪枫[2]、理治[3]及其他做统一战线工作的同志随时提出对此问题的警觉。苦久了的人难免见风华而把握不住，故应作为一个问题，对同志做教育与警戒的工作。

要买一批通俗的社会科学自然科学及哲学书，大约共买十种至十五种左右，要经过选择真正是通俗的而又有价值的（例如艾思奇[4]的《大众哲学》，柳湜[5]的《街头讲话》之类），每种买五十部，共价不过一百元至三百元，请剑兄经手选择，鼎兄经手购买。在十一月初先行选买几种寄来，作为学校与部队提高干部政治文化水平之用。在外面的人，一面工作，一面要提倡看书报。

买来的军事书多不合用，多是战术技术的，我们要的是战役指挥与战略的，请按此标准选买若干。买一部《孙子兵法》来。

请你们写一个带分析性与综合性的报告来。

润　之

十月二十二日

根据人民出版社一九八三年出版的《毛泽东书信选集》刊印。

注　释

〔1〕叶剑英(一八九七——一九八六),广东梅县人。当时受中国共产党委派在西安做统一战线工作。刘鼎(一九〇三——一九八六),四川南溪人。当时受中国共产党委派在红军与东北军之间做联络工作。

〔2〕雪枫,即彭雪枫(一九〇七——一九四四),河南镇平人。当时受中国共产党委派在山西、绥远(今属内蒙古自治区)等地做统一战线工作。

〔3〕理治,即朱理治(一九〇七——一九七八),江苏南通人。当时是中国共产党派驻东北军的特派员。

〔4〕艾思奇(一九一〇——一九六六),云南腾冲人。当时是上海《读书生活》杂志编辑。他的《大众哲学》是一本宣传马克思主义哲学的通俗著作。

〔5〕柳湜(一九〇三——一九六八),湖南长沙人。三十年代在上海、汉口、重庆等地从事中国共产党领导的文化工作,曾任《读书生活》、《生活日报》、《全民抗战》等报刊编委、主编。《街头讲话》是他写的一本介绍社会科学知识的大众读物。

给傅作义[1]的信

（一九三六年十月二十五日）

宜生先生主席勋鉴：

日寇西侵，国难日亟。先生统率师旅捍卫边疆，今夏小试锋芒，已使敌人退避三舍。观乎报载以死继之之言，跃然民族英雄之抱负，四万万人闻之，神为之王，气为之壮，诚属可贺可敬。红军远涉万里，急驱而前，所求者救中国，所事者抗日寇。今春渡河东进，原以冀察[2]为目的地，以日寇为正面敌，不幸不见谅于阎[3]蒋两先生，是以引军西还，从事各方抗日统一战线之促进。目前情势，日寇侵绥[4]如箭在弦上，华北长江同时告急。但国内统一战线粗有成就，南京当局亦有转向抗日趋势，红军主力之三个方面军已集中于陕甘宁地区，一俟取得各方谅解，划定抗日防线，即行配合友军出动抗战。红军虽志切抗战，但在未得友军谅解，尤其在未得抗战地区之友军及地方行政长官之谅解以前，决不冒然向抗战阵地开进。在已得正式谅解而向抗战阵地开进与实行抗战时，自当以其全力为友军之助，而绝不丝毫妨碍共同抗战之友军及其后方之安全与秩序。兹派彭雨峰[5]同志来绥，与先生接洽一切，乞以先生之意见见教，并希建立直接通讯关系。百川先生处，今春曾数数致书，夏时又托郭团长[6]将意，久未得复，祈先生再行转致鄙

意。如有可能介绍彭同志赴晋一晤，实为公便。叨在比邻，愿同仇之共赋。倘承不吝赐教，幸甚幸甚。专此。即颂
戎绥

毛　泽　东
十月二十五日

根据人民出版社一九八三年出版的《毛泽东书信选集》刊印。

注　　释

〔1〕傅作义，字宜生。参见本卷第423页注〔1〕。

〔2〕察，指察哈尔省，见本卷第382页注〔3〕。

〔3〕阎，指阎锡山，字百川。见本卷第371页注〔14〕。

〔4〕绥，指绥远省，见本卷第371页注〔16〕。

〔5〕彭雨峰，即彭雪枫，见本卷第454页注〔2〕。

〔6〕郭团长，指郭登瀛，见本卷第389页注〔3〕。

致蒋介石及国民革命军西北各将领书

（一九三六年十月二十六日）

蒋总司令，张副司令，阎主任，傅主席，杨主任，朱主任，于主席，宁夏马主席，青海马主席，陈总指挥，王治平军长，胡军长，毛军长，王鼎方军长，董军长，何军长，孙军长，冯军长，汤军长，萧军长，高培五军长，高双成军长，邓军长〔1〕，暨国民革命军西北各师旅团长公鉴：

我苏维埃红军自去年八月发表宣言，提议建立抗日统一战线以来，转瞬一年多了。这一年间日寇的侵略有加无已，国土日蹙，国势日衰。现在日寇的凶焰益张。华北分离，绥宁〔2〕沦亡，已经迫在目前。即长江沿海亦莫不敌船云集，蠢蠢欲动。亡国灭种的条件，接连提出。亡国奴的命运威胁着全中国人民。和平久已绝望，牺牲是无可幸免。局势至此，非抗战不足以图存，已为全中国人民所共信。全中国人民今日所仰望于贵党政府的；是领导抗战，驱除日寇。但直至今日，我们犹未闻贵党政府下最后决心，反而见蒋总司令亲临西北，督“剿”红军。这不能不使全国人民失望，不能不使日寇称快。

时至今日，贵党政府犹欲以捣乱抗日后方加罪于苏维埃和红军吗？诸先生亲在西北，应知真相。红军自去年北上后，即向四周各军倡议停战抗日。今春借道过晋，屡屡声明系东向抗日，又不蒙蒋阎两先生见谅，只得半途折回，另辟途径。现在全国红军主力三个方面军已会合于西北，正拟与诸先生所部共赴国防前线，合力抗战。乃蒋先生忽于绥东告急大祸临头之际，不加调兵力增援绥远，反而派来甘肃进攻红军。这是谁来捣乱抗日后方？难道中国可亡，日寇可以听其长驱直入，惟独愿意抗日的红军非扑灭之不止吗？恐怕红军未灭，日寇已来，诸先生纵欲继续内战，全中国的人民，诸先生的部下，也决不会再让诸先生自相残杀了吧！

虽然蒋先生声势汹汹，扬言聚歼红军，但我们认为国势垂危，不容再有萁豆之争。故苏维埃及人民红军军事委员会发布命令，谓："（一）一切红军部队停止对国民革命军之任何攻击行动；（二）仅在被攻击时，允许采取必需之自卫手段；（三）凡属国民革命军因其向我进攻而被我缴获之人员武器，在该军抗日时，一律送还，其愿当红军者听；（四）如国民革命军向抗日阵地转移时，制止任何妨碍行动，并须给以一切可能之帮助。"依此命令，红军前线各部迄未向诸先生的部队作激烈的抗击，且逐步退让，以期诸先生的自觉。但是如果诸先生以为这是红军的示怯，那末未免大错。在十年对垒之中，为民族、为自由、为正义而战的红军的士气与战斗力，诸先生中不乏身受其教训者。现在集全国精锐于一处，用以抗击诸先生的师出无名和内部充满停战抗日情绪的部队，胜负之数，即诸先生亦当了然。

我们敢以军人的坦白与热忱敬告诸先生：中华民族已经

到了最危急的时候,“覆巢之下,安有完卵”,深望诸先生悬崖勒马,立即停止进攻红军,并与红军携手共赴国防前线,努力杀贼,保卫国土,驱逐日寇,收复失地。我们现更代表全中国红军负责宣言:只要贵党政府决心抗战,红军愿作前驱,并誓与你们合作到底。在抗日战线上,红军愿担任一定的战线,保证一定任务的完成;在作战指挥上,红军愿服从全国统一的军事指挥。在不得抗日友军的同意,红军决不开入抗日友军的防地。

民族危机已到最后一刹那了。内战还是抗战,决定的关键是操在诸先生手里。全中国人民所希望于诸先生的是奋起抗战的民族英雄,不愿诸先生继续内战成为民族罪人。尤其希望蒋先生毅然决然停止进攻红军的最后内战,率领全中国的武装部队实行抗战,以复活黄埔的革命精神,以恢复国共合作时反帝斗争的勇气。抗战发动得早,是中国民族的大幸。即万一不蒙诸先生采纳,我们亦必以千回百折赴之,不达目的,决不罢休!我们热诚地盼望诸先生给我们满意的回答。不论诸先生派代表进来,或要我们派代表出去,或即在前线上谈判,我们都愿接受。只要内战一停,合作门径一开,一切谈判都将要在抗战的最高原则之下求得解决。

我们深信,绥东抗战一起,西北数十万健儿终会手携手地联合起来,为保卫西北而战,为保卫华北而战,为保卫全中国而战,为收复东北失地而战。致以

民族革命的敬礼!

毛泽东　朱　德　张国焘　周恩来

彭德怀　林　彪　贺　龙　任弼时

徐向前　陈昌浩　王稼蔷〔3〕刘伯承
叶剑英　徐海东　萧　克　罗炳辉
董振堂　杨尚昆　关向应　左　权
聂荣臻　程子华　张云逸　罗瑞卿
陈伯钧　王　震　张子意　陈再道
王宏坤　黄　超　孙玉清　陈海松
程世才　李先念　周纯全　周子昆
李卓然　何　畏　王维舟　阎红彦
陈先瑞　周　昆　袁国平　宋时轮
宋任穷　朱　瑞等　同启

十月二十六日

根据中央档案馆保存的油印件刊印。

注　释

〔1〕这里依次指蒋介石、张学良、阎锡山、傅作义、杨虎城、朱绍良、于学忠、马鸿逵、马步芳、陈诚、王均、胡宗南、毛炳文、王以哲、董英斌、何柱国、孙蔚如、冯钦哉、汤恩伯、萧之楚、高桂滋、高双成、邓宝珊。

〔2〕绥宁，指绥远、宁夏。绥远，见本卷第371页注〔16〕。

〔3〕王稼蔷，即王稼祥。

在中国文艺协会[1]成立大会上的讲话

（一九三六年十一月二十二日）

中国苏维埃成立已很久，已做了许多伟大惊人的事业，但在文艺创作方面，我们干得很少。今天这个中国文艺协会的成立，这是近十年来苏维埃运动的创举。过去我们是有很多同志爱好文艺，但我们没有组织起来，没有专门计划的研究，进行工农大众的文艺创作，就是说过去我们都是干武的。现在我们不但要武的，我们也要文的了，我们要文武双全。因为现在中国有两条战线，一条是抗日战线，一条是内战。要结成抗日民族统一战线，把日本帝国主义赶出去，争取中国民族的独立解放，首先我们就要停止内战。但现在有人不愿停止内战，反而来进攻抗日主力的人民红军，要消灭抗日的领导者和核心的苏维埃，要消灭一切抗日力量，抗日的文艺也要消灭。所以我们要抗日首先就要停止内战。怎样才能停止内战呢？我们要文武两方面都来。要从文的方面去说服那些不愿停止内战者，从文的方面去宣传教育全国民众团结抗日。如果文的方面说服不了那些不愿停止内战者，那我们就要用武的去迫他停止内战。你们文学家也要到前线上去鼓励战士，打败那些不愿停止内战者。所以在促成停止内战、一致抗日的运动中,不管在文艺协会都有很重大的任务。发扬苏维埃的工农大众文艺,发扬民族革命战争的抗日文艺,这是你们伟大的光荣任务。

根据一九三六年十一月三十日
《红色中华》刊印。

注 释

〔1〕中国文艺协会,是由丁玲、成仿吾、李伯钊等三十四人倡议,于一九三六年十一月二十二日在陕西保安县(今志丹县)正式成立的。在成立大会上,由毛泽东提议、全体会员通过定名为"中国文艺协会"。组织协会是为了在抗日民族统一战线目标下,共同推动新的文艺工作,结成统一战线中新的战斗力量。

给蒋介石的信

（一九三六年十二月一日）

介石先生台鉴：

去年八月以来，共产党、苏维埃与红军曾屡次向先生要求停止内战，一致抗日。自此主张发表后，全国各界不分党派，一致响应。而先生始终孤行已意，先则下令“围剿”，是以有去冬直罗镇之役〔1〕。今春红军东渡黄河，欲赴冀察〔2〕前线，先生则又阻之于汾河流域。吾人因不愿国防力量之无谓牺牲，率师西渡，别求抗日途径，一面发表宣言，促先生之觉悟。数月来绥〔3〕东情势益危，吾人方谓先生将翻然变计，派遣大军实行抗战。孰意先生仅派出汤恩伯之八个团向绥赴援，聊资点缀，而集胡宗南、关麟征、毛炳文、王均、何柱国、王以哲、董英斌、孙震、万耀煌、杨虎臣、马鸿逵、马鸿宾、马步芳、高桂滋、高双成、李仙洲等二百六十个团，其势汹汹，大有非消灭抗日红军荡平抗日苏区不可之势。吾人虽命令红军停止向先生之部队进攻，步步退让，竟不能回先生积恨之心。吾人为自卫计，为保存抗日军队与抗日根据地计，不得已而有十一月二十一日定边山城堡之役〔4〕。夫全国人民对日寇进攻何等愤恨，对绥远抗日将士之援助何等热烈，而先生则集全力于自相残杀之内战。然而西北各军官佐士兵之心理如何，吾人身在战阵知之甚悉，彼等之心与吾人之心并无二致，亟欲停止自杀之内战，早上抗日之战场。即如先生之嫡系号称劲旅者，亦难逃山城堡之惨败。所以者何，非该军果不能战，特不愿中国人打中国人，宁愿缴枪于红军耳。人心与军心之向背如此，先生何不清夜扪心一思其故耶？今者绥远形势日趋恶化，前线之守土军队为数甚微，长城抗战〔5〕与上海一二八之役〔6〕前车可鉴。天下汹汹，为公一人。当前大计只须先生一言而决，今日停止内战，明日红军与先生之西北"剿共"大军，皆可立即从自相残杀之内战战场，开赴抗日阵线，绥远之国防力量，骤增数十倍。是则先生一念之转，一心之发，而国仇可报，国土可保，失地可复，先生亦得为光荣之抗日英雄，图诸凌烟，馨香百世，先生果何故而不出此耶？吾人敢以至诚，再一次地请求先生，当机立断，允许吾人之救国要求，化敌为友，共同抗日，则不特吾人之幸，实全国全民族唯一之出路也。今日之事，抗日降日，二者择一。徘徊歧途，将国为之毁，身为之奴，失通国之人心，遭千秋之辱骂。吾人诚不愿见天下后世之人聚而称曰，亡中国者非他人，蒋介石也，而愿天下后世之人，视先生为能及时改过救国救民之豪杰。语曰，过则勿惮改，又曰，放下屠刀，立地成佛。何去何从，愿先生熟察之。寇深祸亟，言重心危，立马陈词，伫候明教。

毛泽东　朱　德　张国焘　周恩来
王稼蔷〔7〕　彭德怀　贺　龙
任弼时　林　彪　刘伯承　叶剑英
张云逸　徐向前　陈昌浩　徐海东

董振堂　罗炳辉　邵式平　郭洪涛
率中国人民红军　同上
一九三六年十二月一日

根据人民出版社一九八三年出版的
《毛泽东书信选集》刊印。

注　　释

〔1〕一九三五年十一月，中国工农红军第一方面军在陕西富县直罗镇全歼东北军第一〇九师和第一〇六师一个团，粉碎了国民党军对陕甘革命根据地的第三次“围剿”。这次战役称直罗镇战役。

〔2〕察，指察哈尔省，见本卷第382页注〔3〕。

〔3〕绥，指绥远省，见本卷第371页注〔16〕。

〔4〕山城堡之役，指一九三六年十一月，中国工农红军第一方面军、第四方面军一部，在第二方面军配合下，在甘肃环县山城堡击败国民党军进攻的战役。这次战役全歼国民党军主力胡宗南部一个多旅，使国民党军从此基本停止了对陕甘宁革命根据地的进攻。

〔5〕长城抗战，指一九三三年三月驻守在喜峰口、古北口一带长城线上的宋哲元部第二十九军等抗击日本侵略军的战役。

〔6〕一二八之役，又称淞沪抗战，指一九三二年一月二十八日起，驻守上海的蔡廷锴、蒋光鼐部等奋起抵抗日本侵略军进攻上海的战役。

〔7〕王稼蔷，即王稼祥。

给冯玉祥[1]的信

（一九三六年十二月五日）

焕章先生：

从报纸从广播从沪宁友人得悉先生一腔抗日救亡之义愤，虽没有和先生见面，等于见了一样。

在亡国惨祸面前，不分党派信仰将同遭浩劫，因此合作救亡是天经地义。

然而蒋介石先生至今犹孤行己意，对日无抗战决心，对内则动员三百个团大举“剿共”。最近敝军略施还击，胡宗南军一旅溃败，一旅覆灭，[2]其军心动摇已极，然夫己氏[3]犹不悟也。

目前急务似无急于停止内战。诚得先生登高一呼，众山齐应，今日停战，明日红军与西北“剿共”各军立可开进于绥远[4]战场。否则，长城淞沪诸役[5]前车可鉴，日蹙国百里，虽噬脐而无及矣！泽东与先生处虽异地，心实无间，倘得不吝教悔，锡以圭针，敢不拜赐！敝方抗日救国纲领，具见八月二十五日致中国国民党书[6]，前曾遣人付上，谅承鉴察，有何评判，愿接高明。

先生老部下董振堂[7]诸君，大有进步，堪以告慰。书不尽意。

肃颂

勋祺！

毛泽东　手启

十二月五号

根据人民出版社一九八三年出版的《毛泽东书信选集》刊印。

注　释

〔1〕冯玉祥（一八八二——一九四八），字焕章，安徽巢县人。一九三一年九一八事变后，主张抗日，反对蒋介石的不抵抗政策。一九三三年与中国共产党合作，在张家口组织民众抗日同盟军，任总司令。一九三六年任国民党政府军事委员会副委员长。

〔2〕参见本卷第 465 页注〔4〕。

〔3〕夫己氏，词意为那个人。

〔4〕绥远，见本卷第 371 页注〔16〕。

〔5〕长城抗战，见本卷第 465 页注〔5〕。淞沪抗战，见本卷第 465 页注〔6〕。

〔6〕见本卷第 424—433 页。

〔7〕董振堂（一八九五——一九三七），河北新河人。曾是冯玉祥部的师长。一九三一年国民党军第二十六路军被蒋介石派到江西"围剿"红军，董任该部第七十三旅旅长。同年十二月十四日董振堂同赵博生、季振同等率部在江西宁都起义，参加中国工农红军，起义部队编为红军第五军团。一九三六年董任红军第五军军长。

关于西安事变致国民党、国民政府电

（一九三六年十二月十五日）

南京国民党、国民政府诸先生勋鉴：

西安事变，惊传蒋氏被幽，事出意外。然此实蒋氏对外退让、对内用兵、对民压迫三大错误政策之结果。张杨〔1〕均贵党中央委员，且属“剿共”军领袖，然亦坚请停止“剿共”，一致抗日；观其宣布之八项主张〔2〕，实为全国人民之所言，厉行不暇，何可厚非。今日之西安事变，不过继福建事变、两广事变〔3〕之后，鼎足而三耳。三者皆贵党中抗日救国之贤豪，不满蒋氏降日卖国之所为而蹶然揭出正义之旗耳。若漫不加察，一意孤行，行见同类之事变，将遍发于国中，祸患之纷乘，欲收拾而无术。夫中国国民党中爱国英贤岂得谓少，然受制于蒋氏，复受制于媚外残民之亲日派，正气不伸，党义为毁，国则日蹙百里，伤破碎之河山，民则及汝偕亡，抱敷天之怨痛。窃以西安事变之发，南京当局亟宜引为反省之资，而绝不可负气横决，反而发动空前之内战，如近日电讯之所传者。语云，鹬蚌相持而渔人伺于其侧，渔人今已高举其网矣。彼日本者，自闻南京决定讨伐张杨，兴高采烈，坚甲利兵，引满待发。诚使南京诸公萃沿海长江守备之军，大兴讨伐于西北一角，姑无论西北苦寒之区，张杨勇义之众，晋绥[4]烽火之侧，而全国鼎沸之时，胜负之数，诚未可知，借令战胜攻取，快意肆志，而日本乘机入寇，因虚而袭沪宁[5]，取青济[6]，华北独立，西北亦危，全国丧亡，真将万劫不复。螳螂黄雀之喻，亲痛仇快之讥，千秋万世，永难湔涤。鄙人等心所谓危，不敢不告。中国者中国人之中国也，国之不存，民于何有，民之泯灭，党将焉傅。是以鄙人等年余以来，不惮反复陈词，谋国共之合作，化敌为友，共赴国仇，亦既舌敝唇焦矣。公等而果欲自别于蒋氏，复欲自别于亲日派，谓宜立下决心，接受张杨二氏主张，停止正在发动之内战，罢免蒋氏，交付国人裁判，联合各党、各派、各界、各军，组织统一战线政府，放弃蒋氏爱摆之集权、统一、纲纪等等索然无味之官僚架子，老老实实与民更始，开放言论自由，启封爱国刊物，释放爱国人犯，举内战之全军，立即开赴晋绥，抗御日寇，化黑暗为光明，变不祥为大庆。若是，则鄙人等虽不敏，愿率人民红军二十万众，与贵党军队联袂偕行，共赴民族革命之战场，为自由解放之祖国而血战。否则国亡种灭，不但全国人民及贵党中爱国志士不能坐视，鄙人等亦决不能袖手旁观也。临电屏营，伫候明教。

毛泽东　朱　德　周恩来　张国焘
林祖涵　徐特立　王稼穑[7]彭德怀
贺　龙　叶剑英　任弼时　林　彪
徐向前　陈昌浩　徐海东

删

根据中央档案馆保存的抄件刊印。

注　　释

〔1〕张杨，指张学良、杨虎城，分别见本卷第371页注〔10〕、注〔13〕。

〔2〕指张学良、杨虎城一九三六年十二月十三日通电全国宣布的抗日救国八项主张：（一）改组南京政府，容纳各党各派共同负责救国；（二）停止一切内战；（三）立即释放上海被捕之爱国领袖；（四）释放一切政治犯；（五）开放民众爱国运动；（六）保障人民集会结社一切政治自由；（七）确实遵行总理遗嘱；（八）立即召开救国会议。

〔3〕福建事变，指一九三三年十一月二十日国民党军第十九路军将领蔡廷锴、蒋光鼐等联合国民党内李济深等一部分反蒋势力在福建发动的事变。事变后在福州成立抗日反蒋的"中华共和国人民革命政府"。一九三四年一月，福建人民政府在蒋介石的军事压力和分化下失败。两广事变，见本卷第437页注〔2〕。

〔4〕绥，指绥远省，见本卷第371页注〔16〕。

〔5〕沪宁，指上海、南京。

〔6〕青济，指青岛、济南。

〔7〕王稼穑，即王稼祥。

实现国内和平一致抗日的五项条件[1]

（一九三六年十二月二十一日）

汉年同志：

即向陈立夫[2]先生等提出下列要求，征其同意。

目前最大危机是日本与南京及各地亲日派成立联盟，借拥蒋旗帜，造成内乱，奴化中国。南京及各地左派应速行动起来，挽救危局，共产党愿意赞助左派，坚决主张在下列条件基础上成立国内和平，一致对付日本与亲日派。

（甲）吸收几个抗日运动之领袖人物加入南京政府，排斥亲日派。

（乙）停止军事行动，承认西安之地位。

（丙）停止"剿共"政策，并与红军联合抗日。

（丁）保障民主权利，与同情中国抗日运动之国家成立合作关系。

（戊）在上述条件有相当保证时，劝告西安恢复蒋介石先生之自由，并赞助他团结全国一致对日。

结果如何，速以电报答复。

毛

二十一日

根据中央档案馆保存的抄件刊印。

注　　释

〔1〕这是毛泽东为和平解决西安事变给当时受中国共产党委派同南京国民党当局谈判的代表潘汉年的电报。

〔2〕陈立夫，一九〇〇年生，浙江吴兴人。当时被蒋介石指定负责同中国共产党进行联系和谈判。

给中华民族革命同盟[1]的信

（一九三六年十二月二十二日）

中华民族革命同盟诸先生：

接到了你们的信，完全同意你们信上的意见。我们与晋绥[2]当局之间尚缺乏必要的与诚意的联系，对于当前迫切的救亡任务是非常不利的。我们坚决申明：完全同情于晋绥当局及军队与人民真正抵抗日寇捍卫疆土的决心与行动，我们愿以全力为他们援助。今年春间红军渡河东进，原以冀察[3]为目的地，以日寇为正面敌，不幸不见谅于阎[4]蒋两先生，是以引军西还，静待他们之谅解。红军虽迫切愿望迅速进入抗日阵地的最前线，但必须先求得当地友军之谅解，在没有取得谅解以前，红军决不冒然开进。如果晋绥当局真心抗日，而又于他们认为必要时，红军当与之订立合作协定，在协定中规定划分防线，互相援助，保证给养补充，并统一作战指挥等事项。如果此协定能够订立，红军依据此协定进入晋绥抗战地段，则红军当唯抗战之利益是务，决不干涉当地之行政与决不对友军有任何不利的行动。来信问到红军在西北的战略企图，我们告诉你们，红军的唯一企图在保卫西北与华北，目前是集中于陕甘宁地区，首先求得国民党军队的谅解，在合作基础上共同进入抗日阵地，舍此并无其他企图。我们现已向西北一切国民党军队发表申明：红军自动地停止攻击他们，仅在他们进攻时采取必需之自卫手段，在为自卫而缴获他们的人员武器，如果他们转至抗日时，一律送还，他们向抗日阵地转移时，不许红军任何人员有任何妨碍他们的举动，并须予以一切可能的援助。总之，当此国亡无日之时，我们的志愿是抗日救亡，也仅仅在于抗日救亡。各方虽尚有若干对我们怀抱疑虑的人，但悠长的岁月将证明我们所说的就是我们所做的。你们为民族解放而奋斗，我谨代表我们的党、我们的政府与我们的红军，向你们献上热烈的敬意，希望双方结成坚固的阵线，为驱逐日本帝国主义而斗争到底，并望你们推动各方首先是晋绥当局迅速执行抗战并成立各派的联合阵线，我们亦正在向各方面这样去做。专此奉复。谨致

民族革命的敬礼！

毛　泽　东

十二月二十二日于陕北苏区

根据中央档案馆保存的手稿刊印。

注　释

〔1〕中华民族革命同盟，指一九三三年福建事变失败后，李济深、陈铭枢、蒋光鼐、蔡廷锴等于一九三五年在香港建立的国民党民主派的秘密政治组织，办有《民族战线》等报刊，宣传抗日反蒋。

〔2〕绥，指绥远省，见本卷第371页注〔16〕。

〔3〕察，指察哈尔省，见本卷第382页注〔3〕。

〔4〕阎，指阎锡山，见本卷第371页注〔14〕。

给阎锡山[1]的信

（一九三六年十二月二十二日）

百川副委员长勋鉴：

陕变[2]突起，事出非常。从电讯中知我公反对内战，有“共维大局”之语，至理名言，曷胜钦佩。敝方主张详删皓两电[3]，抄陈台鉴。敝方为大局计，不主决裂，亦丝毫不求报复南京，愿与我公及全国各方调停于宁陕之间，诚以非如此则损失尽属国家，而所得则尽在日本。目前宁军[4]攻陕甚急，愿我公出以有力之调停手段。至于红军，只要南京停止“剿共”政策，赞同统一战线，一致抗日，并划定适宜之防地，决不向南京管辖境内进攻。对我公领导之晋绥[5]方面，前遣彭雨峰[6]晋谒，已将鄙意奉陈。数月来我公及傅将军在绥东英勇抗敌[7]，与开放民众爱国运动，取消防共会，尤为敬佩之至。惟现宁陕相持甚急，如宁方坚持进攻而无丝毫转圜之余地，则红军势难坐视。战争范围扩大，所需于我公协助之处甚多。如何使晋绥陕甘四省亲密团结，联成一气，俾对国事发言更为有力之处，敬祈锡示南针。尊处与敝处电台联络亟宜从速建立，再从吉县、延长建立徒步通信站。如荷同意，电台即从一月十五号起开始发报。徒步通信站在吉县者尊处任之，在延长者敝处任之，在平渡关两岸各备渡船一只，约定专任通信，双方武装互不过河。晋陕经济通商亦恳早日实行，恢复寻常关系。吉县县长璩象咸先生今春随军来陕，屈在敝处教育部工作者数月。璩先生诚笃君子，对敝方抗日统一战线政策知之颇悉，倘得随时往来，甚为欢迎。彭雨峰在尊处多承优遇，感荷实深，尚祈随时予以指导，使之有所遵循。一切统祈详示。敬颂

公祺！

毛泽东　敬上

十二月二十二日

根据人民出版社一九八三年出版的《毛泽东书信选集》刊印。

注　释

〔1〕阎锡山，字百川，见本卷第371页注〔14〕。

〔2〕陕变，指西安事变。一九三六年十二月十二日，东北军领导人张学良和第十七路军领导人杨虎城在西安扣留蒋介石，要求停止内战、联共抗日，这次事件通称西安事变。

〔3〕删电，指一九三六年十二月十五日毛泽东等红军将领就西安事变致国民党和国民政府的电报，见本卷第468—469页。皓电，指中国共产党中央委员会、中华苏维埃共和国中央政府一九三六年十二月十九日提议召集和平会议解决西安事变的通电。

〔4〕指西安事变发生后，南京国民党政府中亲日派何应钦指挥的向陕西进逼的军队。

〔5〕绥，指绥远省，见本卷第371页注〔16〕。

〔6〕彭雨峰，即彭雪峰，见本卷第454页注〔2〕。

〔7〕一九三六年八月和十一月，日本帝国主义指使伪蒙军两次进攻绥远（今属内蒙古自治区）东北地区。绥远驻军傅作义等部奋勇抗击，并于十一月收复百灵庙等地。傅作义，当时任绥远省主席、国民党军第三十五军军长。

为徐特立[1]六十岁生日写的贺信

（一九三七年一月三十日）

徐老同志：

你是我二十年前的先生[2]，你现在仍然是我的先生，你将来必定还是我的先生。当革命失败的时候，许多共产党员离开了共产党，有些甚至跑到敌人那边去了，你却在一九二七年秋天加入共产党，而且取的态度是十分积极的。从那时至今长期的艰苦斗争中，你比许多青年壮年党员还要积极，还要不怕困难，还要虚心学习新的东西。什么“老”，什么“身体精神不行”，什么“困难障碍”，在你面前都降服了。而在有些人面前呢？却做了畏葸不前的借口。你是懂得很多而时刻以为不足，而在有些人本来只有“半桶水”，却偏要“淌得很”。你是心里想的就是口里说的与手里做的，而在有些人他们心之某一角落，却不免藏着一些腌腌臜臜的东西。你是任何时候都是同群众在一块的，而在有些人却似乎以脱离群众为快乐。你是处处表现自己就是服从党的与革命的纪律之模范，而在有些人却似乎认为纪律只是束缚人家的，自己并不包括在内。你是革命第一，工作第一，他人第一，而在有些人却是出风头第一，休息第一，与自己第一。你总是拣难事做，从来也不躲避责任，而在有些人则只愿意拣轻松事做，遇到担当责任的关头就躲避了。所有这些方面我都是佩服你的，愿意继续地学习你的，也愿意全党同志学习你。当你六十岁生日的时候写这封信祝贺你，愿你健康，愿你长寿，愿你成为一切革命党人与全体人民的模范。

此致

革命的敬礼！

毛　泽　东

一九三七年一月三十日于延安

根据人民出版社一九八三年出版的《毛泽东书信选集》刊印。

注　释

〔1〕徐特立（一八七七——一九六八），湖南长沙人。当时任中华苏维埃共和国中央政府教育部部长。

〔2〕徐特立一九一三年至一九一九年在湖南省立第一师范学校任教期间，毛泽东曾在那里求学。

中日问题与西安事变

——和史沫特莱[1]的谈话

（一九三七年三月一日）

史沫特莱问：共产党现在执行的统一战线政策，与你去年秋季跟斯诺记者所谈的，基本上有无改变？

毛泽东答：如果从基本上说来，是没有什么改变的。这表现在下列各点：

一、我们的统一战线是抗日的。因此，不是反对一切帝国主义，而是反对日本帝国主义，因为日本帝国主义正向中国侵略。但是我们要求英、美、法、苏等国同情中国的抗日运动，至少不反对；在这个基点上我们愿意同这些国家建立友谊的关系。

二、我们的统一战线是民族的。这就是说，包括全民族一切党派及一切阶级，只除开汉奸在外。有人说共产党倡导人民阵线，这是不对的。共产党倡导的是民族阵线，这种民族阵线比起法国或西班牙的人民阵线来，范围广大得多。

三、因此，这个抗日的民族阵线之主要政纲，应该包括下面各项：

（一）国内的和平统一；

（二）对日抗战；

（三）人民的民主自由；

（四）南京政府转变为真正的国防政府，容纳各党各派，罢免亲日派；

（五）国家制度改变为基于普选国会制的民主共和国；

（六）改善人民生活；

（七）发展工商业；

（八）联合同情中国抗日的国家。

问：为了完成抗日民族统一战线，你们准备牺牲到什么程度？

答：这要看看历史情形。从一九二七年夏天开始，国民党放弃了国共两党的统一战线，放弃了孙中山先生的联俄、联共与农工政策，放弃了民族独立与民主自由的政纲，并且走向相反的方面。这就使得我们不能不单独负起中国革命的责任，并执行苏维埃政权与土地革命的政策，与国民党处于对立地位。我们当时采取的这种同国民党对立的政策是完全正确的与必要的。但当九一八事变发生后，共产党就发表宣言〔2〕：要求停止内战，愿在三个条件下与国民党订立国内和平对日抗战的协定。可是那时仅有十九路军同意我们的主张，南京方面则完全不同意，并且还举行了大规模的"围剿"。及至华北问题〔3〕发生，国难已临极端严重关头，我们乃于一九三五年八月一日进一步发表了组织抗日联军、国防政府的宣言〔4〕。同年十二月发布了建立抗日民族统一战线的党的决议案〔5〕，并提出统一战线的具体纲领。这个新政策宣布之后，立即得到广大民众的赞同，国民党中不少爱国分子也都赞同了这种政策。这是因为更大敌人站在面前，只有停止国内战争，才能进行抗日御侮，在中国政治上开辟了一个新阶段。但是国民党还不愿放弃其老政策。到了去年八月，我们又写给国民党一封长信〔6〕，坚决要求把敌对的目标，由国内移到日本侵略者身上，恢复孙中山的三大政策，并提出改变国家制度为民主共和国，召集普选国会，要求他们痛悔既往，与民更始。我们声明：苏区愿意实行与全国一样的民主制度。这封信获得了国民党中广大的同情。然而国民党中央并没有回答我们。西安事变爆发，国家处于重大危险面前，其危险性就在日本必然地乘机进攻，其得和平解决，实是如天之福。我们为了巩固国内和平，实现迅速抗日起见，当国民党三中全会〔7〕开会之前夜，乃于二月十日给了国民党一个重要的电报，在电报里表示了下列各点：

一、苏维埃政府改为中华民国特区政府，红军改为国民革命军，并受南京政府及军事委员会的指导；

二、在特区政府境内施行彻底的民主制度；

三、在全国范围内停止推翻国民政府的方针（此种方针，在去年我们就已实行，现在不过重说一遍）；

四、停止没收地主土地的政策。

这些新的表示，完全是为了消除各界疑虑，取消对立状态，以便同国民党成立抗日民族统一战线。在国民党方面，则要求他们根本改变过去的政策，实行对外抗战，对内民主，改善人民生活等等纲领。

问：你们现在在这里和在别的区域，将如何实行你们的统一战线的原则，例如对于商人、知识分子、地主、农民、工人、军队等方面的办法？

答：对商人的关系，过去与现在没有什么差别。我们从来就主张发展民族工商业，红军所至，无不保护商人。最近在西安、三原一带，红军不但保护商人，并且连地主的土地也没有没收一家，取得了各界的称赞，这是人人皆知的事实。至于苏区里面，商业是完全自由的。

对知识分子的关系，过去与现在也是一贯的保护政策，优待技术人员、文化人员与艺术家，对他们都采取尊重的态度。

对地主，只要他们不反对抗日救亡政策，就不没收他们的土地，但必须改善农民的生活。

工人方面，则斟酌情形，实行各种改良待遇的办法。

对待国民党军队的态度问题，任何中国军队尤其是有光荣历史的黄埔军都应在民族阵线下亲密团结，一致抗日，枪口向外，不生内战。红军与国民党军队虽打了十年，但我们绝不记旧恨，愿和他们携手偕行，并在统一指挥下，一致为保卫祖国而战，我们相信，他们一定是和我们有同心的。

上述这些政策，我们都愿意同国民党及各界人士商量，取得一致的意见，并把这些附在抗日方针、国家制度等等主要条款之后，一并放进民族阵线的纲领里面去，以便在全国范围内实行。

问：新的统一战线政策，是否即谓中国共产党人为建立民族阵线，放弃阶级斗争，而变成了民族主义者？

答：如前所述，共产党决定实行的各种具体政策，其目的完全在为着要真正抵抗日本保卫中国，因此必须实现国内和平，取消两个政权的对立状态，否则对日抗战是不可能的。这叫做将部分利益服从于全体利益，将阶级利益服从于民族利益。国内任何政党与个人，都应明此大义。共产党人决不将自己观点束缚于一阶级与一时的利益上面，而是十分热忱地关心全国全民族的利害，并且关心其永久的利害。在阶级斗争问题上，我们主张从下述两方面努力，适当地解决此问题：

第一，在地主资本家方面，他们是有钱有势的，首先应当尊重民族利益，对于工农的生活及待遇极力加以改善。因为地主资本家如果照旧对工农施行各种惨无人道的压迫与剥削，只顾他们一部分一阶级的利益，工农就不能生存，更不能抗日，国家就要灭亡，地主资本家也要变成亡国奴。所以稍有良心的地主资本家，都应激发爱国心，为了抗日救国的必要，赞成改善工农的经济生活与政治生活。决不能只让自己有饭吃，工农就没有饭吃；自己有政治上自由，工农就没有自由。我想除非日本的走狗即汉奸分子，才不顾大局与民族利益，当此亡国灭种关头，还向工农尽力地压迫剥削。这一方面的要求，我们已经代表全国工农向国民党提出，国民党为了大局与民族利益，对此应该有满意的答复。

第二，在工农贫苦群众方面，他们是无钱无势的，但他们是国家的基础，是最大的阶级。当此亡国灭种关头，他们最重要的任务，同样是抵抗日本保卫中国，并且他们将是抗日救国的主要力量，抗日救国没有他们是完全不行的。他们在得到经济生活与政治生活的改良之后，他们对于地主资本家与国民党的不满，也就可以减少。但工农同样应该顾全大局与民族利益，因此，凡与抗日救国不适合的要求，我们同样不主张提出。共产党主张改善人民生活，而停止没收土地，就是为了这个缘故。

中国共产党现在提出的这些政策，没有问题的是带着爱国主义性质的。有人说：共产党是国际主义者，他们是不顾民族利益的，他们不要保卫祖国。这是极糊涂的话。中国共产党人是国际主义者，他们主张世界大同运动；但同时又是保卫祖国的爱国主义者，为了保卫祖国，愿意抵抗日本到最后一滴血。十五年来共产党领导的民族解放斗争，是人人皆知的事实。这种爱国主义与国际主义并不冲突，因为只有中国的独立解放，才有可能去参加世界的大同运动。

问：如果中国民族阵线政府建立起来，那末对日本的和平条件是什么？中日两国之间是否还应该进行谈判？

答：如果日本愿意和平的话，我们是不拒绝谈判的。我们的和平条件是下列各项：

第一，日本取消对中国的侵略政策，即取消其所谓大陆政策[8]与广田三原则[9]，尊重中国的独立，将两国放在完全平等地位；

第二，交还东北四省及察哈尔[10]北部，取消“满洲国”[11]，取消殷汝耕冀东政府[12]；

第三，撤退华北驻屯军；

第四，停止日本飞机在中国境内的自由飞航；

第五，取消日本在中国各地的侦探组织，即所谓特务机关；

第六，禁止在中国境内的日本人对于中国人所施的横暴无理态度；

第七，禁止走私。

只有在日本同意谈判这些条件的原则之下，才应该进行和平谈判。一切牺牲中国领土主权的谈判，我们都要反对的。但是你要知道，只有日本人民政府成立，才有在这些条件上谈判之可能。日本现在是军阀政府，这种可能并不存在。

问：对日作战是否已成为不可避免？

答：不可避免。在日本人民推翻日本军阀政府以前，日本的侵略政策是不会停止的，因此战争无可避免。德日协定〔13〕之后，战争的威胁更加紧了一步。

问：日本方面宣称中国国共合作是妨碍远东和平的，你如何答复这种理论？

答：日本军阀的所谓"远东和平"，是说日本占领中国，而中国则不要抵抗，让其占领，同中国问题有关系的各国如英、美、法、苏等也不要反对。这就是"不战而亡人之国"，是日本军阀需要的所谓"远东和平"。但是还有一种远东和平，那就是实行我在上面讲过的办法，日本取消侵略政策，交还东北四省，撤退驻屯军等等，使得中国人民和平地生活，世界各国与中国和平地通商，这是另外的一种远东和平。但只有这种和平，才是真正的和平，这是中国人所需要的，也是世界各和平国家所需要的，也是日本人民所需要的。不需要这种和平的，仅只有日本军阀及其侵略盟友德意两法西斯国家。因此，我们可以这样说：我们反对"远东和平"，这就是说的前一种"和平"；我们又赞成远东和平，这就是说的后一种和平。我们主张拿后一种和平去代替前一种"和平"。因为日本军阀口中的所谓"和平"，只是战争的别名，只是使得中国人当奴隶的别名，只是使得世界各和平国家大家感受威胁的别名，而且只是给日本人民以极大损害的别名。这种"和平"，据我看来，是应该对它"妨碍"

一下的。

问：中日战争和世界和平之间是否有矛盾？能否找出调和的基点呢？

答：中日战争和世界和平之间当然是有矛盾的。世界大多数的国家和人民都希望和平，但是日本军阀则希望战争。这种矛盾，依照日本的方针是不能调和的。要解决这一矛盾，只有一条道路，就是一方面世界各和平国家与中国一同反对日本的侵略政策，迫使日本军阀服从世界公论；另一方面，如果战争不能避免的话，中国应该坚决抗战。只有这些办法，才是同世界和平相适应的。同世界和平调和的基点，也只能建立在制裁与抵抗侵略者的政策上面。

问：九国公约，凯洛格—白里安公约和国联盟约〔14〕等类和平公约，你以为能够阻止日本向中国作战吗？在中日战争中，你以为这些条约将起何种作用，有何种意义？

答：这些条约，在今天看来，确表示着一种和平愿望，因此，侵略国家就表示了它们的坚决反对。但这些条约，对于日本这样的侵略国家，仅只是一种道德制裁力量，要阻止日本向中国作战是不可能的。这些条约在中日战争中，决不会起多大作用，因此也就没有多大的实际政治上的意义。要阻止日本向中国作战，必须有一种新的条约，而这种条约应该包括以武力对付日本侵略暴行的具体事项在内，如像缔结太平洋集体安全条约之类。只有这种条约才能真正阻止战争，战争起来时，也能够迅速结束战争。

问：在联合阵线政府成立之后，中国能够立即对日作战吗？或者还需相当的准备时期？

答:这要看日本的情形。在日本进攻中国时,不管在什么时候进攻,中国都应该立起抗战。但我们并不主张向日本挑衅,我们的方针是自卫战。因此,我们应该迅速地切实地从各方面作准备,使中国在任何时候都能够应付事变。我们并不反对准备,但反对所谓“长期准备”,反对借准备之名,行妥协之实。

问:如果没有国际帮助,中国人民现有的资源、财力,是否已足以发动一个胜利的抗日战争?中国能否支持战争的财政经济负担?

答:没有友军,中国也是必须抗战的,而且以中国的资源与自然条件,是能够支持长期作战的。红军的十年作战史,就是活的证据。但是我们正在找寻友军,这是因为日本已有了它的强盗同盟,中国决不能自处孤立。所以我们主张中、英、美、法、苏五国建立太平洋联合阵线。这种联合阵线是援助中国的,同时也是各国互助的。因为日本的侵略不但是中国的大祸,也是世界的大祸,如像德国是世界的大祸一样。何况这两个侵略国现在已经联合起来了。我以为中、英、美、法、苏五国应该赶快地联合一致,否则有被敌人各个击破之虞。

问:在现状下——即日、德、意同盟的状况之下,这样一个战争,对日本的经济、财政、贸易等的影响将如何?日本能够在这两国的帮助下渡过这个战争吗?

答:日本侵略中国,对于日本人民是完全没有利益的。日本对中国战争的最后结果,将不是日本的胜利,而是日本财政、经济以及政权的崩溃。这一点,不仅日本人民知道,就是日本资产阶级中具有远见的人们也是知道的,但日本军阀则无论如何也不知道。日本军阀已经结合了一个世界的侵略同盟，希望得到德、意的帮助和策应。他们不但希望用这种方法去渡过向中国侵略的战争，而且正准备用这种方法取得全世界。他们所做的梦当然是很完满的，但是据我看来，他们的结果将不是怎样完满的。中国人应该有战胜日本的自信心。

问：共产党为什么主张西安事变的和平解决？大家如出意外，希望有所解释。

答：并不在意外，实是在意中，只是大家没有联系过去共产党的政治主张罢了。自从日本侵略开始以来，我们就是愿意停止内战的，因为只有国内和平，才能对日抗战。四年前三个条件下与国民党军队订立抗日协定的宣言，前年的八一宣言，去年的致国民党书等等，无不是表示我们诚恳地愿意同国民党建立新的联合战线。西安事变中，国内一部分人极力挑拨内战，内战危险是很严重的。如果没有十二月二十五日张汉卿〔15〕送蒋介石先生回京一举，如果不依照蒋介石先生处置西安事变的善后办法，则和平解决就不可能。兵连祸结，不知要弄到何种地步，必然给日本一个最好的侵略机会，中国也许因此亡国，至少也要受到极大损害。当西安事变中，日本军阀方面，宁、沪、平、津一部分中国人方面，都说西安事变是共产党的阴谋。这种说法完全不合事实。西安事变是国民党内部在抗日问题与国内改革问题上，因政见不同而发生的，完全是一件突发的事变，我们事前全不知道。事变之后，宁陕对立，于是又有人说：共产党要把西安造成马德里〔16〕，这也完全不合事实。中国与西班牙的政治环境根本不同，在西班牙不能不是内战，而在中国的今天唯一的是对外抗战，国内则必须和平。西安事变和平解决的事实，已经证明他们的话完全是臆测，有些则是恶意的造谣。

问：许多人不但说西安事变是共产党干的，而且说在城墙上红旗高悬，又说红军在三原一带掳掠青年男女，究竟事实如何？

答：关于西安插红旗一类的事，大概只有日本人和汉奸看见了吧，可是西安人至今没有看见。掳掠青年男女的话，也必然是出之于日本人与汉奸之口，这也只有去问三原的青年男女才会明白。现在官方文件中，还在说红军杀人放火，压迫民众，破坏农村。这些话他们已经说了十年了，可是至今还不疲倦，还要说一遍。说话的人固然有他说话的自由，可是全中国人也都有用眼睛看事实的自由。现在政府还没有制出禁止人民用眼睛看事实的法律，任何人都可以跑到红军走过或住过的地方去看看实在情形，用不着我来多说。

问：外面传说共产党现在的政策是向国民党屈服、投降和悔过。于此，你有何意见？

答：我知道外面正有人这样说。可是值得注意的，是日本人却不愿意这样说，日本人只愿意国共相打，决不赞成这种“屈服、投降和悔过”的政策，因为日本军阀深知共产党采取与国民党协调的政策，尽管有人说它是“屈服、投降和悔过”，可是实际是给与日本侵略政策以严重打击的。观察中国问题有一个标准，就是凡属革命政策，日本人一定反对；凡属反革命政策，日本人一定欢迎。要检查任何一政策一行动之是否正确，只要看一看日本人的态度就得了。现在也只要看一看日本人是如何地反对所谓“屈服、投降和悔过”的政策，就可以证明我们的政策是何等革命的政策了。共产党向国民党要求的，是请他们结束十年来的老政策，转变到新的民族革命与民主革命的政策。这些要求，表现在共产党给国民党三中全会的电报中，那就是关于召集救国代表大会，人民民主自由，改善人民生活，迅速准备抗战等等。在这种情况下，共产党愿意改变苏维埃与红军的名义，取消同国民党的对立，停止没收地主土地。没有疑义的，共产党的这种步骤，是对国民党一个大的让步。但这种让步是必要的，因为这种让步是建立在一个更大更重要的原则上面，这就是抗日救亡的必要性与紧急性。这叫做双方让步，互相团结，一致抗日。国民党中所有明智的领袖与党员，都是明白这种意义的。但国内有一部分带着阿Q精神的人，却洋洋得意地把我们的这种让步叫做“屈服、投降和悔过”。大家知道，死去不久的鲁迅，在他的一篇小说〔17〕上，描写了一个叫做阿Q的人，这个阿Q，在任何时候他都是胜利的，别人则都是失败的。让他们去说吧，横直世界上是不少阿Q这类人物的。此外还有一部分患着“左”倾幼稚病的人士，这种人各地都有，枪杀王以哲的那位孙铭九〔18〕，就是这类人物的极端的代表。他们爱国出于热忱，他们为丧权失地的悲惨历史而愤激，他们的心地是纯洁的。但是他们缺乏政治经验，在大事变中认不清方向，不知道局部与全体、过去与现在、今日与明日的差别与联系。他们开始即反对蒋先生回京，后来又反对和平解决。在西安方面，有一部分人，不但对共产党不了解，即对张杨〔19〕及其他主持和平的人士也都不了解。他们不了解国民党进步虽极缓慢，但一致抗日的前途是存在的。国民党中国民革命军中的抗日情绪在日益增涨，大多数的领袖与党员是能够和我们及人民一道从事于抗日救亡的事业的。国民党政策的转变诚然至今还不满人意，但是业已开始了它的转变，三中全会的决议，可以看作这种开始转变的证据。他们不知道把国民党多数的爱国分子及可能走向爱国的分子，同实际卖国的分子即所谓亲日派区别开来，他们把这二者混而为一。他们又不知道国内一切先进分子的责任，在于多方说服暂时还不能了解我们观点的人使之得到了解，以便共同赴敌。这其间需要忍耐性，有时需要退让一步，只要不违反抗日救国的大原则都可以商量。关于这部分性急的志士们，对于我们政策的不了解，我们唯有以上述的自我批评奉献他们。至于有些唯求个人与部分利益而把民族利益置之脑后的人们，不管他们是亲日派或是口头抗日家，那就不是什么自我批评，也不是仅仅讽刺几句的问题，而是揭破他们的阴谋，使之无法施展其伎俩。

问：你们对于三民主义的态度如何？

答：我们老早就是信仰三民主义的，不然我们为什么在一九二四年至一九二七年能够加入国民党呢？我们党中曾经有若干人是国民党的中央委员及省党部委员，我就是其中的一个，林伯渠、吴玉章、董必武、谢觉哉、董维键诸位都是。又有许多人曾经是国民革命军的领导干部，我们的朱德、周恩来、彭德怀、刘伯承、贺龙、林彪、叶剑英、徐向前诸位都是。现在的任务是必须为真正实现革命的三民主义而奋斗，这就是说，以对外抗战求得中国独立解放的民族主义，以对内民主自由求得建立普选国会制、民主共和国的民权主义，以改善人民生活求得解除大多数人民痛苦的民生主义。这样的三民主义与我们的现时政纲，并无不合，我们正在向国民党要求这些东西。去年八月致国民党书中，已要求他们恢复孙中山先生的革命的三民主义。我们是最坚决最忠诚地为实现三民主义中国而奋斗的。即以我们过去实行土地革命政策而论，亦无非孙中山先生耕者有其田的主张而已。至于我们还信仰共产主义，那是不相冲突的，孙中山先生在世时曾经同意我们同时信仰共产主义，并且国民党员中有许多是信仰资本主义的，有许多还信仰无政府主义，有些人则信仰孔子主义、佛法主义、基督主义，无所不有，也无所不包。只要当前革命政纲取得一致，即构成了团结救国的基础，即可泯除一切猜疑，走上共赴国难的轨道。中华民国光明灿烂的前途，实基于此。

根据一九三七年三月十六日至四月三日出版的《新中华报》第三百三十八期至三百四十三期刊印。

注 释

〔1〕史沫特莱（一八九四——一九五〇），美国进步记者和作家。

〔2〕指中华苏维埃共和国临时中央政府和中国工农红军革命军事委员会一九三三年一月十七日反对日本帝国主义侵略的宣言。宣言中提出愿在三个条件下与全国各军队共同抗日：（一）立即停止进攻苏维埃区域；（二）立即保证民众的民主权利（集会、结社、言论、罢工、出版之自由等）；（三）立即武装民众，创立武装的义勇军，以保卫中国及争取中国的独立统一与领土的完整。

〔3〕指一九三五年日本帝国主义侵略华北和以蒋介石为首的国民党政府出卖华北主权的一系列事件，通称华北事变。

〔4〕指中华苏维埃共和国中央政府和中国共产党中央委员会一九三五年八

月一日《为抗日救国告全体同胞书》，通称八一宣言。

〔5〕指中共中央政治局瓦窑堡会议一九三五年十二月二十五日通过的《关于目前政治形势与党的任务决议》。

〔6〕指一九三六年八月二十五日《中国共产党致中国国民党书》，见本卷第424—433页。

〔7〕指一九三七年二月十五日至二十二日在南京召开的中国国民党第五届中央执行委员会第三次全体会议。会议主要讨论对中国共产党和对日本的政策。由于全国人民停止内战、一致抗日的要求，会议实际上接受了国共两党合作抗日的政策，确定了和平统一、修改选举法、扩大民主、释放政治犯等原则。

〔8〕大陆政策，指一九二七年日本首相田中义一提出的吞并中国的东北和内蒙古，并进而灭亡中国、称霸世界的侵略计划，又叫田中政策。

〔9〕广田三原则，指日本外相广田弘毅在一九三五年十月对中国驻日大使提出的所谓“对华三原则”。其主要内容是：一、中国取缔一切抗日运动，放弃依赖英美的政策；二、中国承认伪“满洲国”，树立中日“满”经济合作；三、中日共同防共。

〔10〕察哈尔，见本卷第382页注〔3〕。

〔11〕“满洲国”，是一九三一年日本帝国主义侵占中国东北后制造的傀儡政权。一九三二年三月在长春成立，扶溥仪为“执政”。一九三四年三月称“满洲帝国”，“执政”改称“皇帝”。

〔12〕殷汝耕冀东政府，参见本卷第434页注〔5〕。

〔13〕一九三六年十一月二十五日德国和日本在柏林签订《反共产国际协定》。德日缔结的这一协定，实际上是同年十月二十五日德国和意大利通过签订协定形成的柏林—罗马轴心的扩展。一九三七年十一月六日意大利参加德日《反共产国际协定》，法西斯国家的反共同盟（柏林—罗马—东京轴心）正式形成。

〔14〕九国公约，参见本卷第13页注〔7〕。凯洛格—白里安公约，即白里安—凯洛格公约，指由法国外长白里安、美国国务卿凯洛格发起，美、英、法、德、比、意、日、波、捷等国代表一九二八年八月二十七日在巴黎签订的《关于废弃以战争作为推行国家政策的工具的一般条约》（又称非战公约）。但在签约同时，美英法等国即先后声称各国有权根据情况决定是否“诉诸战争”。截至一九三三年，加入非战公约的有包括中国在内的六十三个国家。国联盟约，指一九一九年在法国巴黎和会上通过的关于建立国际联盟的条约。

〔**15**〕张汉卿，即张学良，见本卷第371页注〔10〕。

〔**16**〕马德里是西班牙的首都。一九三六年七月，德意法西斯支持西班牙军人佛朗哥发动叛乱，并武装干涉西班牙内政。西班牙人民在人民阵线政府领导之下，进行了保卫民主反对侵略的英勇抗战。这个战争，以马德里的保卫战最为激烈。保卫马德里的战争，从一九三六年十月起，前后坚持两年又五个月。

〔**17**〕指《阿Q正传》。

〔**18**〕一九三六年十二月下旬西安事变和平解决后，张学良被蒋介石关押在南京。一九三七年二月二日，东北军内一部分对和平解决西安事变不理解的青年军官孙铭九（当时任东北军特务团团长）等，派人将主张和平解决西安事变的东北军第六十七军军长王以哲等枪杀。

〔**19**〕张杨，指张学良、杨虎城。杨虎城，见本卷第371页注〔13〕。

国内和平实现后的形势和任务

（一九三七年三月六日）

弼时[1]：

甲、三中全会[2]在法律上确认伟大西安谈判顺利的和平解决，成为开始在全国停止内战一致抗日与和平统一团结御侮的新阶段，也走到全国统一战线的实际建立，举国抗战开始的一个过渡的时期。这一时期的快慢，决定于各力量斗争的结果，中间可能发生各种曲折与变化，但总的方向是不会变化的。

乙、今天的任务是巩固国内和平，准备对日抗战，以推动全国统一战线的实际工作与抗战的开始。党的工作仍然是积极参加抗日救国运动，成为这一运动中心领导的力量。一切工作应转变，以适合于这一总任务。

红军应利用时机，加强内部政治上的与军事上的训练，加强党在红军中的堡垒作用，重新教育干部，使他们能够负担新形势下的新任务，严整军风纪，学习群众工作，争取成为抗日军队的模范。

洛〔3〕、毛

六日

根据中央档案馆保存的抄件刊印。

注 释

〔1〕 弼时，即任弼时，参见本卷第 439 页注〔1〕。

〔2〕 指一九三七年二月十五日至二十二日在南京举行的中国国民党第五届中央执行委员会第三次全体会议。见本卷第 493 页注〔7〕。

〔3〕 洛，指洛甫，即张闻天，见本卷第 373 页注〔1〕。

抗日民主与北方青年[1]

（一九三七年五月十五日）

韦尔斯问:关于国共两党最近的和平谈判如何？

毛泽东答:谈判仍在进行。最主要的是两党共同政治纲领,这是两党合作的基础,如果没有共同遵守的政治纲领,则不能很好地合作。大纲的原则在实现民族、民主及民生的革命任务。关于军队之改编及苏维埃之改变诸具体工作,不久即将进行。至现在为止,国民党方面所表示的仍然不够,如对上海救国领袖之起诉[2],对上海纱厂工人之待遇及对国民大会法规之种种限制,皆使人失望。

问:内战的危险已经完全消灭了吗？

答:内战的危机在表面上是过去了,但是内中仍然存在着,不过不是重要的了。如果现在说和平完全成功,会使群众对于"巩固和平"这一个运动表示松懈。目前全国规模的停止内战仍然没有做到。共产党方面已经指令散在全国各处的红色部队停止战争,但是国民党军队仍然"进剿",如在闽浙赣边区、鄂豫皖边区、湘赣边区、湘鄂赣边区等处战争仍然在继续着,我们现在正向国民党要求停止这些地方的进攻。至于南京与地方的对立,也是存在着,惟有实行彻底民主,才能完全消灭此种对立与内战的危机。

问:共产党对南京各派的看法是怎样?

答:我们愿意和一切同情民族民主革命的国民党分子联合,对那些不同情的,作解释工作,使他们明了,使其不妨碍民族民主的革命。国民党左派的赞成和平、民主、抗战的运动正在发展,他们愿意全国团结,恢复孙中山革命的三民主义,改造国民党,恢复其革命精神。另一部分人,他们的坚决性不够,对于民族民主革命的任务不彻底接受,对国共合作表示怀疑,他们挣扎着,人民的任务在推动他们,影响他们,使他们到人民这边来。又另外一部分人,所谓亲日派,也存在于国民党中,他们为全国所不满,国民党中的大部分也不满意他们,这部分人如不改变态度,将自绝于人民,自绝于国民党。

问:西安事变后统一战线得到了怎样的开展呢?

答:西安事变后统一战线是有开展的,国共两党的接近,是最主要的,其余那些怀疑共产党政策的,态度也有所改变,他们不反对国共合作;至于"左"倾分子反对西安事变和平解决的意见,也比较减少了。但是文化界、学生界、舆论界对南京政府的不信任,却依然存在,因为南京迄未具体表示其彻底的坚决的转变,许多错误政策仍然保留着,致引起全国的不信任。我们说"大家应该工作",南京之彻底转变有待全国人民之继续工作,不要等着它自动转变。统一战线的前途是有希望的,国内必须团结,才能达到抗日的目的,这是非常明显的。

问:国内各党派对统一战线的反应如何?

答:汉奸除外,其他一切党派,对全国团结都是同情的。有许多资产阶级人物对共产党在西安事变中所取的和平政策,表示欢迎与赞同,但是另外一部分顽固分子,却取反对的态度，这些分子如不改变其态度，不论其主观见地如何，实际确是帮助了日本帝国主义。据我们所知，反对国内团结最烈的人，恰是直接在日本指挥之下的汉奸分子，如托洛茨基分子[3]之流等便是明显的例子。这些分子的活动毫无疑义是汉奸的行动，对这部分人，我们的办法是尽量揭破其阴谋，使其在民众中间不能起欺骗作用，使全中国人民认识他们是全民族的公敌，以便群起而攻之。

问：地方实力派与南京对立的问题怎样解决？

答：地方实力派与南京对立的存在，是不利于对外的，我们的政策是尽可能地减少此种对立，达到团结对外的目的。为达到这个目的，南京与各省都应当接近一步，主要是在民主问题上有所进步，以后才能消除对立，走向团结抗日的大道。

问：在统一战线政策中，阶级斗争问题怎样求得其适当的解决？

答：阶级的矛盾，在阶级制度未废除前，是无法消灭的。但在抗日战争的面前，我们对这个问题应有适当的解决，因此在统一战线纲领中，我们提出给人民在政治上以民主权利，在经济上以生活的改善。工人农民受着政治与经济的压迫，起来反抗是必然的，只有给以民主权利与改善其生活，始能减少其矛盾。我们要在正与国民党进行谈判中的共同政治纲领里提出，给工农以集会、结社、言论的自由，普遍的选举权，对工人必需改良待遇，改善劳动条件，对农民应减租减税，关于土地问题，应以立法及其他适当手段解决之。

问：你们为什么把民主问题强调起来？

答：关于民主与抗日的关系，我已经在别的机会中讲过许多。以抗战求国内和平团结，没有民主不能巩固和平与真正团结，抗日要全国人民参加，没有民主则老百姓不能参加，无和平团结，无人民参加，抗战成为不可能，即战亦不能保证胜利。所以民主制度为对日抗战胜利之必要条件，非它不可。我们所以把民主问题强调起来，为的要战胜日本帝国主义。

问：怎样促成民主政治的实现？

答：民主政治的实现，依赖民主运动，没有广大人民的要求与推动民主运动，则民主政治不会实现。全国各界各党派应团结起来为争取民主权利而斗争，全国军人应该拥护民主运动，因为要挽救中国，战胜日本，避免沦为殖民地的危险，惟有实行民主政治，给予人民以参政的自由，才能实现。民主运动的具体进行，应注意国民大会的选举、召集与开会，应注意争取言论、集会、结社、出版与爱国救国的完全自由。这是起码的民主权利。如果整个国家向这个方向走，则统一的民主共和国是能实现的。

问：共产党对此次国民大会的态度如何？

答：今天的国民大会，带着国防性，同时是从独裁过渡到民主的桥梁，因此全国应参加国民大会，共产党是准备参加的。南京关于国民大会的选举、召集与任务的规定，是不民主的，如不加以修改，则国民大会的作用是极其有限的，因此全国应联合要求南京修改其不正当的规定。国民大会的选举，应由人民参加，它的召集与开会，应予以充分的自由，其任务应不限于谈宪法，而须扩展到彻底而具体的讨论抗日救亡的方针。共产党对国民大会的意见，已向全国发表，并向国民党提出，现在仍继续谈判，目的在使国民大会完成民主抗日的任务。

问：对释放政治犯问题，共产党的意见如何？

答：释放全国政治犯的要求，共产党早已提出，现在继续要求，把它当作同国民党谈判之一部。南京如果要表示它政策的彻底转变，则没有理由不释放政治犯；不过目前国民党对这个问题没有具体的表现，虽然口头上答应释放政治犯，但实际并没有做到，而且还有继续逮捕爱国犯的事件。苏州对救国领袖的审判，大失人望，南京内部也有许多人不满，南京要真诚表示它与民更始的决心，应马上释放救国七领袖，并宣告其无罪。

问：关于准备抗战问题，你有何意见？

答：不管日本帝国主义哪一天向我进攻，我们都要即时予以抵抗，我们时刻准备着应付事变，不论战争爆发在何时与何地。但是假如日本暂时不发动对中国大规模的武力进攻，在准备侵略期间采取较缓和的政策，我们就应利用此时机作积极准备抗战的工作。我们提出“准备”，与国民党过去的准备论是具有不同的内容的。国民党过去的准备论是先安内而后攘外，是无止境的内战，是消耗抗日力量；而今天所作的准备是停止内战，巩固国内和平，实现民主政治，开放人民救国的一切自由，组织民众，训练民众，武装民众，同时加速完成军事、政治、财政、经济、文化、教育各方面的抗敌准备工作。中国的抗战是要求得最后的胜利，这个胜利的范围，不限于山海关，不限于东北，还要包括台湾的解放。这是我们对准备抗战的意见。

问：中日战争的结局你怎样估计？

答：战争的结局有两种可能的前途：一是中国完全战胜日本帝国主义，中华民族得到自由解放。国内统一战线的成功，人民与政府的紧密团结，国际和平战线的胜利，日本国内和平势力的援助，是争取此种前途的条件。但中国人民自己的团结与坚决的抗战，为取得此种前途之最主要的和决定的条件；无此条件，则抗战是无前途的。次之，就是日本帝国主义达到它的目的，把中国变为它独占的殖民地，此种危险也是存在的。但这必由于中国人民的分散，不团结，不抗战或不坚决不彻底的抗战，不联合世界上帮助它的友人等条件下才发生此种危险，中国人民如果继续睡觉，房子就会被敌人抢去。共产党为争取第一个前途斗争。民族统一战线的提出，就是为争取第一个前途。我们号召各党派、各阶级坚决地反对中国殖民地化，要求中国的自由与解放，并且为了取得这种自由与解放的胜利，我们要同敌人斗争到底。

问：英、日最近的接近，你怎样看法？

答：日本统治者与英国保守党政府正企图缓和他们间的冲突，进行着妥协谈判，以达到他们牺牲中国的目的。中国人民不能听他人的宰割，中国人民应当严密注意此事，如果南京在保卫民族利益的工作上表示动摇与消极，人民与国民党中的爱国分子对它都是不能饶恕的。同时我们要知道，英日两国在对华问题上的妥协，现在并没有很好的基础。不错，英日的妥协是永远存在的并且可能的，但是何时何地是有限制的。英国欲维持现状，但现状的内容容易时刻变动着，这从“九一八”后英国的步步退让中可以看出来。在基本上，日本对华的独占政策与英国及其他帝国主义所持的门户开放政策是对立的，但是一时的、某些部分的妥协是可能的，因为英国本来随时可以出卖中国的利益，而达到于它有利的目的。不管英日妥协的程度如何，关于中国民族存亡的问题，中国人民不应一刻疏忽。在抗日运动中，不能过于信赖英国。我们要认清英国的本质，就不会上它的当。中国不能完全孤立，孙中山的联俄政策，在今天有着实际的政治意义，中苏的关系应当进一步接近与改善。美国在远东的利益与日本的大陆政策也是不相容的，所以美国对中国问题便不应隔岸观火。对英国保守党与广大的英国人民，我们应当区别开。保守党在西欧政策上徘徊于和平阵线与法西斯阵线之间，已引起国内人民的极大不满；如在对华问题上再与日本侵略者相勾结，求妥协，则除了引起中国人民反对外，英国人民也不见得对他们表同情。世界和平阵线的组织正在深入扩大，而且也正在进行着准备裁制一切法西斯主义。中国的解放运动与世界的解放运动是密切联系着，我们的前途是绝对光明的。

问：你对北方青年有怎样的希望？

答：北方青年为民族解放斗争的先锋，他们的大多数，应该团结，为民族民主革命斗争到底。他们中间有许多人对时局烦闷，这应在集体的运动中求解决，这个运动就是为求民主与抗日实现的斗争。北方青年应该对争取民主自由增加兴趣，争取爱国的民主自由，是今天政治生活中心的一环；如若干人只谈抗日，而不了解作实际的民主政治的斗争，则抗日是不会有效果的。资产阶级的改良主义，正向北方青年发生影响，企图把他们从前线拉到后方，从奋起中拉到平凡安静，从领导地位拉到尾巴主义，扑灭北方青年在民族民主革命中的领导作用。

北方青年应该同这种改良主义者作斗争，对改良主义者的倾向和影响应该加以严格检查和完全克服。

根据一九三七年八月二十日《救国时报》刊印。

注　释

〔1〕这是毛泽东和美国进步记者尼姆·韦尔斯的谈话。

〔2〕一九三六年十一月二十三日，全国各界救国联合会领导人沈钧儒、章乃器、邹韬奋、李公朴、王造时、沙千里和史良在上海被国民党政府逮捕，称七君子事件。同年十二月，沈钧儒等被押至苏州，在江苏高等法院看守所内监禁。一九三七年四月，江苏高等法院以所谓“危害民国”罪对沈钧儒等提出公诉，并于六月开庭审判。由于全国人民声援和七君子坚持斗争，七七事变后沈钧儒等被释放。

〔3〕在抗日战争时期，中国托派在宣传上也是主张抗日的，但是攻击中国共产党的抗日民族统一战线政策。把中国托派与汉奸相提并论，是由于当时在共产国际内流行着托派与帝国主义国家间谍组织有关系、中国托派与日本帝国主义间谍组织有关系的错误论断所造成的。

关于十五年来党的路线和传统问题[1]

（一九三七年六月三日）

关于党的路线

党的路线是否正确呢？我以为必须承认下面的论断：

党在十五年中英勇坚决地领导了中国的革命，有了它的伟大的成绩。这是第一点。

党在今后还要并且能够继续与发展过去的英勇坚决的精神，领导中国革命走到胜利的目标，我们有此自信心。这是第二点。

党曾经犯过右的与“左”的总路线上的错误，使革命受到损失，这是不能否认与不应否认的事实。这是第一方面。但还有另一方面，从这一方面说，第一不是全体都是错误的。党员群众与广大干部始终没有犯过总路线上的错误，这是没有使党受致命伤及能够迅速纠正错误的最主要的原因。总路线错误只在最高领导机关中发生与推行出去，有部分的干部与党员真心附和着，其他都是被纪律强迫去做的。就在最高领导机关中，也只是占了统治地位的人员负主要的责任，其他人员则不负主要责任（半被迫的），或不负责任（完全被迫的）。第二只在几个极短的时期中犯过总路线的错误。在历史上只有两个时期（大革命末期与立三时代）〔2〕，就是说我们把错误迅速地纠正了。这是第三点。

党在领导革命中获得伟大成绩的原因，第一是党的领导机关，党的大多数干部与大多数党员接受了马克思列宁主义，有了马克思列宁的政治路线，并在国际的指导下英勇坚决地实行了。没有这个条件是根本不成功的。第二是领导机关大多数干部与党员还学习了学会了为实现上述任务起见而需要的党与党员率领群众同敌人作战的战术，这包括斗争策略、宣传教育方法、党内关系等等，没有这个条件，也不能说到成绩。这是第四点。

党除在个别时期犯了“左”右倾路线错误之外，还在差不多一切时期中犯了若干个别问题的“左”右倾原则上的错误，这在斗争策略问题、宣传教育问题、党内关系问题上都有过，有些并在现在还存在着，在将来也会不能免。这些错误不断地发生，也不断地被克服，有些则至今还没有彻底克服。党就从历来有过的各种“左”右倾原则错误的发生与克服的斗争中锻炼出来，成长壮大起来，也因此得到革命的成绩。如果没有（这是不可能的）或少些（这是可能的）大的小的带原则性的错误，成绩当然不只今天这样，这是以后的殷鉴。而这些错误都是不符合于马克思列宁主义的原则的，要纠正或要避免，必须借助于对马克思列宁主义这种革命的科学之真正深刻的了解。这是第五点。

总起来说，党是英勇坚决地领导了中国的革命，并且得到伟大的成绩，今后还要领导革命达于彻底的胜利，这是由于党有了马克思主义的政治路线与斗争方法而得来的。党在过去犯过许多大的、小的、“左”的、右的、不合于马克思主义原则性的错误，党也从对这些错误的斗争中锻炼得更强些，革命成绩也从克服错误的斗争中得出来。现在还存在着的将来也会要发生的错误，必须根据马克思主义的原则性给以解决与给以防止。这就是我们党的理论与实际的发展观。

关于党的传统

党内是否有某种错误的传统？两种答案：(甲)没有(只是“表面上看来好像有”)；(乙)有，三个人〔3〕说法不同，但都承认是有的。

我是同意后者的，理由如次：

党在十五年中造成与造成着革命的与布尔什维克的传统，这是我们党的正统，包括政治上的、组织上的、工作作风上的一切好的东西，这是不能否认的。没有这个传统，就不能说明为什么能够维持党，团结党，巩固党，克服党内错误，并同敌人作坚决战斗而得到革命的成绩，造成阶级及人民信任的大政党的地位。

但是还有若干不良的习惯。这表现在群众斗争战术上的“左”的关门主义与冒险主义、高慢的宗派主义；也还表现在宣传教育上的高傲态度、不深刻与普遍地联结于实际、党八股等等的作风上；再则还表现在党内关系上，也存在着高傲态度、里手主义、风头主义、派别观点、命令主义与惩办主义的作风。

在这些问题上，我们党内确实存在着许多不良习惯，这是千真万确的事实。否认这种事实是不妥当的，说党毫无不良习惯是不应该的，也不可能的，事实依旧是事实。这就是所谓“某种错误的传统”。在这一点，我是同少奇、凯丰、罗迈、伯渠〔4〕同志的意见大体相同的。

为什么只是“左”的传统？这是由于几种原因：(一)民族与社会的双重压迫，造成群众生活与党的环境的极端困难，这些困难压迫着我们(这是“左”比右总要好些的观点的来源)。(二)党内小资产阶级与幼年无产阶级成分的存在且占大的数目。(三)党还只有十五年历史，马克思主义的理论与实际的传统还不十分深厚，解决问题还不能样样带马克思主义原则性，还没有很早及人人都学好唯物辩证法。(四)在克服错误路线时(主要在克服立三路线时)，在斗争策略、宣传教育、党内关系这三个问题上的错误，没有得到彻底的克服，有些一时是进步，过后又发作起来。这三个问题上的错误，在一个长时期中没有彻底地提出并解决过。由于这四个原因，所以我们党内还存在着若干表现“左”的不良的习惯或传统。至于右的东西，则因为环境不容许这种东西的存在，又克服得比较彻底，所以不成其为错误传统或不良习惯。

有了正确的传统习惯，是否还容许有若干问题上的错误的传统习惯呢？这是容许的。正确的东西中间可能包含错误的东西，只是多一些少一些之别罢了，因为社会有黑暗面，党内往往也有黑暗面。

会要长期如此吗？不会长期如此的。随着环境与任务的变更，随着对唯物辩证法了解的进步，已有的黑暗的东西会被驱逐出去，基本上去掉这三个问题上的“左”的传统。将来又会有新的错误东西发生，但可以不使它成为传统。

这个传统是一切领导机关与一切干部、党员都有的吗？不是的。一般说来它是部分领导机关（主要由中央负责），部分干部与党员的。为什么某些不良习惯相当普遍呢？这是由于部分的人一定要这样做（而这些人在第一领导机关中占多数），其他的人也被迫着或半被迫着这样做。有些则知道错误并发生不满，又说不出充足的理由来，或竟不准他们说，因此他们就不敢说。这是实在的情形。部分的人中间也有他的变化，在某一时期不犯这种错误的（如在大革命），在另一时期（如在国民党反动时期）他就变得犯错误了；在某一时期他不满意人家的高慢态度，在另一时期他又以高慢态度对付人家了；在失败时容易变得谨慎小心，在成功时容易变得骄傲放纵。这是常见的事。路线正确是可能犯个别错误的，遵义会议的一篇，就是证据。一个好人是可能同时带着病的，害疥疮、伤风就是证据。

从洛甫〔5〕同志分析中也证明这个不良的（三个问题上的）“左”的传统之存在。因为洛甫指出党在四中全会后犯了六个个别原则问题上的错误：（一）没有估计部分资产阶级的变动；（二）对革命持久性、复杂性、不平衡性估计不充分；（三）战争中“左”的及右的错误；（四）群众斗争中的关门主义、宗派主义的错误，及对此错误斗争的不够；（五）不会利用敌人的间隙；（六）思想斗争与干部政策上的严重错误。这些错误在全党内，就在今天说还是没有全部彻底去掉的，其中有些也不只中央犯了，而是许多地方机关与许多干部、党员都犯了的，其中有些错误（例如不完全了解中国革命的特点），也不是原在四中全会后犯了，而是以前也犯了的。这是由于唯物辩证法思想在党内还没有普及与深入的原故。试问有了这些错误的存在，怎能不形成“左”倾习惯？又怎能彻底地克服“左”倾习惯？要克服这个传统，在于普及与深入马克思主义的方法论（唯物辩证法）于多数干部中。要指出，洛甫分析的六个错误，在现在的中央业已是基本上纠正了的。

结论：我们党内存在着某种错误的传统，这就是群众工作问题上，宣传教育问题上，党内关系问题上的“左”的关门主义、宗派主义、冒险主义、公式主义、命令主义、惩办主义的方式方法与不良习惯的存在，这在全党还没有克服得干净，有些还正在开始系统地提出来解决。新的环境与任务迫切要求对这个问题来一个彻底的转变，我们也正在转变它。

根据中央档案馆保存的中共中央政治局会议记录刊印。

注　　释

〔1〕这是毛泽东在中共中央政治局会议上作的《群众工作问题》发言的一部分。一九三七年五月中国共产党全国代表会议结束后，中共中央又召开了白区工作会议，刘少奇在会上作《关于白区的党和群众工作》的报告，张闻天作《白区党目前的中心任务》的总结报告。由于当时中共中央还没有对过去工作中的严重“左”倾错误作出明确的系统的结论，一些同志还未能摆脱过去那种“左”的思想影响，以致讨论刘少奇报告时在一些问题上出现了意见分歧。同年六月初，中共中央政治局会议讨论这些问题，毛泽东的上述发言和张闻天作的总结发言，都从总的方面肯定了刘少奇的报告，批判了“左”倾关门主义与冒险主义，要求党在白区的实际工作中贯彻执行抗日民族统一战线政策。

〔2〕毛泽东在这里讲党的最高领导机关犯总路线错误时没有提到以王明(陈绍禹)为代表的第三次“左”倾路线,这是因为当时中国共产党还没有对第三次“左”倾路线错误进行批评和总结。一九三五年一月召开的遵义会议,首先集中解决当时具有决定意义的军事问题和组织问题,结束了第三次“左”倾路线在中共中央的统治地位。四十年代进行的延安整风运动,全面地批评了第三次“左”倾路线错误,并作出正式的结论。

〔3〕三人,指刘少奇、何凯丰和李维汉。何凯丰,即何克全(一九〇六——一九五五),江西萍乡人。当时任中共中央政治局候补委员。李维汉(一八九六——一九八四),又名罗迈,湖南长沙人。当时任中共中央党务委员会书记。他们三人均在中共中央白区工作会议上作了发言。

〔4〕伯渠,即林伯渠(一八八六——一九六〇),湖南临澧人。当时主持中华苏维埃共和国中央政府西北办事处的工作。

〔5〕洛甫,即张闻天,见本卷第373页注〔1〕。

给何香凝[1]的信

（一九三七年六月二十五日）

香凝先生：

承赠笔，承赠画集，及《双清词草》[2]，都收到了，十分感谢。没有什么奉答先生，惟有多做点工作，作为答谢厚意之物。先生的画，充满斗争之意，我虽不知画，也觉得好。今日之事，惟有斗争乃能胜利。先生一流人继承孙先生传统，苦斗不屈，为中华民族树立模范，景仰奋兴者有全国民众，不独泽东等少数人而已。承志[3]在此甚好，大家都觉得他好，望勿挂念。十年不见先生，知比较老了些，然心则更年青，这是大家觉得的。看了柳亚子[4]先生题画，如见其人，便时乞为致意。像这样有骨气的旧文人，可惜太少，得一二个拿句老话说叫做人中麟凤，只不知他现时的政治意见如何？时事渐有转机，想先生亦为之慰，但光明之域，尚须作甚大努力方能达到。敬祝
健康！

毛泽东　上
六月二十五日

根据人民出版社一九八三年出版的《毛泽东书信选集》刊印。

注　释

〔1〕何香凝(一八七八——一九七二),广东南海人。国民党左派政治活动家,画家,廖仲恺夫人。早年加入同盟会,随同孙中山从事革命活动。一九二四年任国民党中央执行委员兼妇女部长。一九二七年蒋介石叛变革命后,她辞去国民党政府的一切职务,同国民党反动派进行了不懈的斗争。

〔2〕《双清词草》,是廖仲恺的诗词集,一九二八年由上海开明书店影印出版。

〔3〕承志,即廖承志(一九〇八——一九八三),广东惠阳人。廖仲恺、何香凝之子。当时在中共中央宣传部工作。

〔4〕柳亚子(一八八七——一九五八),江苏吴江人。国民党左派,诗人。九一八事变后反对蒋介石的不抵抗政策,经常为何香凝组织的"寒之友社"成员题画,共同表达胸中的愤慨。

图书在版编目(CIP)数据

毛泽东文集　第1卷/中共中央文献研究室编.
-北京:人民出版社,1993.12
ISBN 978-7-01-001831-7

Ⅰ.毛…
Ⅱ.中…
Ⅲ.毛泽东著作-文集
Ⅳ.A41

毛　泽　东　文　集
MAO　ZEDONG　WENJI
第　一　卷
(一九二一年一月——一九三七年六月)

中共中央文献研究室编

人民出版社 出版发行
(100706　北京朝阳门内大街166号)

北京新华印刷有限公司印刷　新华书店经销

1993年12月第1版　2009年11月北京第11次印刷
开本:635毫米×927毫米 1/16　印张:33
字数:335千　印数:36,201—40,500册

ISBN 978-7-01-001831-7　定价:53.00元